黄安心　秦佳楠　编著

新型
社区治理

NEW PATTERN COMMUNITY GOVERNANCE

广东高等教育出版社
Guangdong Higher Education Press

·广州·

内容摘要

本书编写的思路是在介绍与新型社区相关的基本理论知识的基础上，突出理论应用，重点介绍一些解决问题的原则、思路、程序和方法，并以大量的案例和训练，强化对知识的理解和应用，培养实际工作能力。

本书内容主要包括五大块：一是新型社区治理的基本理论知识（项目一：新型社区治理概述）；二是社区治理的理论与方法（项目二：社区治理理论与模式、项目三：社区治理方法）；三是社区治理的关系与体制（项目四：社区关系及管理体制）；四是社区治理重要领域（项目五：社区行政管理、项目七：社区居民自治）；五是与社区治理相关的社区服务（项目六：社区公共服务、项目八：业主自治与物业管理）。

本书可作为高职高专院校、应用型本科院校和开放大学行政管理、社区管理与服务、社会工作、物业管理等专业的专业课程教材，也可以作为社区治理、社区管理服务、社会工作等社区相关工作岗位的培训教材。

图书在版编目（CIP）数据

新型社区治理/黄安心，秦佳楠编著．—广州：广东高等教育出版社，2018.4（2021.1 重印）

ISBN 978-7-5361-6087-3

Ⅰ.①新…　Ⅱ.①黄…　②秦…　Ⅲ.①社区管理-研究-中国　Ⅳ.①D669.3

中国版本图书馆 CIP 数据核字（2017）第 074018 号

XINXING SHEQU ZHILI

出版发行　广东高等教育出版社
地址：广州市天河区林和西横路
邮政编码：510500　电话：（020）87553335
http://www.gdgjs.com.cn

印　　刷　佛山市浩文彩色印刷有限公司
开　　本　787 毫米×1 092 毫米　1/16
印　　张　21.75
字　　数　516 千
版　　次　2018 年 4 月第 1 版
印　　次　2021 年 1 月第 3 次印刷
定　　价　48.00 元

前言

随着工业化、城市化和城乡一体化发展，新型社区像雨后春笋般在全国各地城乡出现，特别是城市郊区的工业园区、高新科技园区、经济开放区、城市郊区、各类农村移民新村、城中村等新型社区。这些新型社区既是经济快速发展的热土，也是社会矛盾频频发生的焦点，因此新型社区治理日益成为城乡社区治理的重点类型。

社区治理是一个新话题，更是新理念、新思维、新方法。但是中国作为社区管理行政化色彩较重的国家，要改变过去长期的做法和思维习惯，是非常困难的事。实践与理念均是如此。从实践来看，在基层社会，尽管历史上有“皇权不下县”的封建社会乡村治理的传统，但也存在“一竿子到底”的计划经济和统制管理的习惯。如何能实现国家治理与社区治理相得益彰的“分工治理”和“善于治理”的友好局面，在实践中需要通过体制机制改革，政策法律、法规的创制，治理者的观念更新、理念创新和方式方法更新来实现。而这一切又离不开理论的指导、人才的培养和知识的更新。因此，对身处基层社区或从事与社区相关工作的人员来说，改变长期以来的一贯做法、习惯，不啻一次脱胎换骨的过程，困难可想而知。

同实际工作者一样，理论界对社区治理有不同的理解和看法，这里不想做过多分析，只想从教学的角度，试着解决社区治理课程教材知识结构陈旧、理论单一和内容更新不够的问题，同时紧跟时代步伐，创新编写体例，适应现代教育教学方式方法的改革与创新需要。具体来说，目前现有的社区治理教材存在以下问题：一是照搬西方治理理念和知识。一些知识理论、工作方法源于西方社会，进入中国时间不长，处于引入阶段，加上在社区治理中应用不够，没有完成消化吸收和本土化的工作，与中国的社区治理实际严重脱节，不能准确解释和回应中国社区治理实践中出现的问题，也适应不了中国的社会环境，“水土不服”问题较为突出。二是现有的理论及理念、方法比较单一，与基层问题复杂、综合、动态的特点不符，与基层社区治理的实际需要与社会各界的期望落差也很大。三是现有的知识结构偏重理论分析，缺少鲜活的实践案例和基层工作者的经验与智慧启示，与社区治理的基层性、社区性、实战性要求不符。因此，编写新的社区治理教材成为一项非常紧迫的工作。

但是，很显然这是一个消化吸收、本土化的创新过程，是一项伟大的使命和艰巨的任务。怀着使命感，笔者十余年来深入社区治理实际，结合相关课题研究，开展大量的调查研究，掌握大量一手资料，不但较好地完成了科研课题任务，也结合课题教学逐步完善课程教学内容，做了一个理论工作者的分内之事。本书从开始写作到完成，历时3年多，伴随着中国社会发展进入中国特色社会主义新时代，社会主要矛盾的转变，解决社区治理问题更加紧迫，中共十九大前后党和国家在社会治理方面的新政策也不断出台，新理念、新思维、新战略的迸发，社会治理、社区治理模式不断创新发展。这些最新的成果和政策也大都呈现其中，使本书的观势性、政策性、可接受性更加突出，企望为社区治理人员和学员提供解决社区实际问题的新思维。

作为新范式教材，本书采用项目任务式的编写体例，每章设计有任务导学、学习目标、任务内容和巩固与提高大栏目；每一任务又设计有情境导入、任务要求、子任务内容、评价与反馈等子栏目；在巩固与提高栏目设计有项目总结、案例讨论和实践活动等子栏目。教材的知识结构按照学习习惯和学习思维循序渐进，由浅入深，深入浅出，理论概要与鲜活案例交互映证，激发学习热情，帮助全面深入了解、理解、掌握、应用相关知识，以满足学习者的学习需要。希望学习者有一个很轻松愉快的体验。

本书由国家开放大学（广州）、广州市广播电视大学管理学院院长黄安心教授策划编写，广东轻工职业技术学院秦佳楠老师参加部分内容编写。在本书编写过程中，杜敏、吴兴华、李兵龙、李霖、陈妍、黄澜屿、梅汉荣、刘慧、陈少芬、陈晶、赵敏、何石章、伍雪明、沙伟佳、刘凤绮、林冬妹、吕淑颜等老师付出了辛勤的劳动，在这里一并表示感谢！

本书编著者

目录

项目一　新型社区治理概述 …………………………………………… (1)
任务一　社区与新型社区 …………………………………………… (2)
子任务 1　社区含义、特征与类型 ………………………………… (3)
子任务 2　新型社区的含义及其特点 ……………………………… (7)
子任务 3　新型社区的形成及类型 ………………………………… (10)
任务二　新型社区治理的特点与作用 ……………………………… (14)
子任务 1　治理及社区治理概念 …………………………………… (15)
子任务 2　新型社区治理的特点与作用 …………………………… (19)
任务三　新型社区治理的原则与思路 ……………………………… (23)
子任务 1　开展新型社区治理的背景及意义 ……………………… (24)
子任务 2　新型社区治理工作的原则与思路 ……………………… (27)
巩固与提高 …………………………………………………………… (31)

项目二　社区治理理论与模式 ……………………………………… (34)
任务一　社区治理理论与社区建设理论 …………………………… (36)
子任务 1　社区治理理论及应用 …………………………………… (37)
子任务 2　社区建设理论与社区建设实践 ………………………… (43)
任务二　社区治理模式及其创新发展 ……………………………… (46)
子任务 1　国内外社区治理理论模式 ……………………………… (47)
子任务 2　社区治理模式创新 ……………………………………… (51)
子任务 3　社区网络化治理模式 …………………………………… (54)

任务三 新型社区治理模式探索发展 …………………………………………（57）
子任务1 新型社区治理模式探索 …………………………………………（59）
子任务2 新型社区治理模式的构建 ……………………………………（64）
巩固与提高 ……………………………………………………………………（70）
项目三 社区治理方法 ……………………………………………………（73）
任务一 社区治理基本方法 ………………………………………………（74）
子任务1 社区治理行政性方法 …………………………………………（76）
子任务2 社区管理工作方法 ……………………………………………（83）
子任务3 现代管理科学方法 ……………………………………………（87）
任务二 社区治理技术方法 ………………………………………………（91）
子任务1 社区调查研究方法 ……………………………………………（92）
子任务2 社区无缝隙管理方法 …………………………………………（97）
子任务3 社区工作方法 …………………………………………………（102）
巩固与提高 ……………………………………………………………………（110）
项目四 社区关系及管理体制 ……………………………………………（113）
任务一 社区关系及改善 …………………………………………………（115）
子任务1 社区关系的含义及特点 ………………………………………（116）
子任务2 社区关系内容及优化 …………………………………………（119）
任务二 社区管理体制 ……………………………………………………（128）
子任务1 社区管理体制及其特点 ………………………………………（130）
子任务2 农村社区管理体制 ……………………………………………（133）
子任务3 城市社区管理体制 ……………………………………………（139）
巩固与提高 ……………………………………………………………………（144）
项目五 社区行政管理 ……………………………………………………（147）
任务一 社区行政管理概述 ………………………………………………（148）
子任务1 社区行政管理的含义、特点及功能 …………………………（149）
子任务2 社区行政组织及改革 …………………………………………（152）
任务二 社区行政管理工作主要内容 ……………………………………（162）
子任务1 社区治安综合治理 ……………………………………………（164）
子任务2 社区外来人口管理 ……………………………………………（169）

子任务 3　社区文化教育管理 …………………………………………………… (174)
子任务 4　社区其他行政管理 …………………………………………………… (184)
巩固与提高 ……………………………………………………………………… (194)
项目六　社区公共服务 ………………………………………………………… (197)
任务一　社区公共服务概述 …………………………………………………… (198)
子任务 1　社区公共服务的概念 ………………………………………………… (200)
子任务 2　社区公共服务的分类 ………………………………………………… (206)
任务二　社区公共服务提供的模式 …………………………………………… (208)
子任务 1　国外典型的社区公共服务供给模式及借鉴 ………………………… (210)
子任务 2　我国社区公共服务的供给模式 ……………………………………… (213)
任务三　社区基本公共服务及体系建设 ……………………………………… (221)
子任务 1　基本公共服务与社区基本公共服务 ………………………………… (222)
子任务 2　社区基本公共服务体系的完善 ……………………………………… (226)
巩固与提高 ……………………………………………………………………… (232)
项目七　社区居民自治 ………………………………………………………… (235)
任务一　居民自治概述 ………………………………………………………… (237)
子任务 1　居民自治的理解与认识 ……………………………………………… (238)
子任务 2　社区居民自治的内容 ………………………………………………… (242)
任务二　城市社区居民民主自治 ……………………………………………… (245)
子任务 1　城市社区居民自治制度及实践模式 ………………………………… (247)
子任务 2　城市社区居民自治体系建设 ………………………………………… (255)
子任务 3　“城中村”社区居民自治 ……………………………………………… (263)
任务三　农村社区村民自治 …………………………………………………… (269)
子任务 1　农村村民自治概述 …………………………………………………… (270)
子任务 2　村级治理问题及完善对策 …………………………………………… (276)
巩固与提高 ……………………………………………………………………… (284)
项目八　业主自治与物业管理 ………………………………………………… (287)
任务一　业主自治制度概述 …………………………………………………… (289)
子任务一　业主与业主自治管理 ………………………………………………… (291)
子任务二　业主自治组织与运作形式 …………………………………………… (304)

任务二 社区物业管理服务及模式 …………………………………………………… (310)
子任务一 物业管理与社区治理的关系及处理 …………………………………… (312)
子任务二 社区物业管理服务工作的主要内容 …………………………………… (321)
子任务三 社区物业管理模式及其完善与发展 …………………………………… (325)
巩固与提高……………………………………………………………………………… (334)
参考文献 ………………………………………………………………………………… (337)

项目一
新型社区治理概述

任务导学

案例1　社区治理重在人人参与

作为番禺区“四个民生”工程示范点，广州番禺桥南街番奥社区的居民率先体验了“即办即取”的“一站式”服务。与此同时，以283名党员为代表的居民也以各种方式自发回馈社区，形成“人人为我，我为人人”的良好风尚。

假如你是广场舞爱好者，把社区大妈们组织起来，每晚找个合适的地方“众乐乐”；假如你有琴棋书画特长，在社区会所开个业余班，免费教老人小孩子吹拉弹唱；假如你愿意牺牲一点个人时间，参与社区巡逻队；假如你是法律工作者，免费为社区街坊提供法律咨询；假如你有时间与精力，在特定时间段照看一下社区的小孩子……人人为我，我为人人，这样的社区生活堪称“三心”——住得放心、玩得开心、活得舒心。

协同共享是伟大的互联网精神之一，每个人都将自己手上的资源奉献出来，供他人无偿或廉价使用，并享受他人的资源与服务，社会将进入“零成本社会”。如果把这种互通有无、互惠互利的新利他主义精神移植到社区生活中，对社区治理的促进作用也是巨大的。以共享消除陌生人之间的隔膜，用互助重构邻里之间的互信，使社区生活重拾人文精神，充盈人间温情，应成社区治理之荦荦大端。

倡导社区共享，需要政府的扶持与引导。社区治理需要大量人力、物力，完全靠社区居民有时难免力有不逮。譬如，义务开个艺术班，仅有一副热心肠远远不够，还要考虑场地、资金、人员、材料等问题，否则一开门便遇到实际问题。在社区力量不足的情况下，需要公共财政或专项资金适时介入，前期进行硬件投入，中期运营维护。财政支持只是一方面，社区治理还需要大量拥有专业背景的人才支持，这也是社区自身难以解决的难题，政府组织在这方面有优势。

激发社区共享，需要“三社联动”。在社区治理的成功经验中，少不了“社”的身影。“三社”即社区、社会组织、社会工作专业人才。社会组织作为“黏合剂”，起到黏合上下左右的作用，纵向与基层政府对接，横向将社区居民联结，善治功能明显。广州正在推动“三社联动”，将花大力气培育一批以城乡社区为主要活动区域，以服务社区居民、满足居民需求、促进社区发展为宗旨的社区社会组织。社会组织与专业社工亲身参与社区管理与治理，还将激发社区居民的自觉性与能动性，提高社区自治能力。

激发社区共享，需要居民自觉。社区治理成功不成功，不仅要看治理力，还要看自治力——社区居民的积极性与参与度。作为社区居民，也应该意识到，我们不仅是社区管理与服务的客体，还可以是主体，用力所能及的行动参与到管理与服务过程中来，为他人亦为自己创造一个美好的人文环境。

（资料来源：练洪洋，广州日报，2016－05－18）

任务导引：

新型社区是农村城市化发展与变迁的产物。这些新型社区如何治理？提升新型社区生活品质，实现新型社区和谐幸福的目标，是摆在基层社区管理与服务人员面前的重要难题，也是创新新型社区治理模式的重要课题。本案例中，番奥社区探索出的资源共享、即时服务、参与互助、信任奉献等社区治理的时尚做法与模式，值得学习借鉴。但不同的社区有不同的资源条件，也应有不同的方法，应当结合各地实际，创新新型社区建设与治理的思路。这就需要有对新型社区治理相关的知识、先进的理念和科学的理论作为指导，不可盲目行动。

学习目标

1. 了解社区的含义、特征与类型；理解新型社区治理的性质与特点。
2. 掌握新型社区的含义、重要性、特征及其形成；新型社区治理的背景、意义、原则要求及其主要思路。
3. 学会用新型社区治理的知识和思维，分析社区治理实际工作问题。

任务一　社区与新型社区

情境导入

情境1　不同的社区，治理模式各具特色

社区治理采取什么样的模式与社区性质特点相关。作为社区治理的主体——居委会、业主委员会、物业公司，被称为社区治理的“三驾马车”。这“三驾马车”如何各司其职、合力并进，共同治理好社区是一件比较困难的事。以下是上海市三个由居委会牵头，“三驾马车”齐心协力破解社区治理顽疾的成功经验。

情形1：在虹口区凉城新村街道秀苑小区，居委会、业主委员会、物业公司每周交流一次，居委会每年负责向业主发征询函，梳理出当年业主关注的6～7个共性问题，再与业主委员会及物业公司交流，指导并推动问题的解决；弥补了业主委员会部分功能的不足，据此“三驾马车”解决了小区屋顶漏水、墙面渗水等顽疾，监督了小区保洁、垃圾堆放等日常问题的处理行为。

情形2：黄浦新苑依托社区事务联席会议平台，在社区党总支的领导下，构建了“三位一体”的社区管理组织体系，形成了物业管理的工作合力，妥善解决了垃圾房改造成活动中心、监控系统、污水系统、绿化系统、饮水系统等工程项目。

情形3：位于长宁区的茅台新苑属于20世纪90年代初建设的次旧小区，虽然小区物业管理硬件条件较差，但物业管理水平和质量都比较令业主满意，其主要经验是在居民区党组织的领导下，由居委会、业主委员会、物业公司、社区民警、志愿者团队“五位一体”共同配合，有核心又有职能，有分管又有联合，较好地实现了社区善治。该小区先后被评为长宁区党建银奖单位、市级文明小区和市级平安小区等。

说明：从上述情形中，可以看出不同社区治理模式的差异性。因此，必须深入学习，调查研究和区分不同类型的新型社区，才能选择更好的社区治理模式，采取更为恰当的社区治理思路和策略。

任务要求

1. 通过文献研究获得与社区、新型社区相关的知识。

2. 通过现场考察和平时生活观察形成对各类社区的感性认识。

3. 能辨别各种不同社区类型，掌握不同社区的特点，并能提出不同社区治理的重点和设计出不同社区治理的思路、方案。

子任务1　社区含义、特征与类型

任务分解：

（1）了解社区相关常识，理解并掌握社区的含义。

（2）掌握社区的特征与类型。

知识准备：

一、社区的含义与特征

1. 社区的含义

英文community（社区）一词源于拉丁文，意思是人们生活的共同体和亲密伙伴的关系。首次将“社区”一词用于社会学研究的德国社会学家F. 腾尼斯（Ferdinand Tonnies，1855—1936）于1887年指出gemeinschaft（德文，一般译为共同体、团体、集体、公社、社区等）一词，表示一种由具有共同价值观念的同质人口所组成的关系密切、守望相助、存在一种富有人情味的社会关系的社会团体。它与重理性而不讲人情的gesellschaft（一般译为社会）不同。这个社区概念含义比较广泛，腾尼斯曾将其区分为地区社区、非地区社区（亦称“精神”社区）和亲属社区三个类型，并指出社会的发展趋势就是逐步从

gemeinschaft 向 gesellschaft 过渡。

中文“社区”一词则源于20世纪30年代初，费孝通先生在翻译滕尼斯的一本著作 *Community and Society* 时，从英文单词“community”翻译过来的，后来被许多学者引用，并逐渐流传下来。近些年，我国的很多社会学家开始对“社区”进行深入细致的研究，而且对“社区”的理解和认识都不相同。

我国的很多学者从生态学的角度来研究“社区”，并提出了诸多见解。例如范国睿认为：“社区是生活在一定地域内的个人或家庭，出于对政治、社会、文化、教育等目的而形成的特定范围，不同社区间的文化、生活方式也因此区别开来。”田雨会则认为：“社区是生活在特定的地域内的社会组织，并且社会组织地域之间有着明确的界限，通常被人们称为‘地域团体’。”

我国也有些学者从社会学的角度来研究“社区”。台湾三民出版社出版的《大辞典》把社区定义为：“自由组合在特定的区域或界限内的个人或家庭，提供基本的公共服务，其中包括学校、市场、医院、交通等公共基础设施，这个特定的居民生活区域被称为‘社区’。”在《社会科学大词典》中，社区被定义为：“聚集在某一特定的地域内的社会组织或群体，彼此之间相互关联的社会群体。”在《中国大百科全书》中，社区被定义为：“以特定地域为基础，地域内的居民之间具有共同的社会利益和意识，并且存在密切交往的社会群体。”

凡此种种，各学派根据自己领域的研究和实践又纷纷给社区界定了140多种含义。目前社会学界却普遍认为：社区是指具有某种互动关系和共同文化维系力的人类群体进行特定社会活动的活动区域。

2. 社区的特征

（1）社区具有地域性特征。社区是地域性社会生活的共同体。一定的地域是社区存在与发展的依托和物质基础。这种地域应该有一个明确的范围，小到一个自然村，大到一个城市，而不能把一个漫无边际的地域称作社区。

（2）社区具有社会性特征。社区是地域性社会实体，包含有社会有机体的最基本的内容。其一，社区包含一定数量和质量的人口。其二，社区包含一定数量的社会群体和社会组织。其三，社区包含居民的经济生活、政治生活和文化生活。其四，社区包含人们在社会生活和社会活动中结成的各种社会关系。

（3）社区居民具有一定的社区意识。社区意识就是社区居民对所在社区的心理认同感与归属感，是构成社区的必要因素，是社会心理因素。一个缺乏社区意识的“社区”没有凝聚力，并不是真正意义上的社区。

（4）社区是具有多重社会功能的社会共同体。社区首先是具有一定的经济与政治功能，如组织、开展生产经营活动或提供服务；贯彻执行法律法规与政策。其次是具有教育、文化功能。最后是具有社会管理和社会整合的功能，从而实现社区和谐。

（5）社区是不断发展变化的。社区是随着人类社会的发展不断变化发展的。从农村社区到城市社区，是不断发展演进的。无论是农村社区还是城市社区，其社会性质、内部结构等都随着时间的推移发生了一系列的改变。社区变化发展主要取决于生产力的发展。

二、社区的类型

社区是多种多样的，可以划分成不同的类型。但最基本的划分方法就是按照综合标准把社区划分为乡村社区、集镇社区和城市社区。

1. 乡村社区

乡村社区是指生活在某一特定地区的一群人，以农业生产为主，根据血缘和地缘关系结成的人类生活共同体。它具有地域依赖性更强，人口密度较低，经济活动简单，家庭发挥多种重要作用，乡村文化具有较多的地方色彩，村民的心理趋于保守型和情感型等明显的特点。

与其他社区一样，乡村社区也可进一步划分成不同的类型。（1）按乡村社区的聚落形态分类，可以把乡村社区分为集村和散村。（2）按经济活动的性质分类，可以把乡村社区分为农村、山村、牧村和渔村等。（3）按乡村社区人口规模分类，可以把乡村社区分为大村、中村、小村。（4）按行政组织关系分类，可以把乡村社区分为自然村和行政村。

随着社会的发展，乡村社区与外界的联系日益增多，乡村社区正在发生着变化：第一，地方自主权下降；第二，地方单位的服务区与自然社区的一致性程度在发生变化，社区外的服务区在扩大；第三，对社区心理认同感的变化，个人对当地越来越缺乏认同。

2. 集镇社区

集镇社区泛指各种规模不及城市大，但具有城市性质的、介于乡村与城市之间的过渡型居民点，也称为小城镇。

集镇社区最主要的特征在于它的融合性，这主要体现在几个方面：第一，集镇社区中既有从事农业劳动的农业人口，也有从事非农产业的非农业人口，还有同时从事两种活动的兼业人口。第二，集镇社区的经济结构往往是第一、第二、第三产业兼而有之，而且各行业之间的人口比例相差不大。第三，集镇社区的文化较多体现了城乡两种文化的交融，既有地处农村地区所特有的“乡土文化”，也有从城市接受的城市文化。第四，从生活方式来看，集镇社区既表现出明显的城市生活方式的特点，又具有农村生活方式的特征。

集镇有多种多样的形态，按不同的划分标准，可以将它们划分为几种不同的类型：（1）按照行政级别和规模划分，把集镇分为区级镇、乡级镇、村镇等三种类型。（2）根据主要功能划分，把集镇分为行政镇、商业镇、工矿镇、交通镇、旅游镇、卫星镇等类型。

3. 城市社区

城市社区是一个以非农业人口为主，人口密度高、高度专业分工、社会流动性大、异质性高的人类生活共同体。城市社区具有高密度、大规模的人口集中；人口异质化程度较高；城市社区的空间领域，形成了物质外貌、社会群体、人文生态环境不同的功能区；文化的多元化、现代性等特征。

城市社区也能够进一步划分为不同的类型。首先以人口数量为标准，可以把城市分为以下几种：特大城市，指市区非农业人口超过 100 万人的城市；大城市，指人口在 50

万~100万人的城市；中等城市，指人口在20万~50万人的城市；小城市，指人口在20万人以下的城市。其次，按照城市社区的不同职能可以把城市分为三大类：以几种职能为主的综合性城市；以某种经济职能为主的城市；以特殊职能为主的城市，如一些历史文化名城、边境城市等。

城市化的过程大致可以分为三个阶段：第一阶段是从18世纪60年代英国的工业革命时期到19世纪中叶；第二阶段是从19世纪中叶至20世纪中叶，欧美各国基本实现了城市化；1950年至今为第三阶段，一般称之为城市化的普遍实现阶段。

4. 混合型社区

混合型社区是指农村村民与城市居民混居的社区，主要是城乡接合部、郊区社区等，主要由农村社区城市化发展演变而成，如“城中村”社区、城镇旧村改造小区等。该类社区居民的主要经济来源已经不是农业生产活动，而是制造业、建筑业、服务业等第二、第三产业经济活动。由于地处城乡接合部，人员流动性大，社会结构复杂；城市生活模式开始发育生长；成员的文化背景不同；从事的经济活动多样化，且经济上相对独立。

混合型社区是改革开放以来，伴随着工业化、城市化发展的产物。此类社区在沿海发达地区城市乡村以及内地一些新兴城市、县级城市普遍存在，是一种快速发展的城市化的特有模式，也是城市化建设过程中的一个过渡形式。由于此类社区是以农村社区为基础，以城市社区为目标而建设起来的，因此它具有发展性、过渡性的特征。而此类社区既是政治文明、经济文明、社会文明、生态文明的聚合点，又是城市经济增长点、社会管理困难点、生态环境脆弱点，因此，对此类社区的治理工作对于推进整个城乡社区管理服务工作的开展有着十分重要的意义。

评价与反馈

请结合本子任务的学习和你的理解，填写表1-1。

表1-1

归纳社区的含义	概括社区的主要特征	写出社区的类型

子任务2 新型社区的含义及其特点

任务分解：

（1）考察并了解新型社区，区别一般社区与新型社区的含义。
（2）掌握新型社区的特点及其发展变化的趋势。

知识准备：

一、新型社区的含义与特点

1．新型社区的含义

所谓的新型社区（或“新型城乡社区”）实际上是按城乡一体、新型城市化发展要求和现代城市社区标准建立起来的现代城乡社区和混合型社区。成熟的新型社区的标志应是社区管理体制科学、运行机制灵活高效、基础设施完善、城市管理规范、公共服务均等、经济结构优良、生态平衡、社会秩序井然、人文和谐、治理体系健全的现代化城市社区。

2．新型社区的特点

以混合型社区为例（后同），新型城市社区，是以城市社区为建设目标，从农村社区发展而来，因此，新型社区建成后应具有城市成熟社区的特征。但目前的新型社区并未形成自身的特征，只是呈现社区建设与发展中的一些特点。

（1）居民结构的复杂性。新型社区居民结构相比较农村社区有很大的改变，一是居民重新进行了组合，打破了农村千百年来自然形成的邻里关系，从而淡化了传统的亲情关系，一些大家族的核心成员的权威性在下降，社会协调难度加大。二是外来人口的进入，打破了原有的社会结构，形成了以当地农村人口为居民主体，周边驻地机构单位职员和外来务工人员等新居民为补充的新的社会成员结构。如在广州市的萝岗、白云、番禺、南沙等区新型社区就是如此。社会结构复杂，管理难度加大。三是由于农村变城市，城市居民的特性日益增长，但传统的农村文化仍然在相当长时间内发挥重要作用，需要不断提高居民文明素养，才能实现由农村社区向新型城市社区转变的长远目标。

（2）社区文化融合的艰难性。新型社区，特别是经济开发、工业化形成的新型社区，大量是外来流动人口，这些人口素质较低，工作不稳定，滞留时间长短不一，由于老乡关系、亲情关系、朋友关系等因素的作用，又形成一些民间非正式组织，其中常常伴有影响社会稳定的帮派、团伙，甚至隐藏犯罪分子，发展成地方黑恶势力。正是这个原因，导致本地居民对外来人员有排斥心理，外来人口也很难融入当地社会。特别是在户籍制度没有改变和自身素质原因难以找到稳定工作的情况下，外来人口与当地居民容易产生文化上的对立和现实生活中的矛盾与冲突，成为社区和谐发展隐患的重要来源。因此，对流动人口的管理是新型社区管理的重点、难点工作，应创造社区共同生活交流的机会，增加外来人口与原居民的接触和交往，逐步实现外来人口与原居民的融合。

（3）经济发展的碎片化、劣质化。新型社区大多是工业化、城市化被动作用的结果，这不但导致传统的农村经济结构解体，也导致“村改居”①。农民变市民后不仅其原有土地支离破碎，难以支持独立生产发展，而且由于文化素质、专业知识、经营管理能力水平等原因，大量失地农民即新型社区居民主要靠打工、吃征地补偿费、出租房屋、从事“三产”等方式来维持生计。由于文化生活贫乏，素质教育不到位，导致部分人不学习、不劳动，靠房屋租金和分红吃息，形成了新的“二世祖”现象。一些居（村）企业往往承接政府不愿投资的对资源环境破坏性较大的投资项目，或者盲目投资，导致企业成功率不高，环境污染严重，经济环境进一步恶化。

（4）社区治理转型阻力较大。新型社区中原有的管理者主要是“村委会”（村党支部委员和村民自治委员会）。1949 年后从生产队到村委会，一些地方随着经济发展还普遍成立了经济社、经济联合社，还办起了公司。村委会依靠这些经济组织，拥有一定的经济实力和权威，一些农村治理得非常好。但“村改居”“农转居”之后，以居民自治为核心的社区自治管理体系的建立，需要将经联社、公司从村委会中剥离出来，一些村干部不再兼任村集体经济组织的领导职务；接着还要将村民委员会改制为居民委员会，成立相应的专门委员会来运作和监督居民委员会的活动；还要成立业主委员和其他民间组织来开展新型社区的治理活动。这种以民主管理为特征的社区自治管理模式彻底改变了传统的家长式农村管理模式，对一些基层干部的既得利益冲击较大，同时对社区治理转型产生的阻力也不小。

（5）社区建设滞后于经济发展。由于新型社区主要是工业化、城市化发展的产物，所处地带多为经济开发地带，经济建设明显重于社区建设，存在社区建设的历史欠账问题。由于位于城市边缘地区，大多数地区在地域上已归属于城市，但这些地区不仅房屋、卫生、市政管理均不到位，市政及公共服务设施不配套，而且环境卫生差，污染严重，居民的基本生活条件得不到保障。由于城市规划滞后，建筑布局混乱，管理不到位，乱盖乱建、违法违章建筑十分普遍。建成的房屋由于缺少设计和技术支持，当地存在大量“一线天”“黑洞洞”“握手楼”建筑。由于土地权属不明，致使宅基地审批、分配、建设和管理混乱，基本处于无序状态，“两违”建筑多，大量兴建临时建筑，盲目发展“马路经济”和“围墙经济”，经济发展处于粗放、低水平状态，而且还使得本地区耕地越来越少，环境污染越来越严重。

二、新型社区的变化趋势

新型社区虽然存在一些现实问题，但经过长期发展，与传统的农村社区相比，也发生了明显的变化，逐步向城市社区目标迈进。

1. 社区社会背景发生变化

相对于传统的城市社区而言，新型社区主要以工业化、城市化、城乡一体化为背景，

① “村改居”是指成建制地将农村的村改为城市的社区，与此同时就出现了另一个词“农转居”，即农村户籍的农民或村民的身份转为城市社区居民身份。另外还有“农转非”的说法，即从职业上和粮食供应角度划分为农业人口转变为非农业人口。

即工业化、城市化过程中农村居民不断变身为城市居民，包括“农转居”和外来务工人员中的部分人员留下来成为“新居民”。社区构成则是以“农转居”居民为基础，包括原有农村居民和新居民，形成复杂不稳定的社会结构。

2. 社区联系纽带发生变化

传统社区是以人际关系、亲缘关系等情感因素作为沟通合作的纽带，“熟人社会”的高社会资本存量减少了居民沟通合作的成本，保障了合作效果。而新型社区作为现代社区是以社区公共利益作为沟通合作的纽带，社区的地缘因素影响较少，社区的熟识度较低而异质性强，若在公共利益难以达成共识，则不利于社区和谐发展。

3. 社区治理格局发生变化

传统的农村社区是以村委会领导为权威、以集体经济实力为后盾、以村民的忠诚为基础建立起来的带有乡村社区自治和单位制经营管理双重性质的社区。其中的乡村社区自治，由于体制原因主要表现为社区行政化特征，即政府将自己的职能转移到村民委员会，使村委会无暇顾及自己的职能履行，成为乡（镇、街）政府（办事处）的下属行政机构，从而使其自治性质发生变异。单位制经营管理主要是通过经济合作组织（经济社、经联社、股份公司等）给村民创造就业机会和带来工资收入、分红、福利等。新型社区改变了原有的治理格局，逐步形成社区多元主体（党组织、政府机构、民间组织、服务企业、驻地单位和居民）共生、共建、共治、共赢的社会治理新格局。

4. 社区治理理念和模式发生变化

传统的社区治理中强调政府指导的计划式管理，有很强的行政化特征，而现代新型社区治理理念强调社区各类主体和资源的共同作用，实现资源效用最大化。在治理模式上，不仅要发挥政府的作用，还要发挥市场、社会的作用，通过治理的社会化和市场化，调动多方力量参与社区治理。政府职能更多体现为对基层自治系统的支持和实现公共服务在基层的延伸。由于政府仍然掌握大量行政资源，因此必须发挥政府的重要资源支持作用和政策调控作用。

5. 新型城市化创新发展的试验田

由于新型社区是按照新型城市化发展的要求来建设和管理的城市新区域，可以重新设计、规划，推行最新的理念和模式，进行引进、消化吸收试验，探索新型社区的建设路径和治理模式。同时新型社区不存在老旧城区的历史遗留问题，特别是系统性“城市病”问题，建设和管理环境较好，容易出成果，对其他社区建设和管理具有牵引作用。当然，新型社区往往有农村社区转为城市社区的基本素质、环境条件和生活方式等方面的问题，但由于普遍存在强有力的村级管理精英和集体经济组织实体，更有条件做一些社区建设、管理和发展方面的项目，推进城市化的进程。

评价与反馈

请结合本子任务的学习和你的理解，填写表 1 – 2。

表 1－2

归纳新型社区的含义	概括新型社区的特点	写出新型社区的发展变化趋势

子任务 3　新型社区的形成及类型

任务分解：

(1) 考察并了解新型社区，区别一般社区与新型社区的含义。
(2) 考察并了解新型社区的类型，掌握不同类型新型社区的特点。
(3) 掌握新型社区发展变化的趋势。

知识准备：

一、新型社区形成的历史条件

1. 西方社区形成的历史条件

西方社区的发展已经历了一百多年，其由来是有一定的历史渊源的，具体历史条件如下：

(1) 18 世纪的工业革命后，大都市的出现为社区的产生奠定了物质基础。工业革命带来的直接后果是人们逐渐摆脱了农业文明对于土地的依赖，形成了大都市。都市的规模使城市的治理产生了根本的改变，社区正是在这种条件下应运而生。

(2) 自由市场经济的出现使阶层和居民出现了明显的分化，为社区的产生创造了地域条件。自由市场经济的发展给城市的发展带来了无穷的活力，同时也使社会阶层产生了分化。而这些阶层在城市的分化不仅体现在政治上，甚至在聚居地域上也形成了分化。芝加哥学派伯吉斯的圆圈理论认为，用简化了的“同心圆”可以很好地表征城市社区结构模型：由中心商务区—贫民区—公寓带—别墅带—卫星城依次向外延伸，沿直径方向楔入了黑人、拉丁移民、亚洲移民等楔状种族聚居带。这些分化形成的地块，甚至会通过吸引同质人群的加入以强化自身特征。这实际上就是西方城市社区的缘起。可以说，城市社区是自由市场经济在城市地域空间上的表征和投影。

(3) 社会团体和非政府组织的强大为社区的产生和发展起到了推动作用。市场经济的发展，政府治理，同时也带来了社会团体和非政府组织的发展。政府并不是全能的政府，市场也有失灵的时候，这时随着社会组织的强大有效地弥补了这些缺陷，使社区的各种服务和社会保障更加完善，这在很大程度上促进了社区的进一步发展。

2. 我国新型社区形成的历史条件

（1）城市化发展的必然结果。根据经济和社会发展的规律来看，城市化是一个国家走向现代化的必然选择，是社会发展的必然趋势。我国现阶段城市化进程的发展速度已经大大加快，中国政府在《2020年远景规划目标》中提出了我国要在2020年实现城市化，即城市化率达到52%。

（2）市场经济发展的必然结果。自改革开放以来，市场经济的快速发展带来最为直接的影响是打破了原有的单位制，人们已经不再以单纯的单位而聚居。美国著名的社会学家麦肯锡就认为经济活动是社区过程（人口空间运动和安排）的决定力量。经济驱动力的作用与西方的社区形成相似，但由于收入的差距而引起了阶层的分化，而阶层的分化又导致了聚居地的分化，出现了以别墅、豪宅为主的高端社区，以花园洋房为主的旧城社区和外来人口聚居的“城中村”社区等。

（3）行政体制改革的必然结果。自从我国行政体制改革以来，政府的治理模式就发生了很大的改变。以“改革城市基层管理体制，强化社区功能”为宗旨的城市社区建设运动，目标之一就是动员社区居民、社区单位及社区非政府组织等力量共同参与社区治理，弥补政府在城市基层管理中能力之不足。

（4）交通网络发展的必然结果。自改革开放以来，我国的交通网络得到了很大的发展。一是公路、铁路干线的高速发展，促进农村人口向城市流动，不断向城市提供“新市民”。截至2015年年底，中国高速铁路运营里程突破1.9万公里，高速铁路与其他铁路共同构成的快速客运网已超过4万公里，基本覆盖中国各省会及50万以上人口城市。二是城市轨道交通的高速发展，扩展了城市空间，促进了城市周边新型社区的大量出现。据统计，截至2016年末中国内地共30个城市开通城轨交通运营线路达133条，总长度达4 152.8公里。城轨交通全年完成客运量总计160.9亿人次，同比增长16.6%。

二、新型社区的类型

新型社区的出现主要是企业、资本等市场经济因素推动，政府积极推进、城市化、城市更新等行政因素以及社会公益服务等社会因素推动发展的，同时也存在商品经济自然发展因素的作用。

1. 成片开发的大型商品住宅小区（社区）

此类社区主要是应城市扩张、经济开发和高收入阶层享受型住宅服务需要而产生的新型社区类型。此类社区的特点是：规模大，独立形成社区，特大的如广州的凤凰城、祈福新村等，较大的常见于城市新开发地带的众多的高尚住宅小区；社区管理服务以开发商建立的物业公司为主体，采取市场化管理服务方式，管理智能化、品牌化、专业化、星级化，效率高，品位高，规范有序；社区人员素质高，文化多元，因追求公益而易于合作共治；由于以高素质的“新市民”为主，当地农村居民往往被社区新型文化所同化，提升了当地的文明程度。主要存在的问题有：进城交通不便；周边生活及城市市政配套设施不完善；易受周边少数低素质村民袭扰，与周边村民易产生经济纠纷；等等。

2. 工业化自然村（镇）社区

它是在自然村（镇）社区基础上，因为工业化等经济因素发展起来的自然村镇社区。此类社区与自然村镇社区相比，主要特征是经济发达，人们收入水平高，消费水平高，生活观念有一定的更新，但其他方面没有明显变化。特别是文化素质方面没有变化，一些传统陋习没有改变，部分村民在富裕起来之后，易产生“小富即安”“夜郎自大”和“自我膨胀”的心理，不但不思进取，反而超前消费，追求享乐，游手好闲，很快又陷入生活困境。另外，此类社区由于房屋租金较低，小型企业多，服务业多，用工对人员素质要求不高，因而集聚大量素质不高的外来人口，人员混杂，社会问题较多，特别是治安问题比较严峻。珠江三角洲、长江三角洲等沿海开发地区的农村大量存在此类村镇，比较典型的如东莞、顺德、苏州等地的农村社区。

3. 建成区内村（镇）（又称“城中村”）社区

它是指由于城市发展需要，被规划到城市建成区内的原本位于城市郊区的村（镇）。大中城市，特别是中心城市的农村，原本郊区都算不上，但是城市化太快，很快变成城市市区。如广州、深圳等大都市，大量存在这种“城中村”。在城市街区中称某某村的都是由农村演变而来的。此类社区兼有前一类社区的特征。同时由于主要是被动城市化，不一定有很好的工业化基础，该类社区也呈现明显的农村社区的特征。此类社区在规划建设方面普遍存在严重问题，“一线天”“接手楼”“接吻楼”“高危楼”大量存在，地下设施不配套，楼体质量低劣，容易产生安全问题。另外存在大量的出租屋和外来人员，社区结构复杂，往往存在一些治安问题。

4. 经济移民村镇社区

它主要是考虑社会经济发展需要，如水电开发建设需要，由行政或民间力量推动形成的新型农村居民集中生产经营生活区域。这种新型村镇社区主要有两类：一类是政府推动形成，主要考虑全国或者地区经济发展需要进行的有规划、有步骤的移民活动，如“三峡移民”新型村镇、长江流入退田还湖“移民新村”、新农村建设“示范村”、广州开发区科学城、知识城征地拆迁安置小区等。另一类是由于民间力量，主要是企业推动，如“土地置换”“土地入股”“宅基地补偿”等方式推动形成的移民新社区。如苏州等地通过“三个集中”（土地向规模经营集中、产业向园区集中、人口向城镇集中）、“三大合作”（社区股份合作、土地股份合作、农业专业合作）实现农村管理体制和社会变迁，产生“新城—新市镇—新型农村社区”。使农民迁出原来居住地，在中心村、小集镇或建制新开发物业小区安置移民，从而形成经济移民村镇新社区。此类社区由于打破了居民传统生活、生产经营交往圈，加上居民文化素质不高，长期的经济来源困难、人际心理需求不能很好满足、生活习惯不适应、老人照看等成为主要问题，需要指导就业、社会保障和心理疏导等服务。另外社区建设的配套工程存在一些不足和滞后的问题，社区专业化的管理服务也没有跟上，存在历史遗留、生态环境恶化、社会秩序混乱和社区管理服务质量不高等一系列问题。

5. 灾后重建新村镇社区

它主要是由于洪水、地震、战争等自然或人为的因素导致原有村镇社区遭到破坏，而由政府出面规划，政府及社会各界出资或捐助，重新选址，按当时社会要求（如捐助者要求）、经济发展需要及政策法律规定，建设的综合性新型村镇社区。如四川省汶川

"5·12"特大地震后建设的大量移民新村镇。此类村镇建设往往得到全社会，乃至国际上的关注，建设标准较高，按城市建设和防震标准、要求来建设，社区管理服务标准要求当然也高。社区建设、经济发展和社区管理要同时考虑。但此类社区人群由于受到灾害的侵袭、伤害较重，人们或多或少地存在心理上的问题，不但需要物质上的支援，更需要心灵上的呵护和疏导。

6. 专能社区

它主要是在城市化发展过程中，形成的具有地域特色的经济、社会、文化、生态特殊功能的新型社区，如生态保护区、物流仓储中心、加工集贸市场、科技创新园等专能社区。一些自然环境优美、历史文化资源丰富、有乡村民俗传统的城郊农村或"城中村"可以建成休闲度假区、特色小镇旅游区、生态农业示范区、土著风情区、文化创意区、科技创新园等城市专能社区。一些地处交通要道的城郊农村或"城中村"可以建成物流仓储中心、加工集贸市场等专能社区。此类社区主要体现社区对城市社会经济及生活的专项价值，但很容易忽视社区的社会属性，容易产生劳资关系不和、员工生活不便和心理压力大而出现的心理问题，需要当地区、街（镇）的公共配套建设和公共服务来化解。

7. 高端生活区

随着网络化、智能化发展，伴随着健康、生态、休闲、开放等先进理念的传播，一些发达城市出现了智慧化物联网社区、e社区、云端社区、生态社区等新型高端社区。这些社区主要集中于城市或郊区，占有好山、好水、好风光，绿化率高、容积率低、空气质量优、生态环境好、社区服务智能化。此类社区房屋限高18米，容积率在1.5以下，建筑类型包括Townhouse、独立别墅、多层住宅及其派生物业。低密度住宅中的密度从专业上来讲应指容积率，是相对于城区容积率较高的高层建筑而言的。城区住宅的容积率一般在3~6。城市CBD（中央商务区）中心地段容积率更高，如广州的东塔地块容积率达13。另外这些社区生态环境建设要求高，按海绵城市标准的要求来建设。社区服务充分利用现代高科技和网络信息技术，建立社区物联网系统平台，打造智物联网社区，提供高品质现代物业服务。建立诸如社区和大堂人脸识别、车牌识别、自动扶梯、智能家居系统等，可通过终端的APP管理与生活息息相关的各项社区信息、物业服务、生活服务。此类社区的特点是业主素质、收入水平相对较高，社会交往多，能量大，民主意识和参与意识强，消费水平高，个性化差异明显。因而，对设施设备条件、生态环境、生活品质、管理服务要求高，管理难度大。

评价与反馈

上文提到了新型社区的含义、特征、类型及其形成的相关知识。选取一个你认为比较典型的新型社区，运用这些知识对其进行深入分析，并填写表1-3。

表 1－3

社区名称	社区简述	有何种特征	属于何种类型	如何形成

任务二 新型社区治理的特点与作用

情境导入

情境 2 新旧社区治理有何不同?

改革开放以来，各地新型社区在建设中形成了不同新型社区治理模式。要做好新型社区治理必须先了解和认识这些社区治理模式，看看有什么不同。以下选择了两个社区治理典型，一个是老旧社区，一个是新型城市社区，看看它们的治理思路有什么不同。

情形 1：槐荫区中大街道裕园社区是个老旧社区，由于缺乏物业管理，开放式小区的卫生状况尤其是楼道卫生，一直是让小区居民头疼的事情。于是，槐荫区中大街道裕园社区由居委会牵头，组织热心居民、大学生志愿者、城管等多方参与小区楼道卫生的治理。从 2010 年 7 月开始，裕园社区居委会陆续接到居民的建议，希望居委会能采取措施将楼道彻底清理。通过近半个月的入户了解，居委会发现 80% 的居民都同意将小区楼道彻底清理。有了居民的支持，居委会开始行动起来。裕园居委会购买了涂料，发给各楼楼长，让他们带头粉刷。对于积极清理楼道小广告的居民，居委会拿出 2 000 元作为奖励。此外，居委会利用社区快报，及时对各楼的粉刷进度及小广告的清理情况进行统计，并张贴在小区公告栏里，让居民随时了解治理进展。居委会的一系列措施得到了小区居民的一致支持。居民们都争着打扫楼道，并将没有利用价值的杂物清理到社区小广场上，由环卫工人集中清运。有些上班族白天没时间，等到下班回来再粉刷，能一直忙到晚上 10 点钟，大学生志愿者和城管队员也来帮忙。经过近两个月的努力，裕园小区 16 栋楼的楼道全部粉刷一新，杂物也基本清理完毕。小区取得了良好的治理效果。

情形 2：武昌区南湖街是在原南湖机场旧址上于 20 世纪 90 年代起开发建设逐步形成的新型纯居民住宅小区，是全市唯一一个全部由物业管理小区组成的街道。南湖街在基层参与式社区治理体制上进行了有益的探索和实践。一是实行由社区居委会、业主委员会和物业公司三者协调联动的小区管理“三方联动”工作机制，改变了各自为政、互不买账，缺乏支持配合的痼疾，使三方在小区管理中行动一致，形成合力，提高了治理效果。二是积极引导广大居民开展邻里文化活动。倡导“以邻为亲、以和为贵、以文为根、以助为乐、以诚为本”的邻里文化精神，通过连续举办12届邻里文化节、7届感动南湖人物评选、四大板块常规文化活动等举措，将居民的视线从小家庭转入大家园，让居民在活动中先认识、后结交、再关心，破解新型小区居民之间互相提防、彼此冷漠的问题。提升了居民的家园意识，促进了邻里间的团结和睦，邻里文化活动已成为推动和谐南湖建设的一股“精气神”。三是以志愿者服务为特色，促进居民自我教育、自我管理、自我服务。为解决社区居民群众的多样化需求，组建各类志愿服务队伍25支，注册志愿者达到6 900余人，协调各方力量共同解决居民们的需求和矛盾，在社区志愿者力量的推动下，社区氛围日趋和谐，这种“和谐之力”通过各种渠道辐射到社区治理各个领域，成为一股促进社区发展、约束社区规范的柔性力量。

说明：从上述情形中可以看出，不同的新型社区的治理模式呈现出各自的特色。老旧社区容易发动居民，参与积极性高；新社区需要建立联动机制，开展引导活动，居民交流和志愿者力量才能发动，逐步形成社区和谐力量。因此，必须深入学习，现场考察，研究和区分不同类型的新型社区治理的典型，总结出各自的特色，才能选择更好的创建社区治理模式，提高社区治理的效果。

任务要求

1. 通过文献研究，收集整理有关治理和社区治理的概念知识，理解治理及社区治理的含义。

2. 通过学习研究、比较分析，理解并掌握新型社区治理的特点与作用。

子任务1　治理及社区治理概念

任务分解：

（1）通过查阅文献，收集整理治理及社区治理的概念，并归纳概念描述的含义。

（2）通过比较分析，理解治理的特性和社区治理的特点。

知识准备：

一、治理的概念及特性

1. 治理的概念

在中国，“治理”作为一个政治用词，其起源可以追溯到先秦时期。从诸子百家的典籍中，我们可以发现“治理”主要有以下几个含义：第一，指统治。这是治理最原始和基本的意思，反映了统治者对社会的统治和统治者与被统治者的关系。如《商君书·更法》中的“治世不一道”，《老子》中的“治大国若烹小鲜”，《孟子·滕文公》中的

“或劳心，或劳力。劳心者治人，劳力者治于人，治人者食于人”，等等。第二，指秩序、安定。统治者通过其治理活动所达到的政治稳定、社会平定的目标，与“乱”相对。如《诗经》：“烹鲜烦则碎，治民烦则乱”，《墨子·兼爱上》：“天下兼相爱则治，交相恶则乱”，《孟子·滕文公下》：“天下之生久矣，一治，一乱”，《礼记·大学》：“国治而后天下平”。第三，指整顿、惩处。指统治者为达到一定的目标，对政治和社会事务的管理过程，如治沙、治水、治河、治乱等。

英文中的“治理”（governance）源于拉丁文和古希腊语，原意为操纵、引导和控制。长期以来，它与“统治”（government）一词交叉使用，并且主要用于与国家的公共事务相关的管理活动和政治活动中。但“英文中的 governance 既不是指统治（rule），也不是指行政（administration）和管理（management），而是指政府对公共事务进行治理，它掌舵而不划桨，不直接介入公共事务，只介入负责统治的政治与负责具体事务的管理之间，它是对于以韦伯的官僚制理论为基础的传统行政的替代，意味着新公共行政或者新公共管理的诞生，因此可译为‘治理’”①。这一理解使国家和社会的关系悄然发生了变化，使得原本由国家（政府）独享的领域，引入了社会因素，形成两者之间的合作，并在特定领域内共同行使社会管理职能的局面。正如英国学者罗伯特·罗茨（Robert Rhoads）指出的，治理意味着“统治的含义有了变化，意味着一种新的统治过程，意味着有序统治的条件已经不同于以前，或是用新的方法来统治社会”。

联合国全球治理委员会在 1995 年发表的《我们的全球伙伴关系》的研究报告中对治理的定义是：“治理是公私机构管理其共同事务的诸多方式的总和。它是使相互冲突的或不同的利益得以调和并且采取联合行动的持续过程。它既包括有权迫使人们服从的正式制度和规则，也包括人们和机构同意的或以为符合其利益的各种非正式的制度安排。”②

我国学者俞可平综合上述观点，对“治理”的基本含义做出了总结：“‘治理’一词的基本含义是指在一个既定的范围内运用权威维持秩序，满足公众的需要……目的是在各种不同的制度关系中运用关系去引导、控制和规范公民的各种活动，以最大限度地增进公共利益。”③

综上所述，“治理”即是各种利益相关者共同参与公共事务管理的过程，其核心是平等的协商和对话，并由此形成一致性的目标和行动规则，从而去约束各方参与者的行为，实现公共利益的最大化。

2.“治理”的特性

尽管不同学者从不同角度对治理有不同的理解，但基本上都概述出了治理所具有的共同特性④。

（1）多元性与互动性。多元性主要是指参与主体的多样化，不仅包括公共部门的行动者，还涵盖私人部门的参与者。正如韦勒所言，治理就是意味着越来越多的行动主体

---

① 毛寿龙．西方政府的治道变革［M］．北京：中国人民大学出版社，1998：4.

② 塞纳克伦斯．治理与国际调节机制的危机［J］．国际社会科学杂志，1999（1）：93.

③ 俞可平．治理与善治［M］．北京：社会科学文献出版社，2000：5.

④ 吴慧平．西方大学的共同治理［M］．北京：北京师范大学出版社，2012：108－109.

加入公共决策的过程，在互动中对决策产生影响。互动性则是强调治理作为一种管理过程所具备的动态性与开放性，而不是一种静态的结构与规则。

（2）协商性与合作性。协商性实际上就是各类利益群体之间的一种妥协关系，这其中包括公权力的分享和利益团体之间的博弈，即在实现社会整体利益的前提下，政府和利益集团各自都有自己合理的定位。合作性则是由于公私部门之间的资源互赖关系而必须做出的一种生存选择。正如罗西瑙认为，治理是一种由共同的目标所支持的活动，这些管理活动的主体未必是政府，也无须依靠国家的强制力量来实现，而是需要公私部门行动者的联合行动。

（3）混沌性与革新性。“混沌性”意指权力和责任边界的模糊性，对此，格里·斯托克做出了解释：“治理意味着在为社会和经济问题寻求解决方案的过程中存在着界限和责任方面的模糊性。”另外“混沌性”还包含有“治理”这一术语使用范围过于宽泛的特性，罗伯特·罗茨归纳了治理的六种不同的用法。革新性则是意指治理作为一种新的管理理念，将会使陷于困境的行政管理改革局面呈现一种新的气象。罗伯特·罗茨认为治理是一种统治社会的新过程与新方法，最终将使得政府的意义有所转变。

二、社区治理的概念

1. 社区治理的含义

关于“社区治理”的含义，不同的学者有着不同的定义。美国政治学学者埃莉诺·奥斯特罗姆经过研究发现：社区治理通过借助既不同于国家，也不同于市场的制度安排，可以对某些公共资源系统成功地实现开发与调适。① 国内学者魏娜认为：社区治理对政府和公民的要求都很高，它要求政府有极高的责任感，公民有极高的责任心，这样它们才可以在社区治理的工作中担当重任。②

所谓“社区治理”是指政府、社区组织、居民及辖区单位、营利组织、非营利组织等基于市场原则、公共利益和社区认同，协调合作，有效供给社区公共物品，满足社区需求，优化社区秩序的过程与机制。另外，社区治理是治理理论在社区领域的实际运用，它是指对社区范围内公共事务所进行的治理。社区治理是社区范围内的多个政府、非政府组织机构，依据正式的法律、法规以及非正式社区规范、公约、约定等，通过协商谈判、协调互动、协同行动等对涉及社区共同利益的公共事务进行有效管理，从而增强社区凝聚力，增进社区成员社会福利，推进社区发展进步的过程。③

在我国，城市社区治理模式由行政型社区向合作型社区和自治型社区发展的过程，是社会经济体制改革和社会结构调整在城市社区发展中的一种反映，它代表着我国城市社区发展的方向。建立在合作主义基础上的新型政府与社会关系、社区制逐步取代单位

① 奥斯特罗姆．公共事务的治理之道［M］．余逊达，陈旭东，译．上海：上海三联书店，2000：2.

② 魏娜．我国城市社区治理模式：发展演变与制度创新［J］．中国人民大学学报，2003（1）：135－140.

③ 史柏年．社区治理［M］．北京：中央广播电视大学出版社，2004：62.

制，以及城市街道制体制的改革，代表着我国社区发展与制度创新的基本思路。①

随着社区治理的兴起，新的社区治理结构也逐渐形成。社区治理结构是指政府、社区组织、其他非营利组织、辖区单位、居民，合作供给社区公共产品，优化社区秩序，推进社区持续发展的制度和运作机制。②

2. 社区治理的特点

综合前述有关社区治理的含义和相关理论观点，社区治理具有以下特点：

（1）社区治理的主体多元化。在社区治理主体中，政府仍然起主导作用，但不再是唯一的主体，政府同其他治理主体，例如企业、民间社会组织，甚至个人一起，构成社区治理多元主体，它们共同决定和处理社区公共事务。

（2）社区治理的目标综合化。社区治理除了传统的、主要来源于政府的明确的政治、经济、城市建设任务目标之外，还要关注治理过程中相关的社会文化目标、生态环境目标，应立足于推动社区治理整体文明进步。除此之外，还要培育社区居民参与公共事务管理的意识和能力，改善社区治理组织体系，建立社区共治制度机制等。

（3）社区治理的内容精确化。社区治理涉及的内容非常广泛，一方面是社区基本公共管理服务，它包括社区管理服务、社区安全、社区卫生与健康、社区生态环境及物业管理、社区文化教育、社区福利、社区保障等；另一方面涉及社区个性化服务。所有这些服务，需要精确到人、到项目、到标准、到过程，才能赢得服务对象的好评。

（4）社区治理过程的交互化。社区治理需要改变过去政府行政管理自上而下的单向、指令式的作用方式，通过多元互动、协同目标、协商议事、协作共建等方式来实现，通过沟通协调，凝聚共识，让居民发自内心地接纳和认同所采取的共同行动方案，共同治理社区公共事务。

3. 社区治理的基本价值

社区治理涉及理念原则、制度建设和实践过程等不同层面。社区治理所包含的最基本的价值观念是社区居民利益的主体性和本位性。从社区公共决策及执行必须符合社区的整体利益和最大利益出发，迈克尔·克拉克和约翰·斯图尔特总结了社区治理的六个原则：①地方政府应当更加关注地区的整体福利；②地方政府在社区治理中的角色，只能根据它是否贴近社区和社区市民，是否使他们增权来评判；③地方政府必须承认其他公共、私人和志愿组织的贡献，其职责在于促进而不是控制这些贡献；④地方政府应当保证社区的全部资源被充分用于满足这个地区的利益；⑤为了最好地利用这些资源，地方政府需要认真考察如何才能最有效地满足居民的需要，准备以许多不同的方式实施；⑥要证明自己的领导能力，地方政府必须努力地了解、协调和平衡各种利益差异。这些

---

① 魏娜. 我国城市社区治理模式：发展演变与制度创新［J］. 中国人民大学学报，2003（1）：135－140.

② 陈伟东，李雪萍. 社区治理与公民社会的发育［J］. 华中师范大学学报，2003（1）：28.

"社区治理"原则的共同主题是如何"使权力的运作尽可能地接近市民和地方社区"。①

社区治理所包含的另一个重要理念是"相对自主"的国家观和政府观。更多的人认识到政府同市场（企业）和市民社会（公民组织）一样，是社会的主要制度化行为者之一，是一种组织。过去，政府常常被视为公民处理和参与公共事务的基本平台和主要形式，而事实上政府作为一个相对自主和独立的组织，具有其自身的目标、运作程序和特殊利益。因此，政府的政策有时会出现偏差，很难体现"全能政府""全民政府"的角色。正因为如此，政府一方面应当规范自己的行为，明确政府与社区之间的职责功能，划清权责利界限，并向社区提供良好的治理制度与政策服务；另一方面应当指导基层社区治理组织体系建设，保证社区各类组织的健康发展，促进多元治理体系的形成。

评价与反馈

请结合本子任务的学习和你的理解，填写表 1-4。

表 1-4

学习对象	归纳出学习对象的概念	写出学习对象的特性或特点
治理		
社区治理		

子任务 2　新型社区治理的特点与作用

任务分解：

（1）通过查阅文献，收集整理有关社区治理的特点的描述；认识社区治理对和谐社区建设和提高社区生活品质等方面的主要作用。

（2）通过调查研究，比较分析，理解社区治理的特点；了解不同的作用主要是由哪些主体完成或实现的，这些作用是否可以持续下去。

---

① MICHAEL C, STEWART J. Community Governance, Community Leadership and theNew Local Government. London: The Commonwealth Foundation. [EB/OL]. [2004-03-05]. http://www. jr£ org. uk/knowledge/finding//government/lgrl 19. asp.

知识准备：

一、新型社区治理的特点

与一般的成熟社区相比，新型社区是一种向城市社区过渡的建设性城市社区，其社区治理具有一些过渡性、发展性特征。

1. 经济权利意识开始萌发

由于新型社区同时又是物业小区，房屋的产权明晰，业主身份明确，社区内居民的权利意识明显增长，特别是经济权利意识的增强。对于大多数居民来说，住宅不动产是其各项财产中最大的一项，同时居住消费具有长期性的特点。它不仅包括前期的购房消费支出，更包括后期的家庭装饰装修、家具家电等消费支出；长期使用过程中的水、电、气、暖等方面的长期消费支出；以及房屋大、中修及设施设备改造以及物业管理消费支出。因此，一旦居民在某个社区内购房置业，他的利益就与该社区紧密地联系在一起。当其财产受到侵犯时，就会积极地进行自我保护。目前在各地许多小区内的业主维权运动就是明显的表现。

2. 对公共事务参与意识逐步加强

新型社区内的居民不仅拥有个人的房屋财产，更重要的是由于物权法赋予业主的共同管理权，使业主之间形成共同利益。这种共同利益不仅表现为社区的环境、治安、服务等的一致需求，而且表现为通过业主大会和业主委员会参与这些共同事务的决策与监督管理。如通过业主大会决定聘选物业公司来进行小区的日常管理工作，通过推选的业主委员会来决定专项维修基金的管理和使用。在传统的农村社区内，村集体的共同事务往往是由村委会来面对和处理的。正是这种公共事务共同参与的历史习惯，不但有利维护业主的共同利益，而且也保持和培育了民主管理、自治管理的意识能力，促进了新型社区治理意识与能力的转换与形成。

3. 社区认同感的初步形成

衡量一个地理上的区域是否形成了真正意义上的社区，最重要的是看其成员是否具有对社区的认同感。过去村镇社区居民的认同感是建立农耕社区、亲情关系的基本生存需要的“社区”认同，这种认同基本上是对家族、亲缘关系的认同，有明显的不平等性和人身依附性，社会性明显不足。而在新型社区内，经济来源多元化，并与工业化、城市化和现代文明相融合，社区的社会化进程加快，具有现代社会特点的社区认同感正在初步形成。这种认同是建立在经济交往市场化、决策自主化，个性独立性，人际关系平等化基础上，大家以社区居民、业主或股东的身份参与社区内公共事务治理。

4. 社区自治雏形的开始显露

随着 1990 年 1 月 1 日《中华人民共和国城市居民委员会组织法》（以下简称《城市居民委员会组织法》）及随后相关的配套法规政策制度的施行，城市社区居民自治制度逐渐形成。2007 年 10 月 1 日实施的国务院《物业管理条例》，2007 年 10 月 1 日施行的《中华人民共和国物权法》（以下简称《物权法》），住房和城乡建设部 2010 年 1 月 1 日制定《业主大会和业主委员会指导规则》，及相关机构和部门制定了一系列配套的政策法规，推动了业主自治制度的逐步完善并取得了一定的效果。2017 年 6 月 12 日发布的《中共中央国务院关于加强和完善城乡社区治理的意见》加快推进了社区治理体系的形成。在新型社区，随着社区居民委员会和业主大会、业主委员会的成立，社区党组织、居民委员会、业主委员会和物业服务企业议事协调机制的建立，逐步形成了具有其特色的社区自治体系。具体表现在：一是通过社区"村改居"、身份"农转居"，或"购房入户"等多种方式形成了新型社区的社会主体，产生了大量新市民。二是保留了原有农村社区经济特性，如通过股份制改革形成了股份合作制集体经济，不仅新型社区有经济实力，保证了社区公共设施建设和管理服务的投入，改善了社区环境，提高了生活品质，而且居民持有股份并参与公司治理，形成了参与意识与培养相关能力，有利于居民参与新型社区治理。三是不仅通过"村改居"建立了城市居民自治组织与制度，而且形成了具有城乡混合特色的民主选举、民主决策、民主管理、民主监督的制度框架，更好地行使居民自治权。四是在一些新型社区探索形成了居民自治与业主自治相互渗透、相互支持的自治体系。通过不动产经济主体和社区居民主体的身份融合和资源整合，减少了内耗，降低了管理服务成本，提高了管理服务效率，深受居民业主及住户的喜爱。这不但促进了社区自治管理的发展，而且对于社区民主意识和社区参与能力的培育具有一定的引导和示范作用。

5. 社区多元治理模式开始探索形成

新型社区的社会结构被外来人口和驻地机关企事业单位职工、社区服务企业员工、民间组织的职员打破，产生多元社会结构，推动多元社会主体共生、共建、共治、共赢的局面形成。目前各地探索出的新型社区治理模式多种多样，有市场化模式、政府主导模式、混合模式等三种主要类型。这些新型社区依靠的主力量不再只是行政力量，还有市场的、民间的力量。如广州开发区的新型社区管理服务模式创新中就提出依靠党组织和党员、基层政府机构、社会资源和市场因素等四个方面力量，充分发挥党组织领导的"主心骨"作用，基层政府机构的行政资源调配、宏观调控与组织指导的"整流器"作用，民间组织的社会资源所产生的"温泉效应"补充作用，市场机制的社区服务需求与供给的"调节器"作用。与此同时，一些新型社区的治理模式也开始走向完善，如深圳市的"盐田模式"就是比较成熟的新型社区治理模式，成都市锦江区的"五朵金花"模式开拓了一条生态型新型社区发展道路。

二、新型社区治理的作用

新型社区治理应针对社区发展的全局和具体问题，组织社区内部的各方面力量，通过自我管理、自我教育，互助互利、共同参与的方式，来解决新型社区建设的矛盾，满足社区内各单位和广大居民的利益需求，达到建设和谐社区、幸福社区的目的。

1. 组织作用

新型社区要解决发展中的各种问题，需要发挥社区治理体系机制在组织社会资源上的重要作用，就是通过社区多元主体的组织体系建设、制度建设和激励机制建设，来挖掘社区资源，调动大家积极、共同解决社区问题。同时，政府还要根据社区实际发展需要，及时研究和制定相应的配套政策，引导、激励社区资源的投向，以有效解决实际问题。基层社区主要主体（如居委会、物业公司）应充分利用自身优势，组织社区的各种力量共同参与和搞好社区管理服务，提高社区公共服务水平和社区个性化服务水平。

2．协调作用

社区治理面临着各种复杂的关系，这些关系处理得是否恰当，直接关系到社区治理水平的高低。因此，社区治理首先需要理顺社区多元主体关系。就是要根据自身的运作规律、明确责权利关系，做好分工协作，使各方面力量得到协调，包括社区与外部的社会联系，以及社区内部各主体之间的关系。其次要建立健全社区治理制度体系，包括工作联系、职责边界、资源分配、办事流程与方法、争议处理、奖惩制度等。最后是社区治理要建立和密切社区主体之间的关系，要通过社区多角色主体组织和实施的关联性服务活动、文体娱乐活动以及各种社区交流方式来融洽社区主体人员之间的感情，使治理工作更有成效。

3．凝聚作用

随着社区职能的拓展，越来越需要依靠社区居民、社区资源和社区机构的自我组织、自我服务来保证职能的发挥，需要依靠社区成员对社区事务积极参与的热情与主动性，这就必须加强社区的凝聚力。但社区凝聚力的形成，不但需要公共资源的支持，通过社区保障、社区福利和社区高品质生活等外力作用来激发，更需要组织社区主体及成员开展社区建设、社区服务和社区发展的成功实践来激发。

4．稳定作用

由于社区内各成员间的异质性强，情况比较复杂，存在着很多不利于稳定的因素。特别是社区成员的文化差异大，收入、生活习惯和生活水平各异，社区服务需求个性化差异明显，容易产生矛盾和纠纷等，影响社区和谐。过去行政化的危机处理、简单的情感式调解很难奏效，需要研究差异化的策略和有针对性的措施。社区治理能够发挥多元主体、多种思维、多样联系、多种方法的综合效应和作用，通过体系化、关联性、精确性的措施，更能有效解决问题。

评价与反馈

根据你的调查，结合学习到的相关知识，选取一个你认为比较典型的新型社区，针对该新型社区的社区治理情况，运用这些知识对其进行深入的分析，并填写表 1－5。

表 1－5

社区名称（地点）	社区治理的主体	作用的方式方法	是否可以持续	有什么建议

任务三　新型社区治理的原则与思路

情境导入

情境3　社区环境变了，管理服务创新必须跟上

新型社区如何治理，即以什么理论为指导，根据什么原则，确定什么思路来开展治理活动。以下选择了两个农村社区，针对农村留守老人问题，看看它们解决问题的思路有什么不同。

情形1： 2011年9月30日，一些媒体报道了我国中部某地方的一个尚未开展农村社区建设与社区服务的某行政村发生的悲剧新闻。由于该村尚未建立社区关照制度和互助服务体系，大多数青壮劳动力外出打工，留守者互动不频繁，造成一个留守老人因突发病况身亡却无人知晓，其不到2岁的孙女，也无人照料。大概一周后，在省城务工的儿子打电话回家无人接听，急忙赶回家才发现母亲死亡、女儿奄奄一息的惨况。

情形2： 浙江某市从2007年开始全面建设农村新社区，发动民间力量开展社区服务管理活动。在农村社区推行居家养老服务，建立社区居家养老服务站。2009年建立一支700名左右的以40～60岁下岗失业（失地）人员、村老妇女主任、老党员为重点组员的服务员队伍，由政府出资为千名失能老人给予每月20小时上门照料服务；为千名70岁以上的身边无子女的空巢老人给予公益性帮扶服务。成立350支银铃互助团队，组织低龄健康老人为高龄、困难老人提供简易生活帮扶，通过“走进去”上门服务、“引出来”参与老年群体活动，建立邻里守望制度。为慈溪农村2 902名困难老人和1 783户高龄空巢家庭提供了有效的照料。

说明： 新型社区发展还有更多困难、更多问题需要解决，必须创新社区治理理念，采取科学的思维和方法，才能有效解决。学习研究并理解新型社区治理的原则，才能确定社区治理的正确方向，形成科学有效的社区治理新思路，提高社区治理的效果。

任务要求

1. 通过文献研究和现场调查研究，了解新型社区治理的背景及意义。
2. 通过学习研究新型社区治理知识，理解开展新型社区治理工作的原则。
3. 通过学习研究和现场考察调研，开拓社区治理思维，创新新型社区治理工作的思路。

子任务1　开展新型社区治理的背景及意义

任务分解：

（1）通过文献、资料的收集整理，了解开展新型社区治理工作的背景与意义。

（2）在此基础上，寻找创新社区治理工作的动力源泉，持续推进新型社区治理创新发展。

知识准备：

一、开展新型社区治理的背景

我国长期以来实行的是计划经济体制，并由此形成了我国独具特色的社会结构。凡学校、企业、事业、机关、团体等一切社会组织，被统称为“单位”，均自下而上地隶属于某个上级，构成一个体系，最终归属于中央政府。在计划经济体制下，我国社会结构具有纵向单一性的基本特征，国家作为社会管理的唯一主体，通过行政一体化体系对经济和社会生活实行全权管理，并习惯运用行政化的方式来组织经济活动和社会生活。社会中的每个人都被控制在这个体系中，个体依附于单位，而单位又依附于政府。国家和政府几乎包揽了一切事务，垄断了所有资源，国家与社会合二为一。社会成为国家的附属物，社会成员对单位、最终是对政府有着极大的依赖性。这种传统的管理模式，依托于计划经济体制，体现了当时的国家意志和社会需求，但随着社会的发展，它的不合理性也逐渐暴露出来。

改革开放带来了国家、社会与个人之间关系的根本性转变。市场经济改变了纵向单一性的社会结构，社会由纵向单一型的链式结构变为纵横交错的网络型结构。市场经济改变了社会成员与单位之间的依附关系，社会成员的自主性明显加强，社会结构、社会功能、人们的生活方式和社会需求、社会组织间的相互关系等都日益趋于多元化。社区组织单一的纵向互动模式被打破，社区内各组织间的横向关系大大加强，时代呼唤着建立新型的社区管理模式，特别是改变传统的行政化统制型社区管理模式，推行社区多元主体共生、居民广泛参与的共治型社区治理模式，是社区管理模式创新发展的方向。

二、在新型社区开展社区治理创新的重要意义

1. 社区治理创新是创新社会管理的时代要求

随着社区人口的流动，社会结构的变迁，城乡新型社区不和谐因素在增加，社区矛盾和冲突频繁不断地发生，物业纠纷、群体事件等在各地开始出现。广东的“乌坎村事件”“新塘事件”都是发生在城乡新型社区的事件，虽然都得到较好的处理，但也让人们看到，传统的事后危机处理和管控模式已经走向死胡同，必须创新社会管理模式，特别是在矛盾冲突集中的城郊新型社区，更应该率先改变被动的局面。中共十六届六中全会对推进社区建设提出了新的要求。依据中共十六届六中全会精神，健全新型社区管理

与服务体系，要求“把社区建设成为管理有序、服务完善、文明祥和的社会生活共同体”，要“完善社区公共服务，开展社区群众性自助和互助服务，发展社区服务业”。党的十八大进一步提炼为“党委领导、政府负责、社会协同、公众参与、法治保障的社会管理体制”，党的十九大进一步提出了“提高社区治理社会化、法治化、智能化、专业化水平”，以及“加强社区治理体系建设，推动社会治理重心向基层下移，发挥社会组织作用，实现政府治理和社会调节、居民自治良性互动”的社会治理创新要求。可以说在新型社区要落实社会管理创新的要求就是创新社会治理理念，也是构建新型社区治理新模式的时代要求。

2. 社区治理创新是社区管理资源整合的需要

新型社区虽然脱胎于农村社区，但作为城建性城市社区，其管理服务要改变传统的思维和方式，以发挥多元主体和各方资源的效用。首先，要改变行政化的社区管理模式，变为多元共治的社区治理模式，目的是发挥各方主体作用和资源效用。新型社区不但存在传统的村民委员会，村集体经济组织，镇、街行政机构组织，而且存在大量的驻地企业，不少是实力雄厚的高科技企业，另外社区民间组织、服务企业和社区精英、义工、志愿者等力量不断成长，是社区发展进步的重要新生力量。这都需要以多元主体共生共治共建共赢的治理理念、思维和方式、方法来组织、整合，发挥它们的作用。其次，产生于计划经济时代的行政化模式虽然在一定的条件和范围仍然发挥重要的支撑作用，但不能事事“行政化”即不能事事都用行政命令、行政批示、行政强制等方式来解决问题，应综合地、有选择地、有智慧地选择恰当的方式方法和方案来有效地、低成本地解决问题。再次，新型社区治理模式的构建是一项可以先设计后推行的高效、低成本的社区治理模式。与老城区社区长期积累问题比较棘手不同，新型社区往往是从空地上建立起来的，可以在下决心解决历史遗留问题的基础上，按先进又适用的要求和标准，重新设计，分步推进，避免在社区建设与管理上付出老城区社区重新“回炉”进行改造改革的代价。

3. 创新社区治理是保证社区民主管理活动正常开展的基础

居民自治、业主自治在城市中所占比例越来越大。特别是新型社区大多是新建的物业小区，成立业主大会和业主委员会，实行业主自治是必选动作。这不但引入了现代治理理念和方式方法，提升了原有的农村村民自治水平，促进了新型社区自主治理的快速成长。而按《物权法》和《物业管理条例》等法律法规政策，围绕产权进行的业主自治运作过程，就是培育经济民主的过程，不仅如此，由于经济民主与产权相联系，更容易引起业主的参与需求，关系到社区参与意识，培育社区参与能力。同时，由于相关的运作程序规范与政治民主运作并无二致，因此，业主自治实际上也孕育着基层政治民主的意识和力量，推动居民自治，为社区文明进步做出了基础性贡献。

4. 创新社区治理有利于强化微观治理，协调社区各方，提高社区服务水平

由于社会矛盾和冲突的增多，各地都在进行社区管理服务的创新探索与实践，但大多只从某一部门、某一领域出发制定改革创新的对策方案措施。如从民政救济角度，以解决老弱病残、鳏寡孤独等弱势群体的救助问题的角度，建设“社区家庭服务中心”；

从综合治理角度，建立维稳中心，如“一队伍三中心”“两代表一委员工作室”等；从就业角度，成立“社区就业指导中心”；还有从业主维权角度，成立“业主协会”；从民间慈善事业角度，成立志愿者、义工组织等。尽管各种组织都有一定的资源，开展了不少活动，也取得了一些实际效果，但由于各种组织力量之间缺少协调、沟通与合作，存在重复建设，交叉作用，资源被分割，像撒“胡椒面”，效用不高。迫切需要在理顺社区关系的基础上，明确各主体的权力和责任，突出业主委员会的社区治理基础性地位和居民委员会的社区管理的主体性地位，系统地规划建设，并建立科学的管理服务体系，形成良好的体制机制，高效地、综合地协调处理社区管理服务中出现的问题。

5. 创新社区治理有利于孕育全新的社区管理机制

新型社区和谐稳定的重要基础是物业产权关系的和谐。物业管理过程中形成的运行机制将成为社区管理机制的重要引擎。事实上物业业主自治机制的形成正是社区机制孕育的起点。新型社区除原村民委员会（后变为居民委员会）、行政服务中心等组织外，新出现了物业服务公司、业主大会、业主委员会、家庭服务中心、志愿者组织、社区服务企业以及社区内的一些自发的团体（如运动、休闲等）组织，有着不同的运作逻辑和方式，需要以某种治理理念来创新社区管理的模式，从而联结它们之间的关系，形成一些基本制度和运行机制，实现各利益主体和谐共处。但是目前新型社区物业的建设与管理存在一些不规范的问题。开发商的种种欺诈和侵权行为；分散的众多业主之间缺乏有效的组织和协调机制，业主委员会大多难成立，成立后也难运作，因而物业纠纷问题不能得到公平的处理，业主集体上访、诉诸媒体曝光、相互间的法律诉讼乃至发生暴力冲突。这不但破坏了居民业主与开发商，乃至政府间的信任，也破坏了社会管理秩序和机制的正常作用。这需要建立良性的社区治理机制来解决。在实践中也不乏问题处理较好的典型，如在广州某小区由于业主素质高（业主委员会委员大多是退休干部、企业高管、专家、教授），自治能力非常强，探索出具有自身特色的治理模式，虽然小区也出现不少矛盾和纠纷，但都能有效化解，小区（社区）管理有序，和谐安宁，居民幸福快乐。

评价与反馈

请结合本子任务的学习和你的理解，填写表 1－6。

表 1－6

你认为该新型社区创新要解决什么问题	请归纳社区治理创新的意义	提出你认为的可持续推动新型社区治理创新的动力

子任务 2　新型社区治理工作的原则与思路

任务分解：

（1）通过收集整理文献、资料，理解并掌握社区治理的原则要求和完善社区治理工作的思路。

（2）理解开展新型社区治理工作的原则。

（3）能够针对某一特定新型社区提出一套社区治理工作思路。

知识准备：

一、新型社区治理工作的目标及原则

新型社区治理工作的总体目标应该是以国内外社区建设与管理先进理念为指导，吸收国内外先进的社区建设与管理先进经验，确立社区和谐幸福的新型社区建设与管理的目标，并从新型社区客观现状出发，从整体上谋划社区的建设与管理事业，确定合理的社区规模，通过统筹规划、综合协调，构建科学合理的社区管理服务体系，在发挥党政和基层居民自治组织等传统力量作用的同时，大力发展各种社区民间组织，理顺各种组织的关系，建立科学合理有效的体制机制，促进社区多元主体的和谐共生、合作共赢。

基于新型社区治理的目标要求和自身特点与现状，在新型社区治理模式构建中遵循一定的基本原则，才能最终实现社区管理的科学化、有效化。

1. 历史性原则

中国历史上就有“皇权不下县”和乡绅自治的传统，这实际上就是上下分治的模式，即封建国家权力实施的“集权”制度作用只到县级，乡村则是由乡绅自治。这样的架构既保证了国家治理的统一性，又保持了基层社会的活力。新中国成立以来，计划经济几乎将国家权力延伸到了所有基层单位，这在一定历史时期有一定的动员全社会资源进行国家建设的功能作用，也形成了一定的国家“集中力量办大事”治理优势，但随着改革开放的推进，市场经济体制的确立，必须改变“国家包办”社会事务的做法，一方面要考虑中国共产党在中国长期执政所形成的社区行政化治理的优势，另一方面也要发挥中华民族几千年形成的乡村社会自治传统力量的作用，走党组织领导、政府调控与民间自治结合的道路。因此，新型社区治理模式中应充分发挥这两种中国特有的主体力量的作用。

2. 社会化原则

社会化原则是指在新型社区治理格局中，应当充分发挥社会力量的作用，“社会事务，社会来做”。这主要是因为一方面社区管理本质是一种具有自治性的社会管理活动。它体现社区成员的意愿，反映他们的需要，照顾他们的利益并最终依靠他们的力量。充分利用社会力量就是让人民群众和社会组织参与社区公共事务的管理，实现其自治权利。

另一方面过去行政化的社区管理模式，越来越不适应我国市场经济发展对社区事务管理的需要。政府包揽一切事务，不但增加了政府的负担，而且高估了政府的专业能力。许多专业的社区服务和技术政府难以提供，也没有必要直接提供，可以通过政府购买社区服务的方式，由专业的企业和民间机构来提供，更专业，更节约成本，更有效益和效率。

3. 生态性原则

新型社区模式的构建应从生态角度考虑。一是明确社区治理方法的生态性。这就是要综合运用政治、经济、法律、社会、心理、文化、管理科学等多种方法来研究解决社区问题，而不是单一方法、单个领域解决问题，促进社区各种因素的耦合与良性运作。二是需要以生态的观念去改变社会现状。新型社区或多或少存在经济发展与社会发展不平衡、生态环境恶化、资源粗放使用、社会关系杂乱、民主参与不足等问题。这需要生态观念来调整理念和思路，如在经济上倡导低碳经济、循环经济、绿色经济，在政治上倡导民主参与、多元共生、利益共赢，在文化上倡导文化交流多元共存，融合生长，在人际关系上倡导包容、理解、合作、分享。三是将新型社区建设成为一个新型的快乐社会。这在我国台湾地区被称为“乐活在社区”，在大陆地区被称为“和谐社区”。新型社区作为社会发展变化最快速的单元，需要以最快的速度和最好的服务质量来满足居民日益增长的物质生活和精神生活需要，必须通过社区基础设施建设和管理服务体系建设，较快地实现“利民”“便民”“乐民”等多项功能目标和与此相匹配的社区组织结构，形成一个完整的新型社区“结构功能”体系。

4. 专业化原则

社区事务的综合性，决定其涉及的专业领域较广、行业覆盖面较大。社区治理活动中许多业务的操作需要有一定的专业知识和职业技能支持，如社区物业管理、社区家庭服务、社区数字化教育、社区康复保健等都需要专门的知识与技术。社区治理专业化的重要保证是社区管理服务市场化，社区治理活动中一些专业性事务，可以通过招投标等市场化方式进行运作。这不但可以提高活动质量，还可以节约成本，提高居民满意度。可以说社区治理专业化，并通过市场机制来提高社区治理效率和效果是社区治理发展的一个重要趋势。

5. 规范化原则

社区治理工作涉及社区社会生活的方方面面，多元主体存在，利益交织在一起，一荣俱荣，一损俱损。如何通过关系调整来实现和谐共生共赢？从法律角度讲，应通过立法明确各利益主体之间的权利义务关系，依法办事，实现社会公平正义。这是社区规范化管理的前提，必须坚持这一原则。但是我们也应看到社区治理活动属于社会管理的微观领域，一些纠纷、矛盾和冲突可以通过法律调整解决，而大量生活中的琐事不可能，也没有必要上升到法律解决的高度，那样不但增加了解决问题的成本，也会恶化邻里关系，违背了“和谐、和气、和睦”这个社区行为基本价值判断标准。这是社区生活的大忌，除非当事人要迁居，否则不可为之。因此，社区的规范化需要更多的是建立与传统美德相联结，与现代文明相呼应的社区规约，并形成良好的社区风尚。

二、新型社区治理工作主要思路

新型社区治理工作的思路应根据新型社区的客观实际，借鉴国内外的社区治理工作先进经验，在总结当地社区管理实践经验教训的基础上，提出新型社区治理工作的思路。一般而论，应从以下几个方面考虑。

1. 改革原有体制，逐步构建新型社区组织体系

由于新型社区多为“村改居”而来，如经济开发移民安置城市社区，还有一些农村社区，如灾后重建新村、水利工程移民新村等，也是按新型城市社区的标准建设与管理的。在这种情况下，需要建立与城市社区治理工作要求相应的居民（村民）自治机构，如业主大会、业主委员会、居民（村民）委员会及下属专门委员，社区行政服务中心，社区民间组织等。同时还要有新进入的物业服务公司、开发商及其他社区服务机构。

对于“村改居”社区，要建立完善的社区组织体系，首先要进行村集体经济组织的改制，实行股份制改造，将集体经济组织变成独立的法人企业组织，村委会领导不再兼任企业的董事长、总经理职务，实现村企分开，政经分离。其次要通过民主选举产生居民委员会，并在此基础上成立相关居民自治组织专门委员会，制定健全各项自治运作制度，配备好管理人员，培养好领导骨干力量。再次是要在上级党组织和政府部门的领导下，逐步建立相关社区行政服务、社区市场化专业服务以及民间志愿者、义工等社会工作者组织，并逐步理顺社区各主体之间的关系，规范主体行为，初步形成多元化社区管理服务组织体系。

2. 明确社区组织权责利关系，逐步形成多元共治的局面

首先要明确基层政府机构在社区管理服务中的权责利关系，就是要逐步改变行政化统制模式，将政府调整到政策制定者、宏观调控者、资源调配者、工作指引者、关系协调者、利益平衡者的角色上来。政府要转变职能，主要从事宏观协调、平衡监督工作，把一些社会性管理工作放权给社区自治组织，把社区服务甚至一些政府做不了也做不好的公共服务通过购买服务方式外包给社区专业服务机构来完成。其次要根据社区管理、社区服务的需要，培育具有独立法人资格、以社区为活动区域的公益性、事务性、中介性社区组织和职业性公司，依靠它们进行社区内的管理和服务活动。目前新型社区民间公益组织数量少实力弱，需要专门的政策和资源给予支持，帮助加快民间组织的发展。再次要发挥业主委员会的作用，推进社区经济民主。目前新型社区普遍成立了业主大会和业主委员会，但由于居民缺少物业管理知识，没有业主自治的经验，普遍不能正常运作，影响了业主自治，也影响了社区自治的进程。在这方面需要花大力气来推动。最后还要明确社区居民委员会有社区最高自治组织的地位，并使其成为独立的具有法人资格的团体，而不再是政府的依附。只有这样，以居民委员会这个社区自治机构为主体的社区组织体系才能建成，社区多元主体共治的局面才能形成。

3. 明确发展方向，积极推进新型社区管理日常制度的创新

新型社区管理服务的质量优劣、水平高低，往往取决于社区管理制度。推进新型社区管理制度的创新，就是要以社区需求为导向，建立能满足居民需要的快速、高效、满意的社区管理运作制度。首先表现为对生态平衡的维系，能激发居民的主动性、创造性、

参与性的人性化的管理理念的培育。其次是要建立以政府为主导，以社区为支点，以居民参与为核心的一体化社区公共管理服务体系，提高行政管理的效率。政府除提供基本的公共服务外，应当建立支持民间组织提供社区公共服务的政策制度，在编制、经费上要坚持“编随事走，有编有人，权随责走，有责有（经）费”的原则。再次是建立健全社区内部以居民委员会为主导的社区治理制度体系，明确业主委员长与居民委员的工作职责边界，理顺社区居民委员会与其下属专门委员的关系、业主委员会与物业公司的关系等各种关系，并建立各自内部的管理制度、各主体之间的联席会议制度，保证社区有序运行。最后建立社区重大事项民主决策、民主管理、民主监督制度，如重大事项的成员全体大会决定制度、专门决策事项的听证制度、问题解决结果反馈制度、重要信息公示制度、涉及专业技术问题的专家评审咨询制度等等。

4. 转变社区管理服务作风，提高社区服务的满意度

从目前情况来看，我国社区在服务思想上还存在很大的误区，主要表现在两个方面：一是社区服务“商业化”，将社区服务混同于商业服务。商业服务是以市场调节为基础的经济型服务，以不断追求利润为目标，其本质是追求利益。社区服务建立在政府的要求、相关政策和规定的基础之上，是以社区居民的实际需求为出发点的公共服务，虽然也采取诸如有偿经营和商业化运作方式，以提高公共服务的效率，但其本质依然是公共服务，不能在公共服务中谋利，即使是通过政府购买服务的方式由企业提供，企业也只能是微利经营。二是将社区服务混同于政务服务。很多街道和城区为方便居民办事，将过去政府职能部门与群众密切相关的业务下沉到专门的社区服务中心，开展“一门式”或“一站式”办公。但有些街道往往将这种“一站式”办公看作是社区服务的内容，甚至当作社区服务的全部内容，造成其他社区服务项目没有得到开展，社区服务中心“虚设”。有的通过“社区家庭综合服务中心”转移行政事务，这些都是不正常现象。其正确的做法是：一方面增加服务项目，简化服务手续，降低服务成本和收费，提升自身的服务水平；另一方面应从社区整体需要出发，从优化社区服务入手，通过提供政策和资源支持，培育、引入社会组织力量，提供多元化的社区服务。

5. 加快社区立法，规范社区管理机制

当前，我国还没有针对于城市社区管理和社区建设方面的专门法律。《中华人民共和国宪法》（以下简称《宪法》）只是对城市居民委员会的地位和职能做了原则性的规定，《城市街道办事处组织条例》对街道办事处的地位和职责做了规定。《物业管理条例》等相关物业、物权方面的法律对业主大会、业主委员会的地位、职责和运作制度也做出了规定。但是，在现实中这些法律法规往往很难得到执行，或者只是以变通的形式加以执行。在此情况下，城乡居民自治形式多于实质。一些新兴的社区组织，如物业管理、业主委员会、社区志愿者组织等与街道、居委会之间的关系，也缺少法律上的规范。由此引发的各类组织之间的权利纠纷时有发生，一定程度上影响了高效、协调的社区管理机制的形成。国家和地方立法机构和政府部门应根据新的形势加强立法和政策法规的创制工作，完善社区立法，一方面规范政府行为，另一方面增强社区法规制度和政策规定的可操作性。

6. 建设数字化社区，走协调可持续发展新型社区建设与管理道路

当今社会信息化、网络化进程的迅猛发展，使得各行各业随着互联网技术的全面应用开始发生巨大变革。互联网极大地提高了人与人之间信息沟通的效率，社会经济各个环节都在享用网络技术带来的好处。由于新型社区建设标准高、起点高，建设数字化、智能化社区不但有现实的条件，而且符合新型社区发展的需要。数字社区是以网络化、智能化及信息化为基础，是定位于为城市社区生活提供全方位、多元化服务的数字化社区服务体系。它集中了社区宽带网络系统、社区服务系统、社区管理系统、智能控制系统和互联网应用等先进技术，实现了多系统融合，反映了现代城市发展的特点，为现代人构建服务于实际生活的数字化空间，是城市发展中新的经济增长点和可持续发展的保证。互联网技术的发展和应用不仅改变着人们工作、商务的模式，更开始全面改变人们生活的观念和方式，使家庭住户对生活方便性、灵活性和多样性的需求不断得到最大化的满足。

评价与反馈

请结合本子任务的学习和你的理解，选择一个社区，进行调查，了解其社区治理工作的原则要求与工作思路情况，并填写表 1 – 7。

表 1 – 7

归纳新型社区治理的原则要求	归纳新型社区治理的一般工作思路	选择某新型社区，制定出有针对性的社区治理工作思路	该新型社区的治理工作思路与一般思路的差异及理由

巩固与提高

项目总结

本项目主要内容为全面了解社区及社区治理的基本知识。首先介绍了社区及新型社区的基本含义、特征、类型及形成等基本知识。然后详细介绍了治理及新型社区治理的概念、特点及作用。最后从社区治理模式创新和社区治理工作实际出发，详细分析了新型社区治理的背景意义、原则要求和主要的工作思路。通过本项目学习，了解社区及新型社区基本知识，掌握新型社区治理的基本原则和工作思路，形成新型社区治理的基本逻辑和思维方式。

案例讨论

新加坡加强和创新社会管理的有效做法

新加坡是一个总人口500多万，面积仅700多平方千米的岛国，如同一个经济相当发达的大城市。新加坡社会建设的总体思路和经验可供我们借鉴和思考。

1. 加大建设和完善配套服务相结合，打造舒适宜人的安居环境

解决住房问题，给老百姓一个安居乐业的生存条件是十分重要的事情，也是政府十分关注的。新加坡政府用了30年时间，为全体居民规划建造了大批居民住宅大楼区，组屋是这些住宅大楼的统称。这些组屋一般层高为10~15层，结构从二室一厅到五室一厅，占居民住宅的近八成。但使人感触最深的还不仅仅是住房面积，而是为创造高质量的居住环境而建设的一系列社会生活设施。每座组屋的一层均为立柱支撑的敞开空间，除部分安排居委会、幼儿园、医疗门诊部等服务设施外，均为居民自由休息空间，附近设有儿童游乐场，成人健身器械、灯光球场、小型公园等。组屋区由政府的基层组织——居民委员会负责管理有关保安、环境卫生、园林建设及福利事业，工作井然有序。组屋区附近市场、饮食业布局合理，一般在200~300米范围内日常生活所需可以全部解决，再加上方便的交通、良好的保安，使得居民对组屋社区的认同感、归属感很高，均有一种亲切的安定感和舒适感。

2. 政府投入与市场调控相结合，建设方便快捷的交通体系

新加坡人口密集、地方小、经济发达，每年还有超过700万的游客，如何解决好交通问题是国家建设中的重要难题。他们考虑本国特点，摒弃了多数发达国家大量发展私人汽车的途径，提出“以建设完善的公共交通为主，适当发展私人汽车”的设想，取得了良好的实际效果。新加坡建设了纵贯东西及环绕南北的三条地铁线，闹市区为地铁，郊外为高架铁路，总长70多千米，成为国内主要交通工具。另外，其巴士系统也很发达，全国共有240多条纵横交叉的运行线路，通车线路延伸到每一个组屋区，有效地保障了绝大多数上班及普通居民的交通需要。另外，对私人汽车采用经济杠杆，适度控制发展。以一般中档车为例，除车价外，政府税收约为车价的100%，拥车证的价格亦约为车价的100%，即需用三辆车的代价才能拥有一辆私人汽车。这种政策，有效地控制住了私人汽车的发展，既有利于交通控制，又增加了政府收入，用以改善道路及交通设施。因而全国道路平坦畅通，设施完善，车辆密度适当，很好地解决了堵车问题。

3. 官方组织和民间组织相结合，构建完善的社会服务体系

新加坡社会服务体系比较发达，其中，社会力量发挥了重要作用，人们的各种社会生活需求都通过专业化的社会服务体系去解决。新加坡社团可分为官方和民间两种。官方社团是政府为了某项事业需要出面组织的团体，其任务由政府规定，资金由政府拨付，负责人由政府任免。民间社团是公众自愿组合的组织，自由度有限。官方社团的任务是服务于政府的大政方针，例如“新加坡人民协会”，是依据《人民协会法令》成立的较著名的官方社团，宗旨是促进种族和谐。人民协会在新加坡全城建设了几十个社区活动中心和居民委员会，通过组织文教、体育、休闲等活动，在不同种族间增进了解和互动，

从而加强了新加坡的凝聚力。此外，官方还资助和发起一些志愿组织，旨在联络社会各方面、各行业、各基层的民众，维护新加坡的稳定和统一。这些组织活跃在基层，分布在社会服务的各个领域，对提供社会服务，听取民意，为民服务，促进种族和谐等都起到良好作用。

4. 完备的立法和严格的执法相结合，打造良好的社会秩序

新加坡是一个高度法治化的国家，为了建立良好的社会秩序，国会和政府制定了一整套的法律、法规和禁令。大到政治体制、经济管理、商业往来、公民权利与义务，小到旅店管理、停车规则、钞票保护、公共卫生，都有相应的法律规定。人们的言谈举止、衣食住行皆有章可循、有法可依。除了立法完善，新加坡在执法方面非常严格，例如，任何人贩卖海洛因超过15克就要上绞刑架，在公共场所打架至少拘留两个星期，等等。新加坡的管理更是出了名的严格，随地吐痰、公共场所抽烟、乱丢垃圾、衣冠不整、涂损建筑物等行为，均要重罚。例如，乱丢垃圾除罚款外，还要身穿写有垃圾虫的衣服扫街，以示警诫。

讨论问题：

（1）请总结新加坡社会管理的主要经验。

（2）从这个案例中可以看出国内外的社区治理有什么不一样的地方？请指出来。

实践活动

什么是新型社区

活动目标

通过结合课本的内容和实际调研，深入了解现实中一个新型社区的各项特征，其发展程度如何，是否符合新型社区发展的各项标准，并为这个社区发展提出意见和建议。

背景材料

新型社区种类很多，建议学生以改造整治后的“城中村”社区、城郊新建的商品住宅小区，或自己所在新建城市住宅小区为调查对象，因为这些社区或小区具有明显的新型社区特征。

训练要求

（1）首先成立调研小组，分工协作。工作内容包括收集资料，选择典型小区，提供物质支持，研究设计调查提纲和问卷，研究分析，完成报告，等等。

（2）实施调查研究，分四个阶段进行：前期资料收集整理；调查方案及问卷、提纲设计制作；实施调查研究；报告的写作。关键是从社区的街区面貌、物业形态、自然生态环境等硬件方面和社区形成的主要动力、人群结合关系、社区社会结构、社区经济特点、社区文化特征等软件方面发现一些不同的地方，形成对新型社区的感性和理性认识。

（3）作业交流分享。根据分工，各自完成自己的工作，并根据教学需要完成本项目作业。然后在研讨会上由主副发言人进行成果介绍，对研讨结果和意见进行修改完善，最后正式提交报告。

项目二
社区治理理论与模式

任务导学

案例2　成都正兴街道：构建“134”新型社区治理体系

近年来，随着天府新区建设纵深推进，大量农民拆迁入住安置小区。以云顶雅居安置小区为例，小区居民由正兴所辖9个社区（村）居民和外来流动人员构成，人数众多，人口构成复杂，管理难度大。大量农民入住小区后，他们的思想观念、生活方式和生活习惯还来不及转变，甚至很多将原有的生活习气带入小区。同时在农民集中居住管理方面存在一些矛盾和问题。主要表现在：（1）社区治理体制机制不够完善。一是监督机制不健全。主要表现在监督的主客体错位、监督运行方式单一等方面。二是居民参与社区事务缺乏一套操作性强的程序或规定。三是社区过分依赖政府，对自身管理发展思考较少。四是管理制度“政社”不分，自治功能弱化。（2）居民参与社区自治意识不强。一是缺乏归属感。居民入住小区后，对社区的认同感、归属感还需要一个较长的过程。二是居民参与社区自治积极性不高。三是居民自治合力不足。社区工作重管理轻服务，社区居民自感与社区关系较小，没有形成合力。（3）社会服务组织培育发展不足。全街道登记社会组织10余个，但多集中在社区培训、养老、未成年人等领域，还处于起步阶段，真正能够承接政府公共服务项目的社会组织仍然很少。

面对这些问题，街道党工委、办事处始终把加强新型社区治理作为全局性、基础性工作来抓，坚持以促进农民向市民转变为目标，突出公共服务和基层治理两大重点，抓好党群服务中心、政务服务中心和社会服务中心三大阵地建设，夯实自治组织、议事组织、社会组织、集体经济组织四大保障，着力构建“一核引领、三心同筑、四元共治”的新型社区治理体系。具体包括：（1）始终坚持以社区党建为引领，夯实社区治理基础。在云顶雅居新型社区试点，以常住该小区的86名党员为基数，实行党组织关系与原集体经济组织成员身份剥离，按照党小组与楼栋片区相对应原则成立了10个党小组，以无记名投票方式选举产生了能力过硬、素质较高的党小组组长10名。在此基础上，成立了新型社区党支部云顶支部，选派街道优秀中层干部担任支部书记。新型社区党支部主要负责云顶雅居党建、小区居民自治、小区物业管理服务和公共服务及公益慈善等工作，逐步实现了党员住地化管理和有人居住的地方就有党组织覆盖的原则。（2）着力完善三大服务平台建设，提升社区治理质量。在新型社区治理中，一是打造党群服务中心。在云项雅居新型社区试点，建设以党建带动工会、共青团、妇联等群团组织建设的社区党群服务中心，构建党建工作和群团工作“一体化”格局。二是打造政务服务中心。依托市民中心，建立社区政务服务中心，主要承担各项社会管理和政务服务工作，同时承办街道办事处在社区开展的治安、卫生、人口、计生、文化、民政、劳动、科教、环境、维稳综治等工作，实现“一站式”的服务，方便了群众，提高了群众满意度。三是打造社会服务中心。通过搭建社会组织服务社区治理综合平台，为入驻社区的社会组织提供既有规模又有水平的优质服务场所和办公场所，全面负责社会组织提升培育和统筹管理，联动各类社会组织借智借力、优势互补、强强联合，形成社区服务强大合力。目前，全街道共引进10余家社会组织入驻新型社区。(3) 整合资源深入推进四元共治，增强社区治理活力。我们努力夯实自治组织、议事组织、社会组织、集体经济组织四大保障，形成社区治理的强大活力，以“四元共治”促进农民向市民转变。一是完善自治组织，增强社区治理内聚力。小区内有住房且居住在小区和在小区租住三年以上的居民，自动成为新型社区选民，享有选举新型社区居委会和自治组织的权力，并成为新型社区集体经济组织成员。在党支部领导下全面行使自治职能，大大增强了居民自我管理、自我服务的动力和效力，彰显了“民意民定”的现代民主政治精神。二是放权议事组织，汇聚社区治理统筹力。云顶雅居每楼栋片区单元代表自动组成楼栋议事小组，由分属党小组牵头，楼栋长担任议事小组召集人，共同负责议定本楼栋内各项自治事务，并监督相关事项的落实情况。三是引进社会组织，拓宽社区治理服务面。注册成立正兴街道社会治理创新服务中心，引进和培育专业化社会组织，着力实现专业社会组织本土化，为社区提供了一个从“难以兼顾”到“专业化服务”的孵化平台。四是壮大经济组织，支撑社区治理发展力。在社区党组织的积极筹备、大力支持下，云顶雅居成立了成都市天府新区云顶雅居市民服务中心（民非企）经济组织，主要开展物业管理、维修、文化项目、志愿者发动等方面的服务。

通过上述措施，社区治理工作取得了良好效果。一是党建核心地位凸显，引领示范作用充分发挥。二是社区管理规范有序，居民生活质量不断攀升。三是社会组织健康发展，居民组织化程度不断提高。四是社区自治功能完善，居民民主意识不断增强。五是社区教育形式丰富，居民整体素质不断提升。

（资料来源：人民网－中国共产党新闻网，2017－03－02）

任务导引：

在社区治理实践中，不同的做法都是在一定的理论指导下进行选择、制定和实施的。新型社区治理不同于传统的社区治理，在于环境变了，方法措施也跟着变，不可脑筋僵化、因循守旧。过去习惯的主要依靠行政管理主体、力量和方法、手段，需要改变到行政主导，多元主体力量共治，多种方法、多种资源整合，整体推进社区治理上来，提高新型社区治理的水平和效果。本案例正是这一治理方式转变的实例。但是为什么要转变？转变的效果如何？这就需要学习研究社区治理理论，以做出正确的解释与回答。

学习目标

1. 了解社区治理理论及相关理论；了解我国城乡社区治理模式发展与演变情况；了解新型社区治理模式探索与借鉴情况。

2. 掌握社区治理理论的主要内容；社区治理模式及其创新路径；新型社区治理模式构建的原则、模式的框架及特征。

3. 学会应用社区治理理论，结合实际创新社区治理模式、创新社区治理工作思路。

任务一　社区治理理论与社区建设理论

情境导入

情境4　治理主体选择的困境：社区主体角色之争

新型社区种类较多，治理特色各异。在城市新建住宅小区，业主来自不同的地域、单位、文化背景，由于收入水平较高，可以通过购房进入小区，业主素质相对较高，业主自治意识相对较高，但由于诉求各异，所以矛盾较大，业主委员会成立较难，运作更难。但新型农村社区如"城中村"改制的社区，村民变成居民，既是村集体经济组织的股东，也是业主，由于传统的乡村自治、村民自治习惯和力量的存在，反而容易达成一致意见，自治效果较好。

以下有两种情形：

情形1：广州增城区某街某社区曾经发生一起因占道经营引发的"社会事件"。一外地孕妇因在超市门口违章占道经营，阻塞通道，该村治保会工作人员发现后，要求其不要在此乱摆乱卖，双方因此发生争执。由于处理不当，引发大量外来人员聚集闹事，围观群众一度达到1 000多人。其中还有人损坏车辆及银行柜员机、袭击民警。表面上看这件小事有点小题大做，但由于城市化带来很多问题，本地人、外地人都可能认为自己的利益没有保障，因而借机发泄。可能"多半是宣泄情绪，想浑水摸鱼的人也不少"。此"事件"最后经多方努力得以平息，但教训深刻，也引发了广州市社区治理理念和方式方法的创新与变革。

情形2：广州黄埔区某"村改居"社区在征地拆迁、安置和旧城改造等工作中出色完成了各项任务，主要原因是该社区党组织健全，班子团结，领导干部素质高、能力强，能够协调好各种利益关系，得到群众拥护，干群关系融洽，社区建设管理有序，促进社区建设与管理服务工作的正常进行，并且探索出将自主开发建设与自我管理融合的模式，既保证了上级政策措施落实，又为居民谋了福利，创新了社区治理模式，促进了社区和谐。

说明：上述两种情形，都是随着城市化发展碰到的新的治理问题。情形1反映的是社区管理人员的理念、思维和做法适应不了新的情况，采取的措施和方法老套，引起矛盾激化，酿成“社会事件”。情形2反映的是面对新的情况，传统的党组织和管理团队适应能力强，创新了治理理念和思维，发挥了应有的作用。为何有不同的结果？只有进行了思想观念的转变和知识理论的学习与更新，采用科学的理论指导，才能产生良好的治理效果。因此，必须深入学习社区治理理论，才能有正确的思想观念和正确的行动。

任务要求

1. 通过文献研究分析整理有关社区治理的各种理论，并了解其对社区治理的作用。

2. 通过搜集整理和调查研究了解目前国内外社区治理的实践情况及理论应用情况。

3. 通过深入现场调查、考察、访问了解本地典型的社区治理模式，了解该模式的探索、构建的过程及主要特点。

4. 能分析比较不同社区治理模式的特点，并能熟练应用到社区治理实践中，指导社区治理的思路、方案的设计与实施。

子任务1　社区治理理论及应用

任务分解：

（1）通过收集整理文献、资料，了解社区治理有哪些理论。

（2）通过文献研究和课程学习掌握社区治理理论的应用思路，建立社区治理理论指导的基本模式和思维；认识社区治理实际工作的职业价值，保持参与社区治理事业的恒心。

（3）通过社会调查，了解当地社区治理的现状，分析其现有的治理工作的理论依据和做法，分析是否有改进的空间。

知识准备：

一、治理理论的背景及对社区治理的价值

1. 治理理论出现的背景

从20世纪开始，西方国家所推崇的市场经济和福利国家政策在实践中相继失灵。与此同时，在全球化、民主化和信息化浪潮的冲击下，伴随着公民社会的兴起和非政府部门大量介入公共领域，政府权威和行政效率受到了前所未有的挑战。为此，西方社会开始强调政府改革、私有化、下放权力、向社会授权等主张，探寻适合主体多元化的社会管理模式。20世纪80年代末90年代初以来，国际上开始流行使用“治理”这个新的词

语来形容公共整治和社会事务的管理。[①] 西方学术界在社会资源的配置中既看到了市场的失效，又看到了国家的失效，提出“治理”概念以超越传统的政府与市场二分法。治理可以弥补国家和市场在调控和协调过程中的某些不足。

2. 治理理论对社区治理的价值

（1）创新社会管理服务的理念、思路和方法，指导了社区管理服务实践。来自基层社区的社会管理服务创新，适应了社区自治和行政改革的需要，但作为社会管理体系的系统变革，需要有理论的指导。治理理论提供了有效支持。治理作为一种实现社会管理的新理念、新方式和新方法，不单单是强调政府与市场的被动协调与合作，更是寻求政府、社会与市场三者之间的主动合作和良性互动，寻求的是一种通过调动各种力量和资源达到“善治”的社会体制安排。在这种体制下，政府和公民社会通过沟通、协商等某种非强制性的合理方式来共同承担管理社会经济和公共事务的责任。因为在社区层面，最能体会到政府治理不是万能的，也正是在社区层面，人们对切身需求和贴身公共事务最有发言权，最能形成自我解决的办法。所以，社区是培养公众民主习惯和治理能力的学校，是城市治理的起点。[②]

（2）推动了社会管理服务的结构模式变革，适应了社会变革发展需要。现代社会结构由集权向分权，由一中心变为多中心，加上现代开放理念、网络信息技术、原子化社会结构等因素的推动，需要新的社会管理模式。治理理论适应了这一需要。治理理论的理论基础是多元主义、合作主义、资源依赖理论和网络自治理论，适应了多元治理主体的出现和公共权力分散化的需要。多元主义认为国家和社会各有自己的定位、领域和各自的权利，彼此是平行结构，不存在从属关系。合作主义则主张国家权威的主导性和控制力，强调国家与社会之间的模糊性关系；主张对分化的权力进行制度化的整合，强调国家和社会团体的制度化合作，达到双方受益。即通过国家主导下的国家与社会的合作达到社会的相对均衡、有序和协调，最终实现公共产品的有效提供。资源依赖理论和网络自治理论则为治理主体之间在权力与资源上相互依赖和相互制衡的动态关系提供了理论上的支撑。[③]

（3）有利于划清社区管理服务主体之间的职责与权力界限，促进基层合作，共同完成社区各项任务，提高整体管理水平。治理理论的主要代表人物是詹姆斯·N. 罗西瑙，他在《没有政府的治理》一书中首度对“统治”和“治理”进行了区分。[④] 他指出：政府统治意味着由正式权力和警察力量支持的活动，以保证其适时制定的政策能够得到执行。治理有别于强调权威的统治，它是一种强调协作、参与和互动的模式，是由共同的目标所支持，而这个目标未必出自合法的及正式规定的职责，而且也不一定需要依靠强制力量而使别人服从。也就是说，与统治相比，治理是一种内涵更为丰富的公共管理样

① 吴群，孙志刚. 中国式社区治理：基层社会服务管理创新的探索与实践［M］. 北京：中国社会出版社，2011：15.

② 卢汉龙. “善治”从社区治理开始［N］. 文汇报，2006-03-20.

③ 吴慧平. 西方大学的共同治理［M］. 北京：北京师范大学出版社，2012：97-98.

④ 罗西瑙. 没有政府的治理［M］. 张胜军，刘小林，译. 南昌：江西人民出版社，2001：4-5.

式或体系，它既包括政府机制，同时也包含非正式、非政府的机制。

二、社区理论的主要学说

1. 功能派理论

美国社区理论大师沃伦（Warren，1978）最早最系统地运用结构功能理论来定义和分析社区。沃伦认为，社区是发挥具有地方相关性的主要社会功能的社会机构和系统的联合体。所以社区分析和研究主要就是分析社区的结构体系，以及它们各自发挥的功能能否满足社区的需要。

功能主义的代表塔尔科特·帕森斯（Talcott Parsons）和默顿（Robert King Merton）等人强调社会内每一个人、每一个单位或每一部分，彼此之间有着密切的、功能性的关系，互为影响、互相作用。但无论出现任何变动，社会始终会维持稳定和平衡。社会问题的根源在于个人与社会之间出现分歧、缺乏共识，最终产生变异的心态和行为。解决社会问题，使社会回复稳定和平衡，必须从个人及家庭入手。先诊断其问题，如社区居民缺乏对地区的归属感、彼此冷漠等问题。解决问题的方法是多使用教育、讨论等方法。哈里森（Harrison，1995）也认为结构和功能在一个社会系统里不可或缺地编织在一起，正是有诸如学校、教堂、政治单位，才有所谓的教育、领导和倡导等功能发挥。

2. 社会冲突理论

冲突理论形成于20世纪50年代中后期的美国社会学界，是继结构功能主义学派之后有重大影响的社会学流派之一。主要代表人物有：美国的L. A. 科瑟尔、L. 柯林斯，德国的R. 达伦多夫，英国的J. 赖克斯，等等。重点研究社会冲突的起因、形式、制约因素及影响，是对结构功能主义理论的反思和对立物提出的。结构功能主义强调的是社会的稳定和整合，代表社会学的保守派，社会冲突理论是强调社会冲突对于社会巩固发挥积极作用，代表社会学激进派。

3. 社会交换理论

社会交换理论作为现代西方社会学、社会心理学理论流派之一，产生于20世纪50年代末期的美国。主要代表人物有美国社会学家G. C. 霍曼斯（George Homans）、P. M. 布劳（Peter M. Blau）和R. 埃默森（Richard Emerson）。交换理论最初是针对结构功能主义提出的，是对美国心理学家B. F. 斯金纳（B. P. Skinner）的行为主义心理学、功能主义的文化人类学和功利主义的经济学的全面综合。认为人际关系本质上就是交换关系。只有这种人与人之间精神和物质的交换过程达到互惠平衡时，人际关系才能和谐。

4. 社会资本理论

20世纪90年代以来，社会资本理论逐渐成为学界关注的前沿和焦点问题。西方社会学家皮埃尔·布尔迪厄（Pierre Bourdieu）、詹姆斯·科尔曼（James S. Coleman）等人于20世纪70年代以后将经济学家惯于忽视的社会关系和社会结构纳入资本分析的范畴，提出了社会资本的概念。社会资本指个人间的关系资源——社会网络及其产生的互惠、信任准则。社会资本可能通过多种形式对社区发展和社会保障发挥积极功能。其发挥作用的空间既有正式支持网络，也有非正式支持网络和自然支持网络，其中包括同非营利机构建立的信任和支持关系，家庭、家族、亲戚朋友和社区共同体中包含的支持关系及领域。社会资本是可以建构的，在实施社会工作过程中可以诱发社会资本。

5. 公共池塘资源理论

对于公共事物的治理，有三种富有影响的模型为人们所熟识，即哈丁的公地悲剧模型、囚犯困境模型以及奥尔森的集体行动逻辑。① 这三大模型都揭示了在公共事务治理过程中个人理性的结果却是集体选择的非理性，导致了公共事务的恶化和非可持续发展，最终丧失集体利益和个人的长远利益。许多理论家和分析家都认为，要改变这种状况，除非实行强权控制或者彻底的私有化，否则只能导致“公地悲剧”。美国著名行政学家、政治经济学家埃莉诺·奥斯特罗姆针对“公共事物的治理”这个世界性难题提出公共池塘资源理论模式。她认为，人类虽然存在许多的公地悲剧，但“极少有制度不是私有的就是公共的——或者不是‘市场的’就是‘国家的’。许多成功的公共池塘资源制度，冲破了僵化的分类，成为‘有私有特征’的制度和‘有公有特征’的制度的各种混合”。埃莉诺·奥斯特罗姆认为人类可以通过自组织的行为有效解决这个困境。她认为当多种类型的占用者依赖于某一公共池塘资源进行经济活动时，所做的每一件事几乎都会对他们产生共同的影响，每一个人在评价个人选择时，必须考虑其他人的选择。在处理与产生稀缺资源单位的公共池塘资源的关系时，如果占用者独立行动，他获得的净收益总和通常会低于如果他们以某种方式协调他们的策略所获得的收益，独立决策进行的资源占用活动甚至可能摧毁公共池塘资源本身。通过自组织的行为有效解决这个困境需要解决三大问题，即“新制度的供给问题”“可信承诺问题”和“相互监督问题”。这种理论模式给了我们思考公地困境问题一种新的视野和理论的替代解决方案。也为社区公共资源治理问题通过自治组织的建设与运作管理来解决提供了理论支持。②

评价与反馈

请结合本子任务的学习和你的理解，填写表2－1。

表2－1

归纳治理理论的要点	简要地归纳社区理论的主要类型及观点

① “公地悲剧”（Tragedy of the commons）理论模型是英国加勒特·哈丁教授（Garrett Hardin）1968年在The Tragedy of the Commons一文中首先提出。“囚徒困境”（prisoner's dilemma）是1950年美国兰德公司提出的博弈论模型。“集体行动逻辑”呈现在美国著名经济学家曼瑟尔·奥尔森（Mancur Olson）1965年出版的《集体行动的逻辑》一书中。详细内容略。

② 徐理响.“公共池塘资源理论”与我国农村公共事物治理：D队公共池塘水资源使用情况的思考［J］. 农村经济，2006（2）：10.

三、社区治理相关理论对我国社区治理实践的指导意义

1. *正确认识和处理政府与社会关系，发挥两股力量在社区治理中的作用*

从西方国家的实践来看，在政府失败和市场失灵的情况下应当发挥社会资源力量的作用。过去的传统观念认为政府与社会两者力量是此消彼长的关系，因此许多国家包括我国在现代化进程初期都采取了压制社会力量以巩固政府权威的统治模式，从而导致了政府“大而强”、社会“小而弱”的局面。而今天，越来越多的政府开始认识到，政府与社会之间不是相互抑制彼此力量的关系，而是同生共长、互补互惠的。“治理”概念的提出，其目的正是要在国家和社会之间发展出一种良性互动的关系。正确处理国家与社会的关系，就是要变“统治”为“治理”，关键是要对政府权力进行合理的限制，要“把权力关进制度的笼子里”，给社会以充分的成长空间，改变“强政府、弱社会”的局面。

2. *以治理理论为指导，确立社区治理体系建设的目标*

从长远发展与规划建设角度看，社区治理理论及其构建的社区管理模式是我国新型社区建设和管理的重要理论依据。治理目标应强调外部需要和内部需求的互补与统一，实现治理目标内生化。传统意义上的社区工作，其主要目标是协助政府开展工作、承接和完成政府下达的特定的经济和社会发展的任务，而这些目标主要由社区以外的部门来实现。虽然这些工作目标在一定程度上也考虑了社区的需要，但治理目标主要是为满足社区外部的需要、决定于社区外部的机构。社区治理目标的内生化就是要将治理目标定位于社区内部的需求，决定于社区内部的主体。治理目标的内生化至少包含以下三层含义：一是要求社区工作必须坚持满足社区居民的生活需求，改善社区居民的生活环境，提高社区居民的生活质量和文明程度。二是要求必须高度重视社区内部自身要素的培育。三是要求必须高度重视和鼓励社区内部各主体积极参与社区治理，最大限度地挖掘和整合社区内外资源，解决社区问题，增强居民的社区归属感和认同感。①

3. *以治理理论为指导，构建科学合理的社区治理结构*

社区治埋结构是国家和社会组织对社区事务的管理所形成和倚赖的组织形式。社区治理结构是在一定的社区治理体制下逐步形成的。中华人民共和国成立后，我国在城市建立了以“单位制”为主、街居制为辅的城市社区管理体制，整个社区呈现出政府为单一主体的治理结构。改革开放以来，中国的社区治理结构发展演变经历了由行政型向半行政半自治型转变的发展过程。建立在合作主义基础上的新型政府与社会关系、社区体制逐步取代单位体制以及城市街道体制。相应地，中国社区自治的未来模式是由社区居民参与的社区和政府的合作治理。② 体现了国家—社会关系的一种变化，即面对社会公共事务，国家已经不再把自己看作是唯一的解决者，而是开始调动各种社会资源和力量来共同解决。也就是说，国家正在逐步把一部分社会事务交给社会自身来做，逐步从某些社会管理领域撤出。而社会自身也会由于参与公共事务管理逐步变得独立起来，这是一个独立自主的社会领域产生的必要条件。③

---

① 吴群刚，孙志祥．中国式社区治理：基层社会服务管理创新探索与实践［M］．北京：中国社会出版社，2011：151－152．

② 于燕燕．社区自治与政府职能转变［M］．北京：中国社会出版社，2005．

③ 冯玲，王名．治理理论与中国城市社区建设［J］．理论与改革，2003（3）：25－27．

4. 以治理理论为指导，构建全新的新型社区治理模式

新型社区的治理模式，在治理理论的指导下，不但要发挥政府的作用，还要发挥社区其他社会主体的作用，不但要运用政府的资源力量，还要充分调动、整合、配置社会资源力量，提高各主体的作用，而不是仅靠政府单一力量。结合到新型社区治理实践，以多元主义、资源依赖理论和网络自治理论为指导，将治理理念和思维引入新型社区治理实践之中。一是要构建多元主体合作共治组织体系。政府作为拥有大量国家资源的主体，仍将发挥行政主导力量的作用。新型社区广泛存在的集体经济组织是社区治理的基本力量。其他还有社区居民（村民）自治主体、社区物业业主自治主体、民间组织、物业公司等经营主体的势力也在不断增长。这些主体之间的权力关系需要理顺，有序运作，共同构建新型社区多元主体共治模式。二是要在新型社区合理安排治理制度，为新型社区治理创造良好的制度环境。考虑新型社区形成的动力和直接推动因素各不相同，在治理结构中的地位和作用是不一样的，主体力量组合也各不相同，并形成各具特色的社区治理模式。应当根据不同的动因来探索形成其独特的权力结构模式，不应“一刀切”。三是要将新型社区建设、管理服务与新型社区治理模式创建一起考虑。搞好模式体系的基层设计，将“拆”“建”“管”“服”一起抓，达到“善治”的目的，避免出现像老城区“问题—危机—维稳—更大问题”这样的恶性循环。

5. 克服社区治理理论有限性，从中国社区实际出发，有效运用治理理论

中国的社区治理，由于社会发展不充分，事实上仍然是政府主导下的行政管理。虽然具有治理的一些要素，比如社区居民委员会、业主委员会等，但这种类型的组织在社区发展中究竟能发挥多大的作用是一个值得探讨的问题。所以，就治理理论的社区运用而言，具有一定的理想性，它为社区的未来发展提供了一个方向或者说目标。对现实社区的发展而言，重要的是如何激活各种社区资源，调动各方的积极性来参与社区建设，没有多元主体参与的社区治理不是真正的治理。而这种参与在发展的初期可能不完全是平等的，而是有主次之分的。但治理理论强调的是平等主体的参与与合作，也就是说治理理论的一个前提就是各参与主体的充分发育，各主体都是具有独立行为能力的个体，但中国社区本身正在发育的过程之中，各主体还未完全成长为独立的行为体。这使社区治理理论运用于现实社区发展的研究具有一定的超前性。这种超前性具有一定的价值，但对于解决现实社区发展过程中出现的问题针对性不够强。所以，将治理理论运用于社区有其价值，但也存在局限性，需要在发展中不断完善。①

评价与反馈

请结合本子任务的学习和你的理解，并填写表 2－2。

表 2－2

当地社区治理的既有思想	指出社区治理中存在的问题	提出改进社区治理的思路

① 吴志华，翟桂萍，汪丹. 大都市社区治理研究：以上海为例［M］. 上海：复旦大学出版社，2008：163－164.

子任务2　社区建设理论与社区建设实践

任务分解：

（1）通过文献研究和课程学习，掌握国内社区建设工作相关的主要理论，弄清与国外相关理论的区别。

（2）通过社会调查，了解当地社区建设实践情况，总结现有的社区建设工作经验，提出改进建议。

知识准备：

一、国内社区建设理论

自20世纪90年代初我国政府提出城市社区建设以来，城市社区进行理论建构就一直是社会学及其他相关学科的研究热点之一。

1. 行政社区建设论

该理论认为，社区建设理论应根据单位制趋于解体这个变迁趋势来建构，其根本目的在于维持行政权力在城市基层社会生活中的领导地位。由于单位制的解体，城市社区不仅需要社区来承担单位和政府改革剥离出来的各项社会服务职能，而且还需要社区来承担对从单位中脱离出来的社会人的管理职能。为了让社区享有履行上述职能的必要权力，政府应该将权力下放，扩大基层政府特别是街道办事处的权能，或者直接将街道办事处建成一级基层政权，能够实施对整个街区的管理，而街道则通过强化社区党组织建设，基层行政部门的职能建设，以及对各类社区组织的行政手段，把行政权力渗透到社会中间。在城市社区建设的过程中，坚持党和政府的领导，保证党和政府的核心地位及主导作用是城市社区建设的最高原则，这一理论取向得到了党和政府的支持。

2. 共同体社区论

共同体社区论者认为20世纪是一个社区社会化的过程，人类社会发展以物的法则为主导的经济理性把人与人之间的关系变成赤裸裸的金钱关系，现代理性的过度发展不仅背叛了它最初的效率目的，而且带来了更大的社会问题。21世纪将是一个社会社区化的过程，是从物的法则回到人的法则，从理性法则回到人文法则，即从社会回到社区的世纪。因此，当代城市社区的理论建构目的是要通过社区建设消解过度现代性的消极后果。作为城市社区建设的对象的社区应该是地域共同体，社区重建“首先恢复社区作为一个完整有机体的组织活力，使其成为一个自给自足自在自为的实体。在地理上、语言上、文化上、心理上和生活习惯上保持最高的同质性和完整性，防止垂直化组织系统对它的人为肢解和分割”①。

3．脱域社区理论

除了上述两种主要的社区理论外，也有研究者提出，由于现代性的脱域机制，使得地域性社区在现代人的生活中越来越无足轻重，而脱域性的职业组织却越来越成为现代社会中联系国家和个人的重要途径，因此，与其花费大力气去建设地域性社区，还不如转向职业共同体建设。② 也有些学者认为城市社区是“互不相关的邻里”③，还有学者认为工业化进程、国家放权趋势，将把个人从传统或原生的社区共同体中解放出来，并使之进入更大的自致共同体④。此外，近些年来有关社会网络的研究也表明，城市居民的社会支持网主要是亲属、朋友和职业网络而不是邻里。这些研究结果也可以看成对脱域社区理论的支持。

二、我国的社区建设与社区理论在实践中的结合

1．由社会控制到社区治理转变的客观必然性

改革开放以来，以市场经济为导向的经济体制改革以及与之配套的相关政治、社会体制变革导致整个社会的结构性变迁，使得传统的城市社会管理体制面临日益严重的危机。社会的结构性变迁主要表现在以下四个方面：第一，单位体制弱化使得单位的社会职能外溢。这些外溢的社会职能都需要社会（社区）来承接。第二，城市人口结构发生了巨大变化，单位体制外的社会空间日益扩大。这些人群在持续的社会互动和关系构建中形成新的社会空间，超出了原有城市社会管理体系的框架。第三，居民的社区性公共需求、邻里关照和互助需求，以及社区共同利益聚合与表达的需求日益增长。需要建构聚合利益与表达意愿的新的渠道，需要建立新的社会支持网络。第四，政府机构改革与城市管理任务加重。适时进行机构精简、职能转换，构建“小政府、大社会”的格局，是最理性和理想的选择。⑤ 因此，推进社区治理势在必行。

2．社区建设与治理理论在理念上和实践中的结合点

推进社区治理不应另起炉灶，应将其与我国的社区建设相结合，更好地处理国家与社会的关系，培育社区公民的参与意识与能力，最大限度地满足广大居民日益广泛的社区参与要求，维护社区公民公共利益。为此，应对照“治理”理论的概念和基本要素，寻找社区建设与治理理论在理念上和实践中的结合点。

（1）承认政府能力的有限性。在社会转型阶段，传统意义上“大而全”的政府管理模式在市场经济面前遭遇了极大的挑战，许多过去完全由政府一手包办的公共问题已经很难单纯依靠政府的力量来解决，而是需要一个崭新的承接平台。政府之外，需要有企

① 夏学銮．从社区社会化到社会社区化［J］．社区，2001（2）：29．

② 王小章，王志强．从“社区”到“脱域的共同体”：现代性视野下的社区和社区建设［J］．学术论坛，2003（6）：40．

③ 桂勇，黄荣贵．城市社区：共同体还是“互不相关的邻里”［J］．华中师范大学学报（人文社会科学版），2006（6）：36．

④ 陆丹．自致的共同体：城市社区发育的新路径［J］．社会科学战线，2009（2）：201．

⑤ 尹维真．中国城市基层管理体制创新［M］．北京：中国社会科学出版社，2003：38－40．

业、非政府组织等各个社会机构和个人的共同参与，才能满足城市发展和居民不断增长的物质文化需要。

（2）强调合作、参与和共享。在社区建设中，政府并非唯一的权力主体，如果没有居民个人和民间组织的广泛参与，社区的建设和发展根本无从谈起，也就是说，这些组织和个人事实上也构成了社区公共管理的权力主体，在社区生活发挥着政府难以替代的作用。通过各个权力主体之间的合作、参与、协调，实现社区资源的共享，使社区内各种资源得到有效的、合理的配置。

（3）强调发挥民间组织力量的作用。当前社区民间组织主要是承担居民的日常服务和文化娱乐功能，尤其是在社区服务方面，民间组织更是可以承担部分街道无法承担的社会性、事务性工作。如社区服务中心、社区医疗站、社区法律咨询中心、社区心理诊所、社区文化站等，这些都是民间组织可以大展身手的社区服务基地。

（4）明确了社区居民和社区组织“自我治理”的原则。所谓“自我治理”，简称“自治”，即通过在社区内实行民主选举、民主决策、民主管理、民主监督，逐步实现社区居民自我管理、自我教育、自我服务、自我监督。社区自治使社区居民和民间组织等非政府结构形成了一个自主性不断增强的权威网络，并在社区公共事务管理方面与政府形成一定程度上的对话，“政府—非政府”的治理网络初显雏形。

（5）要求政府向社区下放权力。可以这样说，就现阶段我国的社区建设而言，其实质就是一个自上而下、由集中到分散的公共管理权力转移过程。这一方面是指市区权力向街道的下放；另一方面是政府权力向社区的让渡。通过民主选举社区居民委员会和社区居民代表大会、强化社区管理委员会等措施，政府事实上已经将社区的人权、财权和涉及的公共事务管理权还给了社区。社区权力的逐步扩大，为真正意义上的“社区自治”提供了基础和保证，从而提升了社区自我管理的功能，使社区具备了与政府进行互动合作的能力。

（6）遵循透明和回应的原则。作为民主监督的核心内容，及时公开社区事务、接受社区居民和其他相关组织的质询并做出回应，是社区居民委员会必须坚持的工作原则。许多地方在开展社区建设的过程中都做出了相关的规定。广东省根据十多年来村务公开方面的经验，制定《广东省村务公开条例》并自2015年1月1日起施行。该条例，更加细化了村务公开的内容，确立社区建设中的透明和回应原则，并设立各种形式的相关制度以保证这些原则的贯彻落实，无疑为社区自治创造了有利条件。

评价与反馈

请结合本子任务的学习和你的理解，填写表2-3。

表2-3

归纳国内社区建设主要理论	我国的社区建设与社区理论在实践中的结合情况	调查某社区建设实践的做法经验并提出改进社区建设的措施

任务二 社区治理模式及其创新发展

情境导入

情境5 天河区“四位一体”社区协同治理模式

加强和创新社会管理是摆在各级党委政府面前的一个紧迫任务和重大课题。天河区林和街在基层社会管理创新上大胆探索、先行先试，逐步探索出“四位一体”的社区协同治理新模式，实现基层社会管理和服务向“精细化、协同化、标准化、智慧化”发展。

环节1：理论探索依据。该区林和街综合治理委员会于2011年上半年先后两次赴深圳学习考察“大综管”工作，并经街党工委研究讨论形成指导意见，在专家指导下，确定了理论依据分别是：(1) 精细化管理理论，通过规则的系统化和细化，运用程序化、标准化和数据化的手段，使组织管理各单元精确、高效、协同和持续运行。(2) 协作性公共管理理论，与新公共管理运动忽视政府和公共机构与公民之间的协作不同，协作性公共管理更加强调要加强政府和公共机构与公民以及其他社会参与者之间的协作和伙伴关。(3)“治理与善治”理论，关注社会管理力量的多元化格局，重视发挥公民社会在公共事务管理中的作用，是促进公共利益最大化的社会管理过程。

环节2：模式框架构建。结合林和街的特点，提出构建一个包含“党委政府”“社会组织”“社区居委会”以及“居民”，四位一体、多元共治的社区协同治理新模式。通过“四化”即“精细化”“协同化”“标准化”“智慧化”来推动模式建立。精细化，包括引入地理信息系统（Geographic Information System，GIS），实现社区部件和事件精细化管理；网格化管理，实现社区管理无缝隙覆盖。协同化，包括多元主体协同、多部门协同、多层级协同、多中心协同。标准化，包括社区服务标准化和社区服务规范化。智慧化，主要是通过开发一个融合电视媒体、广播媒体、网络媒体、手机媒体的智慧管家服务系统，打造全媒体智慧化家庭，实现社区服务全媒体跨越、无缝隙覆盖。

环节3：模式检验试点。为提高该模式的推广应用效果，该区在林和街道华新社区开展了试点工作。做法是：首先网格划分，根据居民户数以及管理的难易程度，将华新社区划分成5个网格，由林和街道武装部部长挂点，街道综治维稳信访科工作人员任网格协调员，配齐配强网格管理员和协管员，并通过广泛宣传发动，从辖内居民代表、物业管理处代表、机团单位代表中选出20余名网格监督员，按每个网格3~5名落实到位。然后是人员培训，通过专门的业务培训与会议，所有工作人员已经基本掌握系统的运行与使用，明确了工作岗位职责，熟悉工作流程。网格监督员已经能够跟进问题隐患处理进度，并提出了反馈意见。最后是试点工作的实施，工作内容包括：(1) 采集出租屋、计生、安全生产、综治维稳、劳动保障等各类基础信息，做到及时采集、即时更新，确保信息全面、准确、及时。(2) 排查各类矛盾纠纷和问题隐患。网格人员必须做到“对矛盾纠纷和问题隐患发现一宗，解决一宗”，并通过“广州市天河区林和街道办城乡社区建设集成应用平台”上报，同时，做好前期稳控工作，确保矛盾纠纷不升级，问题隐患不扩大。对于一般性的不和谐因素，力争在网格或社区内自行化解。(3) 协助街道职能科室化解各类不和谐因素，做到全力协助，密切配合，确保不和谐因素得到及时有效化解。(4) 完成挂点领导和社区工作站站长交办的其他任务分解，听从指挥，服从安排，确保执行力得到落实。

环节4：试点成效总结。自该项工作开展以来，受到各级党委政府的高度重视，取得良好的成效：一是社区治安防控体系完善，社区治安秩序稳定，社区居民安全感高，安居乐业、秩序井然。二是社区居民人际关系和谐，守望相助，社区成为各个社会群体和谐相处的社会生活共同体。三是通过实施智慧社区工程，借助物联网等现代科学技术，实现智慧家庭、智慧政务、智慧商务、智慧民生等，打造一个云计算智慧社区。四是提升社区管理水平，完善社区治理机制，社区服务设施、服务质量和居民幸福指数得到提高。

（资料来源：人民网资讯，http://irmw. i. sohu. com/. 2012－01－30，有删改）

说明：社区治理模式是社区治理主体在一定理论指导下，结合社区环境条件和治理需要所形成的社区治理实践形式。随着城市化发展，社区治理的模式必须改变，但如何创新发展，需要科学的理论指导，只有这样构建的模式才能适应社区社会环境发展的需要。从本案例所依据三个理论、所构建的“四位一体”协同治理的社区治理模式，以及“四化”要求及试点的做法，突出了社区治理的科学性、实用性，提高社区治理工作的有效性。

任务要求

1. 通过文献研究，分析整理国内外社区治理的理论模式和实践模式，并了解其特点。

2. 通过搜集整理和调查研究，了解目前国内社区治理模式创新情况及新型的典型模式，分析其特点和可借鉴之处。

3. 了解社区网络化治理的新动向，学会用“互联网+”思维来推进社区治理模式变革，不断探索社区治理新模式。

子任务1　国内外社区治理理论模式

任务分解：

（1）通过文献研究分析整理国内外社区治理的理论模式研究情况，并了解各类模式的特点。

（2）学会用比较分析的方法，辨别不同社区治理模式的优异点，为我所用。

知识准备：

一、社区治理理论模式

1．社区治理模式的理论分析

从宏观的政策层次来讲，社区治理关系到对公民与国家关系的认识和理解；从具体的行政领域来讲，社区治理关系到公共服务供给的地方化、政府行为的民主化和社区组织的新角色。社区治理是社区自治制度框架内社区参与向更深程度和广度的发展与更新。

与社区治理相近的一个新的发展理念是“社区增权”。治理和增权的理论或学术背景有所不同，但两者包含着密切相关的理念和原则。社区治理和增权的实践过程是相辅相成、互相转化的。社区善治可能达到增权的目标。如果说社区治理和社区增权两者有什么差别，那么我们可以认为，社区治理更倾向过程取向，强调决策及执行过程的科学性和民主性；而社区增权更倾向结果取向，强调资源分配和能力建设。

2．社区治理理论模式

在纯学术性的研究文献中，“治理”其本身不代表一种理论，而是一种中性的分析工具或理论范畴。在这个范畴中，包含着各种不同的地方（社区）治理理论和模式。休米·阿特金森（Hugh Atkinsontt）和斯图尔特·威尔克斯－希格（Stuart Wilks-Heeg）总结了有关地方治理的三种理论命题或理论基础：权力依附模式（Power-dependence Model）、机制理论（Regime Theory）和调节理论（Regulation Theory）。这三种理论代表着对政治权力结构和功能的不同解释。威廉·米勒等人则区分了地方主义、个人主义、社会动员和集权主义等四种地方治理的模式（见表2－4）。因此在特定情况下，社区治理可以被视作一个广义的学术概念。①

表2－4 地方治理的四种模式

模型	主要目标	对地方自治的态度	对公共参与的态度	主要服务供给机制	主要政治机制
地方主义型	地方社区需要的表达和满足	强烈赞同	支持但首先注重民选代表	多功能的民选地方政府	经地方选举的代议政治
个人主义型	保证服务中的个人选择和回应	赞同但承认上层干预的必要性以保护个人利益	赞同消费者咨询而非大规模公民参与	特定服务供应者的竞争体制	作为消费者的个人权利
社会动员型	发展改变政治，以保证对弱势和被排斥者的更有效影响	强烈赞同其作为改变过程的组成部分	强烈赞同	基于邻里和分权的结构	发展性参与政治

① 田玉荣．非政府组织与社区发展［M］．北京：社会科学文献出版社，2008：14－15.

续上表

模型	主要目标	对地方自治的态度	对公共参与的态度	主要服务供给机制	主要政治机制
集权主义型	保持国家标准和国家民主的首要性	强烈反对	有限肯定	中央实际控制下的机构	国家政府：立法、指导和控制

资料来源：Miller, William Loekley, Malcolm Dickson & Gerry Stoker, 2000.

二、国外社区治理理论模式

国外城市社区的治理模式大都有自己的特色，现代社区治理模式的差别往往取决于政府和社区之间权能配置的方式。根据政府和社区之间权能关系的不同，社区治理模式可以分为三种类型，即自治型治理模式、行政主导型治理模式和混合型治理模式。

1. 自治型治理模式

发达的工业化国家包括欧美、澳洲、日本等，由于社会政治、经济制度和专业社会工作的发展，到现代大多形成了比较完备的城市社区治理模式。这些国家的城市社区自治组织机构健全。这种模式的主要特点是政府行为与社区行为相对分离，政府对社区的干预主要以间接方式进行，其主要职能是通过制定各种法律法规去规范社区内不同集团、组织、家庭和个人的行为，协调社区内各种利益关系并为社区成员的民主参与提供制度保障，而社区内的具体事务则完全实行自主与自治。在这种模式下，社区发展规划由政府部门负责并拨专款加以实施，但在规划过程中却充分体现自上而下与自下而上相结合的原则。

2. 行政主导型治理模式

一些发展中新型工业化国家和地区的社区治理属于这种模式，其特点是在政府部门中设立专门的社区治理管理部门，政府行政力量对社区治理有比较强的影响和控制力。以新加坡为例，政府中设有国家住宅发展局负责对社区工作的指导和管理，其主要职能包括：（1）对住宅小区、邻里中心和社区中心及其公共服务设施的规划。（2）对社区领袖和居民顾问委员会、社区中心管理委员会及居民委员会等社区组织领导人的培训。（3）为居民委员会提供办公场所和设施，沟通政府与社区的联系渠道。（4）发起某些社区活动，倡导特定的价值观。（5）对社区治理予以财政上的支持。

3. 混合型治理模式

这种模式兼有前两种模式的特点。以色列和日本国家的社区治理采用这种模式。其特点或由政府部门人员与地方及其他社团代表共同组成社区治理机构，或是由政府有关部门对社区工作和社区治理加以规划、指导，并拨给较多经费，但政府对社区的干预相对比较宽松和间接，社区组织和治理以自治为主。

三、我国城乡社区治理模式类型的演变

综观中国城市社区组织（居民委员会）的发展与演变，我们可以清楚地看到，城市

居民委员会是我国城市社会基层民主的一种制度选择，其历程可以概括为两个阶段。

1. 街居制——国家行政全能主义治理模式

行政权力导向的街居制是指由街道办事处和居民委员会构成的我国城市基层社会的行政建制。大致存在于中华人民共和国成立之后，“社区制”形成之前。这一时期街道和居委会是代表政府对社区进行治理的唯一合法行为者，其管理方式是自上而下的行政指令性的，即政府部门通过行政等级将上级命令逐层传达到街道，街道再传达到居民委员会，由居民委员会传达给居民；社会资源的再分配由政府主导，单位执行，街道和居委会成了“附属性”“剩余性”“行政性”的治理手段，其治理职能表现为教育与社会动员、生产与保障等。尽管《城市居委会组织条例》明确规定，居委会是群众性的自治组织，但在实际运作中，居委会又体现出了很大的“政府性”，因为它是政府为了管理居民而设立的组织，并非是居民自发成立的组织。

2. 社区制——合作主义治理模式

20 世纪 90 年代后，随着我国经济体制从计划经济向市场经济的转轨，中国的社会结构发生了巨大的变迁。在城市，由城市现代化带来的城市社会管理重心下移以及“单位体制”的逐步瓦解，引发了城市社会基层的转型。旧有的城市社会基层组织形式——居民委员会的功能日益不能适应新形势的发展需要，以至于 1991 年国家提出“社区建设”发展思路。为此，城市推行社会管理体制改革，部分政府权力下放到社区，鼓励居民、非营利组织、辖区单位参与社区治理，形成社区的网络状管理。合作主义治理模式主张政府与社区组织的制度化合作和良性互动，社区中各个治理主体之间各司其职、分工合作。总之，社区治理是通过政府与社区组织、居民、非营利组织的共同努力改善社区环境，促进社区经济发展，提高社区居民生活质量，最终走向“善治”的过程，通过竞争—合作主义，实现社区治理模式的创新将促进社区乃至整个社会的稳定与发展。

评价与反馈

请结合本子任务的学习和你的理解，填写表 2－5。

表 2－5

国外社区治理模式及特点	国内社区治理模式发展演变

子任务2　社区治理模式创新

任务分解：

（1）通过文献研究，分析整理国内外社区治理模式创新的含义和路径。

（2）选一个社区进行治理模式创新的调查研究，总结其创新的思路、做法及效果。

知识准备：

一、社区治理模式创新的含义

社区治理模式创新是一个探索改革的过程，是对社区管理公共事务的理念、方式、体制、制度等进行重新设计和运行的过程。在社区的治理模式框架中，所有的内容发生了变更，都可以称为治理模式创新。如果我们结合熊彼特的"创新理论"，来考察社区治理模式创新，则社区治理模式创新可定义为：在原有的社区治理模式中引入新的治理因素或对原有的社区治理模式进行重构。

城市社区治理是一个系统工程，涉及我国城市管理体制、民主政治建设、公共服务的供给与运行及社会稳定与发展，更涉及政府、市场和社会三元结构的关系调整。因此，社区治理模式创新就是一个系统，是多维度的集合，其涵括的内容非常广泛。

二、社区治理模式创新的路径

城市社区治理模式创新是一个多维的架构，这个多维的架构，为社区治理模式创新提供了选择路径。

1．城市社区治理目标创新：构建社区善治的导航目标

社区治理模式创新，需要正确的目标引导。善治是社区治理模式创新的目标。社区善治，就是长效的、良好的社区治理。它是使社区公共利益最大化的社区管理过程。善治实际上是政府权力向社会的回归，善治的过程就是一个还政于民的过程。善治表示政府与社区或者说政府与社区居民之间的合作。善治有赖于社区居民自愿的合作和对权威的自觉认同，没有社区居民的积极参与和合作，至多只是善政，而不会有善治。城市社区的良好治理涉及社区经济、环境、资源利用、居民意识、民主管理、生活质量等的综合平衡发展。

城市社区善治的目标和测量指标至少应该包括以下基本要素：一是合法，即社会秩序和权威被自觉认可和服从的性质和状态。二是透明，即社区信息的公开性。三是责任，即与某一特定职位和机构相连的职责及相应的义务。四是法治，即所有人都依法行事，在法律面前人人平等。五是回应，即公共机构和管理人员要对社区居民的要求做出反应。六是有效，即管理要高效率。

2．城市社区治理理念创新：树立参与、和谐、服务的治理理念

社区治理模式创新首先要从理念或价值层面入手，社区治理的核心理念是参与、和

谐、服务。也就是说，通过社区成员的积极参与，努力实现共同的发展目标，共同享受创造的成果。社区治理理念是对社区治理活动合规律性和合价值性的认知定势和认知运行模式的总和，从本质上讲是一种思维模式。城市社区应以新的治理理念为指导，进行传统的社区治理模式创新。

(1) 社区治理的参与理念。所谓社区成员的治理参与性，是指社区各类成员要参与到社区公共事务制定决策中去，以不同的身份参与到社区治理活动中，并分别担任不同的角色，承担安排者、生产者、监督者等不同的职能。社区治理参与理念的树立，需要社区居民公民意识的建立，需要不断地加强公民意识教育，政府一方面要抛弃管制和包办的做法，另一方面要提供更多政府与公民合作、沟通的平台。

(2) 社区治理的和谐理念。所谓和谐社区是指基于法律框架和道德约束，以人为中心的人、自然与社区的协调统一。互相帮助、互相照顾、奉献爱心是和谐社区的精神理念。也就是说，在创新型的社区治理模式下，社区将建设政通人和、经济繁荣、居民生活幸福、社区功能不断完善的社区，一个以人为本、注重全面发展、充分实现社会正义的社区，一个人与自然平等发展、和谐统一的社区。

(3) 社区治理的服务理念。社区发展的终极目标是使社区内的所有成员都能得到全面发展，而这种全面发展的实现，则有赖于完善的、良好的社区服务。社区的所有工作都应当围绕社区居民的需求来开展。因此，我们应当变革原有的“小社区服务”理念，树立“大社区服务”理念，看到社区服务已经不仅仅是福利性质的扶贫帮困和志愿服务，它还涉及社会保障、基层政务、公共服务、社会工作、第三产业、互惠交换等领域，形成多层次、多样化的综合服务体系。

3. 城市社区治理主体创新：构建多元参与的治理主体

在传统社区治理模式下，社区治理主体单一，这会造成权威统治。而治理主体的多元化，则使治理过程民主化，治理决策科学化，治理结果合理化。所以培育社区非营利组织，提高居民的组织化、社区化程度，构建多中心秩序，将是社区治理模式的理想选择。社区主体多元化是社区治理发展的必然趋势，除政府以外的非政府组织、企业、社区部门和社区居民都可以成为社区治理的主体。不同主体在对社区事务的管理中发挥各自的特点和优势，相互合作，共同为社区建设出力，形成合作共治的格局。首先，社区治理多元主体应建立伙伴关系，在此基础上，主体间地位平等，相互关怀、相互协调、相互交换资源，并通过合作形成社区治理目标治理架构，解决社区发展共同问题，参与管理社区公共事务。其次，必须形成建立在互惠基础上的合作机制。社区共治是借助科层制、市场机制、合作机制、组织间网络、自组织制等混合机制，对社区公共事务的共同管理。这种共同治理的实质在于互惠基础上合作关系的建立。互惠规范的确立，有利于建立多元主体之间的伙伴关系，才能使合作得以持续发展。再次，明确主体职责权利，实现权力与权利的有机结合，才能稳定社区治理结构关系，产生共同治理的高效能。社区共治以公共权力的分散化与公民权利的民主化为基础，实现了权力与权利的结合。只有明确的职责权利关系，才能保证社区居民参与社区事务治理的权利的实现。

4. 城市社区治理方式创新趋势：自治化、制度化、综合化

(1) 社区自治是社区治理方式转变的必然选择。创新的社区治理模式，必然要求采

取“自治”的治理方式。自治型社区治理方式，需要服务型政府的出现。政府管理理论认为，社区的治理结构取决于政府的主导：一个管理型的政府，其基层管理也必然是管理型的；而一个服务型的政府，其基层管理也将是自治型的。所以在当前社会转型、经济转轨时期，我们要不失时机地推动政治体制改革，发展公共服务型政府，在强调政府主导作用的同时，发挥社会资本和社会力量的作用，通过各种方法和途径，积极促进社会力量的壮大，培育基层自治力量，促进多元共治目标的实现。

（2）制度化的专业治理是社区治理方式转变的必然要求。传统的社区治理方式，由于一些制度性的缺陷，使社区日常事务管理主要是依靠经验进行。随着新的治理模式的创新出现，必然要求经验式治理方式向制度化治理方式演进，新型的专业化治理要求应运而生。专业化的发展要求社区治理的技术化、制度化和专门化，特别是在社区服务的提供上，需要专门的技术型、知识型人才，单单依靠社区自身可能满足不了对这些人才的需求，外聘职业经理人实现对城市社区的专业化治理正逐步成为一些发达地区社区的选择。

（3）多层次的综合治理是社区治理方式转变的必然方向。传统的社区治理模式下，社区的治理是行政代治理，社区居民与其管理者之间是服从与被服从的关系。随着社会经济体制的改革，社区各类问题（流动人口问题、老龄化问题、就业问题、环境问题、康乐问题等）的产生，催生着城市社区治理向多层次、综合化的方向发展。社区多种多样的中介组织、自治组织、营利组织和非营利组织等更加关心公共事务、参加公益活动、参与决策、对社区建设进行监督评估等重要事项，使社区治理向多层次的综合治理演变。

5. 城市社区治理过程创新：由行政控制向民主协商演变

在我国城市社区治理中，政府担任着重要的角色。在传统的“两级政府，三级控制”的治理模式下，社区治理过程通常表现为行政控制，公安、民政、疾病预防、消防、交通、计划生育等政府部门对社区治理进行渗透，它们根据自己的权力、职责在社区建设中找到参与的切入点和落脚点。而创新的社区治理方式，要求治理过程向民主协商演变。这是同治理主体的多元化和治理架构的共治性相吻合的。社区共治架构下，多元的治理主体间既不可能是行政命令机制，也不可能是市场交换机制，而应该是多方协商机制。一方面，参与治理的各个主体之间需要进行沟通协调；另一方面，治理主体与各利益相关者之间也要进行有效的沟通协商。社区事务的多方协商，可以通过多种形式来实现，比如通过定期召开听证会、协调会、评议会、咨询会和议事会等形式，对具有社会性、公益性、群众性的社区事务进行议事协商、协调联络、监督评议，充分了解民情、反映民意、集中民智、汇聚民力，规范社区成员参与共同治理的议事规则、工作制度，逐步形成合法、合适的社区民主组织形式。

评价与反馈

请结合本子任务的学习和你的理解，填写表 2 – 6。

表 2 - 6

某社区治理模式创新的任务	某社区治理模式创新的做法和经验

子任务 3　社区网络化治理模式

任务分解：

（1）通过文献研究分析、整理国内外有关社区网络化治理模式的含义和构建的要点。

（2）选一个网络化治理典型社区，总结社区网络化治理模式的主要做法和经验。

知识准备：

一、社区网络治理的含义

所谓社区网络治理是指为了实现与增进社区公共利益，众多的社区公共行动主体彼此合作，在相互依存的环境中分享公共权利，共同管理社区公共事务的过程。社区网络治理强调，多中心的公共行动者通过制度化的合作机制，相互调试目标，共同解决冲突，增进彼此利益。社区网络化治理将社区需要的满足设定为自己最高的目标，而社区对自身需求的界定则是在一种复杂多层次治理体系需求的脉络下实现的（Stoker，2004）。这种治理模式要求社区与更高层级的政府、地方组织及利益相关者建立多元化的关系，从而形成相互镶嵌的关系网络以及相应的多重责任体系。社区网络化治理模式建设是一种充满挑战的整体性工作："在处理公众最关注的问题上获致更大的效果"①。

二、社区网络治理体系构建的要点

由于社区治理涉及多元治理主体的参与和投入，近年来全球在推进社会发展的新思路时，也越来越强调社区治理中公民参与状况、国家与社会伙伴关系的建立、信任与合作体系的建构。

1. 多方参与主体及各自的行为边界

社区建设领域的多方参与主体主要指社区政府、社区自治组织、社区居民和社区企业。就政府而言，社区网络治理是通过多边合作的网络方式进行的建设和管理过程，其

① 斯托克，游祥斌. 新地方主义、参与及网络化社区治理［J］. 国家行政学院学报，2006（3）：95.

中政府自身的变革是网络治理有效形成的一个重要因素。政府在社区网络治理中应做好如下工作：(1) 全面履行政府职能。(2) 坚持科学民主决策。(3) 大力推行依法行政，加快建设法治政府。(4) 自觉接受各方面监督。

对社区自治组织来说，完善居委会组织、培育社区非营利性组织至关重要。应针对自治组织、非营利性组织做好以下工作：(1) 针对目前居委会存在全能化和行政化的问题。一是调整居委会的角色和组织属性。回归其基层自治性组织的角色。二是重构居委会工作制度。即建立直选的、非职业化的居民委员会，建立居委会与政府及其派出机构互动的新关系、新模式，构建居委会与职业化、专业化服务组织之间的互动新模式。(2) 要注重培育更多、更广泛的各类社区非营利组织，以发挥它们在自我服务、自我管理和自我教育中的作用。

2. 政府和社会良性互动，构建参与社区建设的伙伴关系

社区治理视社区为各种组织实现其组织目标的行动场域。在这个行动场域中，政府组织和其他组织的关系将不再是单纯的管理和被管理关系，而是通过建立合作的关系来实现社区的公共目标。这要求政府特别是政府的基层组织改变其一贯垂直型的科层制工作模式，以适应社区以横向联系为主的网络化结构。也就是说，不是以简单的刚性的行政手段来处理各种多样化的复杂的社区公共事务，而是通过和与此公共事务利益相关的各方面组织——包括私域组织和第三域组织——沟通、协商、合作来实现社区管理的目标。社区治理的理念意味着政府如果要实现其社区管理的目标，必须和当地社区的各种组织特别是强调自主自理的第三域组织相互信任、相互支持、相互合作。

3. 建立多元主体参与的社区网络治理基础

(1) 要以居民自治为主，变行政管制为居民参与。通过社区组织建设、社区文化教育等途径培育以社会契约为原则的社区价值，塑造平等、互惠、参与、合作的社区精神，从而促进社区居民之间协作关系的产生。因此，要提升社区社会资本，发展社区邻里与信任网络。培育社区信任网络就是要重建信任关系、重建社会协调的共识性规范、重建社区网络，主要用来解决政府能力的缺陷、社会价值观的嬗变和社会成员对自我价值利益的非理性追求而导致的社区居民对政府、对社区组织、对他人的不信任，解决城市社区改革和发展过程中的不配套政策与规范混乱问题，社区居民孤独无助问题，等等。

(2) 需要在社会多元主体之间建立自治网络。尤其是在社区公共管理主体机构、社区公共管理的基本单元、社区居民会员组织以及社区公益性社团这四个层次的组织之间建立一种水平式的互动关系，促进四者之间建立持续长久的合作与支持关系。

(3) 需要建立发达的社会中介组织网络体系。公民通过社会中介组织参与民主行政实践是一种创造信任和形成社会资本的重要基础。通过社会中介组织的组织形式及其活动，增进社区的公共利益和社会福利。发展社会中介组织，可以在社会福利、教育培训、医疗保健、社区服务、生态环境、科学技术、文化艺术、国际合作等领域发挥力量，从而填补政府用于社会发展方面的资金不足，开拓大量就业机会，增加资源运用的透明度和合理性，为各类弱势人群和发展滞后提供多方面帮助。作为社会力量主体之一的社会中介组织，国家应该为其参与空间扩大化提供必要的政策支持。

4．多方参与主体的关系

社区网络治理同样需要构筑起公—私的合作伙伴关系。本书认为社区多方参与主体伙伴关系的构建需符合如下特征：

（1）伙伴关系需涉及两个以上的行动者，其中至少有一个是公共组织、一个非政府组织。一般把公—公、私—私之间的关系排除在伙伴关系研究之外。

（2）每一个参与者都要有无须向其他组织请示的自主性、独立性和行动的自由，都拥有各自的权利并且对其活动共同承担相应的责任。

（3）伙伴各方在决策过程中都是平等参与，通过协商解决问题。

（4）参与多方在持续互动中形成长期关系，而不是简单的一次性交易。

（5）每一个参与者之间必须能够进行互惠基础上的资源交换。

综上所述，多元互动网络治理模式的运行方式及路径选择如图2－1所示。

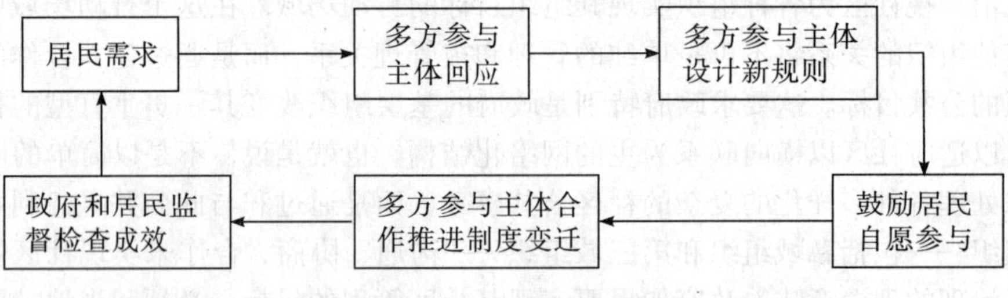

图2－1　多元互动网络治理模式的运行方式及路径选择

总之，社区多方参与主体的合作伙伴关系就是政府、自治组织、居民、企业之间构成的网络关系。这种网络结构的形成将改变长期以来在社区层面政府主导的行政直线式运行方式，从而使社区建设朝着可持续性方向前行。网络社区治理模式为传统制度提供了一种替代选择，在这种治理框架下，更广泛、松散的组织通过相互的依赖关系联合起来，协力应对社区所面临的挑战。网络化治理典范信奉一种对话制度以及通过网络实现互动。正是通过对这种制度的构建、修正以及适应，民主和管理相得益彰。

评价与反馈

请结合本子任务的学习和你的理解，填写表2－7。

表2－7

归纳社区网络治理的含义	写出社区网络治理体系构建的要点

任务三　新型社区治理模式探索发展

情境导入

情境6　社区治理结构——为何是“四位一体”?

社区治理模式的创新要根据社区社会发育的程度、社区社会资源条件、社区多元主体参与社区治理的意愿和能力、社区治理的需求等众多因素来确定，不同地区的不同社区情况各异，当然社区治理模式也就不同。在众多的社区治理模式中，采取“四位一体”社区治理模式比较常见，但各地具体实现形式又略有差异性。下面介绍几个“四位一体”治理模式，看看异同点是什么。

情形1：天津市一些街道、乡镇和社区改革创新基层社会管理体制机制，形成“党—居—站—社”四位一体的社区治理结构，即社区党组织发挥“总揽全局、协调各方”的领导作用，居于社区治理的核心地位；社区居委会剥离了过去所承接的街道办事处交办的大量行政事务后，集中精力推进基层群众自治，实行自我管理、自我教育和自我服务；社区工作站作为街道办事处行政服务中心延伸到社区的公共服务平台，履行提供政府公共管理和服务的行政职能；社区各类社会组织提供以服务性、公益性、互助性为主的社会化、专业化服务，驻区单位履行共驻共建、资源共享的社区建设责任，参与、协同社区管理和服务。

情形2：吉首市镇溪街道针对当前社区社会管理存在的社会管理主体单一、内容不健全、职责不清、法律法规不健全等问题，创建了“四位一体”社区社会管理模式，即社区党委、社区居委会、业主委员会、物业服务公司的新型合作建设关系模式。其中，社区党委牵头抓总，负责组织、调度、监督，同时负责管理好社区党员，发挥好党员作用；社区居委会负责建立社区建设和管理的服务网络，宣传发动群众，协调业主和物业关系，协调处理物业管理中的纠纷，组织社区文化娱乐活动；业主委员会主要是及时了解业主、物业使用人的意见和建议，监督和协调物业服务公司履行物业管理服务合同，教育和督促业主遵守管理规约，协助物业服务公司及时缴纳服务费等；物业服务公司主要负责管理社区共用部位和公共设施、设备日常运行、维修养护管理，统一管理社区停车场及车辆，管理社区清洁卫生和绿化，维护公共秩序，做好安全防范工作等。“四位一体”社区管理模式的运作方式是建立社区党委、社区居委会、业主委员会、物业服务公司四方联席会议制度，明确职责，健全制度。对事关社区的重大问题四方共同研究，重要工作四方共同行动，工作互相通气，互相补充，互相支持。

情形3：长沙市雨花区推进的四方联动的“四位一体”小区管理新模式，即党建引领，业主委员会、监事会、物业公司共同参与的业主自治管理。这个模式是雨花区基层多年探索的结果，是对基层多年经验的总结。在四方当中，小区党支部牵头抓总，在四方中担任“召集人”角色，业主委员会担任“执行员”角色，业主监事会担任“监督员”角色，物业公司担任“服务员”角色。“四位一体”新机制建立后，在党支部的牵头下，小区制定了完整的管理制度，建立了党员活动中心、老年人娱乐室和花友之家，以娱为友，以花为媒，开展了一系列的活动。当小区有了纠纷和矛盾，党支部、业主委员会、监事会、物业公司四方联动解决。如今，小区由乱到治，小区管理有序，呈现一片美好宜居的景象，物业费收缴率达98%以上。居民之间逐渐消除陌生感，幸福指数步步攀升，小区变得越来越和睦。

情形4：南通市崇川区在固化基层治理“邻里”建设经验做法的基础上，进一步加大改革创新力度，深化治理内涵，以“为民服务体现善治，公共服务宣导法治，志愿服务彰显德治，评议服务开展自治”“四位一体”为抓手，增效社区邻里基层治理。具体做到了“12个有”——“邻里服务有特色、社区服务有基本、互助自助有社团、窗口服务有标准、法律服务有平台、综合执法有保障、志愿服务有骨干、引领风尚有典型、志愿嘉许有激励、组织评议有团队、议事协商有规章、评议结果有运用”，有效提升了社区服务效能和自治能力。崇川区社区邻里基层治理体系“四位一体”建设在进一步放大“邻里”创制效应的基础上，推动基层社会治理逐步从局部化、碎片化、浅表化的实验，走向全局化、系统化和深层化的探索。基层社会治理的格局、方法、模式、途径和主体实现了综合转变，顺应了时代变革的步伐，积极回应了社区居民的迫切期望，是党的执政智慧在崇川基层的具体体现。

（以上资料来源于网络，经整理改写而成）

说明：上述四种情形都反映了各地社区治理创新的成果，前三种是治理主体的“四位一体”，后一种是治理内容的“四位一体”。尽管如此，内容上基本相同，主要是围绕社区事务开展相应的治理活动，目的是提高社区管理服务水平，保障社区居民安居乐业，实现社区和谐稳定与发展。但由于环境条件不同，需求各异，关注点也不同。这说明社区治理模式的创新需要因地制宜地开展，在科学理论的指导下，借鉴外地经验，探索符合当地特点和需要的社区治理模式才是唯一正确道路。

任务要求

1. 通过学习和文献研究，分析整理国内社区治理模式创新的情况，并针对四种主要典型的模式进行评析，了解其特点和应用价值。

2. 掌握新型社区治理模式构建的基本思路、应遵循的主要原则、理论框架及其特征；明确构建新型社区治理模式的主要路径。

3. 归纳总结典型的城市社区治理模式对新型社区治理模式创新的借鉴意义，以增强指导社区治理模式创新工作的信心和动力。

4. 通过对一个新型社区的调查研究，对该新型社区治理模式创新的情况进行全面分析研究，发现其中的问题，提出改进的建议，推进新型社区治理模式创新活动的持续进程。

子任务 1　新型社区治理模式探索

任务分解：

（1）通过学习和文献研究，分析整理国内社区治理模式创新的情况，并针对三种主要典型的模式进行评析，了解其特点和应用价值。

（2）归纳总结典型的城市社区治理模式对新型社区治理模式创新的借鉴意义，以增强指导社区治理模式创新工作的信心和动力。

知识准备：

一、典型的城市新型社区治理模式

自 20 世纪 90 年代中叶开始，社区建设开始在中国部分大中城市展开，至 1999 年末，民政部在北京、上海、沈阳、武汉、青岛、深圳等城市设立了 26 个“全国社区建设实验区”，以通过实验区社区治理实践探索的结果和反映来总结社区治理的根本思路、操作原则和基本程序，形成了各具特色的社区治理模式，而后在全国范围进行示范和推广，从而推动全国城市社区的管理和建设。各实验区经过近 14 年的实践与发展，取得了初步的成效，为进一步推进全国社区治理工作提供了可贵的经验及借鉴。2017 年 6 月 12 日，中共中央国务院出台《关于加强和完善城乡社区治理的意见》，要求“坚持以基层党组织建设为关键、政府治理为主导、居民需求为导向、改革创新为动力，健全体系、整合资源、增强能力，完善城乡社区治理体制”，形成基层党组织领导、基层政府主导的多方参与、共同治理的城乡社区治理体系。从而使城乡社区治理体制更加完善，城乡社区治理能力显著提升，城乡社区公共服务、公共管理、公共安全得到有效保障。逐步成熟定型城乡社区治理体制，为夯实党的执政根基、巩固基层政权提供有力支撑，为推进国家治理体系和治理能力现代化奠定坚实基础。

随着党和国家对社会管理、社区管理服务事业的重视和发展，各地社区管理服务模式探索不断深入，模式创新发展也呈现出共性相通、各具特色的良好局面。具有代表性的治理模式包括政府引导分步推进的新型社区自治模式，以物业服务为基础的市场诱导型社区自治模式和考虑生态融合的产业经济推动城乡一体化的社区发展模式。这些模式在处理政府、社会、市场之间的关系上，积累了经验，形成了自身特色，对新型社区治理模式的探索具有较强的借鉴意义。

1. 政府引导分步推进的新型社区自治模式：深圳盐田模式①

从 1999 年开始，深圳市盐田区基于创新公共服务型政府、提高行政效率的目标，开始探索以理顺政府与社区关系，进而理顺政府与社会关系为主线、以政府组织和公民自

① 侯伊莎. 透视“盐田”模式：社区从管理到治理体制［M］. 重庆：重庆出版社，2006：15－34.

治组织的体系构建和职能归位为主要内容的社区管理体制改革，实现了社区治理体制的三次创新，形成了广受好评的深圳盐田模式。

第一次是进行“居企分离”理念下的居委会和企业的分离。这是偏向于社区经济管理体制改革的第一次制度创新。它成功地实现了居委会与社区集团股份制合作公司的分离。因盐田区大部分居委会是在城市化过程中通过“村改居”① 而来的，故其主任、书记、主要委员与在原村委会财产基础上成立的集体股份制合作公司的领导成员有着很大的重叠性。这严重影响了居委会城市化和专业化的形成及其职能的发挥。为了解决这一问题，提高居委会的专业化程度、拓宽社区居委会的服务范围，社区在街道办事处提名初步候选人的基础上，通过社区居民的直接民主选举产生了新一届的社区居委会，实现“居企分离”。“居企分离”后的居委会主要承担着协助政府办理行政工作、服务工作和居民自治工作等三项法定职能。另外，为了保障在“居企分离”之后居委会的良性运作，盐田区民政局进一步规范了社区居委会的组织建设、日常运行及其软硬件建设，同时为社区居委会建立新机制，提供社区服务。

第二次是构建“议行分设”理念下的新型社区管理体制。这是涉及政府相关部门的职责权限与工作成效的社区管理体制的第二次制度创新。其内核在于建设新型社区组织体系，完善城市基础社会管理体制。具体来讲，盐田区构建的新型社区组织体系主要包括：第一，社区居民委员会。社区居民委员会在性质上是由居民依法民主选举产生的，实行民主选举、民主管理、民主监督的社区居民自治组织，主要充当居民权利的表达者和维护者，其下设社区工作站和社区服务站两个完成日常工作的操作机构。第二，社区居民会议。社区居民会议是社区居民表达自己意愿的权力机构，主要职责是选举产生社区居民委员会、审议社区居民委员会年度工作计划和工作报告、讨论决定社区内涉及居民利益的重大事项等。第三，社区党支部。社区党支部是社区各项工作的领导核心。盐田区原则上以社区居委会为单位建立社区党支部，逐步实现“一社区、一支部”。

第三次是“会站分离”理念下的“一会两站”社区治理体制。在新型社区组织体系中，社区工作站在社区居委会的体制内运作，严重影响了社区居委会专业化程度的提高和“自治”法理地位的回归。为此，盐田区政府按照“会站分离”的理念设计了“一会两站”的社区治理体制：社区工作站从社区居民委员会中剥离出来，与社区居委会成平行、合作的关系，行政上由街道办事处管理，业务上由区民政局及各相关职能部门指导，主要负责政府交办的各类事项；而社区服务站是非营利性民办非企业单位，其利润只能用于社区公益事业和事务，归属街道社区服务中心统筹管理，其经营范围包括社会福利、社区残疾人服务、社区治安保卫等各类社区居民需求的服务项目。

深圳盐田模式是在新的历史条件下，经济开发所导致的农村社区向城市新型社区（村改居）管理体制的一次重大改革和创新，引起了全国各界实践者和理论者的强烈关

---

① “村改居”是指成建制地将农村的村民委员会改为城市社区居民委员会，与此同时就出现了另一个词“农转居”，即农村户籍的农民或村民的身份转为城市社区居民身份。另外还有“农转非”的说法，即从职业上和粮食供应角度划分农业人口转变为非农业人口。

注，被认为是“迈向公民社会的一步创新”“具有时代意义”,① 已在深圳全市、广州市的两个区等十几个省、市、地区推广。②

2. 以物业服务为基础的市场诱导型社区自治模式：深圳莲花北模式③

在探寻社区治理模式的改革路径时，深圳莲花北以其特殊的物业管理模式走进了大家的视野。深圳莲花北是个拥有5 800多户、3万多居民的大社区。自1994年以来，深圳市万厦居业有限公司入驻莲花北村，成立了管理处。这种由物业公司牵头，组织居民共同承担社区的综合管理与服务职能的做法，减弱了依惯例成立4个居委会的作用。现在仅保留的一个居委会除计划生育、征兵及办理新生儿出生手续等行政职能外，几乎不再承担社区的其他管理任务。

在这里，物业公司倡导“为业主提供零缺陷的服务”。文体活动、邻里关系、小狗打疫苗、妇女免费体检等几乎所有社区事务全部由“管理处”张罗和接管。对居民而言，交费不多，就可享受24小时护卫服务；有事务助理上门咨询，随时为住户排忧解难；保安、保洁、绿化、维修、事务、社区文化等各专业队伍随时待命。社区老人站、残疾人康复站、社区义务联防队、邻里互助队、便民服务站的建立大大方便了居民。管理处有社区文化部，开论坛、出村报、搞升旗仪式、办科普展览，还组建了社区离退休人员党支部和社区团委。

物业服务公司承担了社区几乎所有的管理服务，客观上充当了社区公共事务管理者的角色，其企业化的运作，有效提高了基层社会的管理水平。不但使社区管理服务简单化、基础化、专业化、市场化，而且由于物业管理事关千家万户的财产利益和服务消费权利，居民（业主）参与社区管理服务的积极性比较容易被调动和激发，有利于培育社区自治意识，养成民主参与习惯，提升社区治理水平。

从社区自治角度而言，深圳莲花北物业管理模式充分利用了市场力量，既管理了过去政府想管而又管理不好的事，同时又调动了业主的经济民主和社区参与的积极性与主动性。对提高公共资源的配置效率，增加居民满意度、培育社区居民自治意识和能力，以及推进社区民主自治建设有一定的理论价值和现实意义。

3. 产业经济推动城乡一体化的社区发展模式：成都锦江“五朵金花”模式④

成都市锦江区在城乡接合部的红砂、幸福、万福、驸马、江家堰、大安桥6个行政村，建设占地12平方千米，以“花香农居”“幸福梅林”“江家菜地”“东篱菊园”“荷塘月色”命名的“五朵金花”为品牌的观光休闲农业区，成为国内外享用盛名的休闲旅游娱乐度假区，被评定为国家AAAA级风景旅游区。“五朵金花”整合了成都市城郊区

---

① 2005年6月14日，深圳商报，“理论探索”专版。

② 俞可平. 中国地方政府创新案例研究报告（2005—2006）［R］. 北京：北京大学出版社，2007：269.

③ 胡谋，王伟. 耐人寻味的“莲花北样本”（关注社区管理体制改革）［N］. 人民日报，2005-06-07（10）.

④ 浙江省农业厅信息产业处. 成都“五朵金花”休闲观光农业的借鉴［EB/OL］.［2007-10-11］. http://wenku.baidu.com/view/e4f0a6c18bd63186bcebbc3f.html.

域之间的农村旅游资源，形成了以农家乐、乡村酒店、国家农业旅游示范区、旅游古镇等为主体的农村旅游发展业态，促进了农村观光休闲农业的可持续协调发展。成功地探索了一条“农民失地不失利、失地不失业、失地不失权、农民变股民、农民变市民、农村变新貌”的新型社区发展道路。

“五朵金花”模式主要做法与举措如下：

第一，在战略部署上突出城乡一体化协调发展。2000 年在规划“五朵金花”建设规模时，成都市政府将土地开发、农民转市民、当地经济发展、城市观光休闲消费需要统筹考虑，提出了“农房改造景观化、基础设施城市化、配套设施现代化、景观打造生态化、土地开发集约化”高起点的科学规划思路，整合当地资源建成特色风景旅游区，用景区模式打造国家级品牌观光休闲农业的大平台。

第二，突出连片开发与规模经营。“五朵金花”的快速发展，主要得益于连片联户开发和规模化经营，用市场经济的思路和手段，共同破解农民单家独户闯市场的风险，走出了一条专业化、产业化、规模化的发展之路。在产业布局上，围绕做大做强观光休闲农业这一主导产业为目标，五个景区实现一区一景一业错位发展的格局。“五朵金花”模式将乡村社区发展、城乡休闲需要和社区产业经济实现了有机结合，从而确保农村社区向新型城市社区的稳步转型。

第三，强化政府的管理职能，有效运用行政措施，引导城乡一体化转型发展。在“五朵金花”的建设和管理中，政府主要做好城市规划、旧城改造、征地拆迁、产业经济发展、投资引导、城市建设和社区管理服务工作。如在旧村庄改造中，涉及拆迁等各种与农民实际利益相关的问题，各级政府不回避矛盾，按照“宜拆即拆、宜建则建、宜改则改”等办法改造了3 000 多户旧农居，把原来的6 个行政村合并成5 个景区，农民在新景区就地转市民，统一缴纳“三金”，按照城市社区进行管理。

第四，充分利用社会资源，多渠道打造融资平台，保障“五朵金花”的持续发展。通过招商引资、推进土地流转、聚集民间投资、增加财力投入等多渠道融资模式，给“五朵金花”以新的发展活力。锦江区政府投入了8 300 万元用于发展水电路信等基础设施建设和公益事业，撬动和吸引民间资金 1. 6 亿元。大量民间资本的涌入，改善了农村环境，搭建了农民增收平台，建成了供市民休闲的开放式公园，成功走出了城乡一体化可持续发展的新路子。

第五，拓宽农民的就业、增收、社保途径，实现农民离土不离乡，就地市民化。搭建的农民增收平台，为农民提供了四种稳定的收入。一是租金。以转包、出租、互换、转让、入股等方式，使土地向有技术专长、有资金实力、有经营能力的专业大户、工商业主和经营能人集中，形成规模化、集约化的农业产业基地。二是薪金。农民到农业龙头企业或公司务工，成为农业工人，每人每月可获取500 元以上的薪金收入。依托花乡优势农居从事插花、餐饮、茶社等经营活动，每户每月营业收入上万元。三是股金。引进专业公司对生态观光区域内的农房进行整体策划包装，打造具有独特风格和文化品位的乡村酒店，引导农户以宅基地和土地承包经营权入股的形式、以“保底 + 分红”的模式分享收益。四是保障金。农民达到社会保障条件后，每月可领取364 元的养老金、210 元的低保金、报销住院费等“保障金”收入。同时着力构建农民就业体系，开发服务型、社会型、自主型、创业型、公益型等不同岗位，多渠道促进失地、准失地农民就业。

“五朵金花”模式不但探索了建设社会主义新农村的新路子，带动了农村新型产业和相关产业的发展，促进农村社区向城市社区转型发展。

二、典型城市社区治理模式对新型社区治理模式构建的借鉴意义

1. 坚持党的领导，强化行政主导

各地在改革创新实践中，无论是在社区组织架构的创新中设立社区党组织，还是在街道变为社区中设置党工委，都将基层党组织视为各种组织主体的领导核心。社区管理服务模式创新需要党组织领导、指导和协调，以保证基层社区的稳定发展和文明进步。同时，新型社区需要党组织体系的政治领导、思想领导和行为指导。社区治理体制改革也都是在政府主导下推进的。政府作为公共权力和资源的拥有者，长期以来行政管理传统力量发挥着不可替代的作用。因此，在民间自治力量薄弱的情况下，政府主导地位和作用在新型社区治理体系建设的相当长时间内仍然需要。

2. 稳步推进新模式构建

如深圳盐田模式比较好地解决了由农村社区向城市社区过渡的新型社区管理体制创建的内容和路径问题，从居委会“议行合一”的旧体制向以“议行分设”为理念构建的“一会两站”社区管理体制过渡，进而塑造“会站分离”理念下的“一会两站”社区治理体制新模式。可以说，盐田区社区建设与管理的实践基本上是沿着自上而下的行政建设和自下而上的自治建设双轨同时推进的，二者构成了整个社区建设与治理过程中的两大不可或缺的结构性力量，不但较好地处理了村改居在社区管理体制上的历史缺陷问题，也探索了新型社区治理模式的创建道路，对新型社区治理模式的创新有着特别的借鉴意义。

3. 引入企业化、市场化物业管理模式

如深圳莲花北的政府主导、居民自治与物业公司牵头的社区管理服务模式，被当地学者称为“企业化模式”。这一模式的最大特点在于，社区物业服务公司客观上充当了社区公共事务管理者的角色，其企业化的运作，有效提高了基层社会的管理水平。从公共事业角度看，政府的社区行政管理落地，提高了公共服务效率和效益；从商业角度看，企业的品牌形象树立起来了。通过物业管理方式，引导业主参与社区管理服务，培育社区民主精神，较好地解决了一般社区居民参与不足的问题。在这种模式下，居民因为产权关系，在一些重大社区管理事项上和直接影响自身生活的权益上，不得不参与社区民主活动，如选聘物业服务企业、住宅维修资金续筹、改变社区规划、公共资源收益分配使用、物业服务质量和收费的监督等方面，业主不得不面对，依法参与业主大会和业主委员会的活动。业主的参与使社区自治有了重要途径和纽带，从而促进了社区自治模式的形成。

4. 推进城乡一体化进程

由农村转型为城市新型社区的规划建设必须统筹考虑城乡一体化发展。如“五朵金花”模式的意义在于不是单方面的经济开发，而是将当地资源、产业发展、旧城改造、环境保护、农民转居民后的经济收入、城市社区生活等有关城乡一体化发展的方方面面

统筹起来考虑，并走市场化发展的道路。其中有三点是值得借鉴的：一是推进城乡一体化发展。二是产业开发与环境保护相结合。三是推进新农村建设。

5. 鼓励各方力量积极参与

各城市在社区管理体制改革中不同程度地调动了社区各方主体的参与，虽然我国社区管理服务模式变革主要是由党和政府主导推进的，但是在推进过程中始终与驻街、社区的单位组织（如多方建立的协调会、物业公司、社区民间组织等）及居民代表等保持协商和联系，努力促成政府、企业单位、社区民间组织和居民的通力合作。

评价与反馈

请结合本子任务的学习和你的理解，填写表2-8。

表2-8

归纳典型的城市社区治理模式及其特点	指出典型城市社区治理模式对新型社区治理模式构建的借鉴意义

子任务2　新型社区治理模式的构建

任务分解：

（1）通过学习和文献研究，掌握新型社区治理模式构建的基本思路、应遵循的主要原则、理论框架及其特征；明确构建新型社区治理模式的主要路径。

（2）通过一个新型社区的调查研究，对该新型社区治理模式创新的情况进行全面分析研究，发现其中的问题，提出改进的建议，推进新型社区治理模式创新活动的持续进程。

知识准备：

一、新型社区治理模式构建的原则

为解决新型社区治理的主要问题，本研究创新性地从生态共治、和谐共建、多元共赢的角度出发，建立了解决新型社区治理问题的五大原则，并以此作为研究解决方法的理论基础。

1. 生态耦合原则

新型社区治理模式就是系统耦合社区经济、社会、文化、环境等系统因素，形成多元、开放、动态、有机的新型社区生态治理体系和生态化社区治理模式。新型社区治理模式的生态化变革应按照新型社区的现状和特点，从培育生态观念并诱发、养成社区治理生态观开始，逐步完善社区组织生态结构，重点构建社区权力生态与决策生态，培育社区活动的多元参与能力，最终达成社区发展的自然生态与社会生态的和谐目标。

2. 综合治理原则

强化社区综合治理，稳固社区行政体系，将源头治理、动态管理、应急处理有机结合起来，提高社区综合管理效能。重点是加强社区“三防”（人防、物防、技防）体系和预警系统建设，完善综合治理硬件软件体系建设，并推动综治工作从事后的处置向事前防范、化解方向转变，提高综合治理工作的整体实力。

3. 科学发展原则

科学发展原则要求社区管理者以正确的科学观为指导，加强对社区治理理论和实践的研究，改变社区治理观念、方法的错误偏向和落后面貌。在社区治理实践中，基层社区工作人员要增强工作方法的科学性，改变固有的重视技术对经济发展的作用，忽视科学知识理论和思想意识对社会、社区治理的作用的观念。在为社区居民服务的实践中，应该加强科技项目、理论研究与社区发展模式的结合，实现居民对先进科学技术和先进思想的自愿联结，推动社区生态型治理模式的形成。

4. 物业基础原则

物业是居民最重要的财产，能否处理好财产（特别是不动产）关系从根本上决定了业主（居民）的幸福感和满意度。而物业管理服务作为社区最专业化的服务单位，为社区提供最基本的服务，决定了社区服务和社区管理的基本面貌。因此应将物业管理纳入社区治理体系之中。物业管理区域与社区重叠，其本身的业务具有很强的社区属性，提供的是面向业主集体的准公共服务，还提供部分基层行政组织、社会组织委托的公共服务或社会服务。同时物业小区既是基于业主的建筑物区分所有权实现单元——物业管理区域，又是居民公民权实现的基本单元——人群结合体的社区。因此，政府在物业公共服务上应有所作为，如政府购买公共物业服务。

5. 多元共赢原则

“多元”是指基层社区内部的多元利益主体之间的共生关系。当前形势下，要想建设一个适应社会发展的城市社区治理新模式，就必须要处理好社区居委会、街道办事处、社区党组织、业主委员会和物业公司之间的多元关系。核心是在充分发挥各种主体拥有的资源的效用的前提下，实现多元主体利益共赢，包括单个参与主体的利益持久分享机制，以确保新型社区治理模式持续存在并发育成长，而不是一种空架子。

二、新型社区治理模式的理论框架及其特征

1. 新型社区治理模式构建的目标和理论框架

科学的社区管理服务组织设置应从系统的思维和动态发展的观念出发来构建。重点

是框架应能够明确各管理层级的权力与责任边界，扩大社区居民参与社区事务的空间，确保社区治理模式构建有明确的方向和愿景。

新型社区治理模式构建的总体目标应是构建一个以小社区为基础管理单元，以大社区为宏观调控组织，在党政系统的领导下，由社区自治系统、业主自治系统、社区参与系统共同组成的体现政治先进、多元参与、共同治理、监督有力的“双社区四系统”社区治理模式，使事有所管、人有所为、质有所控、民有所依（如图2－2所示），逐步建立党组织、社区行政机构、社区自治组织、社区服务企业组织、社区民间公益组织、社区精英多元主体沟通、协调、合作机制，形成社区多元主体关系协调、居民积极参与、治理有序高效的社区治理生态体系。

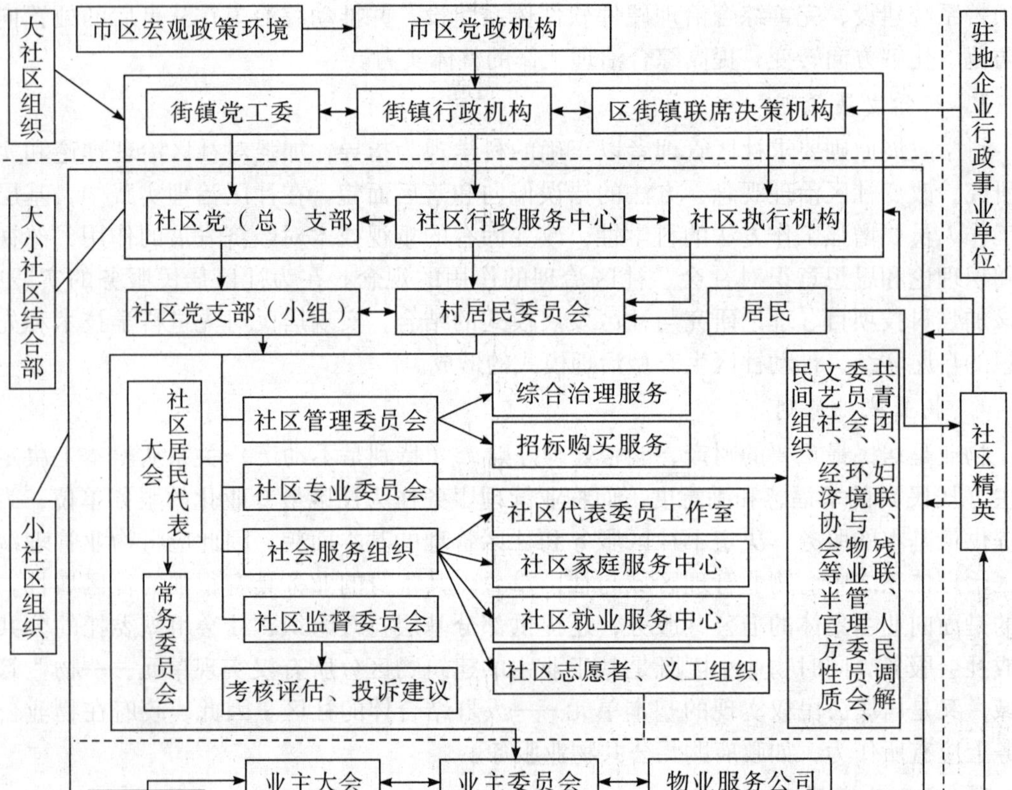

注：1. 以--------为界分上、中、下、右，分别表示：党政领导系统、社区自治系统、业主自治系统、社会参与系统；

2. 驻地企业包括村集体经济组织，如经济社、经济联合社、村股份制企业等。

图2－2 新型社区治理生态体系图

2. 新型社区治理模式的特征

（1）“拆”“建”“管”“服”系统整合。新型社区治理模式是从征地拆迁开始，就应当做详细规划和设计，应将征地拆迁、社区建设、管理方法和服务项目四大内容纳入社区治理体系来规划、设计，并分步实施。把每项内容作为一项系统工程的一部分，从全局和长远考虑，设计、建设，增强社区治理的整体效能，降低治理成本，增加治理效益。

（2）党委政府管控有效。新型社区治理模式以行政系统为主线，强化区职能部门、镇街、社区三级行政管理机构综合管理服务实力，通过行政主导的管理服务力量，将社会管理工作落实到社区基层，形成以区综合治理机构为统筹、区职能部门管理为专业辅助、街（镇）管理服务为龙头、社区（居民、业主）自主治理为纽带，社区物业管理服务为基础，社区民间服务为依托，构建区、街（镇）、社区三级管理服务联动社区管理体制。

（3）基层组织变革适应。在基层组织变革的过程中，人才的培养和可持续发展是首要的问题。首先要培养一批专业的社区工作者，这不仅能够适应变革，并且能够从实际出发，“接地气”地把变革“做实”。其次要创造一种有利于生态治理体系建设的社会氛围。在吸收精华的前提下，改变行政化管理方式，创新乡村治理模式。

（4）业主、居民共生共治。新型社区是以产权为牵引的业主群体，也是来源文化背景多元的居民人群结合体，新型社区治理必须考虑两者的权益和能动性，无论是业主还是居民，都应该充分享有现行的国家法律、法规、政策规定的权利。对业主，应该鼓励他们充分参与和行使社区居民自治的政治权益。作为非业主的居民，尤其是外来人员，也应该依法平等地享有合法权益，本地居民不应排斥。新型社区的治理框架通过社区管理架构的变革对业主、居民（包括“村改居”经联社成员）的角色都做出了明确的定位，这对于构建和谐共治的社区关系至关重要。

（5）社会组织培育生长。在新型社区治理框架中，社会组织的参与和成长是治理体系的一大动力。除工青妇残、民间力量等传统社区组织和团体之外，社区义工、志愿者等各种新型民间组织，以及驻地机构、企业组织中也存在公益性民间组织，它们都蕴含着丰富的社区服务资源，应纳入社区治理体系，增强社区活力和正面带动力量，为社区带来良好的治理环境和气氛。

（6）文化生态融合发展。新型社区凝聚力的产生和形成依赖于社区文化源泉的滋润。新型社区文化的形成与发展，不应是单一文化的“独霸”，应是本土文化和外来文化、现代文化和传统文化、“官样”文化和民间文化等多元文化的融合生长，在新型社区中共治一炉，融合生长。必须要建立起令社区大众都普遍认同和共同接受的社区人文精神，才能打造和谐的社区。

三、构建新型社区治理模式的主要路径

根据新型社区治理的现状和特点，结合国内外社区治理的先进经验，新型社区治理体系的构建，应从以下六个方面发力。

1. 建立征地拆迁的良性机制

征地拆迁工作的关键是平衡各方利益关系，实现各方利益共赢。其中作为被征地一方的农村、农民在整个征地拆迁工作中处于被动甚至是弱势地位，关心村民和村集体的利益是宏观政策作用的重点，因此，政府的征地拆迁宏观管理工作，必须遵循公开、公

正、公平的原则，处理好各方经济利益关系，并注意保护村民利益，特别是征地价格的同地同价和社会保障政策的同城化、公共服务的均等化，切实保障失地农民的合法权益。海南省海陵县的做法值得借鉴，他们让村民直接参与被征土地和房屋及其附属物的测量与价值评估，既减少评估成本，又能化解政府、开发商与农民之间的矛盾。合理的补偿标准、公开公正的征地拆迁程序、农民直接参与等措施，将推动征地拆迁工作顺利进行。

2. 打造和谐共治的社区治理格局

根据社区治理生态体系构建的目标，有步骤地推进社区治理体系改革。首先要进行专题调研，了解社区相关组织的结构关系状况，弄清现有的组织之间责权利关系现状，发现其中的主要问题并找出解决问题的主要途径。其次要做好试点工作，选择一定数量（每区 1 ~ 2 个）的街道办事处、镇做试点，以街镇为板块推进试点工作。再次抓住目前的突出问题搞专题调研，将个别问题放在整体上联动解决。如业主委员会成立难；居民民主参与率不高；物业纠纷复杂难断，影响社区和谐；居民与社区组织沟通不畅；物业公司在社区服务中的作用发挥不充分；社区服务组织与行政部门沟通协调难；社区居民委员会负责人非社区（小区）居民不关心社区利益等问题。

3. 促进社区党建理念的创新

社区组织在社区民主管理和重大自治决策中负责把握方向和维护人民权益的重要责任，不能“水到小河就断流”，越是基层，群众越是需要党组为其“做主”“谋福利”，党不能脱离人民群众。改革现有的党组织和党员作用机制非常重要。首先是强化社区区域化党的建设体系建设，以“大社区党建”的观念和办法，协调各方力量，整合各类资源，使不同隶属关系、不同行业、不同性质的社区驻地单位党组织利用社区这个平台，交流信息，取长补短，相互合作，形成社区党建和社区建设的整体合力，谋求社区建设的最佳效益。其次是建立社区党建联动机制，由社区党组织牵头，建立辖区内机关，企事业单位和其各类组织中的基层党组织代表共同参与的联席会议制度。最后是将党组织建在社区各类组织中，并提倡社区党组织主要领导成员兼任或竞选民间组织领导人，以合法、合理而非行政命令的方式进入民间组织，引导其健康发展。

4. 推动物业管理服务融入社区治理体系

物业公司作为以物业管理服务为主要业务，提供中国市场化社区服务最早、最专业的行业，为和谐社区建设和城市管理现代化做出了重要贡献，但由于目前社会变迁急剧，社区结构关系复杂而混乱，社区治理体系不完善等原因，物业管理行业企业成了“出气筒”，饱受煎熬。但理性分析，物业服务公司在社区中具有专业化、技术手段、资源条件等方面的优势，也有市场化社区服务的经验。关键是要社会各方正确对待物业服务，并将物业管理融入社区服务和社会治理体系中，在规范、监督中实现蜕变，成为新型社区治理体系和服务提供商的一员，能够帮助新型社区提升社区服务整体水平。目前社区矛盾纠纷中绝大部分是物业纠纷，如社区电梯、消防设施、管道等设施设备老化严重，房屋年龄到了“发病”期，需要维修，这些问题的解决都需要物业管理的配合，将物业管理纳入社会管理社区治理之中，拉回到社区治理和社会管理的中心，而不是在物业管理行业企业出现危机进时继续做“围观者”。

5. 促进“农转居”居民就业和职业发展

新型社区大量存在“农转居”居民、外来务工人员，以及在农村文化中熏陶出来的“新市民”，这些都与传统农业社区相联系。他们不适应城市生存发展方式，特别是就业观念和职业发展模式，受传统农业社会思想观念禁锢较深，难以适应城市居民生产、生活方式，特别是其中最大的群体——“农转居”居民。城市生活的根基在于就业，没有就业就没有收入，没有收入，好生活就难以为继。农民失去土地后，仍然依赖国家和村集体帮助，主要是靠补偿金和保险金生活，缺少就业主动性、就业意识，缺乏自主创业和自谋职业的能力。因此，新型社区需要采取有效措施进行合理引导，使“农转居”居民能够清楚地认识到当前的就业形势和就业发展趋势，然后通过辅助和配合服务性中介机构的工作，为“农转居”居民就业和创业提供各种便利，也可以建设和提供各种创业辅导和服务给予自主创业的农民，并给予政策和资金等方面的支持，如向农民提供小额的贷款担保、减免税收、提供“一站式”的服务等。

6. 创建与新型社区相适应的特色文化

新型社区文化建设的重要任务就是要求同存异，打造和谐的社区文化氛围，让社区居民能够亲如一家，和睦共处。广州新型社区很多都是在历史悠久的传统村落原址上历经拆迁、改造、建设而来。原有的传统村落文化、祠堂文化、族群文化都是本土文化传承不可或缺的重要组成部分。在创新社区文化建设时要保留、盘活原来的民俗和文化传承，并让民俗文化成为与海外华裔同胞沟通的桥梁。同时，在城市化进程中逐步建立起来的新型社区，不可避免地面临传统文化与现代化发展的矛盾，本土文化与外来文化的冲击。新型社区内通常聚集着来自五湖四海的居民，要提高外来居民的文化认同感，就必须提供交流与融合的平台与机会，开展丰富多彩的文化交流活动，让他们也积极参与到社区文化生活中来。如借助同乡会、企业文化节、旅游节等为来自区内不同行业、不同层次的企业提供展示、交流和融合的文化平台。

评价与反馈

请结合本子任务的学习和你的理解，填写表2－9。

表2－9

新型社区治理模式创新的主要原则	新型社区治理模式的特征	构建新型社区治理模式的主要路径

巩固与提高

项目总结

本项目主要内容是社区治理理论及应用、社区治理理论指导社区治理实践形成的社区治理模式。首先介绍了社区治理理论及应用，社区建设理论与社区建设实践情况；其次介绍了国内外社区治理模式的产生、演变及创新情况，重点分析了社区网络化治理模式及其构建路径。最后结合中国实际，探讨了新型社区治理的探索发展情况，特别是新型社区治理模式构建的原则、框架和特征。通过本项目学习，学会应用社区治理理论方法思路，并在实践中创新发展具有地域特色的社区治理模式，特别是新型社区治理模式。

案例讨论

三眼井社区——广州老城区的社区服务案例

越秀区洪桥街三眼井社区位于南粤名山越秀山南麓，是广州市一个地缘型、开放式老城区。在广州市旧城区中，该社区在环境、人口结构及人际关系等方面都具有典型性。

与新城区相比，老城区原有的地理布局、建筑规划和人口分布并不具备良好的自然和人文生态基础。社区环境在规划和整治以前，基本面貌可以说是“破、脏、乱”，社区内道口很多，没有封闭措施，治安、卫生状况很不好。由于资金、设施、管理等条件的限制，社区居民一些基本的服务需求都不易得到满足，社区功能逐渐萎缩，环境迅速恶化，居民对社区的归属感和认同感也在降低，给城市的稳定造成重大隐患。因此，优化社区环境、创新社区服务、重构社区功能，成为三眼井社区亟待着力解决的三大问题。经过多年努力，现在的三眼井社区以“绿色社区”闻名全国，先后于2002年、2003年被评为广州市绿色社区、广东省绿色社区，2005年被评为全国第一批绿色社区创建活动先进社区、广东省社区建设示范社区。

在居住环境的治理方面，三眼井社区得到了越秀区政府环境整治政策的支持。自2000年开始，越秀区财政每年拨付500万元专项资金用于环保小区等示范创建活动。2006年起，区政府每年投入800万元用于社区环境整治，并用1 000万元专款向社会聘请550名城市协管员，每个街道分配2 000人不等，专门负责社区环境管理。在争取政府启动资金投入的基础上，三眼井社区又整合内部资源，与热心社区服务的居民和驻区组织（如驻区部队、党政机关干部群体、创业者等）结为合作伙伴，积极推动社区的小广场、休闲和健身设施建设，同时动员全社区居民参与社区公共空间的建设与维护。在物业管理进社区方面，由于得到区政府投入物业管理专项基金的保证，由洪桥街道牵头，聘请专家评定物业服务企业资质，三眼井社区居委会征求全社区居民意见，以合约方式引进物业管理，购买物业服务。通过革新旧社区的自然及人文生态环境，创建社区新型服务，社区居民热心参与社区发展，积极、自主地维护社区环境建设。显然，实现三眼井社区旧貌换新颜的关键，在于新型社区服务体系的创建和运行。三眼井社区通过社区公共服务的运作，使社区功能合理地发挥出来，增强了社区环境对居民的吸引力，逐渐培养了居民的社区归属感和维护社区良好环境的主体意识。

三眼井社区的文化服务也颇具特色。该社区确立的发展目标是“绿色、洁净、和睦”，“绿色、洁净”可以说是三眼井社区创建新型环境服务的宗旨，而“和睦”则是该社区创建新型文化服务的根本要求。创建社区“和睦”的基础在于社区居民对所在社区高度的认同感与归属感。三眼井社区较完整地保留了客家人特有的文化传统，经过发掘，客家文化传统成为社区创建新型文化服务的一种资源。在配合街道创作“街坊歌”，举办“街坊联谊会”“街坊游园会”的过程中，社区积极动员社区社团组织和居民广泛参与，并组织专门的文艺团体到社区演出。文化室、图书室、科普长廊等设施的建设，为社区居民提供了开展文化娱乐活动的公共空间。这些活动丰富了居民对社区公共生活的体验和认识，使居民对社区形成了高度的认同。

其他如老年人服务方面，三眼井社区采取项目管理的模式运作了“星光老年之家”。在社区心理咨询服务方面，三眼井社区在全市率先实行“心理服务进社区”，为青少年和居民提供心理咨询和婚姻家庭服务。我国有学者认为，根据社区居民需要的不同层次以及服务产品生产组织类型，运用公共服务产品市场运营机制构建的以政府、社会团体、驻区单位、服务型企业及志愿者服务多中心秩序的服务体系，能深度挖掘潜藏在处于“业社区”状态的社区资源。三眼井社区正是通过这种方式，以尽可能少的行政成本为居民提供了更有效的社区服务。

（资料来源：广州旧厂区的社区服务案例）

讨论话题：

（1）三眼井社区的社区服务在改造之前存在什么问题？它是从哪些方面进行改造的？

（2）从本案例中，对于如何开展社区工作，解决社区问题，你得到什么启示？

实践活动

某社区治理模式的调查与总结

活动目标

结合课本的内容，通过文献研究，详细了解分析当前的社区治理的主要模式，然后针对所调查的社区的治理情况，总结社区治理的特点及主要做法，发现其中的问题，并提出改进对策。

背景材料

社区治理模式与当地社区的实际情况结合非常紧密。建议学生应当结合自己所生活的社区，全面了解该社区的治理情况，重点是发现其中的缺陷与问题，以掌握自己所在社区治理水平与先进治理水平的差距，激发参与社区治理模式变革的热情。

训练要求

（1）成立调研小组，分工协作。工作内容包括收集资料、选择典型小区、提供物质支持、研究设计调查提纲和问卷、研究分析、完成报告等。

（2）实施调查研究，分四个阶段进行：前期资料收集整理；调查方案及问卷、提纲设计制作；实施调查研究；报告的写作。关键是发现该社区治理主体及职责、功能作用情况，同时搜集主要社区主体的基本情况，各自能发挥什么作用，发挥得怎么样，未来能否参与到社区治理中，以表格方式简要分析展示。

（3）作业交流分享。根据分工，各自完成自己的工作，并根据教学需要完成本项目作业。然后在研讨会上由主副发言人进行成果介绍，并根据研讨结果和意见进行修改完善。最后正式提交报告。

项目三
社区治理方法

任务导学

案例3　提质、增能、引才、减负，优化社区工作环境

日前，苏州市姑苏区社区治理和服务创新培训班举行，来自姑苏区各街道社区的一百多名社工参加了培训。"紧凑的培训课程让我更深层次地了解了如何参与社区治理，学到了很多社区建设的法律法规，以及有关社区工作难点的处理办法，受益匪浅。"沧浪街道瑞光社区社工殷××这样说。

为进一步提升社区工作者参与社区治理和服务创新的能力，姑苏区深入实施"社会组织领袖培养"计划，挖掘培育一批社会工作领军人才；同时，进一步规范社工队伍的管理，认真落实社工人才关怀培养"3U"计划（生活无忧、能力提优、业绩增优），努力提升社区工作者的整体素质和为民服务水平。近年来，姑苏区通过高起点招聘、高水准培训、高要求管理和高投入关怀等具体措施，大力加强社工队伍建设，着力推进社工队伍专业化、职业化进程。全区现有社区工作者1 618人，其中大专以上学历1 457人，占90%；持有全国社工师资格证书的有795人，占49.1%，居全市领先水平。

此外，姑苏区还加大引进力度，引进乐助社工事务所和合社工事务所等专业社会工作服务机构近20家。为了留住更多的专业化人才，姑苏区出台《苏州市姑苏区社会组织人才计划实施细则》，对社会组织领军人才和重点人才进行评比奖励。专业社工走进社区，不仅提升了社区综合业务能力和服务居民能力，还加深了与社区工作者的工作交流，成为提供专业化服务的重要力量。据统计，姑苏区持证社会工作专业人才现有1 079人，每万人拥有持证社会工作专业人才数已达14.5人。

"为了让社区工作者们'轻装上阵'，近年来，姑苏区持续推动社区减负，提升效能。"姑苏区民政局基层政权和社区建设处刘××说。据悉，姑苏区先后出台了《推进"政社互动"工作实施意见》等10余个文件，通过加强制度建设，规范政府与社区权力边界，促进政府依法行政，严格规范工作事项进社区，对社区工作、人员、经费、信息、考核、台账进行全面整合，统一全区社区挂牌，统一规范三大类台账目录。目前，社区工作事项由486项减少到241项、社区达标评比保留至4项，社区所承担的不合理负担得到了有效清理。

（资料来源：http://sz.xinhuanet.com/2017－06/01/c_1121067348.htm.2017－06－01，有删改）

任务导引：

姑苏区引进专业社会工作服务机构，留住更多的专业化人才和社区减负等措施，优化社区工作环境，提升社区治理效能，发挥了行政管理方法在社区治理中的作用，但同时又突出主要通过培训提升社区工作者参与社区治理和服务创新的能力，实现社区治理和服务创新。这其中的关键是广大社区工作者如何学习、掌握并运用科学、有效的社区治理方法才能达到社区治理创新和提高社区服务质量的目的。

学习目标

1. 了解社区治理的一般方法，掌握社区治理的行政方法、社区管理方法和现代科学方法在社区治理中的应用情况。

2. 掌握社区治理的专业方法；熟悉调查研究方法、治理技术方法和社区工作方法的运用。

3. 学会运用社区治理一般方法和技术方法开展社区治理工作，并能形成自身特色的方法组合策略，能提供有针对性的社区治理方法组合建议。

任务一　社区治理基本方法

情境导入

情境7　宁波江北区推进智慧社区建设

宁波江北区通过行政力量大力推进智慧社区建设，主要通过配设片区经理、建立“互联社区”信息化网站、社区民情“一本账”和智慧社工“点对点”服务“四位一体”方法，推进智慧社区建设。

措施1：建立“包片联户—片区经理人”制度，“块对块”组织民情网，提升社区管理能力。2009年，省内首创“包片联户—片区经理人”制度，以300户居民为单位划分责任片区，建立以社区专职工作者为“片区经理人”的片区综合管理服务团队，使社区组织网络延伸覆盖至每个片区。片区经理人在完成社区本职岗位工作的同时，对指定责任片区居民的管理与服务、社情民意的收集与处理、片区团队的组建与活动等工作负总责。2011年，片区经理人制度在全区推广，明确片区经理人的工作职责和工作要求，统一印制了片区经理人工作记录本，要求每个片区经理人每月走访居民40户以上，每年对片区的300户居民走访一遍，重点走访困难户、独居老人、残疾人等特殊人群，并把社区整体工作实绩与群众满意度测评作为街道（镇）对社区工作考核的主要内容。

措施2：建立“互联社区”平台，“网对网”反映民情民声，提升社区服务能力。早在2010年，该区已经在全部社区都建立了“互联社区”信息化网站，并实现了区、街道

(镇)、社区三级联网，社区、物业通过互联社区网络发布社区居民管理服务基本信息，网上协调处理社区居民生活中各类事务，了解掌握社区社会矛盾的动向，形成了社区与居民、物业与居民、居民与居民沟通联系的有效平台。社区居民需要解决的各种"问题"变为居民"议题"，通过网上讨论，达成共识，最终实现网下有效解决，居民自主管理社区的意识大为增强。

措施3：实行"社区一本账"制度，"账对账"夯实民情底，提升社区处置能力。针对社区每年需制作60余本台账，大量牵制社工精力，造成资源浪费的实际，该区从切实减轻社区负担，推进社区工作信息化出发，探索开发"社区一本账"应用软件，并在全区推广实施。经过1年多的使用和完善，社工的上门服务时间大大增加，社区的台账制作经费支出大幅减少，全市已有7个县（市）区购买使用了"社区一本账"软件。同时，2014年年初由区两办牵头对社区减负工作进行深入调研，探索部门工作进社区准入制。经梳理，拟取消近2/3的部门上报进社区项目，并明确除区委、区政府有明确要求的部门工作之外，一律取消部门工作对社区的考核、评比、创建，区对社区的各类考核、评比一律采用社区电子台账备查，一律实行"费随事转"。

措施4：建设"智慧社工"，"点对点"解决民情事，提升社区应对能力。为更好地提高社区管理服务水平，满足社区居民多元化、个性化需求，该区2015年在文教街道率先启动"智慧社工"试点。"智慧社工"是对社区"一本账"制度以及片区经理人的进一步深化，也是该区基层社会管理的又一创新举措。"智慧社工"终端类似于智能手机，具有七大板块社区服务功能，包括片区经理人、社情反馈、电子一本账、对讲、GPS定位、通讯录、智慧党建，操作简单，还能进行云端同步。片区经理人在走访入户时，通过"智慧社工"终端就能实时查找调用片区中各个居民的各类信息，并可用录音、视频和照片把居民的诉求和意见"原生态"地记录下来，辅以文字描述，再通过3G网络上传到云端服务器上，第一时间处理，第一时间反馈，且事后自动生成电子台账，无须再在电脑上重复输入内容，有效地提升了社区为民服务工作的快速响应能力。

（资料来源：民政部网，http://bgt.mca.gov.cn/.2014-04-02，有删改）

说明：宁波江北区结合当地社区治理工作实际，探索通过建立片区经理人制度、互联社区、社区一本账和智慧社工"四位一体"的社区管理服务模式，实现社区治理智慧化，这是一种以行政管理方法推进社区治理智慧化的创新举措。这说明在现代信息技术条件下，传统的行政管理方法仍然可以发挥重要作用。关键是要在社区治理理论指导下，因地制宜地创新发展传统的行政管理方法，建立科学的社区治理基本方法体系，并与现代管理技术方法有机结合，在实际工作中发挥有效作用。

任务要求

1. 通过文献研究，分析整理国内外社区治理的基本方法，并了解其含义、种类和特点。

2. 通过搜集整理资料和调查研究，了解目前国内社区治理中常见的基本方法，分析其特点，掌握应用这些方法的技巧。

3. 结合社区调查，总结研究某一社区治理所采取的基本方法，总结分析方法应用中存在的问题。

子任务1 社区治理行政性方法

任务分解：

（1）通过学习和文献研究，分析整理国内社区行政性方法运用的情况，了解常用的行政性方法的种类及其特点，并熟悉各种行政性方法的运用技巧。

（2）深入区（县）、街（乡镇）及社区，调查了解基层社区治理工作中常用的行政性方法，认识这些方法的作用方式及技巧，了解其优缺点，并结合现代网络信息技术条件的社区治理特点与需要，提出改进社区基层行政管理工作的措施与方案。

知识准备：

一、社区治理行政性方法的含义与特点

1. 社区治理行政性方法的含义

社区治理中的行政性方法，是指社区治理主体，特别是社区行政管理主体为履行社区的行政管理职能，实现社区治理目标，遵循一定的规律和原则，而采用的各种手段和方法的总称。从性质上讲，行政性方法包括行政组织依法采取的行政管理方法，也包括其他相关组织主体所采取的具有一定行政管理成分的行政性管理方法。从科学性上讲，行政方法包括传统的以定性、经验主义方法为主要特点的行政管理方法和以现代管理科学方法应用为主要特点的现代行政管理方法。

行政组织作为社区行政管理的主体，也是多元社区治理共治体系中的重要一员，其掌握大量社区公共权力、财政预算、公共政策等各项政府资源，在中国的社区治理体系中仍然发挥主导作用。同时，社区行政管理水平影响和决定着社区治理方法的科学性和有效性。因此行政方法仍然是一种重要的社区治理工作方法。同时社区治理多元主体在协助社区行政主体的管理工作中也需要配合行政管理任务的完成，许多社区主体的管理服务活动也带有很强的行政性，因而，在基层社区治理中行政性方法仍然是社区治理的基本方法，也是最重要的社区治理方法，有时甚至是最有效的方法。

2. 社区治理行政性方法的特点

社区治理的每一个领域、每一个环节、每一项活动，都存在政府及其行政管理人员的直接或间接的影响，并发挥着不可替代的作用。由于其地位和作用的特殊性，即主要是通过社区行政主体网络，采取发布行政政策，分配行政资源，下达行政指示、指令、命令，通过行政决议、决定，布置行政任务，安排行政工作，协调各主体之间的社区行动等方式，行使国家对社区管理的行政权力，对社区的被管理对象进行管理的方法。该方法呈现如下一些特点：

（1）权威性。行政性方法所采取的行政政策、手段、措施和方式方法以权威和服从为前提，社区管理或约束的对象对行政行为接受程度的高低在很大程度上取决于社区行政行为主体的层级及其权威的大小。

（2）强制性。行政性方法是以国家行政权力为后盾的行政行为方法，规范的制度需要全面执行，有些行政行为呈现指令性、决定性、强制性，必须是令行禁止。这就要求人们在行动上必须服从行政统一领导和安排，执行上级发出的命令、指示、决定。

（3）主导性。在社区治理体系中，行政组织机构是主要社区治理主体，在社区治理理念指导下，行政化色彩或逐渐减弱，并达成政府与社会关系的新的平衡，但由于社区民间组织及企业机构资源有限，社区治理事务的公共性、社会性较强，政府不但不可能退出社区治理体系，而且仍然要发挥主导作用。

（4）诱发性。在社区治理中，由于其作用对象的基层性（主要是社区种类组织、居民、业主等是社会最基层）和社会性（主要是作用对象复杂性、多样性，涉及面具有广普性），决定了在社区层次使用行政性方法应当是充分利用政府有限资源，调动、引诱、激发、影响更多的社会资源参与到社区治理行动中来，而不是像过去仅有国家“统包大揽”地进行社区建设，其他组织则不闻不问。

（5）耦合性。行政性方法一方面是在有垂直隶属关系的行政纵向层级之间直线传达行政指示、命令，形成社区治理的纵向行政管理系统；另一方面行政组织机构也通过各种行政法规、政策、措施和行政协调控制等方法在社区自治组织、民间组织、驻地机关企事业单位、社区精英等横向主体之间进行社区计划、社区行动和社区发展方面的协调。这就形成了社区治理中的行政性方法对社区治理主体进行纵向和横向上的耦合性行政行为。

二、常用的几种社区治理行政性方法

社区治理中的行政性方法有很多种类型。按照特点分类，大致可以分为两类：传统社区管理行政方法和现代社区管理行政方法。传统的社区治理行政性方法包括行政手段、法律手段、经济手段、思想教育手段等；现代社区治理行政性方法主要是系统方法、控制方法、目标管理法、质量管理方法等现代管理方法在社区治理中的具体化应用。

常用的社区治理行政性方法主要有如下七种：

1. 法治方法

作为社区行政工作的法治方法是指基层社区行政主体依据国家有关法律、法规和政策办事，并调整参与社区治理活动有关的多元主体行为及各种社会关系而实施的管理方法。法治方法是社区治理主体运用其他方法的基础、前提和保障。

党的十八大以来，从治国理政方式的角度，对法治给出了新的定位，即法治是治国理政的基本方式，应加强社会管理法律建设，逐步形成“党委领导、政府负责、社会协同、公众参与、法治保障”的社会管理体制和“政社分开、权责明确、依法自治”的现代社会组织体制。因此，推进社区治理法治化成为社区治理的重要方向，就是加快推进基层社区的民主制度化、规范化、程序化，扩大居民有序参与社区治理，实现社区各项工作法治化。

法治方法具有以下特点：一是权威性。法治方法是以法律、法规和政策规范为基础，是国家意志和统治阶级意志的体现，对全体公民具有普遍约束力，比行政性方法具有更高的权威性。二是强制性。法治方法是以国家暴力机器为后盾的，凭借国家力量强制实施，违者必究，比行政性方法中的行政强制、行政命令等行政手段更加严厉。三是稳定性。一般而言，治理方法是建立在稳定、成熟的法律制度条件下，具有相对稳定性和严肃性，不得因人而异，不得随意更改。四是规范性。相比较其他管理方法，法律具有明显的规范性。就是以法律条文明确规范社区治理主体的责、权、利关系，形成“权随责走，费随事转”多元共生、共治、共赢的社区治理体系。同时法治方法可以有效地规范社区居民的行为，建立依法办事、遵纪守法、和谐有序的社区人文环境。

法治的权威性、强制性能使人们自觉抵制和摒弃不合法的思想、行为，能提高社区治理的效率。但法治方法需要以全社会的法治观点和意识为基础，同时法治方法在微观社区治理中容易受到社会道德和伦理的影响。因此，在运用法治方法时，要加强法律普及宣传，增强社区居民的法律意识；完善城市社区管理的法律体系；依法构建我国城市社区管理体制和治理结构；强化城市社区执法，做到依法行政、严格执法，加大执法监督力度，及时纠正损害社区管理秩序的行为；将法治与社区公约、社区文化、社区道德伦理结合起来，与其他治理方法结合使用，以扬长避短，发挥其应有的效能。

2. 行政指令方法

行政指令方法作为一种最为重要的传统公共行政管理方法，同样适用于现代社区治理活动。行政指令方法是指社区行政管理主体凭借行政权威，依靠自上而下的行政组织系统，运用指令、计划、政策、决议、条例和规章制度等方式，领导、组织、管理社区公共事务的管理方法。行政指令方法具有控制、规范和协调社区重大事务与利益关系，保证基层社区政令统一、和谐有序、健康发展等重要功能。

行政指令方法具有自身的特点。一是具有一定的权威性、强制性和稳定性；二是作用方式的垂直性；三是内容程序的简便性；四是行为直接后果的无偿性。因此，运用行政指令方法开展社区管理活动通常能够产生令行禁止、集中统一、简便快捷、成本低廉、高效稳定的实践效果。尤其是在处理全局性、根本性和突发性的社区公共事务时，行政指令方法更是不可替代的主导手段。

但是，行政指令方法也相应地存在缺乏平等、协商的民主精神，不利于调动居委会等下级组织和社区居民的自主性、积极性和创造性，以及信息传递迟滞、横向沟通协作困难，同时行政指令方法的无偿性，影响了社区参与的积极性，形成不了激励机制，参与不能持久等问题，这些都是该方法的内在局限性。但不能因此而放弃基层社区的行政管理职责功能与工作，特别是面对基层社区治理“行政化”质疑时，更要正确对待和行使行政管理职权，也不能因为简政放权而向社区机构“转嫁”行政权、放任自流“懒政”，应在转变政府职能、改进工作作风、创新工作方式上下功夫，提高行政效率。

3. 行政协调方法

社区治理行政协调方法是指社区行政主体通过理顺各种社区关系，制定协调制度、建立社区联系组织及联络机制，及时沟通信息，保证社区治理工作正常运行，有效预警并应对各种社区危机，化解矛盾和纠纷的管理方法。其目的是应尽量发挥多元主体的积极性、主动性和创造性，提高社区资源的效用，提高社区治理的效率。

社区行政协调方法主要有以下特点：一是社区行政协调的纵深性。社区治理总体工作的协调，涉及的行政系统包括市、区（县）、街道办事处（镇、乡）、社区多层次，是社区行政系统的协调；涉及社区自治系统，如居民委员会、业主委员会是一种横向的协调；还有与外部组织机构及人员的协调。另外还有些具体项目的协调，可能涉及组织机构、人员、资金、流程、方法、技术、职责、编制、联系方式等方面的协调。二是社区行政协调的约束性和强制性。应根据社区主体之间的权责分工和合约，理顺相互之间的关系，并通过联席会议和相关组织程序形成协调计划和工作流程方案，各主体必须按照计划和流程规定办事，并接受在行政组织主导下的协调指导。三是社区行政协调的权威性。社区行政协调机构处在社区管理体系的中枢地位，依法开展协调工作，要使协调具备权威性，使协调计划、方案得以发挥出最佳效用，协调者必须具有权威性。四是社区行政协调的成本性。由于社区是一个多元主体组织的社会体系，各主体的活动目标、利益诉求、行为模式有较大差别，因此社区协调工作需要做出巨大的努力，花费一定的人力、物力、财力才能达成社区整体利益目标。五是社区行政协调的目标导向性。社区行政协调的目标就是要将社区整体利益放在首位，追求社区经济、社会、环境、人文等诸多方面整体协调发展。通过行政协调，形成社区整体目标，并将各主体的目标加以调整，引导它们之间分工协作，互相配合，实现社区和谐发展。

社区行政协调的工作方法主要是组织体制协调法，包括职权等级协调系统和多元主体间协调系统。职权等级协调系统主要是通过社区行政系统内的命令链、命令统一、垂直职权渠道来实现的。多元主体间协调系统主要是通过社区多元间协调规程、联席会议、领导者与智囊团抉择和计划方案抉择来进行。除此之外，还包括协调的技术方法，如系统分析法、线性规划法和计划评审法等等。

4. 市场化社区服务方法

市场化社区服务方法是经济方法的主要形式，指政府在市场经济条件下，为实现社区公共管理服务目标，充分发展市场机制、社区民间资源和宏观调控政策的作用，以较少的政府资源调动更多的社区资源，达到社区建设与管理服务目的的手段、方法、策略及活动总和。目前常用的手段主要有财政专项补贴、社区优惠政策、政府购买服务、社区更新改造专项建设投入等。市场化社区服务方法是政府转变管理理念和工作作风的产物，也是市场经济条件下政府对社区管理工作模式做出改革的必然趋势。

市场化社区服务方法具有如下特点：一是整合性。社区拥有大量民间资源，政府通过优惠政策和少量的财政资源就可以调动大量资源，整合到社区建设与管理服务中来。二是激励性。市场化服务方法有利于激发民间组织主体的参与，特别是一些有收益的公益项目及活动，可以按照“谁出资、谁受益”的原则引入非政府资源进行建设和管理。三是效益性。市场化的方法，可以发挥市场机制的作用，提高经营积极性、主动性，增强决策的科学性、民主性，保证经营管理的效益性。

要实施市场化社区服务方法，必须根据当地实施情况采取有效的对策措施。一是转变政府观念，学会用市场的理念和思维治理社区事务。面对复杂的社区社会结构、多样化的社区治理目标、多元化的社区主体个性化需求，以及社区居民的民主观念、参与意识和行为能力越来越强的现实，必须引入市场经济的观念，采用市场化方法，增强社区管理服务的有效性。二是多方筹集资金，开源节流，提高资金使用效率。在加大政府投入的同时，积极拓宽建设的资金渠道，引导和鼓励社会力量以资金、土地、房产等多种形式投资建设，吸引和鼓励企业、社会团体和个人进行捐赠赞助，共同推动社区服务设施建设。三是清晰界定、划清社区公共服务的责权范围。就是要界定、划清应由政府提供的社区公共服务、社会组织提供的社区公益服务和企业提供的社区经营服务的界限。四是在政府推动社区基本公共服务均等化的同时，应逐步推进社区其他公共服务社会化、市场化。政府应当通过公共服务社会化、市场化的政策，如购买公共服务政策等，提高公共服务政策功效的“放大效应”，提高公共资源效益，减轻财政压力。发挥民间社会和市场资源在公共服务供给中的作用，增加社区公共服务供给，提高居民满意度。五是逐步完善和扩大社区服务项目体系，提高社区公共服务的普及化、精细化水平，包括社会保障服务系列、家庭及儿童福利服务系列、青少年服务系列、残病人康复服务系列。

5. 经济调节方法

经济调节方法是社区行政管理主体根据客观经济规律，运用价格、信贷、利率、税收、工资、奖惩、财政转移支付、经济合同、职业培训卷、经济责任制等经济杠杆和经济利益因素或组合来调节各种社区利益关系，分配、开发、激活社区资源，依法管理社区经济主体及其经营活动的管理方法。

经济调节方法具有以下特点：一是激励性。社区治理不仅需要精神因素，更需要物质条件支持和良好的持续的激励机制，以调动人们的积极性。这是经济手段的最根本的特点，如社区义工、志愿者行为不能缺少物质上的支持和奖励，否则难以持续。而且更大规模的惠民行动、慈善事业需要大众的参与，而不能仅靠少数人的义举。二是间接性。经济调节的方法是通过调节经济利益关系来间接影响组织或个人的行为达到管理目的的方法。这种方法虽然间接但影响大，渗透性强，调整面大，是市场经济社会最有效的管理方法。三是多样性。社区行政管理主体可用的经济管理方法多种多样，有广普性的经济调节方法，如物价调整、利率升降、税收调控等；有局部性的经济调节方法，如针对素质不高的居民的职业培训券、旧小区的物业补贴、城乡贫困居民的低保等；还有针对个别主体的经济调节方法，如各种专项补贴、专项建设预算等，可因时因地选择。

在社会主义市场经济条件下，社区各种利益主体关系多型、复杂，需要理顺和顺应，以遵循经济规律，提高社区资源效用。同时社区经济作为社会经济结构形态的重要客观存在，具有巩固社会经济，支持社区就业、居民收入和居民生活的重要作用。在新型社区中，有不少是“村改居”社区，以前的农村集体经济实体仍然存在，也存在大量的征地拆迁费提留及兴办的经济实体。即便是城市新型社区也存在政府提供的社会福利和基础设施建设投入带来的好处。这些社区经济因素及其整合作用都可以作为经济调节的重要手段，用于社区治理实际。同时随着社区治理理念的变化，由单一行政管理向多元社区治理方向发展，管理内容及其方式方法也向市场化方向加速变革，因此，经济调节方法将在社区治理领域中发挥越来越重要的作用。

6. 思想教育方法

思想教育方法是通过对人们进行确定的、有目的的、系统的政治思想教育，系统的感化与劝导和行为激励，使之在身心上养成管理者所希望的思想和品质，引导其自觉地为实现既定社区管理目标而努力的管理方法。主要包括政治思想教育、网络思想教育、心理劝导和行为激励等方法。

思想教育方法的特征主要有：一是科学性。科学性表现为实事求是，即从受教育对象的思想实际出发，并根据情况采取不同的方式进行教育，以达到转变受教育对象思想的目的。思想教育方法是一套科学可行的方法体系，传播的信息是科学理论和先进理念、观点和思想，能对工作对象的内心产生深刻的影响，促进先进思想观念内化成自觉意识，形成稳态的内在动力，优化对象的行为模式。二是启发性。启发性表现为阐明道理，循循善诱，而不是放任自流，生硬训斥。思想教育方法往往要通过对被教育者进行长期反复细致的沟通、体验、反思等活动，促进受教育者对教育内容的吸纳、消化，提升其思想层次和人格形象。这不是一蹴而就的事。三是有效性。即需要根据工作对象的特点采用不同的方式方法，不断加强和改进思想工作方法，提高有效性。实现指导思想和工作方式的转变：由“改造人”转到关心人、尊重人、激励人；由“官管民”转到民主管理；由习惯于空洞说教转到务实与物质利益手段相结合；由习惯于以“我说你服”“我打你通”的自我为标准转到以“居民满意度”的他人为标准。

思想政治教育方法是思想教育的基本方法，承担着传递教育内容、实现教育目标的使命，是教育者对受教育者所采取的思想方法和工作方法。主要包括理论灌输法、所谓实践锻炼法、自我教育法、榜样示范法、比较鉴别法等。心理劝导方法是社区管理服务工作中常用的方法。劝导就是劝说和引导，它是主动影响交流者心理的最主要、最直接的方式，主要有流泻式、冲击式、浸润式和逆行式四种方法。行为激励方法是通过有目的地设置各种激励机制，激励组织中成员的行为动机，鼓励其产生实现组织目标的积极行为。具体的行为激励方式有：目标激励法、奖惩激励法、竞争激励法。行为激励的具体方法很多，主要包括任务激励、情感激励、榜样激励、表率激励、关怀激励、尊重激励、强化激励等，但都遵循着提出要求、产生动机、形成行为、实现目的这样一条基本思路。

7. 文化活动方法

社区文化活动方法就是各种社区文化活动主体充分利用社区文化活动设施场地、社区文化活动资源和社区居民中的文化活动骨干，开展丰富多彩的社区文化活动，以充实社区生活、促进身心健康，同时促进社区人际交流、普及文化科学知识、宣传上级法律法规政策，提高社区居民文化素质和道德修养水平的工作方法。

社区文化活动方法具有以下特点：一是形式多样。常常是居民喜闻乐见的形式或传统的形式，方便居民参与。二是寓教于乐。社区文化活动可以与社区民主管理、社区科学普及、社区专业协会、社区教育培训等结合起来，这不但可以充实社区文化娱乐生活，也有利于提高居民的素质和能力。三是潜移默化。社区文化活动可以经过策划、包装变成社区文化创新发展的阵地、思想教育的阵地，传播正能量。

社区文化活动是社区治理的重要途径。应用文化活动方法，不但可以丰富社区生活的内容，也是做好社区治理工作的重要方法。因此应当将文化活动方法与文化活动有机结合。一是政府、社区管理机构及社区成员都应该对社区文化管理有准确的认识，正视社区文化管理的问题，是发展社区文化管理的关键所在。一方面要在主流文化的影响下，培育和改造社区自发形成的亚文化；另一方面要利用社区的文化资源满足社区居民在精神文化生活方面的需求，取得更高质量的社区生活。二是增强社区文化活动的吸引力，激发社区居民的参与意识。以社区基层文化站为龙头，以社区各街道、居委会、住宅小区以及企事业单位的文化活动场所为活动阵地，以发挥社区党员的模范带头作用为引导，以为社区居民搞好各种服务为基础，利用各种载体引导群众广泛参与，开展生动活泼、丰富多彩的社区文化活动，增强社区广大居民群众对社区文化建设的参与意识。三是完善城市社区文化管理机制。应以政府在社区文化建设中的主导作用为前提，社区文化管理者要在社区文化建设中起关键性作用，并逐步推动各种非政府组织对社区文化的广泛参与，提高社区文化建设的社会化程度，扭转我国社区文化建设过度依赖政府的不良局面。四是加大文化投入的力度，规范资金募集渠道。在社区文化建设中，要结合社区特色，制定切实可行的社区文化发展规划，进一步加大对学校、幼儿园、图书馆、报刊、俱乐部等文化、学习和娱乐场所的管理，加强对开发中的商住房、物业、生活小区文化功能的管理。五是重视社区文化人才队伍的建设和管理。应重视抓好专业和业余两支社区文化工作者队伍，做到力量互补。在专业队伍建设方面，要不断提高社区文化管理人员的素质，特别是加强对现有社区文化工作者进行的业务培训，提高他们的工作水平。在业余队伍建设方面，要以社区内文化工作积极分子为核心，建立一支社区文化志愿者队伍，加强管理，制定激励等机制，充分发挥他们的才能，使社区科普、教育、文娱、卫生、体育等社区文化各领域的建设更具有生气和活力。

评价与反馈

请结合本子任务的学习和你的理解，填写表 3－1。

表 3－1

归纳行政性方法的特点	常用的几种社区治理行政性方法及特点

子任务2　社区管理工作方法

任务分解：

（1）通过学习研究，分析整理国内外有关社区管理工作方法的知识，并理解其含义。

（2）结合调查研究和工作实际，了解社区管理工作方法运用的要点，掌握运用技巧。

知识准备：

一、社区管理工作方法的含义

社区管理活动顺利开展有赖于专门性社区组织、职业化人员的介入以及专业性方法的采用。社区管理工作方法是指特定社区管理主体（通常包括各种福利性、服务性、慈善性和中介性的专业社区组织）为实现专门性的社区管理目标，依据一定的社区问题介入与解决准则、模式和流程，在具体管理过程中所运用的各种专业性方式、手段、措施和技巧的总称。①

从专业角度而言，社区管理也可视为现代社会工作三大基本方法之一的社区工作理论及其方法在社会公共管理事务中的应用。国内有学者认为，社区工作是以社区及其成员整体为对象的社会工作介入手法，② 这一观点同样适用于社区管理活动。

总之，社区管理工作方法就是社区管理主体通过有计划地介入社区公共事务，组织社区活动，满足社区需求；并在此过程中，帮助社区居民建立社区归属感、责任感和凝聚力，培养其参与社区事务决策与执行的意识及能力，从而促进社区自我管理、和谐发展。就此而言，相关社区管理在活动领域、宗旨等方面与社区工作具有相当的一致性，并可借助后者业已高度系统化、规范化的具体操作方法来显著地提高社区管理活动的专业水准与成效。

二、社区管理工作方法的运用

社区管理工作作为一项具有较高的专业性色彩的系统工作，可以划分为若干个阶段，而每一阶段工作的具体开展实际上均可视为一种特定的专业方法的应用过程。下面将借鉴最为普遍的社区工作五阶段划分理论③，从建立工作关系、社区资料收集与分析、制订社区发展计划、采取社区行动和社区项目评估五个方面来探讨各种具体的社区管理工作方法的运用。

1. 建立工作关系

建立工作关系是社区管理活动的起点，一般是指社区管理主体寻求融入特定的社区

① 张兴杰. 社区管理［M］. 广州：华南理工大学出版社，2007：307.

② 王思斌. 社会工作导论［M］. 北京：高等教育出版社，2004：194.

③ 朱眉华，文军. 社会工作实务手册［M］. 北京：社会科学文献出版社，2006：117.

氛围和事务，积极与社区居民、团体以及各团体的领导人物、各界代表人物和知名人士进行有效沟通，增进相互了解，并针对社区中存在的客观问题与服务需求达成一定的共识，建立互信、协作的良性业务关系。借鉴台湾学者的观点①，在社区管理活动中建立工作关系的基本流程可大体概括为如图 3 –1 所示的流程图。

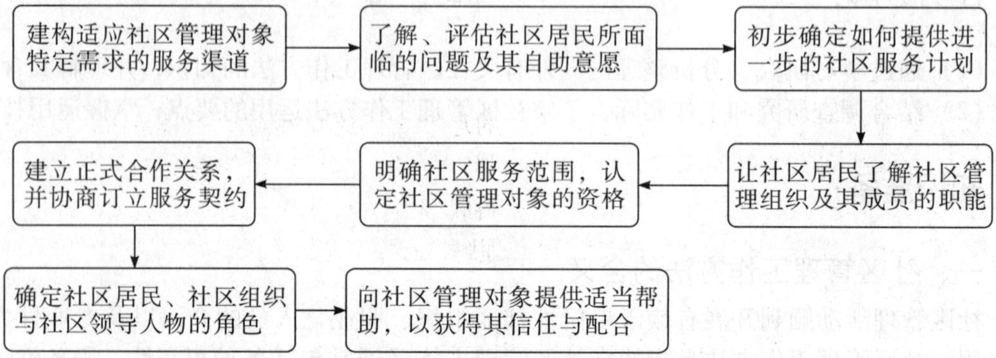

图 3 –1　建立工作关系的基本流程图

建立工作关系通常从拜访具有较大区域影响力的社区团体和重要人物入手，以便较为全面地了解社区信息，掌握社区管理线索，获取较高层次的支持与配合，奠定开展后续管理工作的良好基础。此外，社区管理者还有必要面向社区居民举办各种宣传活动，合理展示社区管理工作的理念宗旨、服务目标及其功能意义，从而在社区居民中广泛吸引该项社区管理活动的支持者和参与者。

2. 社区资料收集与分析

在建立社区管理工作关系阶段中，社区管理主体已初步了解了社区的基本情况，社区资料收集与分析便是在此基础上，进一步运用文献调查和实证调查等手段，全面、深入地收集专门性的社区资料，并加以系统科学的分析，全方位、多视角、深度拓展地探索和把握社区问题以及居民需求，为正确、有效地开展社区管理活动，尤其是相关决策工作提供客观、翔实的信息支持。

社区资料收集的主要内容通常包括以下四方面信息：一是社区基本资料，包含社区自然条件、地缘环境、人口结构、经济状况、文化水平、生活方式和人际关系等因素。二是社区资源，包含社区范围内的建筑本体、共用设施、公共场地等物业资源和文化教育、医疗卫生、休闲娱乐、福利救济等方面的基础设施资源及其利用情况。三是社区问题，包含社区居民面临的困难和社区机构、居民大体认为社区生活中存在的弊端与不足。四是社区评估，即针对社区需求与资源所做的分析和判断。收集上述社区资料一般可以采用社会调查研究活动中常用的各种方法，譬如文献法、问卷法、访谈法、咨询法和观察法等，或者这些方法的组合。

明确、务实把握社区问题与需求对于推进社区管理活动具有相当重要的导向作用。

① 徐震，林万亿. 当代社会工作：理论与方法［M］. 台北：五南图书出版股份有限公司，1999：268.

这就要求必须运用专业方法与技巧对此前所收集的各类社区资料进行科学梳理、分析，并借此客观、精确地描述、界定社区问题与需求，深刻探讨解决相关问题和满足特定需求的关键所在，从而为下一阶段开展制订社区发展计划和采取社区行动等后续工作提供坚实可靠的信息支撑。在分析社区资料过程中，社区管理者应当力求全面细致、客观务实，避免先入为主、以偏概全、以点带面等思维和操作失误，始终保持科学、理性的工作方向。

3. 制订社区发展计划

社区发展计划是有效推进社区管理活动的理性规划愿景和行动策略系统，通常是指社区管理主体联同有关社区团体与人员协商制定的关于社区建设与发展的目标指引和实施方案体系。其基本功能，在于依据社区资料收集与分析成果，通过设置科学、可行的社区发展目标与方案，有计划、有步骤地合理解决社区问题和引导社区发展。

社区发展计划一般可分为以下两种类型：①社区发展战略计划，即针对社区角色定位、功能选择、产业规划、发展模式等宏观性、全局性和长期性的重大管理事务做出具有战略统御意义的整体规划。②社区发展策略计划，即在遵循既定社区发展战略计划的前提下，针对社区管理工作中亟待解决的特定现实问题制定明确、具体的实施方案。就两者的内在关联而言，社区发展战略计划对于社区发展策略计划具有方向、宗旨和原则上的指引与规制意义；社区发展策略计划则是社区发展战略计划的事务性分解和具体化落实。

考虑到制订社区发展策略计划在社区管理实践中更为普遍且易操作，下面以此为例，借鉴香港学者的观点①，系统地介绍制订社区发展计划的大体步骤，如图 3－2 所示。应当注意的是，在社区发展计划的实施过程中，还有必要根据社区内外实际情况适时对其做出灵活调适，以提高其操作的可行性与实效性。

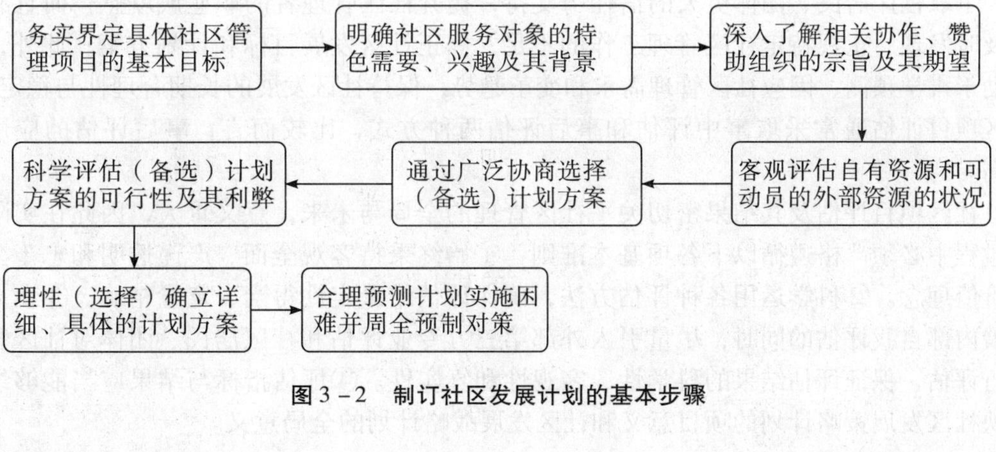

图 3－2 制订社区发展计划的基本步骤

① 朱昌熙. 程序计划及设计［M］//甘炳光，等. 社区工作技巧. 香港：香港中文大学出版社，1997.

4. 采取社区行动

采取社区行动，即贯彻落实既定的社区发展计划，是指社区管理主体依据有关计划方案，有效激发社区居民、团体的变革意愿和参与意识，合理组织、运用社区力量和各方资源，依照一定程序采取具体措施，解决特定社区问题，促进社区建设与发展的活动过程。采取正确、配套的社区行动，有助于协调社区内部以及内外各方的利益关系和行动步骤，保障乃至增进社区公共权益，因而被视为产出、提升社区管理成效的关键环节，并因其各种操作方法的综合应用而自成一个较为完整的方法体系。

开展社区行动的具体操作方法有：一是召开社区会议，即由社区管理主体邀集相关社区团体、居民代表进行直接协商，就特定社区问题达成共识以推动社区合作。二是社区宣传与教育，即运用传媒、公告、展览和家访等多种方式，广泛宣传社区管理工作的内容、意义及要求等事宜，引导社区居民理解、支持和参与社区事务，保障既定社区发展计划的顺利实施。三是人力资源开发，即秉承社区管理本地化的理念，有计划、多层次地培养社区领导者和志愿者，就地为社区的可持续健康发展提供稳定、充沛的人力资源保障。四是社区资源整合，即针对社区资源分布不均的现实状况，通过行政、法律和经济等途径，尽可能均衡地配置社区资源，彰显资源共享的社区发展真谛，提升社区管理的凝聚力。五是社区关系协调，即以和谐沟通、真诚协作的“人本主义”管理理念与技巧来理性处理社区管理主体之间、社区团体之间以及社区居民之间的多元关系互动，消除社区冲突，切实提高社区管理成效。

5. 社区项目评估

社区项目评估主要是针对具体事务性的社区发展策略计划实施成效的检验与评价，即客观考察特定社区管理项目方案的实施状况及预期目标的实现情况。社区项目评估在整个社区管理过程中具有承上启下的重要衔接作用，不仅有助于总结、展示社区管理成效，争取社区居民、团体更大的信任与支持，提升社区管理者的职业成就感，而且有助于及时发现、正视特定社区管理工作的不足，修正社区发展目标和计划方案；此外，还有助于科学预测、因应社区管理需求和变革趋势，保持社区发展的长期合理性与稳定性。社区项目评估通常采取事中评估和事后评估两种方式，比较而言，事后评估的应用率更高。

社区项目评估及其结果密切关乎社区管理的全局与未来，意义重大，因此在实际操作过程中必须严格遵循以下各项基本准则：①始终秉持客观全面、严谨透明和忠于公益的价值理念。②科学运用各种评估方法，确保评估结果定性得当、定量精确。③在规范开展内部自我评估的同时，尽量引入外部第三方专业评估和社区居民、团体对社区管理进行评估，保证评估结果的科学性、客观性和真实性。④评估指标与结果应当能够综合反映社区发展策略计划的项目意义和社区发展战略计划的全局意义。

评价与反馈

请结合本子任务的学习和你的理解，填写表 3－2。

表 3-2

归纳社区管理工作方法的含义	归纳总结社区管理工作方法的应用要点

子任务 3　现代管理科学方法

任务分解:

(1) 通过学习和文献研究，分析整理国内外社区治理中的现代管理科学方法应用情况，了解应用的效果，并熟悉现代管理科学方法应用的运用技巧。

(2) 通过调查，了解社区治理中的现代管理科学方法应用的典型案例，发现其中的问题，提出有效推进现代管理科学方法应用的措施与对策。

知识准备:

一、目标管理法

1. 目标管理法及应用

目标管理（management by objective）是以目标为导向，以人为中心，以成果为标准，而使组织和个人取得最佳业绩的现代管理方法。社区管理主体在社区管理中应用目标管理方法，应以社区目标为导向，以服务社区居民为中心，充分利用社区资源，采取各种有效措施，组织、协调、号召、动员居民参与管理服务活动，最终达成社区自治组织健全、治安状况良好、服务功能配套、环境生态优美、居民和谐相处的建设与管理服务目的。

2. 社区治理目标定位

(1) 实行居民自治。社区建设的本质要求是发展社会主义民主政治，完善城市居民自治。政府不可能包揽社区所有事务，因此，一方面应通过制定社区政策、提供财力、培育社区组织、激发社会资源参与社区治理等方式介入社区治理，主要通过向社会中介组织购买服务的形式来实现，政府不再直接干预社区事务。另一方面应当通过居民自治，即通过社区居民的“自我教育、自我服务、自我管理和自我发展”来管理社区事务等。

(2) 治安状况良好。按照马斯洛的需要层次理论，人的生存需求满足之后，就会对“安全”提出要求。社区居民对社区有了安全感之后，就会对社区产生归属感和认同感。

就社区管理而言，要想谋求社区的发展，首先就得保证社区的稳定，全力构建长效的社区治安防控体系。

（3）服务功能配套。社区服务功能配套，才能保证高品质生活。首先通过政府提供的基本公共服务来实现，如社区的道路、绿化、照明、消防、交通、文化、公园等基础设施场地建设，社区城市管理，社区教育、卫生、培训与就业、人口与计生、出租屋、社会保障等公共服务。其次是要发挥专业的和民间的社区服务机构人员的作用，特别是社区家庭服务、社区物业管理服务、社区慈善服务、社区志愿者（义工）服务等。

（4）生态环境优美。这不仅是社区管理工作正常运行的重要基础，也是促进人与自然和谐的需要。对社区居委会来说，要让所辖居民住得舒适、住得愉快，就应该在优化社区环境上高点定位，常抓不懈。如积极开展社区绿化活动；加强对各类传染病的防治，提高社区居民的身体素质，保障社区居民的身心健康；加强社区无障碍设施建设；等等。

（5）居民和谐相处。居民和谐相处是社区和谐幸福的基本保证。应在加强宣传教育的同时，一方面通过志愿者服务制度，实实在在地开展好各项服务活动，对老年人、残疾人、优抚对象、失业人员等弱势群体的生活给予更多的关爱，让他们体会到社区的人文关怀；另一方面要通过提供各种交流机会和交流平台，如建立兴趣小组、爱心互助小组、安全互联群、兴趣朋友圈等，促进居民交流互动，构建融洽和谐的人际关系。

二、质量管理法

1. 全面质量管理及应用

社区全面质量管理体系是社区为保证和提高社区公共服务质量，运用系统概念和方法将质量管理涉及的各阶段、各环节的职能组织起来，形成一个任务、职责和权限明确而又互相协调、互相促进的有机整体。

全面质量管理也被称为继续质量管理或者责任中心管理，其基本原则和技术在社区管理中应用前景广泛，目前，该技术广泛应用于社区卫生服务。

2. 社区全面质量管理体系建设

社区全面质量管理体系的建构是一个复杂的系统过程，应在ISO 9000标准的基础上，对全部的过程进行全面系统的策划，使建立的质量管理体系有助于社区实现预期目标。一般来说，建立社区质量管理体系包括以下几个阶段。

（1）总体策划与设计阶段。需要加强对社区管理者的培训和宣传教育工作，并进行相应的考核，以使他们达到从事社区质量管理活动的能力要求。社区管理者应重视质量方针和质量目标的制订工作，并配备相应资源。针对测量和分析的结果采取相应的纠正预防措施，以实现社区质量的持续改进。

（2）具体设计阶段。将体系分析和策划的结果用书面形式确定下来，编制社区质量管理体系文件。包括制定文件、编制计划、规定文件体例和标识方法、文件编制以及文件的评审、批准和发布等主要环节。

（3）实施和运行阶段。通过社区质量管理体系的组织结构不断进行组织协调、质量监控、信息管理、质量管理体系的审核和管理来实现社区质量管理体系的有效实施和运行。

（4）质量改进阶段。社区追求的永恒目标是让社区居民满意。因此，各社区在实施质量管理体系时，应该持之以恒地关注体系的不断改进。通过对现行社区质量管理体系运行的情况进行分析和评价，确定改进目标，寻找最优解决办法，以实现目标。

三、行政控制的方法

1. 行政控制方法的含义

控制指领导者运用一定的控制手段，按照目标规范衡量决策的执行情况，及时纠正和调节执行中的偏差，以确保实现行政目标的活动。控制是完成计划的重要手段，是工作方向正确的重要保障，是贯彻依法行政的重要体现，是保证目标实现的重要机制。控制的主要要素包括人员、财务、作业、信息、组织绩效等。控制的原则是目标性、动态性、层次性、封闭性。

在社区治理中，一方面根据社区行政管理的目标、计划、方案和社区资源性，进行社区治理过程和重点环节的监督、控制与纠正活动，提高社区资源的效能；另一方面，社区可能出现的突发性、偶发性事件，如非典、群体斗殴、恐怖袭击等事件引发的危机，需要通过行政组织系统和相关的社区机构及其人员，进行事态、危险、破坏程度的控制，舆论导向控制。科学、有序、精准的控制将使社区事件的损失和影响降到最低程度。

2. 社区行政控制方法的应用

（1）社区行政控制的前提是有行政实施计划。计划是控制的依据，规定了管理过程中控制的范围。控制和计划是一个过程的两个方面。控制是按计划预定的行动路线，根据计划规定的行动内容实施的。有效控制需要首先通过反馈了解过去和现在活动的信息，及时纠正不合理，补救偏差。控制有利于协调组织平衡运转、规范成员行为、开创组织发展新局面等。社区行政控制的目的在于对行政实施过程中有违行政计划目标和方向的行动、减少行政实施效率的活动、有碍行政沟通的障碍等加以及时纠正与消除。因此，社区行政控制对确保行政实施计划的实施方向，促进行政实施效率与效益等有着重要的保证作用。

（2）社区行政控制必须按一定的步骤推进。有效控制是个封闭的系统，它的过程一般包括确定标准、评估成效、纠正偏差三个步骤。控制标准的确定是控制过程的起点。社区行政控制标准是行政实施活动的参照物，有了控制标准，才能对行政实施情况进行评估，将行政实施中的实际情况与标准加以对照，然后对那些与标准和计划有偏差的行政活动加以纠正。因此，社区行政控制的真正意义在于通过行政控制，使行政实施的工作状态与行政计划的工作状态尽量相符合，确保行政实施的结果和人们预先计划的目标一致。

（3）社区行政控制以达到总体协调为目标。社区行政控制的类型按不同标准可进行多种划分，在这里我们将其大致分为两类，即过程控制与冲突控制。过程控制是按照机构制订的服务计划对机构现在提供的服务，包括工作进度和效果进行综合监控和影响，其目的是实现机构运行的总体协调，确保机构的各项行政管理职能得以顺利完成。冲突控制是指对机构中的不同部门，成员之间可能发生的冲突进行有效控制，尽力缓解和避免冲突，防止机构资源的浪费及工作环境的恶化。总之，整个行政控制活动都必须坚持系统、客观、适时、灵活、经济、适度的原则，具体控制手段的选择则需要视每个社区治理机构与管理者的情况而定。

四、危机管理的方法

1. 社区危机管理

社区危机管理指以社区为单位参与社会危机的预防、治理、减损的一系列活动的总称。它是社会危机管理的一部分，具有微观性、自主性、自觉性的特点。社区危机管理是社会民间力量参与政府管理的方式之一，是一种新的民间自助支援系统，需要社区成员参与。

社区在危机管理中的意义和功效已为西方国家的实践所证实。1989 年世界卫生组织即提出了“安全社区”概念，并制定了安全社区的认证标准。随后，安全社区的建设在全世界被推广。2005 年的联合国减灾大会更进一步强调防灾社区建设的问题。社区在危机应急管理中的基础作用也逐渐为我国政府所认识。2006 年 7 月初，国务院发布了《关于全面加强应急管理工作的意见》，强调要以社区、乡村、学校、企业等基层单位为重点，全面加强应急管理工作，充分发挥基层组织在应急管理中的作用。

2. 社区危机管理的要点

由于危机管理主体的多元化和重心的逐步下移，社区参与已成为公共危机管理的必然趋势。提高社区危机管理水平的要点有：

（1）加大政府的推动和支持。政府是公共危机管理的主导和核心，因此对于社区层面的危机管理工作而言，政府的指导与支持是关键。其中，政府不仅是社区应急建设的推动者，还是社区应急工作的合作者。

（2）加强社区的危机管理规划。坚持“预防为主、系统防范、社会参与、合作共享”的工作方针，从社区的实际情况出发，统筹规划社区资源，制定切实有效的应急预案，使危机管理协调有序。

（3）塑造良好的社区应急文化。社区危机管理强调社区内部更多的合作、动员和自我依靠，它是一个权利共享和吸收民意的过程，这是社区应急较之政府的优势所在。因此，提升社区危机管理能力必须立足于居民为本的社区自身建设，重视居民的参与，提高居民个体的安全意识和危机应对技能，塑造社区应急文化。

（4）提高社区居民的危机意识和应急能力。从“9·11”恐怖袭击、北美地区大停电，到 SARS（非典型肺炎）疫情、印度洋海啸、伦敦地铁爆炸案等大量危机事件爆发后以及应对过程的情况来看，市民危机反应素质直接影响危机过程中的损失状况和危机处理的效率。一方面，社区要运用各种渠道和机制，进行危机知识的宣传和应急能力的教育、培训和演习；另一方面，要加强社区意识、社区情感和社区归属感的培养，形成“自己的生命自己保护”“自己的社区自己保护”的基本防灾理念和自救互助的救灾机制。

（5）依法强化危机管理，明确居民自救互助的职责和义务。危机事件的社会性以及与每位居民的利益相关性，决定了社区与居民的利益是紧密联系的，应强化社区的自治功能，增强居民参与率和归属感，使每位居民充分认识到，个体的安全与社区的整体安全息息相关，危机预防和危机应对是每一个成员的基本责任和义务。同时借鉴国外的经验，在法律体系中应明确基层居民自救互助的职责。

评价与反馈

请结合本子任务的学习和你的理解，填写表3－3。

表3－3

社区治理中应用了哪些现代管理科学方法	调查一个社区，总结现代管理科学方法在社区治理中的应用情况，并指出不足，提出改进的建议

任务二 社区治理技术方法

情境导入

情境8 “社工师”带来基层社区治理和服务新思维

社区治理需要传统的力量和组织体系，更需要适应现代社区发展需要的新社区力量和社区组织，需要用专业知识、专业精神、专业队伍和科学的专业技术方法去创新发展和向前推进。社区工作者队伍是新生的不可或缺的社会资源和重要的民间组织力量。下面是徐州市云龙区子房街道，因有了专业社工师参与而带来的社区治理创新实践的几个图景，反映了专业社工师在社区治理专业化方面的作用。

图景1：改变的不只是结构。社区治理队伍由最早的“居委会大妈”，到充满活力的“大学生村干部”，再到手持专业资格的“社工师”，社区工作者群像的转变，折射出的正是全市社区治理和服务创新的转变。与过去熟悉的居委会大妈大伯相比，现在的社区治理呈现年轻化、专业化的趋势。一些更懂时代变化、有更强适应能力的80后、90后走进社区，带来了社区工作队伍结构的改变。年轻人思想活跃，让社区开展更多更丰富的主题活动，也让社区治理和服务创新的举措层出不穷。

图景2：创新的社区服务有需求。李×，中级社工师，某“社工师事务所”的理事长，子房街道的计生专干。事务所承担了卫生计生服务、助老助残、流动人口等方面的服务工作、策划了多个公益项目，并正在积极参与各级政府购买服务的“招投标”。正在推进的“幸福家庭优客沙龙”项目，主要对象为想生育“二孩”的、年龄普遍偏大的准妈妈，通过聘请专门的生育保健专家，为有生育意向的妇女进行一对一的孕前、孕中、孕后的服务，确保优生优育。目前，这个项目已在辖区有生育“二孩”意向的30多位准妈妈间开展。

图景3：基层社区管理好帮手。张××是子房街道“小巷总理”中第一批招聘的大学生专职社工，虽然带着“大学生进社区”的光环，但大学生的身份对社区工作并没有明显的优势，于是张××通过自学社工知识，考取了助理社工师资格，还向身边的老“居委会”学习社区管理服务经验。这些都使他在基层管理中大显身手。响山社区的“社工师”张××通过入户调查，掌握了“山水康桥”小区第一手的车辆资料，提出了解决停车难问题的建议并征询大家意见，大家同意有序停车的建议，使停车难问题得到了最终的解决。

图景4：基层工作蕴藏“大学问”。针对社区党员流动性较大、年龄偏大等情况，形成“包挂科室+社区党委+网格党支部”的“同心党员朋友圈”党建工作机制；成立“社区服务委员会”，开放式吸纳社区内外服务资源，给居民提供一份贴心的“服务清单”；发挥街道官方微信公众信息平台“云龙子房幸福驿站”的作用，整合各社区自建信息平台，聚焦居家养老、小区物业、社区商圈以及居民互动等服务内容，为居民提供准确、快捷、优质的信息化服务……

（资料来源：徐州日报，2016-02-02，有删改）

说明：云龙区子房街道社区治理发展变化从表面上看，是多了专业社工师的身影，但更重要的是给该街道社区管理服务实践带来了新的理念、思维和方法。也是基层社区工作人员结构的改变，业务变得更专业，方法变得更科学，工作抓得更精准，治理效果更加显著。这也说明向“居委会大妈”讨教传统的社区工作方法和采取现代的专业技术方法并不矛盾，运用得好可事半功倍。

任务要求

1. 通过文献研究，分析整理国内外社区治理技术方法，并了解其含义、种类和特点。

2. 通过学习和调查研究，了解目前国内社区治理中常见的三种类型社区治理技术方法，分析其特点，掌握应用这些方法的技巧。

3. 结合社区调查，总结研究某一社区治理所采取的技术方法及综合运用情况，并能够提出目前存在的主要问题，分析发现其中的主要原因，提出有效的应对策略。

子任务1　社区调查研究方法

任务分解：

（1）通过学习研究，分析整理国内外有关社区调查研究方法的主要类型，理解、掌握其含义与特点。

（2）结合调查研究工作实际，了解社区调查方法运用的要点，掌握运用技巧。

知识准备：

一、社区调查研究法的含义与特点

1. 社区调查研究法的含义

社区调查是一种采用面对面访谈、信函或电子邮件调查、纸质或在线问卷调查或电话访谈等方式，了解社区居民对社区看法的研究方法。简单地说，社区调查就是询问人们对所在社区的一些看法。

2. 社区调查研究法的特点

一般而言社区调查方法，有两大特点：其一是直接和主观；其二是调查资料的可比性差。例如同样的调查问题在不同社区中被以不同的方式提问，有很强的主观性和诱导性，影响了调查结论。尽管如此，社区调查可以获得第一手资料，可以了解到社区基本情况和对某些问题的看法，便于提前做好矛盾和冲突的化解工作，将问题消灭在萌芽状态。也可以做一些前瞻性研究，便于做好社区规划工作。

二、社区调查过程

社区调查的具体方法有很多，彼此各异，但它们都是通过系统收集资料并进行统计分析，来认识社会现象及其规律的。这一共性决定了社区调查的基本过程有一定的规律性。主要包括以下步骤：确定研究的课题；进行理论准备和建立研究假设；进行研究设计；实施调查和收集资料；整理和分析资料；分析资料并撰写研究报告。主要环节在三个方面。

1. 确定调查方法

社区调查的方法有很多，如面对面访谈、信函调查、电话访谈、问卷调查、组织调查会、文献分析等。不管调查的目的怎样，研究者经常会使用类似的方法和技术。但必须注意，尽管各种方法可能会被调查者同时采用，但针对不同的调查目的，在运用具体方法时，是各有所侧重的，至于侧重点在哪里，则必须分析具体的个案才能决定。比较常用的社区调查方法是面对面访谈、在线调查和电话访谈。

（1）面对面访谈。一般分为结构访谈和无结构访谈，这里主要介绍结构访谈。结构访谈的基本做法是：研究者先选择和培训一组访问员，由访问员按照调查方案和调查计划的要求，与所选择的被调查者进行访问和交谈，并按照问卷的格式和要求记录被调查者的各种回答。面对面访谈的适用范围很广，调查的回答率高，质量也较好。例如，调查社区基础设施建设质量等问题时，有调查员在场，被访者的回答会减少误差。面对面访谈的主要不足在于：访问员与被访员之间的互动有时会影响到调查的结果，访问调查的匿名性比较差，费用高，对访问员的素质和专业水平要求比较高。

（2）在线调查。这是社区调查中一种比较高效的资料收集方法。基本做法是：研究者设计好问卷内容并制作在线调查问卷，生成二维码或链接网址，发送给被调查者，待被调查者完成在线问卷填写，网络自动生成问卷数据，然后通过专业分析工具进行分析，完成研究报告。这种调查方法成本低、速度快、数据规范，有众多专业的在线问卷调查网络机构提供在线问卷调查服务，应用非常方便和普遍。

（3）电话访谈。随着社会的发展，我国电话普及率非常高，截至2015年年底，全国电话用户总数达到153 673万户，普及率已经超过了100%，其中移动电话用户130 574万户，普及率为95.5部/百人。采用电话访问的方式收集调查资料已经成为现实。电话访谈的优势是简便易行、省时、省钱。电话访问的效果对于内容比较简单的调查更明显。在社区调查中，一些社区居民不太愿意别人登门打扰，也许更能接受一个10分钟左右的电话访谈。电话访谈的不足之处在于，其往往因被访者的拒绝而不能获得目标对象的信息，造成样本代表性的不足。

2. 做好问卷调查

（1）问卷的原则。问卷是社区调查中用来收集资料的主要工具，用来测量人们的行为、态度和社会特征。在社区调查中，问卷设计是一项艺术性的科学活动。尽管在实际社区调查中所用的问卷各不相同，但它们都遵循一些基本原则：其一，写好问卷指导语。其内容一般包括：调查者的身份，调查项目的主题及性质，调查的目的，调查数据的保密承诺、保密措施等。其二，做好文献研究。首先是来自对相关理论的研究和实际情况相关材料的收集分析，然后做出调查研究的思路和研究假设，并据此确定调查的主题和主要问题。其三，善于借鉴同类问卷。对借鉴来的问题要根据自己研究的情况做修改、测试、再修改；注意保留已经成熟、规范的问题设计，以便使自己的调查数据和成果有可比性，研究结果也容易得到同行业的认可。其四，问卷设计的原则。如问题的语言要尽量简单、简短、具体，避免含有双重或多重含义；问题不能带有倾向性；不要用否定的形式提问；不要直接问敏感问题；要注意设计问题时的逻辑、语法和准确性。其五，问题的摆放顺序。把简单易答的问题放在前面，把复杂难答的问题放在后面；把能引起被调查者兴趣的问题放在前面，把容易引起他们紧张或产生顾虑的问题放在后面；把被调查者熟悉的问题放在前面，把他们感到生疏的问题放在后面；一般先问行为方面的问题，再问态度、意见、看法方面的问题；个人背景资料，一般放在结尾，但有时也可以放在开头。

（2）问卷调查方式选择。问卷调查的主要方式有现场问卷调查、电话问卷调查和网上问卷调查的方式。这三种方式各有优点和缺点。现场问卷可以即时沟通，回答问卷中存在的问题、疑惑和解决理解程度问题，但问卷制作和发放、回收、分析的人工成本较高；电话问卷相对成本略低，但问卷不在对象手中，容易导致理解不充分，且可能随意回答问题；网上问卷方式相对较有优势，填写快捷、理解也充分、成本低、分析有软件支持且相对科学简便、结果能根据需要选择，其存在主要问题是调查对象不一定具备上网条件，样本选择只能在有条件的人群中进行。

（3）调查对象（样本）选择。社区调查需要抽样的技术，按照随机的原则和方法从调查总体中抽取一个样本，只需对数量有限的样本中的所有社区居民进行调查，就可以推论出社区全体居民的观点或态度。不过，要形成系统化的、有代表性的抽样不是易事。

（4）实施问卷调查。问卷调查应当成立相应的课题问卷调查小组，在小组指导下进行问卷调查。现场问卷调查可由问卷调查小组实施，也可以选择社区人际关系较好的社区社会工作人员，或者相关专业大学生作为具体问卷调查工作的完成者；电话调查可以委托给专业的调查公司进行；网上问卷可以直接指导调查对象在网上填写完成，并自动回收问卷。

当前的社区现场问卷调查和电话访谈所用的问卷，一般都被设计成易于录入电脑的形式。这种问卷表便于调查员迅速记录答案，并能很便利地将这些回答结果转换成数据进行统计分析。网上问卷可以通过网站或软件直接设计成网上调查问卷形式，通过专业的问卷调查网站，如“问卷星”“问卷网”“人人调查网”“第一调查网”“OQSS”等网站来完成。在问卷调查完成后，可通过统计分析软件进行数据分析，常用的统计软件有SPSS和SAS等，能提供从简单的描述性统计分析，到复杂的多元分析、聚类分析、因子分析和对应分析等服务。

3. 撰写调查报告

调查报告的具体内容会有差异，可以参看各类社会调查方面的书籍，并根据需要进行选择。根据调查活动的目的和特点，调查报告在结构和形式上可以分为三种类型：

（1）结合文献研究、访谈和问卷调查的调查报告。此类调查活动主要针对全局的、制度上、深层次的系统性问题进行调研，因此报告比较综合、全面、系统。报告的内容主要包括调查目的意义与方法、文献研究综述、调查问卷及访谈问题分析、结论及政策建议等。

（2）现场调查报告。该项调查活动主要针对目前的问题进行现场调研，调研将人员访谈、询问与现场勘察、查验、查看相关资料相结合，目的是解决比较紧迫的危机性问题，针对性强。报告内容包括调查目的和意义、基本情况介绍、问题的详细分析、结论及处理意见等。

（3）问卷调查报告。问卷调查可以用在不同的调查工作中，主要了解调查对象对一些问题、影响因素、观点、思路、做法的看法，以便做出可行、可接受的决策。报告一般由引言、调查方法说明、调查问题分析、结论与建议等组成。

4. 调研工作应注意的问题

（1）注意做好文献研究工作。要搞好调查研究工作，文献研究是必不可少的基础性工作。要从专业知识、法律文件、相关案例、工作程序方法等方面做好前期文献研究工作，做足知识准备功课。这不但使调研假设建立在科学的判断上，而且也能保证调研方案科学、合理，安排有序，顺利推进。

（2）要做好调研方法的选择工作。应根据调研工作的性质、目的和涉及的范围、领域选择正确的调研方法。方法正确不但事半功倍，节省时间、经费支出，而且还能提高调研结果的科学性、精准性、可用性。

（3）要选择好调查对象。人们往往会由于一些客观或主观原因而回避一些问题，为获得客观真实的数据、信息应当科学地、认真地选择对象样本，以使获得的数据能反映总体特征，使调查结论科学、客观、有效。

（4）选择好调查实施者。同样的问题不同的调查实施者所实施的调查结果会差别很大。这主要与实施者在解读问卷、提出问题方式、是否回避或强调一些问题有关。因此调查对象的选择尤为重要。应当选择无利害攸关、专业知识丰富、处事客观公正、工作认真负责、对调查对象来说有亲和力的人员实施调查。

评价与反馈

案例分析：开展社区商业调查，合理规划业态布局

为了打造××区委、区府提出的第5个“10分钟便民服务圈”“10分钟社区商业服务圈”，××商贸委在全区12个街道76个社区范围内开展了社区商业网点布局调查和居民满意度调查，调查人次达11 000多人。开展此项社区商业网点布局调查，主要从满足居民日常生活消费角度出发，重点调查了社区商业十大必备业态和部分选择性业态的分布情况，以及结合街道社区商业分布现状，提出还需要补充完善的业态有哪些。根据街道调查反馈的情况来看，明确提出有社区商业补充需求的社区有17个，主要补充业态以综合超市、直销菜店、代收代缴等业态为主，具体情况如表3－4所示：

表3－4

社区需求项目	商业补充需求社区
综合超市	曾家岩、王家坡、渝铁村、珊瑚湾、李子坝、红岩村、虎头岩
直销菜店	金银湾、自力巷、红岩村、领事巷、归元寺、金汤街
代收代缴	白象街、厚慈街、石板坡、重庆村
维修店	石板坡
24小时便利店	学田湾、石板坡

通过调查，全区社区商业分布较为密集的业态主要有餐饮、便利店、药店、美容美发等业态，分布较为短缺的业态主要有家政服务、洗染店、维修店和代收代缴等服务型商业业态。下一步，我委将根据调查结果，按照“缺什么，补什么”的原则，加大综合超市、直销菜店和代收代缴等业态的补充和完善。在商业较为匮乏的王家坡、金银湾、石板坡等区域加快业态规划布局，努力为社区居民构建一个便捷、舒适的消费环境。

（资料来源：商务部网站，http://news. hexun. com/2012－07－19/143761180. html. 2012－07－19，有删改）

请结合本子任务的学习和你的理解，分析本案例，并填写表3－5。

表3－5

本次调查适宜采用什么方法？目的是什么？	通过社区调查发现了哪些补充需求？有什么作用？	调查后作为行政部门的商委采取了什么措施？

子任务2　社区无缝隙管理方法

任务分解：

（1）通过学习研究，分析整理国内外有关社区无缝隙管理方法的类型及相关知识、理论；了解我国在无缝隙管理方面的探索实践情况及经验。

（2）重点掌握数字化智能社区法、网络化管理法和内容与特点。

（3）选择无缝隙管理方法应用较成熟的社区进行现场调查研究，发现应用中的问题，分析其原因，并能提出改进措施。

知识准备：

一、无缝隙管理

1．无缝隙政府理论

无缝隙政府理论是拉塞尔·M．林登在20世纪90年代提出的一种适应顾客社会、信息时代要求的新的政府再造理论。林登认为“无缝隙组织”是一种流动的、灵活的、弹性的、完整的、连贯的组织形态，它的形式和界限是流动的和相互渗透的，并强调整体性、连贯性与灵活性。无缝隙组织的顾客与服务提供者形成直接的、人性化的关系，不存在繁文缛节、踢皮球等现象。无缝隙政府正是以无缝隙组织为基本单位的。它围绕结果进行运作，高效高质地提供品种繁多的、用户化和个性化的公共产品与服务。无缝隙政府扬弃了官僚机构中陈旧、呆板、顽固、缓慢、高高在上的这些弊病，取而代之以具有高度的适应性、灵活性、透明性、渗透性的组织细胞。其重要特征就是几乎没有分界线：去掉部门分割，去掉专业分工，拆毁隔绝和分裂自然工作过程的多重壁垒，代之以小规模的多专多能小组负责整件事情。①

无缝隙政府理论对指导当前我国新型社区治理工作具有特别重要的意义，这是因为我国政府工作长期以来习惯于“抓大放小”“抓主要矛盾忽视次要矛盾”“高高在上”搞宏观管理而忽视基层微观管理的习惯思维和方式，以致基层工作不到位、不落实、不封闭，存在大量的管理缺口和缝隙。当今社会是一个重视细节和微观的社会，特别是社区治理本身就要落脚到社区微观层面。因此，需要借鉴无缝隙政府理论推进社区治理体制和方式方法的变革，消除政府管理的“最后一公里”问题，将社区治理纳入到社会治理体系中全盘考虑。

2．社区无缝隙管理的探索

在我国社区管理中实施无缝隙管理，可以从以下几个方面进行探索：

---

① 林登．无缝隙政府［M］．汪大海，等译．北京：中国人民大学出版社，2002：4.

（1）数字化（智慧）社区建设。数字化本义是指信息数字化，数字化社区的概念相应就是实现了信息数字化的社区，其基本属性应该是社区。与传统的社区不一样，社区的管理、社区的文化建设、社区提供的服务应该是统一在一个数字化的平台上。在数字化的社区，社区的住户可以在任何地点用电脑（带机顶盒的电视机或在今后包括手提电话在内的任何手持设备）通过 Internet 访问登录到一个特定的虚拟社区，用户在上面可以获得有关自己居住的现实社区所有的管理信息以及服务，还可以得到教育、娱乐、保健等信息。

（2）全程办事代理。在公开、自愿的前提下，承办单位受理申请人的办事申请后，由承办人（代理员）按照规定对办理过程进行跟踪办理，全程负责代理事项的交办、复核和监督，并负责同申办人联系，在规定的时间内为申请人无偿提供全过程、全方位的代理服务。①社区作为连接国家与个人的纽带，开展全程办事代理工作，可以以连贯性、一致性和整体性的服务较灵活地满足公民个性化和多样性的需求。

（3）社区"一站式"服务。大力推进公共服务体系建设，使就业、社会保障、救助、卫生和计划生育、文化、教育、体育、流动人口管理、安全等政府公共服务落实到社区、到户、到居民，整合政府各部门在城市基层的办事机构，积极推进"一站式"服务，提高为社区及其居民提供公共服务的水平。同时整合社区物业服务、政府购买民间组织的服务、社区企业服务、社区"互联网+"各类在线服务等经营管理服务到统一平台，使社区服务"一站通"。

（4）社区组织首问责任制。通过在社区（居）干部、后备干部和普通党员中实行承诺和问责制度，进一步增强社区（居）党员干部的宗旨观念和党性意识，不断提高自身能力，促进街道经济社会各项事业又好又快发展。首问责任制要求社区工作人员接待居民时，即使不是属于自己职责范围的事，也要接下来。居民到居委会办事，若遇工作人员随便说"不知道""办事员不在，改天再来"等，可向社区投诉，一经核实，除责成其在内部测评会上进行自我批评外，还将直接影响其年终绩效考核。

（5）网络化管理。城市社区网格化就是依托统一的城市管理以及数字化平台，将城市管理辖区按照一定的标准划分成为单元网格。通过加强对单元网格的部件和事件巡查，建立一种监督和处置互相分离的形式。网格化管理是运用数字化、信息化手段，以街道、社区、网格为区域范围，以事件为管理内容，以处置单位为责任人，通过城市网格化管理信息平台，实现市区联动、资源共享的一种城市管理新模式。

二、数字化智能社区法

1. 数字化智能社区及应用

数字化智能社区，就是通过数字化信息将管理、服务的提供者与每个住户实现有机连接的社区。这种数字化的网络系统，使社会化信息提供者、社区的管理者与住户之间可以实时地进行各种形式的信息交互，由于现代网络浏览器的先进性以及多态的表现性，加上各种网络多媒体技术的应用，从而营造出了一个丰富多彩的虚拟社区。

---

① 郁建兴，吴福平. 无缝隙政府的实践与思考［J］. 中共浙江省委党校学报，2003（3）：8－13.

这个虚拟的社区是以现实的社区为支撑的，是现实社区的发展和延伸，所以现实社区仍为主体。现实的社区提供具体建筑物和环境，而虚拟社区是指在网络上有虚拟社区，实际上所提供服务是有形的、具体的。虚拟的含义是在网络空间的虚拟，但为现实社区拓展跨地域的空间，与外部有广泛联系。使更多的社会资源能够共享和跨地域提供服务在社区成为可能。

2. 数字化智能社区组成

以目前比较成熟的建邺区数字社区为例，该数字社区项目建设以智能感知为基础，以智能服务管理为目标。其规划的主要功能模块包括以下4个。

（1）平安社区。就是要建设一个立体化、智能化监控的内外部环境安全可靠的平安社区。主要通过社区门禁及智能视频监控、社区车辆安全监控、社区紧急突发事件处置管理、社区噪声等环境监测等智能系统来实现。

（2）健康社区。就是要创建一个主动预防、重点对象监控和快速化反应的高效的健康社区。主要通过健康体检与智能健康小屋、社区健康档案与远程健康监控、一键通紧急定位救助服务等功能来实现。

（3）便捷社区。就是要构建一个功能完备、生活快捷方便的便捷社区。便捷社区的构建可以为居民提供一个功能完备、生活快捷方便的环境。主要通过一站式综合服务平台、水电气自助缴费及小额支付、社区家政商业便民服务系统、社区智能停车引导等途径来实现。

（4）人文社区。打造一个内容丰富多样、有效交流沟通的具有特色的人文社区。人文社区的构建将整合社区各种人本资源，构建和谐温情的人文环境。主要功能有：文化娱乐与智能社区活动中心，为老、妇、婴幼等弱势群体服务，流动人口普查管理服务，社区科教文卫资源管理服务。

该项目建设的总体目标如图3－3所示。

智能感知

□实现统一的身份识别，确保社区服务“智能便捷”

□记录完整的社区居民信息，确保社区服务“贴心人本”

□协调各种社区资源，确保社区服务资源“随手可得”

提升社会服务效率

□依托传感、物联网、互联网、通信技术提高社会服务

效率整合社会服务资源

□以人为本的、统一的一体化服务支撑系统

□整合多小区服务资源

□手机、信息亭等多种服务方式融合自我营利，解决就业

□扩充社区服务内容：解决社区人口的就业问题

□提高社区服务品质：实现社区服务机构盈亏平衡

图3－3　项目建设的总体目标

总之，数字社区项目建设在于通过应用来推动建设，通过发现和解决智能社区在应用过程中出现的问题来推动技术的发展成熟、网络的升级成熟、终端的完善成熟、产业的成熟提升等。依托物联网、互联网、通信技术提高社区效能，为社区居民提供更完善的服务。利用射频识别技术（RFID）、无线传感技术、互联网技术、云技术计算等一系列物联网的核心技术，在城市的公共区域内，通过架设特定信号传感接收设备，对人、车、物等进行信息采集，并通过各种先进的交换和通信技术，以及各系统的数据共享，使之达到智能化识别、定位、跟踪、监控和管理以及统计分析的目的。

三、网格化管理法

1. 网格化管理的意义

对于政府来说，实行网格化管理主要优势是政府能够主动发现，及时处理，加强政府对城市的管理能力和处理速度，将问题解决在居民投诉之前。第一，它将过去被动应对问题的管理模式转变为主动发现问题和解决问题；第二，它是管理手段数字化，这主要体现在管理对象、过程和评价的数字化上，保证管理的敏捷、精确和高效；第三，它是科学封闭的管理机制，不仅具有一整套规范统一的管理标准和流程，而且发现、立案、派遣、结案四个步骤形成一个闭环，从而利于提升管理的能力和水平。正是因为这些功能，可以将过去传统、被动、定性和分散的管理，转变为今天现代、主动、定量和系统的管理。

2. 网格化管理体系的功能

社区网格化管理体系组成主要包括基础数据平台、统计分析平台、服务办事平台、民情日记平台、百姓互动平台、事件处理等功能模块。

（1）基础数据平台。主要是通过网格员对辖区范围内的人、地、事、物、组织五大要素进行全面的信息采集管理，收集地理位置、小区楼栋、房屋、单位门店、人口信息、民政救济、党建纪检、工会工作、计划生育、劳动保障、综治信访、乡镇特色、志愿者服务、市场商铺、安全生产、特殊人群、治安信息和消防安全等信息，便于工作查找和管理。

（2）统计分析平台。主要是对于基础数据中的各类数据信息进行智能化汇总和分析，制成数字和图形报表，用柱状图和饼状图来显示，一目了然，突出重点，利于全盘分析。

（3）服务办事平台。城市市一级事件是各区、县、县级市上报的事件，最终形成市、区（县、市）、乡镇（街道办）、村（社区）、网格（村民小组）五级网格联动。服务办事平台以动态形式展现辖区范围内所有事件，可以对事件进行督办督查和点评。这个模块主要是提供服务办事的流程和事项的管理。

（4）民情日志平台。它主要提供给系统各级工作人员书写工作日志、民情动态等，以及对日志信息进行管理。领导可以对下属的日志进行点评，可以评优良中差四个等级。

（5）百姓互动平台。通过建设与百姓群众互动的网站平台，社区的居民足不出户就可以随时随地把他们的各类问题和建议发表到网站上。主要是为百姓提供一个反馈诉求的渠道，让百姓参与并监督社会管理。通过互动服务平台，百姓可以随时发表看法及意见，反映各类社情民意问题。同时，乡镇街道以及社区的各级人员可以随时随地处理答复，并纳入全地区整体的考评体系。

（6）事件处理。它是指对街道、社区、网格以内发生的事件、民众的矛盾纠纷、问题隐患以及社会治安等事件的调处整治、督办督查等。事件处理包括：排查登记、待处理事件、事件列表和事件统计。这个模块主要是提供社会服务办事的流程和事项的管理。各个网格的信息事件，如果处理不了可以随时逐级上报到社区工作站、街道服务指挥中心、区级服务中心，各级再进行分流处理，结案后通知反映人。

3. 网格化管理系统的特点

网格化管理系统的特点主要有以下方面。

（1）基础信息管理全面。涉及所有社会管理基础数据的信息管理，尤其是流动人口信息、特殊人群信息的管理、残疾人、低保人群等。

（2）覆盖面宽。涉及社会管理的方方面面，如党建群团、计划生育、社会救助、经济发展、安全生产、城市管理、维稳管理、治安防控等各方面。

（3）流程简捷、流畅、高效、快捷。从社区到街道，从街道到县区，从县区到城市，各级职责明确，快速高效，闭环处理。

（4）多手段共用。包括计算机互联网、手机短信平台、移动手持终端等。

（5）多渠道百姓互动。包括社区服务网站、电话呼叫中心、直接上门服务等。

（6）系统安全稳定。采取多种加密和安全管理措施。

评价与反馈

案例分析：车陂街全面践行出租屋网格化管理模式

为积极推进省、市、区“三打两建”工作，有效落实街道“七个打造”工程建设，面对辖区近6万套出租屋和过10万流动人员的管理现状，在有限管理力量所带来的管理矛盾与日俱增的情况下，车陂街没有退缩和故步自封，经过半年来的考察、研究和探索，逐步形成了出租屋三级网格化管理的新思路，着重走好资源整合的路子，把好责任落实的方向，努力在人多屋多和难管、怕管的对峙局面中破茧而出。

首先，结合辖区流动人员和出租屋的实际特点和管理难度，该街已详细制定了出租屋网格化责任架构图和各社区人屋分布平面图，按照三级建网的思路，努力实现管理全覆盖。一级网8格，由街道班子8名成员负责，一人一格；二级网12格，由居委会主任和出租屋管理员组长共同负责，一社区一格；三级网52格，原则上由一名出租屋管理员和一名社区居委会人员共同负责。

其次，在建立了基本架构的基础上，将网格化管理工作细化，不让网格化管理流于形式。该街以每栋或每套出租屋为具体管理对象，标注管理人员的姓名和联系方式，建立各网格责任人职责履行体系和发案问责追究机制，实施“定人、定量、定责”的管理模式，努力实现“大格管中格、中格管小格、格格有落实、格格出效果”的全覆盖管理局面。其主要经验：一是提高认识。由于该街流动人员和出租屋管理服务工作面临着严峻的形势，充分认为到推行网格化管理是符合该街特点和有效推动管理工作迈向更高水平的唯一出路。二是各单位必须找准工作的薄弱环节，从七个方面加强工作力度，提高管理效能。①进一步整合资源，建立“四位一体”管理机制，以落实制度化管理凝聚合力，形成齐抓共管的新格局；②进一步强化日常清查，努力夯实工作基础，着力突破管理难点，切实提高“人屋”纳管率；③坚决贯彻执行网格化管理，科学、合理进行分类管控，努力实现管理全覆盖；④进一步加强对管理对象的服务，尽快完成出租屋信息服务平台建设，努力提升管理新水平；⑤进一步加大违法违规行为处罚力度，建立健全处罚机制，彻底消除工作障碍，努力实现管理规范化；⑥进一步拓宽宣传教育途径，采取多手段、以点带面的方式，逐步增强居民群众自主管理的责任感；⑦进一步加强管理员队伍建设，提高整体素质和业务水平，强化制度建设和执行，努力锻造精兵强将。

最后，在推行出租屋网格化管理的进程中，该街将根据实际情况进行完善和提高，制定网格责任管理规定，加强网格工作效能的检查和考核，力争通过半年时间完全建立科学、规范、合理的车陂街出租屋网格化常态管理长效机制。

（资料来源：车陂廉线，http://www.cblx.com.cn/news_show.asp?txt=648.2012-7-24，有删改）

请结合本子任务的学习和你的理解，分析本案例，并填写表3-6。

表3-6

该案例说明网络化管理有哪些功能作用？	该案例中推行网络化管理的哪些做法值得借鉴？	推行网络化管理需要做好哪些工作？

子任务3　社区工作方法

任务分解：

（1）学习研究社区工作方法的基本知识、掌握社区工作方法的含义、特点。

（2）掌握社区工作基本方法、社区工作专业方法和开展社区工作的思路。

（3）选择社区工作者进驻的社区进行现场调查研究，总结社区工作方法应用的经验教训，并能提出改进措施。

知识准备：

一、社区工作方法含义、特点

1. 社区工作方法的含义

社区工作是专业社会工作的一种基本方法，它以社区和社区居民为案主，通过发动和组织社区居民参与集体行动，确定社区的问题与需求，动员社区资源，争取外力协助，有计划、有步骤地解决或预防社会问题，调整或改善社会关系，减少社会冲突，培养自助、互助及自决的精神，加强社区的凝聚力，培养社区居民的民主参与意识和能力，发掘并培养社区的领导人才，以提高社区的社会福利水平，促进社区的进步。

2．社区工作方法的特点

从社区工作的定义出发，我们可以归纳出以下共同特点：它是社会工作的一种介入手法；它是一项有计划的行动；它是一种过程；它是运用集体行动的方法；它倡导居民自助、互助及自决的精神；它能找出及满足社区的需要，解决社区问题，培养社区归属感和认同感，促成社区整合，改善社区生活质量；它能发展居民能力，加强其自主性；它能促进社会转变。

二、社区工作基本方法

1．社区组织

运用社区工作的经验，结合特殊的工作过程，从计划到行动，从理论到实践，采取一系列的程序、步骤和手段，推动社区的变化和发展，这就是社区组织的方法和技巧。

首先是社区分析。社区分析是社区组织工作的前提条件，主要表现在以下几个方面：①社区环境分析。包括社区社会、人文、自然环境等。②社区人口分析。包括社区人口总量、人口的年龄结构、文化结构、性别结构、人口素质等。③社区问题分析。主要是社会问题在社区内的体现。如犯罪问题、老年问题、贫困问题、下岗失业问题、残疾人问题、单亲家庭问题、青少年问题、医疗保障问题等。④社区需要分析。主要分析如何有计划、分步骤地满足社区居民日益增长的物质文化的需要。⑤社区资源分析。包括自然和社会资源的调查分析、配置和运用等。⑥社区指标分析。包括社区福利、社会问题等信息性指标和预测性指标、评价性指标等。

其次是协调社区内组织关系。协调社区组织关系的一般步骤为：①分析组织结构。包括区域和部门的组织机构、工作计划、规章制度、工作规程以及决策的职权、方式。②分析组织工作。包括工作的手段、技术以及效能的评价与反馈功能。③分析组织过程。包括政策的贯彻执行、协调控制、对矛盾的处理、关系的沟通等。④分析组织环境。包括外在环境——社区社会文化、社区政治经济环境，内在环境——组织成员、工作单位等。⑤分析社区组织与行政隶属和空间关系中上下左右的各种社会或行政组织的关系。

再次是制定社区发展方案。制定社区发展方案的主要过程为：①确定目标，选择最佳方案。②为实施方案做好物资准备和思想动员。③执行方案。④评估方案。

最后是搞好社区群众的工作。做好社区群众的工作的主要方法为：①引导社区成员的个人目标与社区目标保持一致。②营造社区和谐人际关系。③求同存异，缓解社区成员之间的矛盾。

2．社区发展

社区发展（community development）：社区研究的重要概念之一。指社区居民在政府机构的指导和支持下，依靠社区的力量，改善社区经济、社会、文化状况，解决社区共同问题，提高居民生活水平和促进社会协调发展的过程。社区发展属于社会工作的范畴。

联合国将社区发展界定为一种过程，即由人民以自己的努力与政府当局的配合，一致去改善社区的经济、社会、文化等环境。此过程包括两个基本要素：一是由人民自己参加、自己创造，以努力改进其生活水准。二是由政府以技术协助或其他服务，帮助其更有效地自觉、自发与自治。

做好社区发展工作，首先要明确社区发展的目标。联合国和许多国家政府都制订了社区发展指标体系，其中关于社区发展的目的如：①提倡互助合作精神，鼓励社区居民自力更生解决社区的问题。②培养社区居民的民主意识，在社区发展过程中促进居民积极参与社区的公共事务。③加强社区整合，促进社区变迁，加速社会进步的进程。根据这些目的，联合国和许多国家政府又确定了比较相同的社区发展目标。社区发展目标分为直接目标和终极目标两种。直接目标包括：①协助社区认识其成员的共同需要。②协助社区运用各种援助。③协助社区开发和利用社区的资源。④协助社区改善物质、文化生活条件。终极目标包括：①经济发展。提高社区的经济发展水平和经济收入水平。②社会发展。建立良好的社区内部人际关系和合理的社区结构。③政治发展。即发展社区居民的民间团体和组织，培养居民的民主意识和自治、互助能力。④文化发展。提倡有利于社会进步的伦理、道德，发展科学、教育、文化事业。

其次要遵循社区发展的原则。从社区现代化发展角度来看，社区发展的一般原则有：①制定社区发展规划或方案。②充分利用社区资源，提高社区成员的参与积极性。③经济发展和社会发展相结合，重视社区成员的社会福利。④强调社区成员的互助精神。⑤重视社区工作者组织人才的培养和选拔。

最后要选择合理的社区发展组织模式。社区发展组织模式因各国、各地区的情况不同而有所差异，大体可划分为3种：①整体模式。由中央政府设立专门机构，主管制订社区发展的基本政策，研究社区发展的长远规划。再分设地方相应机构和组织，推行社区发展计划，如印度和菲律宾等国采用了这种模式。②代办模式。政府将社区发展工作交一个或几个部门负责，将社区发展工作同部门的工作结合起来，如缅甸和牙买加等国采用这种模式。③分散模式。国家或地区中推行社区发展的组织是分散的，由各有关部门、团体分别制订计划并执行，如美国和英国等国家采用这种模式。

三、社区工作专业方法

1. 个案工作法

个案社会工作是运用社会工作专业手法，利用科学的理解方法，在人际互动过程中帮助单个人或家庭消除或减轻其心理、行为以及人际关系等方面的困扰，以提高其案主自己实际生活的能力。

个案社会工作方法的特点是通过一对一的直接方式给案主提供需要的帮助。它的核心价值理念是强调每个人的独特性和特殊性，关注人潜能的发挥，相信人的改变。

个案社会工作有一套相对固定且操作灵活的专业工作方法和程序。个案工作是以个人和家庭为工作的入手点，通过建立一对一的专业工作关系，运用特定的知识和方法，帮助个人调动内在和外在的资源，解决社会适应方面的问题，使个人的社会生活更美满。方法的科学性及技术性，其本质在于助人自助，注重对象的独特性、个案工作的系统性，重视专业关系的建立与运用。

个案工作应注意的问题。一是个案工作与心理辅导方法相结合。二是个案社会工作方法与社区矫正服务相结合。

2. 小组工作法

小组工作是社会工作者与群体中的人们一起工作，基本目的是通过界定人们的基本需要，解决人们面临的各种社会问题，增强人们的社会功能，实现个人、群体、社区希望或预期的目标，以改善人们的生活质量和提高社会福利水平。

小组工作的主要功能包括：塑造人们的平等意识和共同体归属感；提供人们自我改变及“被肯定”的社会场景；创造相互帮助、共同成长的学习机会；打造增能的社会支持网络。

小组工作的特点主要有：一是小组工作在功能上的特点。它主要包括：影响个人转变；学习行为规范，进行社会控制；形成群体力量解决问题；再社会化——改变不适应的观念与行为；预防问题发生；在时间及人力资源方面更经济。二是小组工作在成效上的特点。它主要包括：促进人际交往；运用团体动力；促进经验分享和经验选择；带来更为持久的改变；在时间及人力资源方面更经济。三是社会目标模式的特点。社会目标模式的中心概念是“社会意识”和“社会责任”，小组工作的功能是增加市民的知识和技巧，培养小组成员的社会责任感、社会意识和良知，通过小组活动促成社会行动，以达到社会变迁的目标。其特点是：目标是培养小组组员的社会责任感，包括培养并提升小组组员的社会意识和实现社会变迁的责任心、发展小组成员的社会功能、培养社区领袖；认为小组组员应具备民主参与社会生活的动机和潜能；社工扮演着使能者、倡导者、资源提供者和榜样等影响者角色。

小组工作法实施的原则主要有：一是致力于培养并提升小组组员的社会意识和社会责任。二是致力于发展小组组员的自我发展能力、社会参与和社会行动的能力，特别是他们建立和扩大社会资本、整合社会资源、参与和改变社会环境的能力。三是致力于通过小组领袖的培养，培育有利于社区各方面发展所需的领袖人物，提升他们推动社区和社会变迁的意识与能力，特别是规划和执行社区发展项目、影响社会政策改变的能力。四是致力于小组工作目标与社区发展目标的一致性，特别是要针对社区的需求和问题，吸引和选择合适的社区成员参加小组活动，并结合上述需求和问题制定小组工作目标，设计活动项目。

3. 培育义工（志愿者）

（1）义工的概念。

“义工”是英文 volunteer 的中文译法，也叫志愿者，其本质是服务社会，核心精神是“自愿、利他、不计报酬”。从爱心这个角度看，志愿者和义工的目标都是一样的。它们二者没有本质的区别。在内地多翻译为“志愿者”，在我国香港、台湾地区多翻译为“义工”。目前，内地的南方地区，如深圳，因为受香港影响，多叫“义工”；而北方地区多称“志愿者”。

“义工”的概念是相对社工（社会工作者，social worker）的。其区别对待在于：社工即社会工作者，是指遵循助人自助的价值理念，运用社会工作专业知识和方法，以为有需要的个人、家庭、机构、社区提供专业社会服务，帮助其发挥自身潜能、协调社会关系，解决和预防社会问题、促进社会公正为主要职业活动的专业人员。义工是基于社会责任及义务，自愿贡献自己的时间、精力、技能，为促进社会的改善和发展，无偿参与社会服务的人员。二者的区别在于社工是计酬的，义工是无偿的；社工需要具备专业知识和技能，义工则在这方面要求比较低；社工需要有从业资格认证，而义工不需要专业资格的限制；另外，义工所服务的范围比社工的服务范围更为广泛。

志愿者和义工的区别是：从组织形式上看，志愿者是国际性的系统组织。在中国，隶属于共青团中央领导，是政府行为民众化的群团组织。从服务理念上看，志愿工作是指任何人志愿贡献个人的时间及精力，在不为任何物质报酬的情况下，为改善社会服务，促进社会进步而提供的服务。社区志愿者服务活动，是近年来各地新兴的一项公益事业，要做好这项工作，主管单位一定要紧紧围绕构建和谐社区的主题，发挥社区志愿服务在社区多层次服务体系中的重要补充作用。

（2）义工（志愿者）的特点和条件。

义务工作的四个特征：志愿性、无偿性、公益性和组织性。因此要成为义工（志愿者）需具备五大条件：①自愿。即主观自觉选择，没有强制性。②不图物质报酬。即动机上不追求物质报酬，但不否定开展志愿服务需要一定的物质条件。③服务于社会公益事业。④奉献自己的力所能及。除了奉献自己的时间、精力、智力、经验的人是志愿者外，出于自愿的献血、捐献骨髓、捐款捐物的人，也是志愿者。⑤非本职职责范围内。如正在值班、正在岗位上，为用户提供服务是本职工作，不是志愿服务；如不在值班、不在岗位上，利用业余时间自愿且不取报酬地为他人提供服务才是志愿服务。

（3）实施义工（志愿者）服务方法的要点。

第一，立足实际，把握大局，确定志愿服务重点。一是协助有关部门做好下岗失业职工的就业咨询、指导、培训和择业介绍等服务。二是深入老年群体、福利院开展主题志愿者活动。三是开展以学习英雄、尊敬英雄、帮扶英雄为主题的志愿者服务。四是组织社区内的青壮年，轮流进行治安巡逻，协助公安机关维护辖区治安，同时组织一部分身体健康的离退休人员开展巡逻联防。五是协助有关部门做好公共设施维护、整修等活动。

第二，以需求为向导，确立志愿服务项目，组建志愿者队伍。社区志愿者要始终围绕党政工作中心，结合社区需要，围绕群众关心的热点、难点问题，确立志愿服务项目。

第三，典型示范与宣传发动相结合，进一步调动社区成员的参与积极性。社区志愿者行动要保持长久的生命力，就必须最大限度地调动社区居民和驻社区机关、团体、学校、企业、事业单位等一切力量自愿参与的积极性。同时，党（团）员、国家公务员带头、广泛参与，要积极争当志愿者，每年拿出一定时间积极参与服务活动。搞好社区共建工作。

第四，内在激励与外部管理并重，加强社区志愿者服务的制度化建设。加强制度建设，政府部门应让有关部门出台一些法规，为区志愿工作营造一个良好的制度空间，保证让社区志愿者队伍能够自主运转，持久开展活动。同时，街道、社区的志愿者组织

（如志愿者协会、志愿者服务站）在志愿者的登记注册、执证上岗、服务记录、行为规范，培训、帮扶、表彰、奖励等方面也要建立规范化的管理制度，特别是要建立考核和总结表彰等激励制度，以此作为对社区志愿者客观评价的依据。

四、社区工作的开展

目前我国城市社区治理方式主要是政府主导，以街道办事处（镇政府）为主体，在居（村）委会、中介组织、社会团体的共同参与配合下，对社区的人口、计生、治安、公共事务、社会事务、社会福利等各种事务进行管理的模式。社区居（村）委会的行政化色彩比较浓厚，社区工作的开展必须考虑国情和当地政情、民情和社区治理环境。

1. 正视社区工作面对的主要问题

（1）社区居民之间诚信、伦理缺失问题。由于社区人员复杂，来源地域差异大，文化各异，道德伦理陈旧，加上在市场经济条件下，人的自私心较为严重，往往表现出一种赤裸裸的金钱关系。这就需要做好居民之间的互信互助、友情友爱、和睦融洽等引导工作，建立相互信任关系，形成与城市生活相适应的道德伦理。

（2）社区社会治安和生态环境的问题。由于社区人口复杂，特别是新型社区，较多是地处城乡接合部，流动人口多，超过户籍人口，生计模式单一化、低端化、低收益化，“脏、乱、差”问题比较严重，给社会秩序和生态环境造成严重破坏。需要加大社会治安管理工作、社区产业经济结构升级转换工作和社区生态环境整治工作。

（3）居民利益表达渠道和居民利益保障还缺乏完善的问题。如居民拆建房的利益追诉和利益保障，往往得不到较为合理的处置的问题。又如，由于贫富差距逐步增大，社会底层的特殊人群利益往往被忽视的问题等。所有这些都是当前影响社区稳定的一个重要因素，需要公平合理地处理好这些问题，才可以充分表达民意民情，化解社会矛盾。

2. 建立完善社区工作的长效机制

（1）建立扶贫济困的常态机制。社区里存在不少收入水平较低、生活较困难的居民，特别是“三无”人员（即无生活来源，无劳动能力，无法定赡养人、抚养人或者扶养人的城市居民）需要救济。应当落实党和国家的惠民政策，给予一定的金钱或物质上的救济，建立扶贫济困的工作机制，促进和谐社区建设。

（2）建立利益诉求、反映渠道畅通的沟通机制。在市场经济条件下，居民合法权益应当得到保障。在主体间利益发生冲突的情况下，应当建立畅通的利益诉求和处理机制，维护居民的合法权利，才能激发居民参与社区治理的积极性，拥护社区重大决议。

（3）建立民事调解和化解矛盾的调解机制。社区居民来自社会各个层面，情况相当复杂，因此，经常发生各种各样的纠纷和碰撞事件，这就给社区建设带来许多不和谐的因素。建立民事调解和化解矛盾的工作机制，及时化解矛盾纠纷，将促进社区和谐。

（4）建立为居民提供优质社工服务的质量保障机制。无论是社区居委会，还是社区民间组织或者其他服务机构，都应当按自己的职责分工做好规范化、标准化的社区管理服务工作，不互相推诿，全面协作推进有关社区政策、法规、法律的贯彻落实，做好各项服务，并保证服务质量。

（5）激发社区居民群众参与社区自治活动，建立常态化的居民参与机制。社区居委会、业主委员会都是社区自治组织，应在上级党政组织领导下，发挥居民自治和业主自治组织的作用，让居民、业主管好自己的事。应加强社区居民委员会和业主委员会建设，建立业主和居民参与社区公共事务治理的参与机制。

（6）建立社区特殊群体社会保障机制。社会保障工作是社区居委会工作的重点之一，它做得好与坏，会直接影响到党和国家的政策在社区能否得到真正的贯彻执行和落实。如对特殊群体的排忧解难问题，特困户的救助问题，养老保险和医疗保障的普及问题，精神病的防治问题，孤寡老人和独居老人的看护问题，等等。

（7）建立以社区党组织为领导核心，居委会、业主委员会、物业公司和其他社区民间组织之间的协作、协调、配合的联络联动机制。中国共产党是执政党，社区党组织是党的最基层单位，是社区各种组织和各种活动的领导核心。应建立社区党组织与社区居委会、业主委员会、物业公司及其他民间社会组织的联席会议制度，沟通、协调、合作处理重大社区事务，并形成多元主体之间的联络联动机制。同时社区党组织和党员应当通过在社区其他组织中任职、发展作用来优化社区治理体系，提高社区治理整体水平。

3. 重点抓好六项社区管理服务工作

（1）做好社区服务工作。首先要发挥社区物业管理服务在社区和谐社会中的稳定作用，确保社区物业服务的正常进行，为其他社区服务提供良好的社区环境。其次是尽力完善各种服务设施，达到城市建设与管理服务的发展规划目标和标准、要求。

（2）做好社区扶贫济困工作。首先是做好社区特殊人群的民政救济，贫困人员社会最低保障，残障人员的康复求助等工作。其次是做好面向社区居民的利民便民服务工作。再次是做好失业人员的再就业指导工作，特别是做好“五帮五扶”工作，即“帮思想疏导—扶脱贫志气”“帮技能培训—扶脱贫本领”“帮产业发展—扶脱贫途径”“帮解决困难—扶脱贫硬件”“帮环境整治—扶健康生活”。

（3）做好社区文化工作。首先要发挥社区传统文化的作用，特别是注意地方特色文化资源的开发，让文化洋溢在居民心中、活跃在社区生活里，从而激发居民参与文化活动的积极性。其次要用社会主义文化、现代文化和现代传播形式充实、改造、繁荣社区文化。最后是要加大文化场地和设施建设、文化组织体系建设和文化骨干力量建设。

（4）做好社区安全稳定工作。首先要加强社区治安管理的制度建设，健全公共安全应急预案，充分发挥公安民警、物业保安和群众联防力量的联防作用。其次是建立现代智能化数字化社区安全监控体系和网络体系，完善警务室，配备管理人员，推进社区网格化管理，实现社区管理无死角、无盲点、无漏洞。最后是狠抓社会治安管理的重点领域，做好防火、防坠、防盗、防邪教、防重大案件工作。刹住“黄、赌、毒”现象。

（5）做好居民自治组织建设与运作指导工作。首先要完善社区居民自治组织建设和业主自治组织建立，特别是在“村改居”社区，这两个组织都不健全，存在成立难、运作难、存续下去更难的问题。应当下大力气解决此问题。其次是健全居民自治组织的各项工作制度，通过座谈会、听证会、协调、协商会、民意调查等各种形式，做到广泛听民声、征民意、知民情，逐步引导居民自觉地自己管理自己，化解社会矛盾，和谐相处。

（6）做好党员干部融入社区的联系工作。社区党组织是社区各种组织和各项活动的核心领导。首先应当增强社区党组织建设，通过健全党组织政治建设、制度建设、作风建设，增强社区党组织的凝聚力、战斗力，发挥基层党组织的战斗堡垒作用，巩固党的执政基础。其次应当通过党组织建立在社区组织中和突出党员的模范作用、引领作用和示范作用，使社区居民有了“主心骨”，增加社区正气和正能量，激发社区居民业主的参与力、理性力和合作力，有利于解决社区问题和和谐社区建设。再次是应当建立健全党员参与社区公益活动制度和参与社区重要事项的咨询制度。融洽党和人民群众的关系，培养党员，特别是党员干部与人民群众的感情，推动社区治理工作高效、有效、平稳地进行。

评价与反馈

案例分析：“两委四定一监督”制度化，开展“双报到”志愿服务活动

绵阳市把制度建设作为“双报到”志愿服务活动重要保障，建立健全“两委四定一监督”工作机制，确保志愿服务不留空白、不走过场。

首先是抓统筹协调，“两委”承担组织功能。在明确单位党组织和在职党员主体责任的基础上，落实12个街道（乡镇）区域化大工委、192个社区区域化大党委属地管理责任，作为“双报到”志愿服务活动领导协调机构，负责本地报到单位和个人开展志愿服务的统筹协调。1 655名单位党组织副书记或机关党委书记分别担任所在街道区域化大工委、社区大党委委员，参与街道社区服务需求研判、服务组织实施和服务成效考核，实现了服务力量与资源的有效整合，服务意愿与需求的无缝对接。

其次是抓行为规范，“四定”明确运行机制。一是集体报到定任务分解。每3年为一个周期，单位党组织和在职党员在规定时间内到驻地和联系社区报到，依托单位党组织成立1 558支学雷锋党员志愿服务队，每年组织志愿服务不少于4次，每人服务时间不少于50小时。二是集体协商定工作内容。坚持充分酝酿、协商决定的原则，共同制订志愿服务3年工作规划、年度工作计划，以及“夏送清凉”“冬送温暖”“关爱空巢老人”“保护母亲河”“绿色出行”等具体活动实施方案。三是集体认领定工作事项。将社区发展建设及居民需求意愿归纳整合为阵地建设、小区管理、医疗卫生、就业创业、民生救助以及人文关怀等6张“服务菜单”、*N*个服务子项目，全市各单位全年认领并完成社区服务事项1 850件，党员个人认领政策宣传、文明劝导、清扫街道、爱绿护绿等岗位12 200多个。四是集体评议定工作成效。组织单位代表、党员代表、居民代表测评考核志愿服务情况，根据测评结果，结合平时掌握情况，确定“优秀、良好、一般、较差”4个考核等次，经“两委”会议审议，按报到单位的组织隶属关系，以街道为单位报对应层级的组织部门、机关工委和目标督查办公室。

最后是抓激励约束，“一监督”确保落到实处。成立社区工作监督委员会，由党员大会（党员代表大会）选举产生，设书记1人，委员5~9人，由热心公益事业、坚守公平正义的社区党员和报到单位党员担任，除参与社区重大工作研究，审核经费开支、资格认定、补助发放等工作外，全程监督“双报到”志愿服务活动开展和年度考核。凡经确定为“一般”和“较差”考核等次的报到单位党组织，取消其党建先进单位评选资

格，扣减年度党务政务目标考核分；对没有完成任务分解、服务时间不够50小时的党员，不能评为“优秀、良好”等次，年度考核不能评为优秀。

（资料来源：共产党员网，2014－01－24，有删改）

请结合本子任务的学习和你的理解，分析本案例，并填写表3－7。

表3－7

什么是志愿者（义工）？其有什么特点？	简述“两委四定一监督”的内容	请对“双报到”志愿服务活动进行评价

巩固与提高

项目总结

本项目主要内容是社区治理实践工作中用到的一些方法。首先介绍了社区治理行政性方法，以及传统的社区治理基本方法，包括社区治理行政性方法、社区管理工作方法和现代管理科学方法；其次介绍了社区治理专业技术方法，包括社区调查研究方法、社区无缝隙管理方法和社区工作方法。通过本项目学习，掌握社区治理各种方法，学会应用这些方法解决社区治理实践中的问题。

案例讨论

社工助力灾害救援和灾后重建

2008年5月12日，四川省汶川县发生里氏8.0级特大地震，举世震惊。地震发生后，党中央国务院迅速做出部署，开展了我国历史上救援速度最快、动员范围最广、投入力量最大的抗震救灾斗争。这次抗震救灾斗争突出了以人为本、科学救援、多方参与、聚智聚力的特点。其中，社会工作专业人员的参与成为一大鲜明特色。据不完全统计，一年来，共有1 000多名社会工作专业人员投身灾区一线，用专业技巧抚慰创伤心灵，用细致服务推进灾区重建，用果敢行动践行职业诺言，用实际成效履行专业使命，让助人自助的社会工作专业理念在灾区广泛传播，让社会工作的专业功能和作用得到群众普遍认可。

第一时间介入，突出生命至上。地震发生后，民政部立即下发通知，明确要求“组织专业社会工作人才，发挥其专业和技能优势，认真做好受灾群众尤其是孤儿的心灵抚慰和心理康复工作”。民政部领导多次强调要发挥好社会工作者的重要作用，尽快选派社会工作者前往灾区，帮助受灾群众重建社会关系、调适社会心理、恢复社会功能，为帮助灾区重建社会秩序、增进社会和谐多做工作。

调适心理压力，抚平心灵创伤。地震灾害造成山河破碎、家庭受损、环境突变，使人经历生离死别，使受灾群众遭受严重的心灵创伤。他们不仅需要有饭吃、有衣穿、有住处、有干净水喝，更需要有人陪伴、获得安抚、找到慰藉，迅速消除心理阴影，重树生活信心。灾后恢复重建不仅需要重建富裕的物质家园，更需要重建坚实的精神家园。广大社会工作专业人员通过陪伴倾听、心理疏导、活动减压等方法，帮助灾区群众减缓精神压力、消除心理阴霾。

重建关系网络，促成社会融入。地震不仅造成物质损失、心灵创伤，更因亲友离别、举家搬迁破坏了个人及家庭原有的社会支持网络，造成个人在新环境中茫然无措。为此，社会工作专业人员的服务不仅仅局限于个体心理层面，还关注宏观社会层面，通过综合运用个案、小组和社区工作方法，引导个人走出家庭、走出板房、回归社区，结交新朋友，融入新环境，开始新生活。深入灾区的各支社会工作服务队，通过组织开展多样的小组活动、丰富的社区文化活动，引导居民建立社区自治组织，迅速消除了邻里隔阂、建立了互动支持网络，形成了互帮互助、共进共荣、生动活泼、快乐和谐的临时社区。

强化能力建设，实现助人自助。“授之以鱼，不若授之以渔。”摆脱困境不能只靠输血而应强化造血。帮助服务对象提高生存能力、实现助人自助是社会工作的根本目标。这与中央要求受援地区干部群众要苦干实干、自立自强的精神不谋而合。在灾后恢复重建中，各支社会工作服务队，根据受灾群众需求，帮助设计职业培训，开发社区公共服务岗位，引入外地援建项目，切实解决了部分受灾群众的工作和生活来源问题，有力提高了受灾群众应对生活危机的能力。

动员社会力量，形成参与合力。社会工作参与灾后恢复重建必须走政府主导推动和社会力量参与相结合的路子。一是要在推动社会组织参与上下功夫。各级民政部门要采取多种方式，充分调动广大公益类社会团体、基金会和民办社会工作机构参与灾后恢复重建的积极性，发挥它们吸纳社会工作人才、整合社会资源、运作社会项目的优势，为灾后恢复重建注入新的活力。二要推动社会工作高等院校参与。社会工作高等院校在专业人才培养、储备上具有独特优势，可以为社会工作参与灾后恢复重建提供全方位的技术支持。各级民政部门要注重与高等院校合作，充分发挥其专业指导作用，建立良性互动机制，推进相关专业服务。三要推动志愿者队伍参与。要注重发挥志愿者的参与力量，形成社会工作人才队伍引领志愿者队伍开展服务的工作机制，在灾后恢复重建社会工作服务项目实施过程中，不断提升志愿服务的专业水平，实现志愿服务的有效参与。

（资料来源：http://ebzs.mca.gov.cn/article/zgshdk/zbtj/200905/20090500031089.shtml，2009-05-04）

讨论问题：

（1）请结合案例，谈谈社会工作在社区救援中发挥了哪些作用。

（2）四川汶川大地震中，国内外的社区救援工作，对我国社区危机管理工作有哪些启示？

实践活动

某社区工作方法的调查总结

活动目标

结合课本的内容和实际的调研，选取一个社区进行调研，深入了解其社区在进行工作时所使用的方法，总结该方法使用的主要做法与经验，分析此种方法的应用效果，并提出使用该方法的改进措施。

背景材料

社区治理工作方法有很多种，应结合当地社区实际，选择使用较多或正在推广应用的方法，以获得更多第一手材料，也有利于对该方法的全面了解、认识和掌握。

训练要求

（1）首先成立调研小组，分工协作。工作内容包括收集资料、选择典型小区、提供物质支持、研究设计调查提纲和问卷、研究分析、完成报告等。

（2）实施调查研究，分四个阶段进行：前期资料收集整理；调查方案及问卷、提纲设计制作；实施调查研究；报告的写作。关键是确定治理方法是否适合该社区，是否受到该社区居民的普遍支持和好评，同时对方法的利弊要做全面的调查了解和分析，提出改进方法的意见。

（3）作业交流分享。根据分工，各自完成自己的工作，并根据教学需要完成本项目作业。然后在研讨会上由主副发言人进行成果介绍。根据研讨结果和意见进行修改完善，最后正式提交报告。

项目四
社区关系及管理体制

任务导学

案例4　新社区、新环境、新体制

成都市新都区三河街道办事处近年来在统筹城乡方面取得不俗的成效，一个重要的因素是新型社区管理和服务体制的健全。

其一，社区治理应统筹兼顾。统筹城乡发展中的新型社区治理，绝非单一的基层民主政治建设，也非单向的基层社会管理结构，而是涉及城乡一体化中的经济、政治、社会、文化协调发展的系统工程。三河街道按照新都区"统筹共建、适用共享"的原则，确立了"以促进城乡居民收入的多元化、壮大社区经济为目的，以统筹城乡一体化为载体，通过推进城市化建设，完善基层治理，不断加强基层组织建设和社会服务功能建设，建立长效的基层治理机制"的总体目标，努力提高农村基层公共服务和社会管理水平。一方面结合所处的区位优势与资源环境，根据自身实际，通过不断的努力，培育出了社区生活需要的第二、三产业，创造了就业机会，促进人与社会的和谐；另一方面通过制定发展规划和一系列规范性文件，对社区建设的组织体制、治理机制、社会管理、公共服务等进行统筹考虑，不断完善公共服务体系，努力提升社区组织的自我服务、自我管理、自我完善的能力，满足了新型社区治理的新需求，确保了社区的可持续发展。

其二，积极探索新型社区治理新机制。城乡统筹发展，居民生产、生活方式的变化，必然导致基层社区治理结构的变革。传统乡村管理模式的体制局部孤立性、机制运行机械性、组织架构封闭性、信息传输损耗性等弊端，已严重阻碍了"三个集中"的深化与推进，使农村社区在资源流动与聚集，以及公共服务等方面丧失了与城市社区同等的发展机会和发展条件。过去以"公推直选""三会公开"等为主要内容的基层民主政治建设有效解决了选人用人机制，但在社区治理主体多元化，协商民主、管理沟通、利益表达与利益分享机制等方面均不能适应新型社区发展的需求。为此，三河街道在社区基层治理中采取了"盘活存量、实现增量"的方式，在总结农村基层民主政治建设经验的基础上，结合统筹城乡对新型基层治理的新形势、新要求，先后制定了《关于三河街道基层治理机制建设的设施方案》《关于统筹城乡发展，加强农村基层基础工作的实施意见》。依托新型社区建设，推行"两委三会一中心+经济组织"的新型社区治理体制，使基层党组织、社区自治组织、经济合作组织等在社区治理中形成有效的协作机制，不仅增强了党对基层工作的领导，同时也实现了政府服务社区功能的延伸，而且发挥了社区自治组织和经济合作组织在社区治理中的主动性与积极性，促进了党内民主向人民民主的发展。

其三，建立健全基层党组织。按照“建立总支、分类管理、条块结合、以块为主、服务共享”的工作思路，三河街道进一步优化完善了基层“两委”组织的设置，成立了8个社区党总支和8个社区居委会筹备委员会，建立健全了基层党组织领导的、规范有序的社区基层管理组织体系和工作格局。在8个社区党总支下面设立了相应的党支部、党小组，各党支部相互协作，理顺了全部973名党员的归口管理，共同参与社区管理。建立了党建工作联席会议制度，对组织关系不在本地的党组织，由社区党总支积极进行协调管理，共协调管理13个党支部268名党员。通过街道党员服务站和社区党员服务点，加强流动党员的教育管理。实现了党组织的全覆盖。充分发挥基层党组织的战斗堡垒作用和党员的先锋模范作用。

其四，组建新型社区集体经济组织。通过市场化运作，三河街道先后组建了互助四方旺铺股份合作社、兴发股份合作社、民兴股份合作社等多种形式的新型经济组织。以市场为主导，紧抓经济组织的建立和管理，不断完善资产经营管理制度和收益分配制度，明确资产隶属关系和各项职责，明确分配原则和方式，引入专业资产管理机构，实施统一经营管理，目前三河街道很好地实现了新型集体经济组织资产的增值保值，增加了集体和个人的财产性收入，同时也在推进社区社会职能和经济职能分离上做了有效探索。

其五，健全社区管理服务体系，优化社会管理服务功能。一是建立了城管便民服务站，集中了水、电、气等多个服务窗口，极大地方便了群众办事，也为社区建设中的各项工作提供了便捷的服务。二是建立了三河街道综合文化活动中心，并以此发挥文化宣传优势，引导转变社区居民的休闲、娱乐、生活习惯，提高居民的生活素质。三是建立了劳动保障服务中心，利用其完善的硬件设施和丰富及时的就业信息，有针对性地对失地农民进行就业培训和组织各种招聘会，促进其充分就业。四是引进了物业管理机构，采用市场运作方式，对农民安置小区进行综合管理服务，有效改善小区的居住环境。五是建立完善了治安维稳网络，在每个社区设立了警务室，组建了治安巡逻队，切实保障了我街道的治安环境。

其六，创建新型社区自治模式。在居民委员会的基础上，三河街道建立了居民代表议事会、居民代表监事会和民主联席会，实现了决策、执行、监督的有效分离。同时，大力鼓励支持其他自治组织参与村级自治事务民主管理，共议社区事务，保障社区决策和管理更加科学、公开、透明，充分发挥社区自治组织民主管理的主体作用。

（资料来源：成都日报，2009-12-01，有删改）

任务导引：

社区治理体制的创新涉及社区多元主体关系，以及多方社区资源、力量的效能发挥。好的体制机制能使多方关系协调，多方主体积极性得到充分发挥，多方资源效用充分发挥，为社区产业发展及和谐社区建设提供了制度保证。三河街道面对新型社区建设的各种问题，从统筹城乡一体化发展的高度，完善社区组织体系建设，理顺各主体关系，探索构建社区多元主体参与的新型社区治理新体系，也促进了社区经济的发展，为我们提供了借鉴。这也就告诉我们，从农村社区向城市新型社区发展的变革时期，需要健全组织体系，理顺多元主体关系，并根据社区实际，科学、合理地构建职责分工明确、权利义务对等、运行灵活高效的社区管理体制机制，为新型社区高效治理提供制度保障。

学习目标

1. 了解社区关系、社区管理体制的含义及特点；了解并认识农村社区体制和城市社区管理体制变革的基本脉络。

2. 理解社区关系的内容，掌握社区关系改善的思路；掌握社区管理体制的内容。

3. 学会运用社区治理的理论和方法分析研究城乡新型社区关系的演变与发展规律，认识把握社区关系与规律，并能根据当地社区结构环境与特点，探索社区管理体制变革新思路，提供有针对性的社区关系与管理体制变革的合理化建议。

任务一　社区关系及改善

情境导入

情境9　从“邻居节”透视社区邻里关系新变化

当前城市新建小区，单门独院，邻里缺少沟通和互动，邻里关系不融洽，影响到社会稳定。这就需要采取合适的方式协调邻里关系。“邻居节”就是一种很好的方式。曾经发起山东省首个“邻居节”活动的孙××建议“邻居节”继续办下去，并在青岛市全面推广，引发社会各界参与讨论，大家持有不同观点，但都赞同以不同方式办下去。

观点1：发展邻里关系需要这样的载体。邻里关系不好，需要沟通解决。“我接触到的很多案子都是因为邻里关系不好而产生矛盾的。”“现在人和人之间太冷漠了，真的需要一种载体让大家都能沟通交流，遇到问题有人劝说，也不至于闹成这样。”青岛市人大代表、山东某律师事务所主任杨×说。另外人口老龄化情况越来越严重，还有很多空巢老人，如果单纯依靠政府机构来照顾他们的话，能力也是有限的。杨×认为：尊老爱幼不仅仅是在家庭内部中，更多的应该体现在这种社区邻里之间。

观点2：形式可以多元化。市人大代表、民进青岛市委秘书长林××对于原四方区举办的“邻居节”早有耳闻。“好邻居胜过好亲戚，邻居之间应该相互爱护。”现在很多邻居之间回到家就关起门来过日子，互相之间都不往来，“这需要一个良好的平台来让邻里之间互相联系，这种做法非常好，可以借鉴。”不过，林××也表示，虽然通过“邻居节”能够让邻里之间关系变好，但是没有必要一定要在全市都要展开。

观点3：新建小区让物业协调。“邻里关系是社会的基本要素，原先大家都是住四合院、胡同、弄堂，那时大家也会有矛盾，但是和现代人的矛盾明显不同。”省政协委员杨

××建议，新社区和老社区促进邻里关系的方式可以有所侧重。“老社区坚持举办邻居节，不少作为家中指导地位的老人来参加，对促进邻里关系有很大帮助。在新小区则可考虑让物业也参与到协调中来。”杨××说，正是由于新老社区人口结构的不同，在搞好邻里关系方式上也要有所不同，“除了居委会、调解员等社区工作人员，建议将物业管理人员吸纳进来，一同改善邻里关系。最好是以社区为单位，让物业参与进来一起开会，这对处理小纠纷都会有所裨益”。

观点4：社区“邻居节”还要办下去。每年的“邻居节”期间，四方区阜新路街道南山社区居民都要提前准备，蒸出花样馒头给社区内的孤寡老人、残疾人送去。“我们今年蒸的是‘龙腾盛世’，明年蛇年还得出关于‘蛇’的新花样。”南山社区书记逄××肯定“邻居节”对和睦邻里关系的意义，并表示要办下去。逄××告诉记者，不管以后会不会继续举办统一的“邻居节”，他们社区肯定是要一直办下去，“这已经成了我们邻里之间的一个节日，给我们带来很多乐趣”。

（资料来源：半岛都市报，2012－12－23，有删改）

说明：从表面上看，“邻居节”只是一项社区文化活动，实质上反映了社区结构的变化带来社区关系的变化，需要通过新的方式建立新社区关系。这一过程，既是新的社区关系建立的过程，同时也是社区权力结构改变和新的社区体制变革的孕育过程。因此，我们首先需要了解、认识社区关系及其变化规律，这是社区体制变革的起点。

任务要求

1. 通过文献研究，分析整理有关社区关系的相关知识，并理解其含义、关系模式及特点；明确建立和谐的社区关系的意义。

2. 通过学习和调查研究，了解目前国内社区关系的主要类型及其特点，熟悉各种社区关系理顺、规范和完善的思路、对策。

3. 结合社区调查，总结研究某一社区各类关系的现状，分析存在的主要问题和产生问题的原因，提出有效的改进建议。

子任务1　社区关系的含义及特点

任务分解：

（1）通过学习研究，分析整理国内外有关社区关系的相关知识，并理解其含义、关系模式及特点。

（2）结合调查研究工作实际，了解社区关系模式的特点，提高建立和谐的社区关系的认识水平。

知识准备：

一、社区关系的含义及特点

1. 社区关系的含义

社区关系就是一个社会组织的区域关系、地方关系、邻里关系。它是指与某个社会组织主体地域上互邻，利益上相关，交往上互动的一种公众关系。广义上的社区关系应当是社区系统内部和外部多元主体之间的关系。这种关系主要是因为一定社区交换机制而形成的基于利益分割的关系。如经济领域的投入生产关系、行政管理领域的财政资源投入与公共服务产出关系等。除此之外，还有文化交流变迁中的多元文化关系，选举政治活动中的多元民意主体关系，社区管理服务中的非竞争性的社会性、公共性管理服务关系，等等。狭义上的社区关系是指社会组织与其所在地的地方政府、社区服务机构、居民（业主）自治组织、其他民间组织以及当地居民之间的社区交往、交换、治理关系，如行政管理关系、社区（行政、物业、社会、慈善、家庭等）服务关系、社区（居民、业主）自治关系、社区邻里关系等。这也是本书所要重点探讨的社区关系。

由于社会的进步发展，社区内组织及个体数量越来越多，来源越来越复杂，文化背景越来越多元化，同时介入社区活动组织机构也越来越多，社区关系空前复杂起来。以前的城市社区除了居民委员会的管理人员和居民，以及普遍存在的工商户之外，很少有"外来人员"和"官员"光顾，虽然在城市区域，但也是"天高皇帝远"。现在城市管理、"人大、政协委员、代表工作室"、社区家庭服务中心、行政服务中心等官方机构和人员进入，另外还有开发商、物业公司、外来务工人员、艺术家、记者、民间组织等以前少见的组织和人员，也纷纷进入社区。由此，社区关系也就很快复杂起来。

2. 社区关系模式及特点

社区关系链有两种模式："村落模式"和"集市模式"。这两种模式应该是社区关系链的两个极端，"村落模式"是关系链，完全封闭，而"集市模式"是完全开放。前者很难创建新的关系链，除非村落本身加入了新的元素；后者则由于成员间多是一次性的接触，很难形成关系链。城市社区关系为典型的"集市模式"，农村社区关系基本上是"村落模式"，城市郊区农村社区和"城中村"社区的社区关系模式则是一种过渡的类型，兼有两者的特点。

（1）"村落模式"的特点。

①封闭性。"村落模式"的农村社区（后面简称"村落"）是一个以血缘、亲情为纽带形成的封闭的社会结构形态，外来人口很难融入。②高黏性。由于村落是以亲情为联系纽带，以传统的产业为经济依存，对外交往较少，相对封闭，内部社会结构相对稳定，形成较为固定的生活圈，其中的居民会对圈子形成依赖心理，专注社区动态变化信息及自身的利益。这也是乡村自治的重要基础。③高互动性。社区中的成员都彼此熟悉，他们会非常关注村落中其他成员的动态，并通过交流、帮助、互赠、攀亲等形式进行互动，以增强其在社区中的地位和声望。④经济性。农村社区是农业生产经营过程中逐步形成

的，成员间存在经济上的互助合作性，关注社区发展和利益分配。中国农村社区普遍存在集体经济组织，是居民的主要经济来源和经济联结点。

（2）“集市模式”的特点。

①开放性。“集市模式”的城市社区是完全开放的，任何人都被允许进入，以使社区成员来源广泛、文化各异、主体多元、需求多样。社区成员之间缺少亲情联系，成为游离分子，“社会原子化”。②社会理性。现代城市社区是一种理性的法治有序社会结构，打破了传统亲情社会结构，人与人之间普遍存在利益的交换关系，采取基于理性的思考和判断、推理后的社会交往行为，而非基于情感的感性、激情、冲动的行为。③高选择性。由于城市社区主体多元，利益诉求多样，因而，社区关系往往是在动态的选择中不断联结和调整着的，关系链的建立往往是基于直接或间接的经济（利益）交换关系而形成，没有交换关系的成员之间很难形成关系链。

随着工业化、城镇化和现代化的发展，城乡社区将普遍以新型社区建设为方向，需要建立适应现代城乡生活需要的现代新型社区关系模式，就要发挥两种社区关系模式的优点，避免两种社区的弱点，将传统的中国城乡社区关系模式改造、发展成为具有地域文化特色和现代社会元素的新型社区关系模式。一方面要建立开放、多元、互动、理性、法治的社区，另一方面也要构建一个亲情、友善、互助、合作的和谐社区。

3. 建立和谐社区关系的意义

新型社区关系应当是和谐的社区关系。和谐的社区关系指社区多元主体之间分工明确、职责清晰、交互顺畅，并形成了协调、合作机制，实现社区整体利益最大化。在和谐的社区关系下，社区主体能在社区活动中找到恰当的地位，发挥自身的优势，实现彼此之间的优势互补。

建立和谐的社区关系的重要意义主要表现在以下三个方面：

（1）和谐的社区关系是建成新型社区的标志。新型社区需要以稳定的社区结构为前提，而社区结构的稳定又是以和谐的社区关系为基础来形成的，没有和谐的社区关系就不是真正的新型社区。

（2）和谐的社区关系是社区组织主体交互、交换、运作的前提条件。没有和谐的社区关系，社区主体杂乱无章，各自为政，各行其是，缺少协调合作，社区将处于无序状态，直接影响着社区组织和居民的生存发展。

（3）和谐的社区关系建立共生、共建、共享、共赢的社区治理体系的保证。没有和谐的社区关系，就不能根据社区多元主体的自身规律有效运作，就难以发挥社区资源（社会资本）的效用，就不能实现社区利益最大化。

评价与反馈

请结合本子任务的学习和你的理解，填写表4－1。

表 4－1

社区关系的含义	社区关系的主要模式及特点	建立和谐社区关系的意义

子任务 2　社区关系内容及优化

任务分解：

（1）学习了解社区关系的内容及优化的方法。重点分析理解社区行政管理关系、社区服务关系、社区自治关系和社区邻里关系的含义、特点、处理思路和方法。

（2）结合社区调查研究，通过调查了解某社区各种关系的现状及问题，提出改善社区关系的意见，提高建立和谐的社区关系建设水平和能力。

知识准备：

一、社区行政管理关系

1．社区行政管理关系含义

行政管理关系是行政主体在行使行政职权过程中与行政相对人发生的各种关系。

行政主体是指享有国家行政权力，能以自己的名义从事行政管理活动并独立承担由此产生的法律责任的组织。行政主体具有下列三个特征：一是行政主体是享有国家行政权力，实施行政活动的组织。这是行政主体与其他国家机关、组织的区别所在。二是行政主体是能以自己的名义行使行政权的组织。这是行政主体与行政机关内部的组成机构和受行政机关委托执行某些行政管理任务的组织的区别。三是行政主体是能够独立对外承担其行为所产生的法律责任的组织。这是行政主体具有独立法律人格的具体表现，也是一个组织成为行政主体的必备条件。在我国，行政主体包括国家行政机关和法律、法规授权的组织。

行政相对人，是指行政管理法律关系中与行政主体相对应的另一方当事人，即行政主体的行政行为影响其权益的个人或组织。行政相对人是行政主体行政管理的对象，也是行政管理的参与人。行政相对人在行政救济和行政法制监督法律关系中可以转化为救济对象和监督主体。我国公民、法人或其他组织以及我国境内的外国人、无国籍人士、外国组织，都可以作为行政法律关系的行政相对人主体参加行政法律关系，享有一定的权利，并承担一定的义务。

行政相对人的权利义务包括行政实体法上的权利义务和行政程序法上的权利义务。行政相对人的权利有：申请权，参与权，了解权，批评、建议权，申诉、控告、检举权，陈述、申辩权，申请复议权，提起行政诉讼权，请求行政赔偿权，抵制违法行政行为权。行政相对人的义务有：服从行政管理的义务、协助公务的义务、维护公益的义务、接受行政监督的义务、提供真实信息的义务、遵守法定程序的义务。

社区行政管理关系是指发生社区行政管理活动中的行政主体与行政相对人之间的关系。城市基层社区行政主体主要是城市区、街道办事处（镇）行政机构以及延伸到社区的社区行政服务中心（站）。另外还有一些法律授权的民间组织、社会服务机构等。如居民委员会被行政机构授权时，也可以成为行政主体。社区行政相对人主要是社区各类组织、社区居民，社区组织如社区居民委员会、社区业主委员会、社区物业服务企业、社区家庭服务中心、社区志愿者（义工）组织和社区其他组织等。社区居民主要包括户籍人口和外来务工人员、经商人员及家属等。

2. 社区行政管理关系的特点

社区行政管理主要特点是其基层性和操作性，因而社区行政管理关系区别于其他行政管理关系有以下特点。

（1）引导性。基层社区治理内容繁杂，更多的是要发挥社区自治力量和民间力量的作用，行政管理主体主要是通过宏观调控政策、手段来发挥引导作用，具体工作要依靠社区自治组织、民间组织和公司企业去协助完成，而不是亲力亲为。

（2）直接性。基层社区行政组织职责范围内的行政管理工作，要直接面对社区组织和居民个体，社区行政管理活动产生利益分割也是直接的。因此，社区行政工作不但要依法、依程序办事，还要动之以情，晓之以理，并借助民间力量辅助行政管理。

（3）互动性。社区行政管理活动大多是常规的、频繁的、关系民生的管理活动，有很高的回访率、接触频率，强调亲情性，因此，需要行政管理主体和行政相对人之间的长期友好互动，来实现有效的行政管理。

（4）稳定性。社区行政管理关系的稳定性是社区和谐稳定的基础，也是其本身的特点。因此，社区行政管理在外部介入社区内部结构活动时，应当根据社区关系规律办事，维护社区关系主体的平等地位与权益，及时解决社区问题，促进社区和谐稳定。

3. 理顺社区行政关系的思路

（1）改革条块关系，强化街道办事处（镇）的基层社区行政管理枢纽地位与资源整合功能作用。社区行政管理主要问题在条块结合方面，城市、市区两级政府掌握着社区方面的政策、财政资金、行政专业力量，而街道办事处（镇）级政府机构相对缺乏行政资源，特别是机构、人员编制、经费预算等资源，而事务种类多，量大且繁杂，加上各种行政考核评估工作要应对，即事权、人力、财权不统一，行政效率不高。在社区层面，过去主要是社区居民委员会承担了行政工作责任，但资源更少，疲于奔命，现在一些社区居民委员会层面配置有行政服务站（中心）、社区工作站、社区家庭服务中心等社区服务机构，承担了社区行政工作，管理情况有了很大改观，但不彻底。应当将区专业职能部门的资源权力下放到街道办事处（镇）级大社区层面，强化行政的综合职能和专业化职能，建立以街道办事处（镇）为载体、以区级政府为政策资源支持，以社区多元主体提供社区专业化、社会化、市场化行政服务补充的社区行政管理体系。

（2）通过信息化、专业化，简化和优化职能关系，提高社区管理专业水平。为提高社区行政管理的效率和效能，应当建立稳定简化的行政管理关系。首先，应充分发挥现代信息化、智能化管理手段的作用，建立社区智能化管理系统，通过网络系统反映情况、监控社区、处理问题、提供服务，不但可以减少行政管理成本，实现社区无缝隙管理，而且可以使社区行政管理关系简单化、流程化，避免人为操作，增强公平性、公正性和合理性。其次，将社区日常社区行政管理工作集中处理，并优化行政管理的流程和方法，如“一站式”管理服务，从而实现行政管理关系常规化、亲民化，避免不必要的人为因素对社区日常行政管理的干扰。再次，转变政府职能，改革组织体系，重心向下（社区）转移。通过行政管理服务机构下设、工作人员（特别是专业技术人员）下沉、经费下拨，实现社区行政管理活动实心化，及时解决社区问题，避免社区问题积累过多，影响政民关系的改善。

（3）加强业务指导，增加政策透明度和普及率，提高行政指导效果。由于社区居民普遍缺少行政管理方面的知识，特别是政策和法律法规知识，一些好的政策管理层没有及时与居民沟通，让居民了解并理解，影响了政策执行的有效性。因此，应通过社区政策知识宣传普及教育，通过案例教育，通过居民喜闻乐见的社区文化活动普及相关知识，增强居民对行政政策的理解与运用，提高社区行政管理水平。

（4）创新行政资源运作方式，充分发挥行政资源的效用，提升行政资源的运作效率和行政管理效率。社区行政管理往往关系到居民及社区组织的切身利益，一些社会、经济、生态、政治等方面的公益事业和城市社区基础设施建设、公共管理服务等领域，需要政府的优惠政策、预算资金投入、政府购买服务和专项补贴来支持，而政府资源总是有限的，因此需要发挥社区资源的作用。这就需要运用现代行政管理理念和思维、资源运作方式，充分发挥社会化、专业化和市场化的资源力量的作用，发挥社区民间力量的作用来共同实现社区共建、共治、共享、共赢。

（5）加强基层政权、基础设施建设和城乡社区管理服务体系建设，主导城乡社区发展方向。政府机构作为城市管理的主体，要按照城市总体发展规划和战略目标，推进包括社区在内的城市整体发展，社区管理是城市建设管理的基础环节，必然要在政府的统一规划下建设和管理。因此城市政府不应放弃社区建设管理的主要责任，特别是“城中村”社区应坚持政府资源主导、集体经济资源补充的原则，处理好社区建设与管理服务投入的关系，引导社区建设与管理、发展的方向。

二、社区服务关系

1. 社区服务关系的含义

社区服务是指政府机构、社区居委会、社区服务机构以及其他各方面力量直接为社区成员提供的公共服务和其他物质、文化、生活等方面的经营性服务。

社区服务关系是指社区服务主体、服务对象在平等条件下，按照服务的规则、标准和要求，在交换服务产品过程中所形成的服务与被服务关系。其实质是服务产品交换关系。

由于社区服务包括公共服务和经营性服务，并均可细分出很多细小类型，因此社区服务的主体和对象也众多。

社区服务的主体是提供社区服务产品的组织，包括城市区、街道办事处，居委会，民间组织，企事业单位，物业服务企业，中介机构，等等。社区服务的对象是社区范围内所有的居民和用户，不仅包括物业管辖区内的物业所有权人和使用人，而且包括不属于物业管辖范围的居民和用户，以及暂住和流动人口，社区服务的对象比较广泛。

2. 社区服务关系的特点

社区服务关系是在市场经济条件下形成的平等的服务产品交换关系，因此，社区服务关系具有以下五方面特点。

（1）多元性。由于社区居民日常生活需求是多元的、个性化的、具体的，必然发展出更多的服务项目、服务形式，出现更多的服务主体，呈现服务主体的多元性。社区服务作为改革开放后的新生事物，改变了过去计划时代社区服务的主体单一性，社区服务除民政服务机构之外，发展出提供更多的公共服务组织、民间组织等社区公共服务机构或代理机构，以及物业服务、家庭服务、中介服务等众多的经营性服务机构。

（2）平等性。社区服务区别于社区行政管理的明显特点就是平等性，社区服务作为市场经济条件下交换服务产品的方式，其前提是交易双方地位的平等性，平等地实现服务产品的交换。这与行政管理存在强制措施、命令、限制等不平等的情形形成巨大反差。尽管如此，现代行政管理也较多从公共行政服务角度去施行，尽量不采取不平等的方式施政，以形成服务行政的形象，消除民众对行政机构的刻板印象。基层社区的大量社会服务与民生相关，理应从平等角度开展服务活动，以提高服务的满意度。

（3）直接性。社区服务无论作为一种公共服务产品提供给所有社区成员，还是作为一种经营性服务产品提供给社会成员个体，都是直接提供的，具有直接性。直接性要求服务产品必须是有投入、有效率、有礼仪、有品质、有专业、有安全地提供，居民能感知到服务的质量，服务质量评价也是直接的。

（4）发展性。社区服务项目是与社区服务需求相适应的，社区服务是不断发展的。一方面随着社区经济发展，政府有财力物力支持提供更多更好的社区公共服务；另一方面更多的民间组织、企事业单位也会加入到社区服务中来，提供各种有偿、低偿或无偿性的便民利民服务。因此，社区服务具有很大的发展空间和发展机会。

（5）契约性。在社区服务中无论是公共服务还是经营性服务都具有契约性。公共服务是以政府政策、法律法规公示来体现公共服务的单方面承诺，必须依法提供，以行政作为保证，否则居民有权利要求其履行诺言和义务。经营性服务如物业服务更是以服务合同约定的，服务方和被服务方，在提供服务和接受服务时应受服务合同这一契约关系的制约。

3. 规范社区服务关系的对策

（1）完善社区服务体系建设，改善社区服务的环境条件。社区服务组织机构体系包括社区服务组织、服务设施、服务内容、服务队伍和服务网络等诸多方面。目前社区服务体系组织缺少、设施设备场地不足、服务项目较单一、服务队伍不稳定且年龄老化、服务网络传统落后等问题没有改观，不适应公共服务均等化、社区服务个性化的需要。首先应从一些基本的社区公共服务设施建设开始，完善社区基础设施体系。其次在强化居民委员会服务功能和提升其服务能力的同时，要加强社区其他服务组织的建设，培育民间组织和志愿者、义工队伍，吸收社区党员参与社区志愿服务活动。

（2）加强社区服务人员专业教育与技能培训，提高服务素质和能力。目前社区服务从业人员普遍存在年龄老化、学历不高、职业技能不强、工资待遇较低、队伍不稳定等问题，严重影响社区服务的质量。因此，首先要通过加强社区服务相关专业的学历教育，提升社区服务专业人才的专业素质。其次要加强对现有的社区服务人员的职业技能培训，提高从业人员的专业能力。最后要通过引入先进的社区服务理念，吸引专业社区服务机构进驻社区服务的体验学习，形成社区服务现代意识。

（3）规范服务流程和操作，实现服务规范化、精细化。目前社区服务水平低、不规范和随意性、不精细等问题普遍存在，产生不少社区纠纷，影响服务关系的稳定性。因此，应当规范各类社区服务标准、方法和流程，通过表单化、精细化实现社区服务关系的稳定，以及社区服务的持续供给。同时要创新服务管理模式和方法，提高居民对社区服务的满意度。

（4）了解居民需求，增加社区服务项目，发展友好的社区服务关系。城乡社区的城市化、现代化发展使居民的服务需求发生改变，做好社区服务工作需要了解社区居民的需求变化，适当开办新的社区服务项目。应当通过社区调研、走访、问卷调查、座谈会、意见箱、网络社区等方式获得相关的信息，并有计划地引入资源力量，适时推出一些新的社区服务项目，增加服务内容，满足居民群众生活需要。

三、社区自治关系

1. 社区自治关系的含义

社区自治是指社区组织根据社区居民意愿形成集体选择，依法管理社区事务，包括涉外事务和内部事务，涉外事务主要有国家和地方政策法规与标准的贯彻落实、社区管理与城市管理的对接、社区代表的履职监督等；内部事务包括社区内部管理服务和教育。

社区自治关系是指在社区自治体系组织架构和自治运作中，围绕社区资源权益、运作规则等社区治理事项形成的各种权力关系。对内表现为居民自治整体与居民个体的集体选择与个体服从关系，对外表现为社区自治系统与外部系统的协调、合作关系。

社区自治的基础是社区居民形成集体选择。集体选择的结果应符合国家和地方政策法规与标准，并与之相协调、相适应；还要考虑到与社区相关系统之间的合作关系。从社区自治系统内部看，社区自治的手段是民意征询、集体抉择、管理和监督，社区自治的出发点是社区居民的意愿，其目的是维持社区民主生活、社区环境卫生与容貌、社区积极参与社会管理的风气、社区居民应当享有的优质社区服务。从社区自治系统外部看，社区应保持与外部系统的良好协调与合作关系，社区自治应在政策法律法规的规范下，建立与外部系统的联系，发挥社会资源（资本）的效用，依法开展自治活动。

2. 社区自治关系的特点

（1）权威性。社区自治首先要有一个权威性的社区组织。社区组织对外代表社区形象和利益，反映、落实社区呼声，对内维护社区团结，落实社区“自我管理、自我服务、自我教育、自我监督”“四自”功能。在传统的城市社区，居委会是社区组织权威者。但是在新型社区，如“城中村”社区目前的权威组织则是原有的“集体经济组织”；有些大型新开发的住宅社区，权威组织则是业主委员会或物业公司。

（2）民意性。社区自治是社区居民自我管理的形式，并通过社区代表大会表达民意，如居民代表大会做出代表社区多数居民的利益的集体选择，充分体现了社区居民的民意。业主大会依法成立，决定小区重大事项，选举业主委员选聘物业服务公司，实施业主自治，也是社区自治的一种形式，充分体现了民意。没有民意基础的决定很难实施，但民意不应违法，应当防止少数精英绑架社区民意的现象发生，不断规范社区自治。

（3）层次性。社区自治是具有层次性的。一是自治组织的层次性。目前，社区存在两种自治组织，即以社区居委会为载体的居民自治组织和以业主委员会为载体的业主自治组织。居民自治主要在社会政治层面，是社区自治组织中的顶层组织；业主自治主要在围绕产权关系的经济层面，构成社区自治的基础。二是社区自治组织内部的自治运作具有层次性。如居民自治的最高形式是居民代表大会、日常治理活动则是居民委员会负责。业主大会和业主委员会也是两种不同层次的自治活动形式。

（4）协调性。社区自治是一种地方自治性质，具有综合性、复杂性，由此形成的社区自治关系必然是在协调各方目标、行动、利益、方向中形成的博弈关系。社区组织及居民组成复杂，难免产生矛盾甚至冲突，因而需要理顺主体关系，在多元的社区主体之间建立低成本冲突协调机制，这样才能整合社区资源，协调行动方向，形成整体合力，提高资源效用。

（5）交叉性。由于社区内部和社区外部主体都要在输入、输出社区资源、信息中体现自身价值，实现自身利益，因此各种关系会错综复杂，交叉竞合。社区居民（业主）自治组织需要处理好与政府、企业、相关的社会民间组织（非政府组织、志愿者组织等）之间的关系，这些关系之间存在交叉、叠合、扰动关系。这些关系都需要处理好。

（6）运营性。社区自治是一种自组织体系，因而是在特定规则下的自主有序运营。社区行政化问题一直困扰着社区自治组织，被动执行角色明显，缺少自组织特性。随着依法治国意识的深入，这种情况会逐步改变。社区自治组织及其人员素质提升问题将会得到重视，社区自治组织的运作规范性、自主性和有效性也会不断增强。

3. 完善社区自治关系的途径

（1）重构社区居民自治组织与政府的合作关系。在社区自治关系建设与调整过程中，首先要淡化居委会行政化色彩，改变政社不分的问题。应当明确基层政府机构与居民委员会的职责边界，不能向居民委员会转移行政管理事务。其次应当通过在社区建立行政派出机构的方式，向社区延伸行政功能，办理行政事务，如社区行政工作站、行政工作专员等，真正落实“权随责走，费随事转”，让社区行政机构有职、有权，提高办事效率。最后是通过有偿服务的方式将适合居民委员会做的工作委托给居民委员会实施。这样居委会与政府之间才能权责分明，合作推进社区治理。

（2）强化居民委员会与业主委员会的指导与监督的关系。城市社区自治作为一种新的城市社会结构形式，需要形成有效的治理结构，从内部形成良性运作机制。过去的居民自治主要围绕社区民主选举这种政治性权益展开博弈，但由于居民政治觉悟有限，参与大多流于形式。但随着物业产权的出现，由于是事关业主切身利益，直接激发业主及居民参与业主自治的愿望。社区业主自治应成为社区自治的起点和自主治理的“演练场”，有利于促进社区居民自治的形成。但是居民自治是社区最高的自治组织形式，业主自治属于经济性自治，它们之间既是相互促进相互依赖的平等关系，也是指导与被指导的关系。居民委员会依法指导业主委员会的工作，形成社区自治的稳定基础。根据《物业管理条例》第二十条的规定，业主大会、业主委员会应当配合公安机关，与居民委员会相互协作，共同做好维护物业管理区域内的社会治安等相关工作。在物业管理区域内，业主大会、业主委员会应当积极配合相关居民委员会依法履行自治管理职责，支持居民委员会开展工作，并接受其指导和监督。住宅小区的业主大会、业主委员会做出的决定，应当告知相关的居民委员会，并认真听取居民委员会的建议。

（3）优化社区党组织对社区组织的领导关系。社区自治和社区党建是社区基层政权建设与巩固的中心任务，是社区治理的前提条件。两者的良性互动是发展基层群众自治制度和维持社区稳定发展的重要条件。社区自治与社区党建具有深刻的内在联系，这种联系决定了发展社区自治与加强社区党建不是相互矛盾和排斥的，而是相辅相成、相互影响和相互促进的辩证关系。社区党组织是社区自治组织的政治领导核心，加强社区党建是推动社区自治的内在要求和政治动力，发展社区自治是加强党的基层组织建设，巩固执政基础的重要舞台和载体。在基层社区，党组织作用发挥的关键在民心，赢得民心就赢得执政基础。而社区是否有以党组织和党员为核心形成的、深得民心的社区“主心骨”又是至关重要的因素。因此，首先应将党建与基层政权建设相结合，搞好以社区为基础的区域化党建工作，将党支部、党小组建在社区各类民间组织中，并实现社区组织全覆盖。特别是要改变党组织仅从外部作用的方式为内外同时发力的作用方式，就是要通过党员在各类组织内的积极、主动作用推进社区治理。其次应将党建工作与基层干部素质和能力建设相结合，建设好基础执政团队。再次将党建工作与基层民间自治能力建设相结合，搞好基层民主自治体系建设。最后要将党建工作与民心建设相结合，提高基层工作民间参与度，发挥民主管理作用，在党组织领导下稳步推进民主法治社会建设工作。

（4）改善社区自治组织与社区物业服务机构的指导监督关系。新型社区普遍存在社区自治组织力量薄弱的问题。由于新型社区大多由农村社区发展演变而来，传统的村民自治、乡村自治的文化仍然发挥着重要作用。经过农村村民委员会改为城市居民委员会、农居转居民、村经济（联）社改为股份合作制公司之后，社区居民委员会没能替代原来的村民委员会发挥自治作用，而业主委员会或成立不运作难运作，或根本就没有成立。致使新型社区普遍存在自治组织不健全、力量相对弱小的问题。在一些新型社区主要靠经济社、公司成立的物业管理机构进行管理。一方面业主自治、居民自治不能发挥自治作用，业主和居民权益不能有效维护；另一方面物业管理水平低下，专业物业管理很难开展。因此首先要健全社区居民自治组织，指导业主自治活动，指导业主大会和业主委员会的成立与运作。其次要加强小区业主委员会建设，指导物业小区成立并运作好业主大会和业主委员会。最后应该在成熟的物业管理小区进行业主自治试点，同时引进专业物业服务公司，开展专业化物业管理服务，并将物业服务中的公共服务项目作为社区基本公共服务项目纳入政府购买服务预算范围，保证社区公共服务的质量和服务均等化，维护居民居住生活的基本安全和稳定，减少因居民物业财产损失而产生的纠纷和引发社会事件，从根本上赢得居民对政府的信赖和支持，形成稳定的社会基础。

四、社区邻里关系

1. 社区邻里关系的含义

我国自古以来就存在邻里互尊、互帮、互助的长期传统，俗话说“远亲不如近邻”，就是这个意思。邻里之间关系融洽，不仅是我们民族的优良传统，也是社会主义精神文明建设中所提倡的一种美德，更是社区和谐的“润滑剂”。邻里环境能够为居民的居住、学习、成长、娱乐和休息，给予关照和提供资源、机会和场所。邻里间所产生的文化交汇、融合，通过价值观、行为规范、非文字的行为举止准则互相感化和塑造，推动着社区文明进步，丰富了居民个体的生活。可以说邻居是构成社会的根基，只有邻里的和谐才能有整个社会的和谐。邻里关系是社会关系的基础，邻里和谐是社会和谐的保证。

社区作为人们居住生活的重要结构层次，对促进社会稳定和可持续性发展有着重要作用。而邻里关系是社区中最重要也是最基本的人际关系。这种关系维系着社区的稳定与和谐。

2. 社区邻里关系的特点

社区邻里关系主要有以下四个特点。

（1）距离的临近性。所谓邻里，就是住处接近的人家，或一壁之隔，或一板之隔，或一楼之隔，家庭与家庭靠近的居住地。邻里既不是经济共同体，也不是政治共同体，而是地域共同体。所以，空间上的集中性，构成了邻里关系临近性的重要特征。传统的城乡社区居民相对稳定，邻居之间比较亲近。但新型社区，随着居住条件的改善，受楼宇化、混居等因素影响，临近性并不一定产生亲近性。

（2）社区角色的一致性。在邻里人际关系成员之间，是有着极其明显的个性差异的。在年龄上、职业上、文化程度上、兴趣爱好上、道德情操上有一定的差异性。但在邻里之间的人际交往中，大家都以居民身份出现，与在社区自治、业主自治中的社会参与角色是一样的。

（3）人际关系的互助性。邻里人际关系，大多体现在情感相互交流、信息相互沟通、资源相互支持、生活相互照顾、习惯相互尊重等琐碎的事务交往之中。由于人与人之间存在着各种主观和客观上的差异性，资源条件也不一样，需要交流、交往，而其中最重要的纽带就是互助性。如有什么好吃的邻里分享，发生了纠纷时相互劝导等。缺少互助性，邻里之间的正常关系很难维持。

（4）文化的差异性。邻里间各个家庭的结构、世代不同，居民个体的文化、职业、兴趣爱好、思想、观念、生活习惯也各不相同，在文化上呈现明显的差异性，主要体现在居民群体的地域差异和个体的思想观念差异。这无疑会对良好的邻里关系的建立产生一定的影响。相距近，接触多，事情碎，差异大，这些都难免使邻里间发生矛盾，甚至于发生冲突。这是在所难免的，也是正常的。这就需要用恰当的交往手段来解决矛盾，协调邻里关系。

3. 社区邻里关系变化的新特征

城市化、现代化、信息化，使社区生活空间形式与社会条件发生巨大变化，居民的思想观念、行为准则、生活模式也随之改变。社区社会原子化，人际关系淡薄、冷漠，传统的邻里关系趋向瓦解，成为社区结构急剧变迁的时代重要特征。

（1）居住环境和交往方式改变使邻里关系疏远。现代城市居住空间的私密性强，居民个人对隐私越来越重视，客观上限制了邻里的联系。现代物业管理服务也很周到，邻居之间互助机会不多，使得很多人认为没有改善邻里关系的必要，邻里关系越来越疏远。

（2）虚拟现实、休闲生活方式导致交往意愿下降。现代社会随着电视、网络、通信等高科技产品的普及，人们能够得到的休闲方式越来越多，可以自娱自乐，邻里之间的沟通欲望也大大弱化，造就了一大批新潮的“宅男”“宅女”“骡友”。

（3）个体收入、素质能力等身份性因素差异扩大，选择性、圈层性交往成为时尚，人际关系的功利化，减少了邻里的交往。由于居民个体、家庭、组织拥有的资源条件差异化明显，因而住在同一小区、同一栋楼的邻居也各怀自己的梦想，追求各异，交集很少。只有相互有求助的情况下，才能出现交往的可能性，因而邻里交往的机会极少。

（4）形式化的社区交往活动，不但不能给社交参与者带来实际好处，而且降低了再次交往的意愿。长期以来社区正式交往模式带有很强的政治性、任务性和仪式性，社区居民对于此类邻里活动的参与毫无兴趣；同时，管理服务上又缺少自治性，居民诉求和意愿得不到表达和体现，丧失了参与社区邻里活动的动力，使邻里活动效果不佳。

4. 处理好社区邻里关系的思路

（1）从居民个体层面，改善邻里关系。一是调整心态，改变习惯，学会相处。要学会适应环境，多从他人角度考虑问题，学会和睦相处；要适度串门，增进感情，和谐邻里关系；要珍惜邻里缘分，互相关心、帮助和尊重；要认识到文化差异，学会宽容谦让，保持邻居间长久和睦；要改变陋习，适应城市生活，不制造麻烦和污染环境，维护好秩序环境。二是要学会现代交往理念与技巧。适应现代网络社会需要，参加各种兴趣小组、专业协会等民间组织。一方面可扩大人际交往，丰富社区生活，提高生活质量；另一方面可以通过专业社团发挥自己的特长，利用自身的资源相互帮助，建立良好的朋友关系，为和谐社会注入积极因素。三是积极参加社区公益活动，培养爱心、公益心和健康的心态，并改变周围的人，形成良好的社区氛围，促进社区邻里和谐。

（2）从居民委员会层面，和睦融洽邻里关系。社区居委会对社区邻里关系的建设有着不可推卸的责任。应当搭建一个邻居和社区之间交流和沟通的平台，建设和睦融洽的邻里关系。除开展好社区居民自治活动，促进社区居民交流互动外，应当开展一些更有针对性的邻里沟通活动，搭建融洽邻里关系的平台，如开展社区公益、邻居节等活动，建立社区活动室，社区 QQ 群、微信等社交平台等，为促进邻居之间从互识、互信到互敬、互助创造条件，促进有新时代特点的邻里关系的形成。

（3）从政府层面，提供融洽邻里关系的制度和环境。一是要为居民提供相互交流的载体，根据社区自身的特点组织丰富多彩的社区文化活动。如定时定期发动家庭参加慈善活动，举办烹饪、插花、茶道之类的学习班，以自愿形式组织野外春游、秋游活动，开展各项评比竞赛活动，举办“我爱我家”“我爱小区”等征文活动等。二是加大投入，搞好社区环境建设，要为居民提供相互交往的场所。在城市社区的规划与设计上，不仅要加强公共空间环境的建设，还要为社区居民创造共同活动的机会，建立居民之间的情感网络，以消除城市生活的封闭性带来的隔离感。三是建立民情联系工作制度，完善融洽邻里关系工作机制。通过社区党支部、居委会开展相关的联系居民的活动，如风格化管理、网络沟通平台、社区信息系统、居民卡、居民意见箱等各种形式，联系基层居民、服务于居民的需要，把问题解决在基层，营造温馨祥和的社区邻里亲情关系。四是培育和谐的社区文化，营造睦邻友好氛围。通过加大社区文化投入，建设文化设施场地，培育社区文化团体，开展各种娱乐活动，加强社区文化建设。五是通过建立社区家庭服务中心、社区社会保障及社区慈善事业，关怀社区弱势群体。如开展扶贫助弱献爱心活动、“一帮一”结对子活动等，为弱势群体创造更多的沟通交流和参与的机会，促进社区成员心理健康，行为和谐。

评价与反馈

请结合本子任务的学习和你的理解，填写表4－2。

表4－2

社区邻里关系的含义	社区邻里关系的新特点	处理好社区邻里关系的思路

任务二　社区管理体制

情境导入

情境10　社区体制创举——同德围的民生决策咨询监督制度

广州市白云区的同德围村是经过居改革的“城中村”改制社区，在同德围地区综合整治工作推进中，逐步探索出重大民生决策咨询监督制度，并在广州市推广，取得了社区深层次制度创新的实践成果。

情形1：探索起源。该社区是广州市20世纪八九十年代开始形成的城建折迁安置区，其后又陆续兴建大量保障房、经济适用房和商住房项目。如何解决“城中村”更新改造问题是个难题。但是同其他“城中村”一样，如何平衡各方利益，达成更新改造方案的统一，就是一道难以跨越的门槛。为此该村创造了公众咨议制度。2012年2月23日“同德围地区综合整治工作咨询监督委员会”正式挂牌成立。咨询监督委员会有成员37名，由市政协某委员担任主任，成员组成有党代表、人大代表、政协代表、党员代表、居民代表、企业代表、越秀区矿泉街和荔湾区西村街代表、媒体代表等。创立了同德围“重大民生决策公众意见征询委员会制度”，较好地化解了各方利益矛盾，顺利地推进了该地区城市化更新改造工作。

情形2：制度固化。同德围地区在综合整治工作推进中探索出重大民生决策咨询监督制度很快得到广州市的认同。2013年，广州市政府常务会议审议通过了《广州市重大民生决策公众意见征询委员会制度（试行）》，将公众意见征询委员会这一形式制度化、常态化。提出政府重大民生决策时要成立公众意见征询委员会，吸纳市民公众代表，包括有利益关系的市民或团体代表参与对拟议决策事项的讨论，其讨论意见作为政府决策的重要参考。

情形3：推广发展。广州“公咨委”制度是一种创新，如重大民生事项先征询民意后做决策，委员遴选集合各方利益代表，工作原则遵循“一事一会”议题导向，决策过程强调反复对话协商等。这对社区治理理论创新将产生不可低估的影响。正因为如此，同德围探索出的“决策咨询监督制度”，伴随着广州市“重大民生决策公众意见征询委员会制度”的出台，使重大民生决策咨询监督制度很快在广州市得到认可、推广、借鉴，“公咨委”在广州各层级、部门和社区不断出现，如金沙洲公咨委、东濠涌公咨委、同德围公咨委、废弃物处理公咨委、重大城建项目公咨委等。

说明：“同德围地区综合整治工作咨询监督委员会”的成立所创新的重大民生“决策咨询监督制度”不只是一个社区的制度创新范例，而是面对新型社区的重大民生决策的科学性、民主性、人民性和规范性的体制创新过程和方向。新型社区面临着社区社会结构的变迁、权力关系的变化、居民需求和生活品位的改变等诸多方面的社会变革，社区关系也发生变革，因而管理服务体制也要从过去行政化社区管理体制，转变到多元共治的社区新体制。而过去被弱化的社区民主自治形式需要重新认识并创新模式，以适应新型社区治理发展的需要。

任务要求

1. 通过文献研究，分析整理有关社区管理体制及改革的相关知识，并理解社区管理体制的含义、特点及内容。

2. 通过学习和调查研究，了解目前农村社区管理体制的演变及有关农村新型社区管理体制的探索情况；城市社区管理体制的演变、问题及城市社区体制创新的探索情况。

3. 结合社区调查，总结研究某城市社区体制创新的做法与经验，分析存在的主要问题和原因，并提出推进创新发展的建议。

子任务1　社区管理体制及其特点

任务分解：

（1）通过学习研究，分析整理有关社区管理体制及改革的相关知识，并理解社区管理体制的含义、特点及内容。

（2）结合调查研究工作实际，深入了解某社区管理体制的改革情况，建立对社区管理体制框架和内容的基本认识，适应社区体制改革工作的需要。

知识准备：

一、社区管理体制含义及特点

1. 社区管理体制的含义

关于社区管理体制的概念，不同学者有不同的定义。有学者认为“社区管理体制是指社区管理机构为了实现一定的社区发展目标和社区工作规划，根据一定历史阶段的国家意志和管理原则实施管理的组织体系及运转模式。它要以社区管理的基本内容为基础，与社区外在环境和社区发展的方向相适应，是社区管理实施的组织结构、权能权限划分和管理方式、工作方法的总和”①。也有学者认为“社区管理体制，亦称社区管理制度，是由社区发展动力、利益主体、权力结构、运行机制和监督机制等多方面内容构成的综合性、系统性的管理制度”②。还有学者认为社区管理体制是指社区管理的组织体系及其权力配置关系以及各种管理制度。具体而言，社区管理体制包括四个部分，即社区管理的组织体系、社区管理的权责体系、社区管理的法律制度体系和社区管理的工作体系。③

综上所述，社区管理体制是社区管理主体为实现社区发展目标和社区工作规划，根据社区环境条件和特点，所构建的组织架构及权力关系结构及运作管理模式。它是社区组织结构、权限配置、管理方式及各种制度等诸多内容的总和。

对社区管理体制的理解，应从四个方面进行：一是社区管理体制是基于社区管理关系，并根据社区管理活动的规律，理顺社区管理关系的制度成果。任何制度必须建立在制度作用领域的活动规律基础之上的，社区关系是社区活动规律的内在规定性，因此理顺社区多元主体关系是社区制度建立并优化的前提。二是社区管理体制是根据社区管理内容，适应社区环境发展需要的社区权力关系规范，并形成一套组织体系及运转模式。三是社区管理体制是最基层的社会管理体系，要面对社区具体问题和错综复杂的环境，必然要形成有具体功能的组织结构，有明确的权能权限划分的职责分工和特定的管理方

① 程又中，李增元．农村社区管理体制：在变迁中重建［J］．江汉论坛，2011（5）：14－22.

② 张艳国，聂平平．社区管理［M］．武汉：武汉大学出版社，2013：46.

③ 娄成武，孙萍．社区管理学［M］．3版．北京：高等教育出版社，2012：32.

式、工作方法及资源的实际组合策略。四是社区管理体制应在适应社区变迁中不断优化。这是因为良好的社区体制有利于社区发展目标和社区工作规划的实现。

2. 完善的社区管理体制应具有的特点

(1) 管理组织框架体系形成，具有配套性和系统性。所有参与社区管理的各级政府及其职能部门、社区党组织、社区行政机构、社区自治组织、社区服务中心及民间服务机构、企业等，其组织机构是配套的、系统的，形成一个完整的管理框架体系。相应的责权利关联，事、权、人、钱配套，实现“权随责走，费随事转”的良性循环。通过行政系统和非行政系统实现财政资源、政策信息、管理权力的合理配置。

(2) 管理组织间的关系明确，具有整体性和联动性。社区各管理主体的职责、职能既是相对独立的，又是相互制约的。既能有效发挥各自的管理作用，又能有效配合，发挥整体功能。各管理主体的运行，既有自己的职责范围和工作程序，又能形成整体联动，共同趋向一个管理目标。

(3) 管理组织的职能定位准确，具有全面性和立体性。在管理范围上，突破传统的隶属关系，打破条块分割，形成区域自治管理，具有完整的区域性；在管理内容上，涵盖所有的管理事项，管理内容具有综合性；在管理对象上，有直接隶属的，有间接管理和双重管理的，实现管理对象的全员性。

(4) 管理队伍配置组合互补高效，具有职业性和社会性。管理队伍素质高，群众自我管理意识强，志愿者人数增加，管理队伍实现社会化、职业化、专业化、年轻化。特别是通过引入专业管理机构和社区服务专业公司，提升社区管理品质，优化社区管理服务人员素质，从而提高社区管理服务水平。

(5) 管理机制有效，具有能动性和规范性。应从静态上规范权力关系和职责分工，从动态上形成运行灵活、动力强劲和协调合作有效的运行机制。要充分发挥社区党政力量的推动作用、社区自治组织的基础作用、社区单位的参与作用，形成社区治理的整体合力。并通过运作管理制度化、标准化、精细化，促进社区管理体制的持续优化。

二、社区管理体制的内容

社区管理体制，具体包括四个部分，即社区管理的组织体系、社区管理的权责体系、社区管理的法律制度体系和社区管理的工作体系。

1. 社区管理的组织体系

社区管理的组织体系是指参与社区管理的各类组织，既包括政府组织，也包括社区自治组织；既包括社区管理工作组织，也包括社会保障监督组织。在结构上应是多层次、多系统的网络式结构，所谓多层次是指由市（区、县）—街道（镇）—居（村）民委员会—居民代表组成的多级管理体系；所谓多系统是指由社党政管理系统、居民自治系统、业主自治系统和社区外部参与系统，实现多元主体、多系统对社区的管理服务。基于我国的国情，目前完善我国的社区管理组织体系建设的重点是：一要理顺关系。理顺纵向上的管理体系，保证权力重心下移；理顺横向上的部门关系，完善社区服务网络，增强社区职能。二要健全社区内部组织管理体系。在机构设置上，逐步完善社区党组织、社区代表大会、社区居民委员会、业主委员会等社区管理组织建设；进一步完善工作体系，强化社区服务、社会保障、治保调解、环保卫生、文化教育、计划生育等工作。

2. 社区管理的权责体系

职权划分是指依法确立政府、社区自治组织、社区服务组织的管理职责与权限。依法确立政府在社区管理中的职责权限的关键是加快政府职能转变。应本着政府引导、社会广泛参与原则，政事、政企、政社分开原则，加快社区社会组织的培育与发展，实现“小政府、大社会”的管理框架。在城市社区，要加快理顺街道办事处与社区的职责关系。关键是根据社区管理工作职责分工，划分权力，确定相关的预算和编制，做到“权随责走，费随事转”。街道办事处的职能主要包括：全面负责社区发展的规划，履行社区管理中的执法权和监督权。同时应加强社区制度建设，尽快出台“社区自治章程”等相应的管理规定，对社区成员大会、社区议事委员会、社区委员会、社区单位等在社区管理中的职能、工作制度和行为规范以及评价制度进行规范和确认。

3. 社区管理的法律制度体系

健全的法律制度体系是加强社区管理的前提。社区管理法律制度体系包括以下内容：一是以法律的形式明确社区各组织的法律地位和权责关系，界定社区居民委员会、业主委员会等组织的法人地位，赋予其相应的权利和义务，依法划定其与政府行为的边界。二是通过法规和规章，赋予社区各类工作委员会或执行机构一定的权力。如在社区的治安、卫生、公共设施保护等方面，必须使相应的职能机构能行使管理、检查、监督、处罚等权力，使社区组织能有效地发挥应有的作用。三是在市区层面出台相应的配套政策法规，确保相关权、责、资源的配置科学、合理。并通过各项制度，确立社区内各类组织的职权范围及其相互关系，建立对各组织机构工作协调联系制度和内外监督制度。

4. 社区管理的工作体系

社区管理的工作体系主要包括社区管理的内容和工作的方式、方法。现阶段我国社区管理的主要内容包括社区服务、社区卫生管理、社区文化管理、社区体育管理、社区环境管理、社区治安管理、社区社会保障工作。此外，不同地区要因地制宜地确定社区管理的内容。在社区管理的过程中，应坚持从实际出发、分类指导、从基础工作做起的原则。首先应发挥党政组织的宏观调控作用，综合运用行政、经济、法律、思想教育手段，有效运用政策引导、财力支持、组织运作的调控作用。其次是发挥社区民间组织、社会资源（资本）、社区居民及精英的参与作用，形成社区共建、共赢的综合机制。最后是在管理方式手段上，社区管理要强化制度规范，开展标准化管理，推进信息化、智能化、网络化的现代管理方式，提高管理效率和效果。

评价与反馈

请结合本子任务的学习和你的理解，填写表 4 – 3。

表 4-3

社区管理体制的含义	社区管理体制的特点	我国社区管理体制的基本框架

子任务 2　农村社区管理体制

任务分解：

（1）通过文献研究，分析整理有关我国农村社区管理体制方面的相关知识；了解农村社区管理体制的演变及有关农村新型社区管理体制的探索情况。

（2）结合社区调查，总结研究某农村新型社区体制创新的做法与经验，分析存在的主要问题和原因，并提出推进创新发展的建议。

知识准备：

一、我国农村社区管理体制沿革

1. 人民公社管理体制

我国农村社区管理体制的产生与运行经历了一个历史演进过程。我国历史上，民国前国家对基层社会的控制力是相当有限的，较长时间是“王权止于县政”。历经几千年的历史发展，直到新中国成立后，国家才真正建立起由行政权力延伸所形成的农村社区管理体制。它以外在强制力量建构起了控制基层社会的体制基础。

1958 年 8 月，国家出台了《关于在农村建立人民公社问题的决议》，在前期农业合作化的基础上，在农村地区建立起了“三级所有、队为基础”的农村社区管理体制，即人民公社管理体制。其中“三级所有”指的是人民公社、生产大队、生产队三级体制。“队为基础”是指生产队是人民公社最基本的核算单位。

在以生存发展为基础的计划经济年代，这种社区管理体制模式曾一度成为国家政权实现统一指挥、统一口号、集体行动的重要保障。到了 20 世纪 70 年代末期，人民公社管理体制僵化、守旧的弊端日益暴露出来，农村基层治理效率日趋下降，现实的生存需求迫使广大农民群众在实践中不断探索，推动着农村经济体制的微观变革，并最终促使公社管理体制走向终结。

2. 村民自治管理体制

1980 年第一个村民委员会在广西宜州市合寨村诞生，并在各地推广。1983 年 10 月中共中央、国务院发出《关于实行政社分开建立乡政府的通知》，强调要在建乡的过程中设立村民委员会。1987年《中华人民共和国村民委员会组织法（试行）》出台，标志着“乡政村治”管理体制的正式建立，自此以来的较长时间内，村民自治成为乡村治理的实质主体。① 新的管理体制目的是在赋予广大农民一定自主管理权的同时，通过外部行政权力的适度干预保障国家政权对乡村社会的有效控制。

乡村社会的组织结构及其治理层次和行政距离，体现于“村民小组—村民委员会—乡、镇人民政府”三级管理体制。而在乡与村之间还存在着片区、管理区或办事处的地方，又实行“村民小组—村民委员会—管理区—乡、镇人民政府”的四级管理体制。②

“乡政村治”管理体制实际上是基于农村社会形势变化所采取的管理模式的转换，它使农村基层社会逐步形成国家政权与乡村社区共治的局面，赋予了乡村社会一定程度的自主性。在总体压力型体制的运作过程中，国家是通过行政命令的方式逐级下达目标、计划和任务的，而乡镇政府在国家政权体系中居于基础和末梢地位。这样就形成了所谓“上面千条线，下面一根针”的局面。③ 由此所产生的“乡政村治”管理格局也逐步发生扭曲，乡村社会自主性空间被严重挤压，乡村治理呈现内在紧张。

21世纪初，税费改革开启了我国乡村治理体制的新一轮改革。然而税费改革也同时产生了一系列的后遗症，“乡政村治”中的关系尚未理顺，乡级政府职能转变不尽如人意，乡镇政府财政短缺，村级组织涣散，农民的公共服务需求未得到充分满足。与此同时，自21世纪开始，“我国已进入经济社会快速发展和改革攻坚的关键阶段，农村社会正处于从半封闭向全面开放、从自然经济向市场经济等深刻的社会变迁和转型之中。随着农村社会转型步伐不断加快，农民就业方式、经营方式和思想观念、生活方式发生了深刻变化，独立性、选择性、多变性、差异性日益增强”④。随着农村经济社会结构的微观变革，单纯依靠国家的强制力量已经无法适应经济社会的结构性变迁，国家及社区双方力量共存下的“乡政村治”体制成为新时期的社区管理体制选择。

二、我国农村新型社区管理体制的探索

1．农村新型社区的演变与分化

自新中国成立以来，为加强对基层社会的有序治理，国家在农村地区先后建立起人民公社管理体制、村民自治管理体制两种农村社区管理体制。不容置疑的是，这两种农村社区管理体制对推动农村基层社会稳定发展起到了重要的历史作用。

随着社会经济的发展，社区变得更加开放，农村经济社会结构已经开始发生微观变化，并开始产生出各类新兴社会力量。随着社会的不断发展，传统同质性和封闭性的社区或共同体会不可避免地出现分化和异质化进而解体。

---

① 唐绍洪，刘屹，张春华．从“统治”到“治理”：我国农村政治体制改革的轨迹嬗变［J］．社会主义研究，2010（2）：84－88.

② 柳成焱．略论我国农村基层行政区划的组织结构及其历史变迁［J］．贵州大学学报（社会科学版），2006（6）：76－81.

③ 吴晓锋．压力型体制下的“乡政村治”格局剖析［J］．淮阴工学院学报，2009（2）：34－38.

④ 吴桂英．探索农村社区建设推进社会管理体制创新［J］．中国民政，2008（9）：26－28.

当前，农村社区已经逐渐演变为以下几种类型：具有“城市居民小区”特征的农村居民区，以乡镇、街为中心形成的“农村居民大社区”，城郊地区融合互动而形成的“城乡融合型居民区”，基于市场及社会力量共同推动形成的现代开放性“多功能农村聚居区”，以传统行政村落为基础的“建制村农村社区”，等等。这些新型农村聚居区虽然规模、形态各异，有的与原来的行政村落相吻合，有的具有超大规模。但它们都已经超越了传统农村生产共同体形态，存在共同生活需求是这些新型社区的基本特征。这是现代化发展中的社会主义新型农村社区，是社区居民的社会生活共同体。

2. 农村社区新型管理体制的探索

现代农村社区已经成为具有多主体、多身份成员的现代社会生活共同体，它以工业化、城镇化、市场化为背景，存在着多类型经济和社会组织形式，突破了传统的单一集体经济组织结构，其组成单位和成员虽然具有交叉性和复杂性。但共同的生活及公共需求是新型共同体的基本特征。传统的农村基层政府是以统治为特征的政府，主要体现在政府对经济、社会、文化的全面管理上，政府的权力渗透到了社会的每一个角落，甚至直达私人领域。

现代农村社区形态的生成对传统管理体制产生了较大的冲击。在社区成员身份复杂和利益分化的条件下，如何使各种声音得到有效反映？各种利益主体在互动、协商中达成共识，消除社会冲突、维护社会稳定是当前亟待解决的问题。如何培育社区归属感和社区意识，使社区成员共同参与社区公共事务更是一大难题。另外，建立服务型政府、效率型政府，仅靠政府自身的力量难以实现，在对现代农村社区的有效管理中，也需要形成政府与社会的互动合作机制，形成多主体共同参与下的社区治理。

在现代化发展中，面对农村基层管理体制受到的冲击，各地区基于自身情况在实践中探索形成了以下几类农村社区管理体制新模式。

（1）民间组织型社区管理体制模式。这种社区管理体制模式是在原有村庄社区边界范围内，积极培育以“五老人员”为主体的民间志愿者协会等民间组织，在志愿者协会下设各类服务管理组织，形成“两委”领导下的社区志愿者组织管理体制，以社区内部民间力量实现对社区的管理与服务。如江西省的“一会五站”模式。

（2）微观功能组织再造型社区管理体制模式。这种社区管理体制模式，按照地域相近、产业趋同、利益共享、规模适度、群众自愿的原则成立农村社区，通过形成“村委会—社区理事会—互助组”自上而下的社区内部微观组织结构，建立起社区管理的组织体制基础。同时，以不同产业组织为基础建立党组织系统，通过党员中心户的吸纳作用将村民个体利益与组织利益紧密联系起来，以党组织及党员对社区自治组织及居民的吸纳与带动进一步确立党的领导地位。如湖北杨林桥社区管理体制模式。

（3）产业党组织型社区管理体制模式。这种社区管理体制模式在突破原有行政村范围基础上组建大社区。引导村民转变以家族为圈、以村庄为界的传统观念，按照行业、产业、群体设置不同的党支部。把社区党员全部纳入各协会、合作组织党支部，在党员人数50人以上的社区设立党总支，形成以社区党总支为主体、产业协会党支部为骨干、专业党小组为基础的新型党组织体系，建立由社区党总支统一领导、以社区居民委员会为管理主体、以居民小区为基础、广大居民参与的农村社区管理体制。同时实行大社区内的“直推直选”“共推共选”，实现更大范围内的民主选举。社区居委会既是社区成员自我管理的平台，也是政府管理与服务下乡的承接载体。如山东莒南县大庄制管理体制模式。

(4) 政府、社区互动型社区管理体制模式。这种社区管理体制模式是实行村级党组织、村民委员会、农村社区服务中心“三位一体”管理。新型农村社区（因农民拆迁安置形成的集中居住点）建立社区管理委员会，由村党组织牵头，村委会、社区服务中心、群团组织、社会组织、驻区单位参与管理社区，沟通、研究、协调社区管理中的重要问题。社区下设专业管理队伍和专业服务站，形成健全的服务及管理体系，政府管理与服务通过管理及服务站延伸进社区内部，从而实现政府管理服务与社区管理服务的有效对接。如江苏太仓市的农村社区管理体制模式。

(5) 城乡融合型社区管理体制模式。这种社区管理体制模式旨在实现城乡社区一体化管理，将“市—镇（街道）—工作片（社区）—村”四级管理，转变为“市—社区”二级管理（城市社区），或者变成“市—镇—社区”三级管理（农村社区），形成城乡一体化社会管理体制。一体化的管理服务及居民身份的平等化消除了城乡居民的身份差异及利益享有和权益保障差异，实现了城乡社会的有机整合与融合。如浙江义乌的城乡社区一体化管理体制模式。

(6) 政府、社区、社会互动型社区管理体制模式。这种社区管理体制模式以建制村为单位，紧紧依托农村党组织和村民自治组织，建立由党员干部、致富能人和专业经济协会负责人，以及热心社会公益事业且在群众中有威望的老模范、老干部、老教师等组成的农村社区建设工作委员会。下设社区服务中心和政府公共服务体系、志愿者服务体系、专业经济协会服务体系等三大服务体系，形成以“村级党委—社区党支部—行业党小组”为主的党群组织网络，积极发挥社区各类人才、民间组织、企事业单位的作用，形成以党领导下的政府公共管理服务为支撑、村庄自我管理与服务为补充、社会互助的社区管理机制，如四川永川社区管理体制模式。

(7) 农村、企业共生型社区管理体制模式。这种社区管理体制模式依靠成规模的村集体经济，形成村民委员会、村办企业（企业集团）、社区服务（管理）组织“一套班子、三块牌子、交叉任职”的模式，实现社区自治管理、社区行政管理、社区建设（服务）职能、企业经营管理的有机统一。社区党组织是社区管理的坚强领导，从社区企业衍生出的各类管理服务组织是社区管理的主体。如山东胶南北高家庄社区管理体制模式。

3. *农村新型社区管理体制创新发展思路*

21 世纪以来，我国总体上进入了工业反哺农业、城市支持农村的发展阶段，政府角色也面临着由管理型政府向服务型政府的转变，单凭政府自身已无法实现对基层社会的有序管理，农村社区管理体制经由集权行政管理到放权民主管理，再到能够吸纳多元力量参与的社区治理，是一个必然的历史过程。农村社区管理体制的实践探索，已经开始将多方力量引入社区管理，形成多主体参与下的社区共管、共治机制。

当前农村新型社区管理体制的重构，必须实现社区管理体制的基本理念、组织架构、运行机制、模式等几个方面的创新。①

（1）基本理念。构建新型社区管理体制旨在适应农村社会转型的要求，形成多元价值和多元利益共存下的合作式治理机制，以满足多方的利益需求，实现公共治理目标。新型社区管理体制的构建已经不再追求传统社区管理中的统治性与管理性，而体现出多元主体参与的治理性，遵循政府、社会、市场多元主体参与的公共治理理念，突出多主体利益的协商、沟通与共识。体制架构的创新是将分散利益纳入协商性体制轨道，最终在利益的分化与差异中形成共识，推动基层社区社会的和谐发展。这些都是多主体存在下的共管与共治理念的根本体现。

（2）基本组织架构。社区管理体制组织架构是保障社区有序治理的体制基础。总体上，在新型社区管理体制中，应在农村社区层面上设立社区居委会，接受本级党组织及上级政府的指导和监督。社区居委会下设各类服务、管理站所或社区服务管理中心，既作为政府管理、服务下沉的载体平台，也是社区成员自我管理与服务的组织形式，但必须按职能职责办事，边界清晰，关系顺畅，依法办事。社区内部的各类经济组织、协会组织、民间社会组织等，在社区居委会的领导监督下参与社区管理，同时成为吸纳村民参与社区管理的重要载体。这些组织载体是社区自治的分散性组织网络，它们的内部事务依据相关法律规定实行自我管理。社区居委会在社区党组织领导下开展工作，同时，社区党组织可在各类经济社会组织内建立党支部、党小组，并通过党员的带头作用，积极引领各类组织参加社区管理与服务。组织建构的目的在于，形成以社区自治为主体的自治组织网络结构，同时，通过载体和平台的作用，将党的领导、政府行政管理职能契合到社区自组织网络中，以组织为载体形成多种权能的有机衔接。

（3）运行机制。应当通过一系列制度及秩序建设，在社区管理中建立起上下联动和多元参与的社区民主协商机制。包括：由社区居民、各类经济及社会组织的代表共同协商产生的社区公共权力机关作为社区自治机关；社区公共权力机关统领社区内各类经济及社会组织，并引导它们参与社区管理与服务，通过协商与合作，共同解决社区公共性问题；广大社区成员可以通过社区自治组织参与社区公共事务管理，也可以通过公益、志愿组织等载体参与社区管理；下沉到社区的政府管理和服务组织在上级政府的领导下提供管理与服务，并接受社区成员的广泛监督；社会力量在政府及社区的双重监督下参与社区的管理与服务活动。在社区管理中，通过建立社区重大事项表决制、社区工作询问制和监督制等多项制度来实现集体协商、广泛讨论、共同议决与民主监督。这样逐步建立起以社区自组织网络为基础的社区自我管理机制与党政管理机制的有效衔接，形成党政、社区及社会三种力量参与的合作治理机制。

（4）模式选择。新型社区管理体制模式选择的出发点，在于实现社区管理中国家、社区及社会力量之间的有机结合，使多元力量结构得以优化配置，多元利益得以有效整合。虽然我国现阶段农村社区已经逐步形成了国家、市场及社会多元力量的共治局面，但由于我国农村社会区域差异大及发展不平衡，在社区管理体制的创新中不可能具有统

---

① 程又中，李增元．农村社区管理体制：在变迁中重建［J］．江汉论坛，2011（5）：14－22.

一的标准，也不能搞一刀切。新型社区管理体制的组织架构、运行机制已经初步显现出社区管理体制的宏观模式，至于微观的运行模式，应在遵循社区管理体制理念的前提下，形成富于灵活性和弹性的多类型模式，实现政府行政管理与社区自治的有效衔接，形成有效的社区治理方式。新型社区管理体制的重建是对传统农村社区管理体制的超越，是推动传统社区管理向现代社区治理的转化，将为农村基层治理的优化注入活力。

评价与反馈

案例分析：成都构建新型村级治理机制

从2008年开始，成都先后出台了《关于构建新型村级治理机制的指导意见》及其配套制度，村民议事会普遍建立，初步形成了新型村级治理机制的制度体系，构建了“党组织领导下，村民（代表）会议或议事会决策，村（居）委会执行，其他经济社会组织广泛参与”的新型农村基层社会管理格局。

这一格局中最为亮点的就是村（居）民议事会的制度创新。村（居）民议事会基于村（居）民（代表）会议的授权范围行使决策权和监督权，一方面作为村民（代表）会议的常设议事决策机构弥补了由于多种原因导致村民（代表）会议“虚置”的不足；另一方面使村（社）委会的职责得到规范和限制，拓宽了村（居）民民主权利的实现渠道，有效保证村（居）民民主权利的有效施行，同时为基层社会矛盾纠纷的化解提供了制度平台，维护了农村社会的和谐稳定。

另外，在新型农村社区管理创新中，这一制度又有了新的演进。农民集中居住以后，以前的小组管理单元变成了楼栋，新型村（居）民之间的利益矛盾问题增多，如何更好地融入楼栋管理，维护村（居）民权益，是新型农村社区管理面临的紧迫课题。由此，成都尝试在一些新型农村社区［多个村（居）民聚居的农民集中居住区］，建立跨村的联合议事会（新型农村社区议事会）、农民集中居住区与多个村的联合协商议事机制，对新型农村社区内涉及多个村村（居）民利益的热点、难点问题进行民主决策和管理。这样就有效克服了原单个村民议事会在新型社区治理中的不足，很好地满足了新型农村社区的治理新需求，使矛盾纠纷得到了有效化解。这是村（居）民议事会的进一步发展和创新。

（资料来源：新疆社会科学，2013－11－09，有删改）

请结合本子任务的学习和你的理解，分析本案例，并填写表4－4。

表4－4

成都新型村级治理机制的亮点是什么？	你认为当前农村社区管理体制的主要问题是什么？	如何进行村级社区管理体制改革？

子任务 3　城市社区管理体制

任务分解：

（1）通过文献研究，分析整理有关城市社区管理体制的相关知识；城市社区管理体制的演变、问题及城市社区体制创新的探索情况。

（2）结合社区调查，总结研究某城市社区体制创新的做法与经验，分析存在的主要问题和原因，并提出推进创新发展的建议。

知识准备：

一、我国城市社区管理体制的沿革及问题

1. 我国城市社区管理体制的演变与发展

我国的基层群众自治制度，是在新中国成立后的民主实践中逐步形成的，并首先发育于城市。城市居民委员会这一重要的群众性自治组织在中华人民共和国成立之初就在一些大城市中产生了。中华人民共和国成立之初，新生的人民民主专政政权面临着十分艰巨的任务。一方面，要肃清一切敌视人民民主专政政权的反动势力的破坏活动；另一方面，要充分调动人民群众参政议政的积极性。要实现上述目标，建立有效的基层政权组织形式就显得极其重要。城市居民委员会在这种情况下应运而生。

1949 年年底到 1950 年年初，在一些城市中出现了由群众自己组织起来的防护队、防盗队和居民组等名称不一的群众性自治组织。如 1950 年 3 月，天津市根据居民居住状况建立了居民委员会。同时期，在湖北省武汉市的部分街道也开始建立了居民代表委员会和居民小组。

1954 年 12 月召开的第一届全国人大常委会第四次会议制定并颁布了《城市居民委员会组织条例》，第一次用法律的形式肯定了居民委员会的性质、地位和作用。这个条例的贯彻和实施，有力地推动了城市居民委员会组织的建设和发展。到 1956 年年底，城市居民委员会不但在全国各个城市普遍建立起来，而且得到了进一步巩固和发展。

党的十一届三中全会以后，我国城市居民委员会的组织建设得到了全面的恢复和发展。1980 年 1 月，全国人大常委会重新公布了《城市街道办事处组织条例》《城市居民委员会组织条例》。1982 年，现行宪法在总结我国居民委员会实行群众自治经验的基础上，首次以根本法的形式明确规定了居民委员会的性质、任务和作用。根据现行宪法的规定，全国各地对城市居民委员会的组织进行了整顿，并建立了符合现行宪法规定的体现城市居民自我管理、自我教育和自我服务精神的城市居民委员会，健全了城市居民委员会的组织机构和各项规章制度。1989 年 12 月 26 日，全国人大常委会第十一次会议通过了《城市居民委员会组织法》。这标志着我国城市居民委员会的组织建设进入了一个

新的全面发展的时期。街道办事处、居民委员会的机构和职能得以恢复，都进入了一个大发展的阶段。

1987年民政部在武汉召开的全国城市社区服务工作座谈会，1991年提出的“重视社区建设”，1992年在杭州市的全国城市社区建设理论研讨会，“社区服务”的提法进一步延伸扩展为“社区建设”。1999年年初，民政部在全国选择北京市西城区、南京市鼓楼区、杭州市下城区等8个城市的9个区为城市社区建设试验区，社区服务和社区建设受到各界的普遍关注，成为中国社会发展的重要议题。在中国改革发展过程中各地积极实践探索出一系列的改革成果，主要的成果有“沈阳模式”“江汉模式”“青岛模式”和“上海模式”等，积极推动着社区管理制度的发展。

2003年10月以来，在党的十六届三中全会、四中全会，党的十七大，十八大、十八届三中全会等会议的有关报告中均提出完善社会管理、健全基层社会管理体制方面的创新要求。2017年6月12日中共中央、国务院发布实施了《中共中央国务院关于加强和完善城乡社区治理的意见》，明确提出了要进一步加强基层群众性自治组织规范化建设，合理确定其管辖范围和规模。促进基层群众自治与网格化服务管理有效衔接。加快工矿企业所在地、国有农（林）场、城市新建住宅区、流动人口聚居地的社区居民委员会组建工作。完善城乡社区民主选举制度，进一步规范民主选举程序，通过依法选举稳步提高城市社区居民委员会成员中本社区居民比例，切实保障外出务工农民民主选举权利。进一步增强基层群众性自治组织开展社区协商、服务社区居民的能力。建立健全居务监督委员会，推进居务公开和民主管理。充分发挥自治章程、村规民约、居民公约在城乡社区治理中的积极作用，弘扬公序良俗，促进法治、德治、自治有机融合。

2. 我国城市社区管理体制的发展不平衡问题

我国城市社区管理体制的发展虽然是在经济、社会发生了较大的制度变迁情况下展开的，但不是一次较为完整意义的诱致性制度变迁，而主要是一次强制性的制度变迁过程。虽然每一次制度变革都不可能是完全的诱致性制度变迁或者强制性制度变迁，但是制度变迁的主导方式却是可以选择的。我国城市社区管理体制变迁选择的就是强制性的制度变迁。这种制度变迁方式引起了一定的社区管理体制发展的不平衡。而我国当前社区管理制度发展的不平衡主要体现在以下几个方面：

（1）重视居委组织体系的重构，忽视其他组织的发展。社区管理体制变革不但涉及政府组织、社区居委会组织，而且还涉及其他社区组织。虽然居委会组织的重构是社区管理体制发展的重点和核心，但其他相关组织对社区治理的影响也越来越明显。其他组织如社区民间组织、业主委员会组织、物业服务等社区服务组织等则很少进入体制发展规划的范围。这是非常不合理的、不应当有的失误。

（2）重视政府政策支持，但是法律法规支持上依然不足。目前社区管理体制变革主要是民政部门在推动，地方政府的改革文件也基本上是政府的政策性文件。体制改革的缺少全国性的上位法，且法规缺少配套，各部门各自为政现象普遍，使少量的社区资源更加分散，效果较差。虽然从形式上看，城市社区居委会从名称到职能都发生了较大的变化，但其职能范围基本还在《居委会组织法》规定范围之内。

（3）由于政府是制度变迁的主要推动者，在制度设计上依然有强烈的政府利益导向。

政府本身作为制度的设计者存在自利性倾向。在居委会的组织体系的制度重构中，虽然在形式上还原了居委会的居民自治组织身份，但是同时又在居委会内部或者居委会外部设置能够承接政府职能的组织和机构，“换汤不换药”的做法降低了居委会的权威性。

（4）社区管理体制难以适应社会转型对政府执行力、社区自治能力的需求。一是街道办事处和居民委员会由指导与被指导关系变成了领导与被领导的关系，居委会只能向政府负责，而不是向居民负责，脱节社区和居民，背离了社区自治的本质。二是社区自治被虚化，社区沦为行政管理任务的“腿”。社区、街道、区政府管理职责不清，政府职能“越位”与“缺位”并存，挫伤了居民的自治热情。三是权责不对称，有责无权、无经费，工作缺少资源。一方面，逐步确立了社区自治地位，但另一方面，随着大量行政职能的上交，城市管理体制下的许多权力、经费和资源也被政府一并收回，社区服务工作面临着缺乏资源的尴尬局面。四是政府职能部门习惯把任务分解下放给社区，对当前大量的行政管理职能上交，工作量骤然增加，表现出不理解、不适应。

二、我国城市社区管理体制创新

社区管理是社区正常运行的重要基础，是建设和谐社区的重要保障。和谐社区的一个重要特征是“管理有序”，而“管理有序”应该是政府依法行政与社区依法自治的有机衔接和良性互动。

1. 创新社区建设和管理理念

要以创新理念，将先进的社区管理和建设理念应用到社区改革过程中，突破传统理念，在组织设置、资源配置方式、管理制度和运作模式上进行大胆的创新。其主要有：（1）治理理念。建立社区多元主体共治模式。即“主体平等、权责明确、多元互动、共建共赢”的模式。（2）参与理念。加强社区自治组织建设，建立健全社区事务民主管理机制，引导社区成员广泛参与社区事务，实现社区居民自治。（3）法治理念。在理顺政府、社区居民、社区自治组织、社区物业管理服务及其他民间组织之间的关系，明确各主体间的职责分工的前提下，通过完善社区法律法规政策，推进社区依法治理，政府依法行政，社区居民、业主依法自治。（4）服务理念。根据公共服务与市场化运作相结合，低偿的公共服务与有偿的经营服务相结合的原则，为社区居民提供均等化的城市社区公共服务和优质的社会化个性服务。（5）整合理念。就是要整合社区的政府资源和力量、社会团体的资源和力量、社区内各单位的资源和力量以及社区居民的资源和力量到社区当中，形成社区建设和管理服务整体推动力量，提高社区资源整体效用。

2. 重新确立街道办事处的职能定位

街道的职能定位应该是社会管理和公共服务，街道机构设置的指导原则应该是“自下而上”的社区需求导向。主要创新思路：一是强化街道办事处的社区职能，构建“大社区”行政管理服务中心，形成“大社区”集中式行政管理服务模式。就是将区（县、市）有关部门的社区行政职能中的执行性和临时事务决策性职能下放到街道办事处，只保留宏观政策制度制定和重要事项的决策审批权，下放的权力只需要备案即可。街道办事处成立社区行政服务中心及专业服务窗口，并将社区管理服务权力集中在该中心，在居民委员会层次的“小社区”设立行政联系专员。推进民间组织的发展，发挥民间组织的社区服务作用。强化社区自治功能与自治组织建设，并通过一些制度或途径，加强对“小社区”的重大事项的监督。在社区自治运作较成熟的街道可以采用这种模式。二是强化居民委员会层次的社区行政功能，形成街道“专业中心”支持服务小社区“多中心”的分散式行政管理服务模式。将街道的社区行政管理服务职能部门向下延伸至“小社区”建立“多中心”行政服务站（中心）。街道办事处行政人员下沉到“小社区”，充当“网格员”，并充分利用信息化、智能化技术，实施网格化管理。在街道层次建立以区（县、市）职能部门为主体，街道办事处相关人员为补充的快反式专业服务中心（队），服务“小社区”。从而形成政府、居民委员会、业主委员会、物业公司及其他民间融合共生发展的“多位一体”的社区治理网络体系。在社区自治运作不够成熟的街道可以采用这种模式。

3．重新确立社区职能定位

关于社区的定位，目前全国有三种做法：一是定位在居委会，以原有居委会所辖区域作为社区；二是定位在街道办事处，以街道办事处所辖区域作为社区；三是定位在街道办事处与规模调整前的居委会之间。第一种做法的弊端是，社区规模过小，资源分散，各类生活要素只能在有限的狭小空间内配置，造成资源的浪费和无谓损耗。第二种做法的弊端是，社区组织容易成为政府的附属物，不利于推进社区民主。第三种做法吸取了前两者的优点，避免了前两者的缺点。社区建设的主体是社区成员，社区成员参与和自我管理、自我教育、自我服务，是社区建设的生命力所在。只有定位在这个层面上，才能便于社区成员的民主权利的发挥，把社区成员建设社区的积极性最大限度地激发出来。社区建设特别是在社区的初始阶段，还离不开政府的指导、支持和帮助，将社区定位在这个层面，使政府既超脱于社区之外，又融于社区建设工作当中。但在实际工作中，要根据社区具体情况来进行职能定位。

4．建立和完善相关的社区法律制度

法律制度不健全、不完善是导致目前社区建设和改革中诸多问题出现的关键。目前我国相关法律法规制度的制定相对滞后。2017 年6 月12 日中共中央国务院《关于加强和完善城乡社区治理的意见》明确提出，要全面提升城乡社区治理法治化程度，加快城乡社区治理法治建设步伐，加快修订《中华人民共和国城市居民委员会组织法》，研究制定社区治理相关行政法规。有立法权的地方要结合当地实际，出台相应的地方性法规和地方政府规章。推进法治社区建设，发挥警官、法官、检察官、律师、公证员、基层法律服务工作者作用，深入开展法治宣传教育和法律进社区活动，推进公共法律服务体系建设。因此，必须加快制定相关的法律法规，对社区的性质、作用和职能，社区管理机构的产生和设置及各自的职责权限划分，社区管理的方式及运作机制，社区与居民、政府和其他社会组织的关系等，做出明确的规定，以规范社区的建设与管理，规范相关各方的行为，为社区的健康发展提供制度上、法律上的保证。同时要根据各地的情况加快地方立法和行政法规制度建设，增强社区法律法规的可操作性。

5．开展有针对性的城市社区管理体制创新活动

目前城市社区管理体制存在大量问题。据河南省城市社区管理体制创新调研课题组

的调研反映主要有：一些地方的党政领导对加强社区管理的认识程度还不到位，高度重视和积极支持社区建设的环境氛围还没有形成；社区居委会承担了大量的任务分解，负担过重；各级政府对社区居委会的投入不足，社区管理病态运行；居民自治流于形式，居民参与不足，导致城市社区管理费效比大；社区干部队伍不稳定，对实现高效有序的社区管理造成了隐忧等问题。① 因此要根据各地社区实际情况和问题开展相应的社区管理体制创新活动。如引入社会工作模式，启动社区工作者专业化工程，建立一套社区建设的评估体系；创新社区管理服务的组织架构，理顺区街与社区的关系；推行社区网格化管理，提高社区管理服务水平；加大市、区财政投入，保障社区工作需求；依靠群众参与和管理社区公共事务，努力扩大居民参与，培育居民自治；加快推进社区信息化建设，努力提高社区管理服务效率；等等。

评价与反馈

案例分析：创新社区管理体制的有效实践

武汉市江汉区地处长江与汉水的交汇处，是武汉市最繁华的中心城区，辖13个街道、116个社区。2000年，江汉区被民政部确定为全国社区建设实验区。十多年来，在民政部和省、市民政部门的指导下，江汉区围绕创新社区管理体制和工作运行机制，进行了一系列改革探索，取得了一定成效，形成全国闻名的“江汉模式”。

2000年，江汉区首轮改革以转变政府职能、理顺政府与社区的关系为突破口，通过界定政府与社区的职责、划分政府与社区的职权，基本解决了政府行为规范和居委会职能错位的问题。从2004年开始，随着科教、文体、法律、卫生“四进社区”活动的推进，针对社区居委会工作负担日益繁重的实际，按照“权随责走，费随事转”原则，进行了以建立社区事务分类管理和准入制度为主要内容的第二轮社区管理体制改革。

政府下派的各类专干进驻社区后，与社区党组织和社区居委会成员合署工作，在一定程度上充实了社区工作力量，但也产生了一些新情况、新问题。如各类社区专干之间缺乏统一管理和相互协作，存在职能交叉、工作重复、忙闲不均、工作效率不高、信息孤岛等现象；政府各职能部门把工作向社区延伸，不仅增加了社区居委会的工作负担，使社区工作行政化，而且使其群众性自治组织的性质难以体现；社会组织的发展虽有所加快，但仍存在着数量偏少、规模偏小，公益类社会组织发展缓慢，参与社区建设不足等问题；各类社会管理主体管理职责不清，各自分工不明，相互对接困难，社会管理中交叉错位与断层缺位的现象同时并存；随着城市化的加速推进、利益格局的不断调整，社会管理呈现出管理对象日趋多样、管理事务日趋复杂、管理活动日趋开放等特征，各种社会矛盾、社会问题的不断凸显，传统的管理体制和公共服务手段、方式已难以适应新形势下城市管理与社会建设的要求。

---

① 张克强，牛自元，胡启明. 关于河南省城市社区管理体制创新的调研报告［R/OL］.［2012-09-27］. http://www.henanmz.gov.cn/.

针对这些问题，江汉区启动了整合社区公共服务资源，创新社会管理体制和工作运行机制的第三阶段的实践创新。一是整合公共服务资源，创新社区公共服务组织架构。由单一服务向综合服务、单一管理向综合管理、单一协助执法向综合协助执法转变，统筹推进街道和社区两个层面的改革，提高了公共服务的质量和水平，如构建街道社区综合服务协管机制，建立“分工协作、有机衔接”的社区管理体制，完善社工人才队伍管理机制。二是激发基层社会活力，增强居民自治功能。江汉区注重培育和发展社区民间组织，着力搭建社会参与的各类平台，切实增强居民自治能力和基层社会活力，提高了居民自治的有序化程度。包括：创新社区自治载体，提高居民自治的专业化水平；实施社区建设项目制管理，提高居民自治的有序化程度；推进基层民主建设，提高居民自治的民主化程度。三是推进区域化党建，统筹辖区发展。为保证社区各项工作的顺利开展，江汉区在推进社区管理体制改革的同时，对社区党建工作机制进行了创新，着力建立城乡统筹、区域整合的社区党建工作新格局。包括：创新社区党组织设置，在社区建立大党委；健全社区党建工作运行机制；建立共驻共建“项目制”。

（资料来源：湖北省民政基政处，http://www.hbmzt.gov.cn/.2011 －12 －30，有删改）

请结合本子任务的学习和你的理解，分析本案例，并填写表4－5。

表4－5

湖北省江汉区在社区管理上有哪些方面的创新？	你认为在上述做法中哪些是可以引申和推广到其他社区的？	这个案例对做好相关工作有什么启示？

巩固与提高

项目总结

本项目主要内容是社区关系和社区管理体制问题。首先介绍了社区关系含义、特点、内容及改善思路，包括社区行政管理关系、社区服务关系、社区自治关系和社区邻里互助关系等。然后介绍了社区管理体制，主要包括社区管理体制的含义及特点、传统农村社区管理体制和城市社区管理体制，并分析了农村社区管理体制和城市社区管理体制的创新思路。通过本项目学习，了解主要社区关系和社区管理体制知识，学会理顺社区关系，改革完善社区管理体制的理念、思路和方法、技巧。

案例讨论

上叶家社区的创新服务管理

社区工作者叶孟松是上叶家社区周家路区块的综合协管员，负责社区综合治理、流动人口等方面的工作。责任区里共有流动人口170多户400多人，叶孟松把所有人的资料都归档保存，并把印有自己联系方式的卡片发到每个群众的手中，方便及时为他们提供各项服务。在上叶家社区，像叶孟松这样的综合协管员连带社区主任共有6名，而社区服务管理创新综合协管员，这仅仅是上叶家社区创新社区服务管理的一个缩影。

上叶家社区位于浒山街道最繁华地段，它东临金东小区，南至金东小区住宅楼，西到南门小学，北至329国道。小区总住宅面积25万平方米，绿化面积3 000平方米，辖区内有共建单位3家，住户842户，常住人口1 913人。上叶家社区从2010年4月起开始这项工作。整个工作坚持“以人为本、综合统一、精简高效和统筹协调”的原则，围绕“保基本、强基层、建机制”总体要求，创造性提出“网格化包片管理”的管理模式和“条块结合”的工作模式。社区将各种工作站整合为“社区综合服务管理工作站”，由社区党组织书记任站长，并根据工作量大小和工作难易程度把社区合理划分为5个地域网格，每一块都有一名社区综合协管员负责，全面开展综治维稳、流动人口、劳动就业等相关服务，形成了“网中有格、人在网中”的工作格局。

上叶家社区党总支书记叶××说：“我们创新后，比如流动人口可以享受常住居民待遇，儿童就近入学只要五证齐全就可以在附近学校读书，不用回原来户籍所在地读书，不仅流动暂住人口非常满意，而且调解了很多矛盾纠纷。”自试点工作开展以来，社区共解决群众困难31件，排查矛盾纠纷20多件，并且全部调解成功，无一起群体性事件和非正常上访事件发生。社区服务管理创新工作得到广大居民群众的好评。70多岁的上叶家社区居民叶华富同志告诉其他居民：“有什么事我就找社区，社区很关心我们，我也很信任社区。”

（资料来源：社区服务管理的创新，百度文库）

讨论问题：

1. 上叶家社区的创新主要体现在哪里？
2. 你认为上叶家社区的服务创新有何借鉴意义？

实践活动

某种社区关系的调查与改进

活动目标

结合课本的内容和实际调研，深入了解一个现实社区中的各种内部关系，选择其中一种社区关系进行深入调查，分析该社区关系的内容及特点，了解该社区关系变化的规律，并提出改善该社区关系的意见建议。

背景材料

社区关系是要通过分析才能了解、感受到的研究领域，各种社区存在着各类社区关系，但这些关系表现或感知并非都是非常明显的，比如小区业主经常开展一些活动你才能感知到祥和融洽的社区邻里关系，同样社区经常有人投诉物业服务质量问题，你会感知到不够好的社区物业管理服务关系。所以应以自己较强烈感知到的某类社区关系为调查对象为好。

训练要求

（1）成立调研小组，分工协作或个体都可以完成此项工作。工作内容包括收集相关资料，研究设计调查提纲和问卷，实施调查，研究分析，完成报告等。

（2）实施调查研究，分四个阶段进行：前期资料收集整理；调查方案及问卷、提纲设计制作；实施调查研究；报告的写作。关键是确定调查什么类型的社区关系，并挖掘该类社区关系的变化情况规律，发现其中的问题，提出有针对性的改进社区关系的意见。

（3）作业交流分享。根据分工，各自完成自己的工作，并根据教学需要完成本项目作业。然后在研讨会上由主副发言人进行成果介绍。根据研讨结果和意见进行修改完善，最后正式提交报告。

项目五
社区行政管理

任务导学

案例5 “铜陵模式”——社区综合体制改革

2010年以来，铜陵市在全国率先开展社区综合管理体制改革，引发社会高度关注，更在全国产生了积极影响。在中央提出社会管理创新的时代背景下，敢为人先的铜陵人推出“铜陵模式”社区综合体制改革。

从某种程度上来说，改革往往不是做“加法”便是做“减法”，只有把握好“减”与“加”的辩证关系，才能探索出一条通往目标的现实路径。铜陵社区体制改革的核心是撤销街道办事处，变“市—区—街道—社区”四级管理为“市—区—社区”三级服务。它的逻辑在于：形式上的“减法”，带来本质上的“加法”，为了“加”，先行“减”。

通过改革，铜陵社区体制发生了根本的变化。首先是结构、职能变化。建立起以社区党工委为核心，以社区居民委员会、社区公共服务中心（社区服务中心）、社会组织为支撑的“一个核心三个体系”组织框架，并以改变职能为核心，实现了社区党工委、居民委员会和公共服务中心责、权、利的统一，建立健全了党的领导、居民自治、中心服务、社会协同、公众参与的社区管理服务新格局。其次是改革后新社区实行模拟编制化管理，全员实行分类管理，服务任务“包干到人”，强化了行政人员的责任，提高了社区行政服务的效率。干部要掌握居民信息，为重点人群提供上门服务。居民有问题可以通过便民联系卡找社区工作人员帮助解决。居民委托社会中介组织对社区工作人员进行考核，决定干部的去留。再次是促进了居民自治。铜陵将行政服务管理职能和居民自治职能相对分开，利用整合后的社区公共管理和服务职能，更有效地促进社区居民自治。只要涉及社区重大事务，都听取居民意见，还自治权于社区居民，也是还公民责任于社区居民。

综观管理层级由“四”到“三”的变化，减去的是行政层级与管理成本，提升的是政府效能与公共服务水平；减少的是原先小社区数目，整合的是“大社区”的人、财、物等资源；弱化的是政府“替民做主”的惯性思维，强化的是居民“自己做主”的民主自治意识。

经过改革，铜陵市原10个街道办事处和61个社区工作站整合为23个社区居委会。

社区数量减少，规模扩大。与此同时，各种资源开始向合并后的“大社区”集结。改革后，每个社区直接为群众服务的工作人员由7～12人增加至22～40人；每个社区的工作经费由3万元左右增加到30万～50万元；原先的街道办办公室也成了社区的居民文化活动用房，总面积翻了一番。虽然铜陵社区综合体制改革迈出了艰难的第一步，但如何把建立起来的制度落实到人并发挥其积极性，又是一个难题。

（资料来源：中国青年报，2011－10－09，有删改）

任务导引：

社区治理需要依靠各社区管理服务主体来推进，而我国社区管理服务历史演变的客观实际表明，社区治理的主体在过去计划经济时代主要是行政管理。经过改革开放的发展，社区治理多元化发展趋势在不断加快推进，但以行政管理主体为主导的社区治理体系仍然是要坚持的方向。铜陵市的社区行政组织体系和管理体制的改革不但是基层政府行政组织创新、管理体制机制创新和社会管理创新的一次成功的尝试，同时，也表明社区行政管理是社区治理变革发展的重要发力点。搞好社区行政管理创新，将加快推进社区治理创新的全面发展。

学习目标

1．了解社区行政管理的含义、特点及功能；了解社区行政组织主体类型；熟悉社区行政组织变革的主要路径模式探索情况。

2．掌握社区行政管理组织变革的主要内容；熟悉社区行政管理的主要工作内容。

3．学会应用行政管理理论和组织变革理论分析、探索社区行政管理体制变革规律，提出改进社区行政管理工作的对策。

任务一 社区行政管理概述

情境导入

情境11 兰州市城关区的街道社区行政分离改革

以社区治理的理念指导社区行政管理体制、行政管理模式和行政管理方法的变革创新，才能适应当前社区管理服务工作的需要。兰州市城关区委、区政府为让社区从繁杂的行政事务中解脱出来，充分发挥社区联系服务群众的基本职能，探索街道社区行政分离改革，最终在铁东街道社区试点中破冰成行。

思路：通过取消各社区政务大厅，将其行政事务全部收归街道，在街道单设街道社区行政事务受理大厅，实行“一口式接件、归口式办理”模式，不仅给社区减轻了负担，而且为群众办事节省了时间，实现了“行政化社区”向“服务型社区”的转型，为社区更好地服务群众提供了坚实保障。

试点：该区深化社区行政体制改革，推动群众工作开展，并将着力点放到基层联系服务群众的前沿阵地，探索出了街道社区行政分离的社区行政管理模式，并在铁东街道及其社区进行试点。城关区街道社区行政分离改革，是在行政管理区域面积比较小、人口密度较大的城区街道实施的，即通过取消各社区政务大厅，将其行政事务全部收归街道，在街道单设街道社区行政事务受理大厅，全面实行“一口式接件、归口式办理”工作模式。

成效：此次试点改革，使更多社区人员从繁杂的行政事务中解脱出来，有效解决了联系服务群众“最后一公里”问题。铁东街道对社区承担的100多项事务进行分类，归纳梳理出15项需上交街道的行政事务，由街道社区行政事务受理大厅统一受理，受理大厅分为前台受理和后台办理两个平台，两个平台相互呼应，有效提高了工作效率。

（资料来源：兰州日报，2014-10-15，有删改）

说明：兰州市城关区街道办事处通过收归行政事务到街道办事处，实行“一口式接件、归口式办理”的行政管理服务工作模式，使社区层面的行政管理工作与社区服务工作功能得到科学区分与归位，实现“行政化社区”向“服务型社区”的转型。这不仅仅是基层行政管理模式的改革创新，更是在新型社区治理的条件下社区行政管理作用方式的创新，也为社区其他主体积极开展社区服务，发挥社区多元主体作用创造了良好的行政生态和社会环境。因此，有必要了解社区行政管理的基本知识，以便主动、积极地推进社区行政管理改革发展。

任务要求

1. 通过文献研究，分析整理有关社区行政管理的基本知识和理论，理解社区行政管理的含义、特点及功能作用。

2. 通过学习和调查研究，了解我国社区行政组织改革发展的基本情况，熟悉我国社区行政组织变革的主要内容和变革的路径模式探索情况。

3. 结合社区调查，总结研究某一社区行政组织变革的成果、需要改进的主要问题，并提出可行的创新发展建议。

子任务1 社区行政管理的含义、特点及功能

任务分解：

（1）通过学习研究，分析整理国内外有关社区行政管理的基本知识和理论，理解行政管理的含义、特点及功能作用。

（2）结合调查研究工作实际，了解某社区行政管理工作的基本内容、环节、重点和模式，对社区行政管理工作在社区治理中的主导地位与作用有清醒的认识。

知识准备：

一、社区行政管理的含义与特点

1. 社区行政管理的含义

所谓“行政”，就是推行政务的本意；所谓“管理”，就是管辖、治理的意思。“行政管理”（public administration），有狭义与广义之分。狭义的“行政管理”，主要是指各级政府及其工作人员运用国家赋予的行政权力，依法对社会公共事务和公益事业进行管理的各种活动。广义的“行政管理”，则是指所有公共部门及其工作人员运用公共权力，依法对社会公共事务和公益事业进行管理的各种活动。

同样，社区行政管理也有广义与狭义之分。广义的社区行政管理是指社区内的所有公共组织为了维持社区的正常运转，实现一定的社区目标，而对社区内的社会公共事务和公益事业所进行的各项管理活动。在我国城市社区中，存在着各种各样的组织，包括政府组织、政党组织、企事业单位、社团组织、中介组织、军事组织等。这些组织既要对组织的内部事务进行管理，也对社区内的公共事务负有一定的管理责任。凡是社区内的各种公共机构和公共组织，为了改善社区环境，增加社区居民福利，而进行的各种管理活动，都可以看作是社区行政管理。

狭义的社区行政管理则是指政府组织（行政机关）对社区的社会公共事务和公益事业进行规划、指导、控制、监督、协调的一系列活动。在我国，社区内的公共事务主要由社区行政组织指导有关的群众自治组织来进行管理。具体来说，在我国，目前城市社区行政组织主要是指“街道办事处”这一政府派出机构及其他一些政府组织。所以，城市社区内社会公共事务的管理，特别是一些公共产品和公共服务的提供，应当由街道办事处及其派出机构社区行政服务中心（站）或社区工作站等一些政府组织来负责。

随着社会的发展，政府对社区的干预有弱化的趋势，但是这并不意味着政府应离开社区。越来越多的人认为政府介入社区公共事务和公益事业的管理是必需的。因为社会和市场机制本身都存在这样或那样的缺陷，而像社会治安、环境保护、公共卫生、居民教育、老弱病残的救助等许多问题只靠社区和市场的自身力量是不可能完成的，即使是市场经济非常发达的国家和地区，社区中的政府行为仍然是不可避免的。所以，“社区行政管理”是客观存在的。对于市场机制还不健全，社区自治组织和自我管理能力还很薄弱的中国来说，政府作为社区建设和管理的主体之一，仍然起着一种主导作用。不过，政府的主导作用应通过转变政府职能、更新行政管理理念和改革行政管理方式方法来实现。同时应通过市场化方式让社区民间组织发挥更大的作用。城市基层政府组织的主要职能将是确保国家的法律、法规和政策在社区中得到贯彻落实，为社区居民提供优质的公共产品和公共服务，而不是干预社区居民自治。

2. 社区行政管理的特点

（1）社区行政管理兼有行政性和社区性。我国城市街道既是一种行政区划单位，也是由众多社区组成的一片城市区域。街道办事处作为我国城市社区行政事务的管理者，既是执政党和政府的基层组织，也是社区的管理机构。所以，社区行政管理的性质兼有行政性和社区性的特点。在过去的计划经济时代，政府和国家几乎包揽了一切事务，只有政府的行政管理，而没有社区管理。随着改革开放和社会主义市场经济的不断发展，政府和社会逐渐分离，社区管理的行政性逐渐减弱，社区性不断增强，出现逐步由行政化走向社区化的趋势。

（2）社区行政管理是一种间接管理。社区建设和管理的科学发展离不开政府行为，但问题的关键不只是政府要不要参与，而是政府如何参与社区管理、以什么样的方式有效地管理社区的问题。通常来说，政府对社区的管理主要有两种方式：一是直接管理；二是间接管理。在过去计划经济时代，社区行政管理主要是采取以行政手段为主的直接管理方式，设在社区内的政府机构直接插手处理社区各方面的事务，而社区居民自我服务、自我管理的比重很小。改革开放以来，随着行政体制改革步伐的加快，政府职能的转变，政府不再直接干预社区所有事务的管理，政府对社区行政管理的方式逐渐采取以法律手段、经济手段为主的间接管理方式，并借助社区内的社会组织，来对社区实施管理。

（3）社区行政管理是一种参与式管理。社区是由居民、自治组织、社区行政机构、企事业单位及其他各种民间组织构成的一个多元共生体。调动社区各方面的力量参与社区建设是社区行政管理的工作重点之一。社区的发展需要社区内的有关组织的参与和支持。反过来，良好的社区环境、社区关系也为社区内的各种组织的有效运作创造了必要条件。所以，政府要转变职能，注意分权和下放权力，把社区内各种力量凝聚起来，参与社区管理，特别是要使社区内的各个单位充分认识到自己既是管理客体，也是管理主体，要变“街道管理、你管我听”为“街道牵头、各方共治”，增强各个单位对社区的认同感、归属感，形成齐抓共管、共建共赢的社区治理局面。

二、社区行政管理的功能

1. 维持功能

维持社区的正常秩序和各项活动的正常运转，是社区行政管理的一项基本功能。在市场经济条件下，资源配置、基础性的经济生产和交换由市场机制去完成，包括社区居民的衣食住行都受市场规律、价值规律支配，但是社区内的公共服务和公共产品，如社区治安、基础设施、文化教育等则往往需要政府出面进行管理。如果完全放任不管，就会引起社区生产经营和日常生活秩序的混乱。所以，政府要扮演“维护者”的角色。

2. 服务功能

社区行政管理涉及政府民生目标的落实，建设服务型社区行政是实现这一目标的前提条件。因此实现基层社区政府机构的职能，一方面将行政机构看作社区公共服务的提供者，扮演好“服务员”的角色，组织行政资源，向社区居民提供多样化的公共服务，方便居民的生活；另一方面政府还要创造良好的社区服务环境，制定和提供优惠政策，做好社区政策服务，鼓励或资助社区内的一些营利性或者非营利性服务机构来参与社区个性化服务，夯实社区服务整体实力，提高社区服务质量，增强居民的幸福感。

3. 协调功能

社区是各种社会关系的交汇点，也是各种社会矛盾和问题的集结点。协调好各种社会关系，解决各种各样的社会矛盾和问题，是社区行政管理的基本功能之一。所以，要求基层政府扮演好“协调员”的角色，建立科学的社区资源配置机制和制度化的社区协调机制。通过多渠道的资源筹集、重点项目的政策扶持、市场化的项目动作等提高社区资源的效用；定期召开社区居民代表大会和有关各方参加的联席会议等，来进行沟通、协调，理顺社区的内外部关系，解决有关问题，化解各种矛盾。

4. 监督功能

尽管社区行政管理通常采取间接管理的方式来管理社区内的有关公共事务，并不要求政府直接干预社区内一些具体事务的管理，但是，这并不意味着政府可以撒手不管，放弃“掌舵”的责任。相反，基层政府还要扮演好“监督员”的角色，充分发挥居民自治、业主自治组织和社区党组织，以及“两代表一委员”（党代表、人大代表和政协委员）的作用，建立社区监督队伍，形成社区监督制度，对社区内重大事项和各种组织机构的运作进行监督，对那些有悖法律、法规和政策的现象，要坚决纠正和处理。

评价与反馈

请结合本子任务的学习和你的理解，填写表 5 - 1。

表 5 - 1

归纳社区行政管理的含义	简述社区行政管理的特点	简述社区行政管理的功能作用

子任务 2　社区行政组织及改革

任务分解：

（1）通过学习和调查研究，了解我国社区行政组织改革发展的基本情况，熟悉我国社区行政组织变革的主要内容和变革的路径模式探索情况。

（2）结合社区调查，总结研究某一社区行政组织变革的成果、需要改进的主要问题，并提出可行的创新发展建议。

知识准备：

一、社区行政组织

行政组织是社区中行使国家行政权力、管理国家行政事务和社会公共事务的机构体系。狭义指国家行政机关，广义包括国家立法、司法等机关中管理行政事务的机构，也包括企业、事业及社会团体中管理行政事务的机构。以我国城市社区为例，行使国家行政权力、管理国家行政事务和公共事务管理的社区管理主体除狭义的社区行政机构外，其他行使国家权力管理社区行政和社会公共事务的社会组织承担了部分社区职能，也是行政组织体系的重要组成部分。

1. 街道办事处

在我国，街道办事处作为上级政府（区政府或县级市政府）的派出机构，是社区内的主要政府机构，也是社区行政管理体制的组织要素。街道办事处从建立之日起，发展到今天，经历了一个由虚置到实体的过程。

1954 年 12 月 31 日，全国人民代表大会常务委员会第四次会议通过了《城市街道办事处组织条例》，在全国统一了街道办事处的名称、性质、任务和机构设置。明确了街道办事处是政府的派出机构，其主要任务就是指导居民委员会的工作、反映广大居民的意见和要求、完成上级交办的其他任务分解。应当说，直到 1966 年“文化大革命”前，街道办事处作为政府的派出机构，其权限较小，任务分解也不复杂。

“文化大革命”期间，街道社区的权力完全集中在“街道革命委员会”手中，社区行政组织建设基本上处于停滞状态。1976 年 10 月，粉碎“四人帮”以后，随着拨乱反正工作的深入和党的工作重心的转移，我国城市街道社区的管理体制也发生了很大的变化。1979 年，“街道革命委员会”被撤销，重新恢复了“街道办事处”的名称。1980 年，全国人大常委会重新确定了《城市街道办事处组织条例》的有效性。这样一来，街道办事处开始恢复 1966 年以前的职能，但仍然是政府的派出机构，其权力只限于管理与社区居民有关的公共行政事务，主要负责对居民委员会的工作进行指导，完成上级政府职能部门（“条条”机构）布置的任务，等等。所以，街道办事处在整个城市权力网络中，处于一种末梢地位，上连接基层政府，卜连接社区群众自治组织——居民委员会。

值得注意的是，作为政府派出机构的“街道办事处”与“市辖区”之间还是有区别的：首先，两者的性质不同。市辖区是宪法规定的一种行政管理区域，市辖区政府是一级基层政府；而街道是单项规定的一种行政管理区域，街道办事处是市辖区或不设区的市的政府派出机构。其次，两者的机构设置不同。作为一级政权组织，市辖区设置了中共区委、区人大、区政府、区政协、区法院和区检察院；而街道通常只设置了作为派出机构的街道党工委和街道办事处。最后，两者的职权不同。市辖区的职权是法律授予的，享有包括人事权、财政权在内的一级政权组织所有的权力；而街道办事处的职权则是上级政府授予的。

2. 上级政府部门的派出机构

（1）传统的上级部门派出机构。

传统意义上的上级政府（主要是区政府或者不设区的市政府）的各个职能部门在街道社区内的派出机构，是社区行政管理体制的一个重要组成部分。这些政府职能部门的派出机构主要包括工商所、房管所、派出所、粮管所、环卫所等，它们主要负责社区内某一方面的行政事务，属于垂直管理的“条条”机构，与作为“块块”的街道办事处之间没有直接的领导和被领导关系，而是一种相互配合、相互协作、相互监督的关系。

20世纪80年代以前，这两类政府机构虽然基本上是各自为政、条块分割，但彼此之间的矛盾并不突出。原因在于它们所拥有的权力资源都有限，只是被动地服从上级命令，因而不会有太大的利益冲突。当时，社区的权力资源都掌握在各个单位手中，一个单位就是一个“小社会”，处于相对封闭、独立的状态，同一社区的各个单位之间很少联系。这种“全能型”的单位体制导致的结果：一是政府的权威主要通过社区内的各个单位放射状地深入到居民生活中去，街道办事处则由于各个单位的彼此封闭而难以成为社区权力网络的枢纽，社区行政权力形同“虚置”；二是“政（政府）社（社会）合一”的单位体制使其外部社会空间与国家形成相对的分离。

20世纪80年代中期，我国改革的重点由农村转向城市，虽然街道社区并未成为当时关注的重点，但国有企事业单位的改革在社区内却引起了一连串的震荡。如下岗职工的再就业问题，随着社会保障制度的逐步完善，将由单位自己解决逐步转移到社会解决，而这个“社会”具体就落实到街道社区。同时，改革使人民群众的生活水平有了很大的提高，居民对社区环境和社区服务的质量也有了更高的要求，从而要求街道社区政府组织来加以改进。

随着城市化速度的不断加快，城市建设不断扩张（包括新区开发，“城中村”、旧厂房和旧区的“三旧”改造），对社区行政管理的冲击也很大。城市化速度的加快，使得城市管理的任务越来越重，许多工作最后都落实到街道社区。但是，街道办事处的职权并没有扩大，上级政府的授权也不明确，社区内的许多事务只能是“看得见、摸得着、管不了”；而各个“条条”机构虽然有权管，但由于与社区居民没有直接关联，也没有足够的人力、物力来管理，所以，只好又推给街道管理，导致“条块冲突”加剧。如过去很长一段时期对外来人口的管理，有关的公安派出所只管收治安费、登记费，日常管理却很少；而外来人口造成的计划生育、住户治安、社区环境卫生等问题则要街道解决。

应当说，这种条块矛盾自街道办事处建立以来就一直存在，为什么20世纪80年代以后才加剧呢？根本原因在于“条”“块”权力的逐渐膨胀，社区获得利益资源的机会增多，使得“条”与“块”都试图通过各自的权力来争夺资源，而这一争夺又没有明确的“游戏规则”来加以规范，最终导致社区行政管理秩序的混乱。从某种意义上说，街道办事处的职能已涵盖了一级政府的全部职能，除了没有设立人大、政协之外，已经是一级“准政府”，管理着社区的大部分事务，然而，它作为政府的派出机构，其权力又是有限的。这种状况必须进行改革。

（2）社区综合行政工作机构。

正是因为前述的条块分割、各自为政问题的出现，迫切需要改革现有的社区行政管理工作体制。社区工作站或称社会工作站、社区行政服务中心（站）和社区综合管理机构（如广州市的“三中心一队伍”）等应运而生。

社区工作站是社区工作的一项改革和创新。它是在居委会层面，按照“议行分设”的原则和思路设立的，把不属于社区居民委员会工作职责的行政性工作分离出来，使社区居民委员会真正履行依法自治职能，更好地集中精力抓好社区自治管理，社区工作站作为街道办事处派驻到社区的工作机构，承担政府及街道办事处在社区的各项工作和公共服务。

设立社区综合管理机构是改变条块分割，实现上级职能部门和街道办事处在行政管理职能、行政管理队伍、行政管理资源和行政管理工作上的一种整合，提高社区行政执法水平的需要。如2010年，广州市荔湾区探索以建立分工合理、权责一致、管理规范、服务到位的街道管理和服务体制机制为目标的街道“一队伍三中心”建设，随后在广州市街道办事处层面全面铺开，全面建立执法、管理、服务“三位一体”的社区管理服务体制。具体来说，一是整合街道在市容环境卫生、城市管理、劳动用工管理、安全生产监督检查、环境保护、城市绿化等相关执法职能，成立街道管理综合执法队。二是整合街道失业登记、推荐就业、社会救助、计划生育、退休人员管理、流动人口管理、出租屋租赁管理行政管理等职能，成立街道社区管理中心。三是整合为居民群众提供的家庭服务、长者服务、青少年服务等服务内容，成立街道家庭综合服务中心。四是整合辖区内综治维稳和信访工作的综治办、信访办、司法所等机构，成立街道综治信访维稳中心。

3. 其他社区组织

(1) 社区政党组织。

社区政党组织主要指中国共产党在街道和社区的基层组织，主要包括街道办事处党委会和社区党支部（党委）。街道党委会在整个街道组织体系中处于领导核心的地位，而其他的民主党派没有社区组织，在社区管理中的作用也较小。由于街道办事处党委会的有关成员是通过党代会选举产生的，而街道办事处的有关管理人员则是由上级政府任命的，两者的产生方式不对称，所以，在实际运作过程中，党政关系不顺，党委干预行政太多的现象比较突出。近年来，许多城市已经通过改革，将街道党委会改为街道党的工作委员会（简称“街道党工委”），作为上级党委的派出机构。同时，随着社区建设的不断深入，绝大多数城市社区也都成立了社区党组织（党委、党总支、党支部），在社区各种社会组织中成立相应的党支部、党小组，在民营企业、外资企业和股份制企业中成立党支部，并开展以社区为单位的区域化党建工作。

(2) 社区群众组织。

社区群众组织包括以社区居民委员会为代表的各种群团组织、中介组织等，其中居民委员会在城市社区管理中发挥了重要作用，承担了大量社区行政管理工作，概括起来，居民委员会的任务大致包括两方面：一是管理社区内的各项事务。包括办理本居住地区居民的公共事务和公益事业，管理本居民委员会所有的财产，宣传宪法、法律、法规和国家的政策，维护居民的合法权益，教育居民依法履行应尽的义务，爱护公共财产，开展文明建设活动。多民族居住地区的居民委员会还要注意加强民族团结的教育。二是协助国家机关开展工作，包括维护社会治安，向政府反映居民的意见、要求和提出建议。此外，还要协助政府及其派出机构做好与居民利益有关的公共卫生、计划生育、优抚救济、青少年教育等项工作。

就街道办事处和居民委员会的关系而言，由于街道办事处作为政府的派出机构，是一种行政组织，而居民委员会则是一种居民群众自治组织，居民委员会主任由居民代表大会选举产生，不被纳入行政序列。所以，它们两者之间的关系不是领导与被领导的关系，而是指导、支持、帮助与协助开展工作的关系。一方面，街道办事处要在政策上和工作上对居民委员会给予指导、支持和帮助，同时又要维护居民委员会作为居民自治组织的法律地位，不能把它当成自己的分支机构；另一方面，居委会作为城市基层社会生活中实现人民直接民主权利的一种组织形式，又需要接受政府的指导，有义务协助政府做好社区的各项工作，完成各项行政事务，担负着许多行政性职能。

二、社区行政组织变革

1. 社区行政组织变革的背景

自城市社区建设开展以来，关于社区建设的载体平台一直是理论和实践中广泛讨论但没取得共识的一个现实问题。初期的社区建设是建立在传统延续的一里一弄居民委员会层面，其规模大致在几百户，可整合的资源较少，作用发挥受到限制。为此，各地纷纷调整社区的规模，按1 000～3 000户的规模以及相邻相近、内涵相同的标准，重新划分了社区，社区建设就定位于规模扩大了的社区居民委员会层面上。经过多年的发展，社区建设在推进基层民主政治、维护城市基层社会稳定、促进就业以及城市环境等方面均取得了很大的成效。但毋庸置疑，城市社区建设与管理中依然存在诸多问题，如居民自觉主动参与不足，社区资源匮乏，社区社会组织发展力度不够且参与社区管理能力和程度不高，等等。其中，较为普遍的是社区行政趋势明显，政社不分严重，作为自治机构的社区居民委员会行政负担过重，压力过大。为此，各地出台了许多办法试图加以解决，但总体效果不佳。根本原因在于，将自上而下的行政体制的改革与自下而上的社区体制的改革完全割裂，就行政体制改革而改革，就社区体制改革而改革，没有将二者有效衔接。为了解决行政改革与社区体制改革“两张皮”问题，理论研究和实践探索都不约而同地将目光转向了作为行政体制改革与社区体制改革结合部的街道办事处。

改革开放给城市带来了全面的经济转轨和社会转型，带来了各方面利益关系的不断调整和分化，带来了城市经济社会生活的巨大变化，城市基层社会管理也出现了诸多新领域和新情况，街道办事处所处的社会历史条件以及所承担的历史任务均发生了根本性的变化。单位体制的衰落使得职工对单位的利益依附日益弱化，“单位人”逐步转化为“社区人”“社会人”，街居体制成了“后单位时期”社会整合的基础平台；诸如外来务工人员与流动人口的管理、下岗与失业、社会建设中的社会动员、老年养老和社会保障等城市社会问题大量涌现，社会管理任务普遍加重；社区建设任务繁重，日益复杂多变的社区业主（业主委员会）与物业公司之间、社区居民之间、社区居民与社区单位之间、社区居民与政府管理部门之间的关系亟待理顺；居民日益增加的多元化需求突出。

上述历史条件和历史任务的变化，考验着城市基层社会管理，考验着作为城市社会管理、维护社会稳定的最前沿的街道办事处的管理能力。但是街道体制和管理方式已严重不适应新形势、新任务，街道办事处的职权以及各种资源（人、财、物、制度、信息等）严重不足，职责与权限严重失衡，条块分割、条块矛盾的普遍存在，也使得街道办事处的管理能力明显不足。这就导致在城市实际管理中，“看得见、摸得着、无权管”“有权管、看不见”的现象较为普遍。因而，从体制上彻底改变这一问题也就成了改革开放后第一轮街道办事处改革的依据和根本出发点。

2. 社区行政组织变革的主要内容

（1）街道办事处组织变革。街道办事处体制改革的关键是组织再造，形成新的社区组织结构。新的治理机构强调的不是取消街道办事处这一行政层级，而是在现有机构基础上的组织再造，是按照新公共管理的要求，依据现代治理理念，在城市管理的基层建立起政府、社会、企业、居民共同参与、共同治理的机构与运行机制，从而可以整合社会不同领域的力量，将不同资源导入社区建设，形成以政府为主导、社会各界与居民群众多方参与的共同治理模式，从而改变过去那种强政府、弱社会、政府单独治理的格局。共同治理模式的确立，不仅有利于民主政治的发展，弥补政府力量的不足，提高政府治理的能力，实现责任共担和利益共享，也有利于政府自身“减肥”。

（2）现代社区治理机构的职能重新定位。职能再造和重新定位是新的治理机构得以成立的基础和现实依据。当今我国政府职能体系是经济调节、市场监管、社会管理和公共服务。对于基层政府尤其是基层政府派出机构的街道办事处来说，社会管理和公共服务职能体现得更为明确、更为充分。因此，新的治理机构职能的重新设计定位体现在：首先，彻底剥离其经济职能。新的治理机构不再从事任何的经营创收等经济活动，不再承担经济职能，其所需经费由区财政统一支付，可以实行虚拟财政体制。其次，剥离其行政管理职能，不再承担区政府职能部门下移的行政执法、行政审批和行政管理职责，行政执法与行政管理职能回归区政府职能部门，并将区政府职能部门推向行政管理和公共服务前台。在两个剥离基础上，新的治理机构主要职能有：一是经区政府授权，组织与管理本区域内公共事务和公共服务事项；二是协调各方力量参与公共事务治理和公共服务生产与供给；三是监督市、区两级政府及其职能部门依法行政和公共服务供给情况；四是积极培育发展社会组织，监督和评估社会组织所提供的社会服务情况以及社区社会组织运行情况；五是负责指导社区居民自治和和谐社区建设等。

（3）强化治理的流程再造。全新的组织架构和全新的职能定位必然导致其治理流程的重新设计，流程再造是改革后的公共服务委员会取得预期效果、取得成果的关键所在。其一是辖区内行政管理流程再造。其二是区域内的公共事务和公共服务流程再造。其三是考评机制流程再造。通过治理的流程再造，改变过去单纯强调通过各种行政性措施提升行政组织的执行效率和执行力的传统做法，强调公共决策体制的民主化以及决策过程的民主参与和开放性。

通过治理流程再造，彻底改变政府与社会公众之间信息严重不对称，社会公众无法对政府进行有效监督状态的状况，将公共服务项目运行社会化，并且完全置于社会和公众的监督之下，从而进一步完善政府决策机制，提高政府决策的民主化和科学化水平，实现行政管理和社会事务管理的透明、公开。通过体制变革与职能重新定位，实行行政事务社区准入机制、自下而上的考核机制，切实落实基层居民的民主自治权利，从根本上遏制社区工作行政化的趋势。

三、社区行政组织变革的主要路径模式探索

1. 第一轮改革：“两级政府，三级管理”

上海是“两级政府，三级管理”体制改革的发起者。1994 年，上海开始探索、试水。1997 年 1 月，上海市第十届人大常委会通过了《上海市街道办事处条例》，用法律的刚性对这一新体制加以确立。新体制的重点和核心是强化政府在街道层面（第三级）

的行政权力和行政职能，实现城市基层社会的有效管理。改革的路径是积极推动市、区两级政府及职能部门的权力下放或分权，实现管理重心下移。“重心下移，权随责走，费随事转”是其通俗写照。改革的主要举措有：第一，逐步扩大街道办事处的管理权限，相应配套下放人、财、物的支配权。第二，明确区政府职能部门与街道办事处之间职责和事权的划分，努力做到统一规则、分级管理、条块结合、以块为主，按照权责一致的原则，由街道办事处对辖区内地区性、社会性、群众性、公益性的工作负全面责任。第三，重组“街道办”所设机构，推进政企、政事、政社分开，发挥各类组织在社区建设和管理方面的作用。第四，建立街道办事处综合执法管理队伍，尤其在环境卫生、园林绿化、市容市貌、社会治安、房产物业、外来人口等方面，充分发挥联合执法和综合管理的效能。

“两级政府，三级管理”改革取得了一些成效。第一，“两级政府，三级管理”实施后，街道办事处管理权限得到明显加强，这有利于街道办事处整合和调动社区内各种资源，也加强政府在社区管理第一线的人力、物力和财力投入，不仅带来了基层行政管理工作的极大热情，也提高了政府的行政权威和行政效能，在短时间内提高了城市管理效率，解决了诸多社会问题，推动了社区发展。第二，形成了“以块为主，条块结合”的机构组合，克服了原有的“条块分割，各自为政”的弊端，对促进政府职能转变、城市管理重心下移和提高城市管理效率都有重大作用。第三，在一定程度上实现了政事、政企、政社的分离，建立起新的社区管理框架，有利于推动社区建设，加快社区发展。

但“两级政府，三级管理”的体制也存在一些困惑与缺陷。第一，法律上的困惑与缺陷。法律上的困惑首先来自于对现行法律规定的突破。1954 年《城市街道办事处组织条例》和 1979 年的《中华人民共和国地方各级人民代表大会和地方各级人民政府组织法》都有明文规定，街道办事处是派出机关，而非一级政府，改革导致街道办事处往往难以依法行政，“以行政代替法律”或越权管理等现象时有发生。第二，基层社会管理实践上的困惑与缺陷。这种困惑体现在街道办事处与市、区政府职能部门之间存在的“条块关系”矛盾没有得到根本缓解。第三，社区自治上的困惑与缺陷。放大社会公共空间，扩大基层民主自治，做大做强社区，构建和谐社会，是市场经济体制下社会发展的必然，也是城市社区自治的发展方向。而“两级政府，三级管理”体制强化了街道办事处的行政管理职能，强化了行政权力在社会管理中的作用，这必然挤占社会公共空间，导致社区群众自治组织的社区居民委员会行政化，社区自治也日益脱离本质规定。第四，改革目标和价值取向的困惑与缺陷。体制改革的目标导向是单一的，就是解决街道办事处职责与权限不对等、权小责大、条块分割问题；其价值取向也是单一的，即通过管理重心下移，加大街道办事处权重，以强大的行政权力提高基层社会管理成效。但在社会转型与市场经济转轨条件下的街道体制改革的目标和价值取向显然不是单一的，而是多元化的，不仅有机构和人员精简，构建服务型政府的行政目标，而且有扩大社区自治范围，提高社区自治程度的政治目标，还有化解社会矛盾，解决社会问题，构建和谐社区、和谐社会等社会目标。第五，改革指导思想及所依理论上的困惑与缺陷。“两级政府，三级管理”体制改革显然受到行政管理主义的深刻影响，管理主义强调管理的工具理性，强调成本与收益之间的联系，追求效率至上，而轻视街政与其政治、社会和文化生态环境之间的深层关联，在一定程度上忽视了公民意识的培育、公民责任的塑造和政治效能感的提升。第六，体制结构本身存在缺陷。“两级政府，三级管理”体制受制于三个方面的制约而难以有所作为：一是来自城市管理层次不宜超过两个的城市管理规约制约，增加管理层次，将增加行政成本；二是来自“减少行政层次，降低行政成本”作为加快行政管理体制改革目标的制约；三是来自社区自治和公民社会发展的现实制约。当前，寻求政府行政力量与企业市场力量和社区自治、社会组织等社会力量有机结合，实现社会善治已成为潮流，也成为我国各项改革的发展方向，而将街道办事处建设成为一级政府，必然会在一定程度上挤占社会的自治空间，导致治理结构中三大力量的不均衡，从而达不到社会善治。

2. 第二轮改革：“街道社区化”

(1) 第二轮改革的改革措施。

第二轮体制改革始于21世纪初，改革的动机和目标取向是为了解决“两级政府，三级管理”体制所存在的缺陷，以及由此缺陷带来的问题与矛盾。按发生的时间先后顺序分别介绍如下。

①“青岛浮山后社区管理模式”。青岛街道体制改革始于2001年，此年4月，青岛市新建最大规模的安居工程浮山后社区，不再设置“街道办”，而是建立起了全新的社区管理体制，这一新体制被概括为“一个核心、三套工作体系”。“一个核心”，即“社区党工委”，作为市北区委的派出机构，是所辖区域内多种组织的领导核心。“三套工作体系”，一是社区自治工作体系——社区委员会，作为社区自治组织社区代表大会的常设理事机构，由社区代表大会选举产生，下设办公室和社区服务、文化教育、计划生育、人民调解、卫生环境5个委员会。二是行政事务工作体系——社区事务受理中心，由区政府职能部门的派出人员组成，承接社区中的行政执法、行政管理职能，负责城市管理、综合治理、计划生育、民政、财税、司法、社会保障、文教卫生等行政事务。三是社区服务工作体系——社区服务中心，负责社区服务的组织、管理和协调，开展便民利民服务活动。这4套工作体系职责明确，互相支持，密切配合，各司其职，充分发挥各自的效能。

②“南京淮海路社区管理模式”。“南京淮海路社区管理模式”是指南京市在白下区淮海路街道办事处进行的体制改革试点，始于2002年。改革的出发点被学者概括为“政府依法行政、社区依法自治”，其总体思路和目标是：“理顺一个关系，坚持两个依法，实现两个归位，强化社区自治功能，实现社会的有效管理”。“理顺一个关系”就是要理顺政府、社会、市场与社区的关系；“两个依法”就是政府依法行政，社区依法自治；“两个归位”，一是政府行政管理职能“归位”，即把涉及行政执法、行政管理工作归位给政府职能部门，二是政府社会化职能“归位”，即把原来由政府管理的社会化职能归位给社区，把一些社会公益性服务工作交给专业化的社区工作者承担。

淮海路街道办事处改革分三个步骤进行：第一步，建立社区行政事务受理中心。该中心是区政府有关职能部门在辖区政务服务的平台，内设劳动保障、民政事务、计生服务、城建、市容、司法行政等与群众关系密切的政务“窗口”，其工作人员由区政府有关职能部门派出，按职能分工受理和处理行政事务。第二步，对街道职能进行全面梳理和移交。属于行政管理和行政执法的职能全部归还、移交给相关部门；属于社会性、群众性的工作，按照“费随事转，权随责走”的原则，进行“责、权、利”的移交，由社区全面承接。第三步，撤销街道办事处。原街道办事处涉及行政职能的各个科室全部摘牌。

③“北京鲁谷社区管理模式”。“北京鲁谷社区管理模式”是指在鲁谷社区进行的街道体制改革试验，又称为“鲁谷社区模式”。鲁谷社区被媒体和学者称为全国“第一个街道层面的民主自治社区”。“鲁谷社区模式”是在石景山区街道区划调整、在鲁谷需要增设一个街道办事处的情况下进行的体制创新，改革始于 2003 年。其基本创新点是：“理顺一个关系，坚持两个依法，构建三个体系，实现两个归位”，创建“小政府、大社区，小机构、大服务”的城市基层管理模式。“理顺一个关系”，就是通过体制改革，在社区进一步理顺政府、社会和市场的关系，实现“政事”和“政社”分开（鲁谷改革前，北京市已成功地对街道办事处经济职能进行了剥离，政企已经分开）。“坚持两个依法”，就是政府依法行政，社区依法自治。“构建三个体系”，就是建立坚强有力的社区党的核心——社区党工委，作为区委的派出机构，对辖区内地区性、社会性、群众性工作负全责；建立精干、勤奋、务实、高效的社区行政管理机构——社区行政事务管理中心，作为区政府的派出机构，对辖区城市管理、社区建设及社会事务实施管理、协调、指导、监督和服务；建立充满生机与活力的社区自治工作体系——社区代表会议及其委员会，根据《鲁谷社区代表大会章程》选举产生，作为代表鲁谷社区广大居民和社会单位利益的群众性自治组织，承接政府剥离出来的部分社会事务，监督政府依法行政。“实现两个归位”，一是政府行政管理职能归位，把目前街道本不应该承担的各项带有行政审批和执法的职能，经梳理后归位于政府，建立“责、权、利”相统一的新型“条块”关系；二是将部分社会管理职能归位，把原来由政府直接管理的有关社会事务归还社会，逐步交由社区自治组织和社团组织承担，实现党和政府及群众自治组织对社区的有序和高效管理。

④“武汉百步亭花园社区管理模式”。百步亭花园社区是武汉市内最大的安居示范工程，百步亭花园社区管理模式最大的创新是不设“街道办”，而改设“百步亭花园社区管理委员会”，这是一个半行政半自治的组织。所谓半行政是指武汉市江岸区政府授权“管委会”直接履行基层政府的部分职能，领导、组织和协调社区组织及各项活动。所谓半自治是指“管委会”由百步亭花园社区各自治组织负责人、各管理机构负责人和业主代表组成。“管委会”与“街道办”有着本质不同。首先，“管委会”根据江岸区政府的授权履行的行政管理职能仅是“街道办”的政府职能的其中一部分。其次，“管委会”不是江岸区政府的派出机构，不具有“街道办”的法律地位。最后，“管委会”的组成人员不同于“街道办”。

（2）“街道社区化”体制改革成效与缺陷分析。

①“街道社区化”体制改革取得的成效。

上述街道体制改革举措，都不再保留街道办事处称谓，而以“社区”冠名之，其本质是促进街道办事处社会化、社区化，并最终为社区管理所替代，为社区体制所取代，这是一个必然的历史发展趋势，也是街道办事处改革的根本方向。虽然上述改革都是局部的试点，但已获得良好的社会成效。

第一，将社区建立在街道层面上，强化社区理念，不仅可以扭转计划经济体制下政府办社会的传统观念，突出大社区理念，使社区建设在更大的平台上展开，促进社区民主自治，又具有鲜明的时代特征，为创建新型社区管理模式注入了科学先进的理念。一是政府职能转变，行政管理层次减少，管理成本降低；二是在议行分设的基础上，建立了专业社会工作机制，提高社区自治能力。特别是撤销街道办事处后，改变了居民委员会几十年处处依赖街道的传统工作模式，职能部门工作由社区评议，开辟了社区依法民主自治的新路子。

第二，精简机构人员，提高行政效能。“南京淮海路社区管理模式”和“青岛浮山后社区管理模式”分别减少了一个行政层次；“鲁谷社区管理模式”将内设机构由传统街道的 17 个科室改为“三部一室”，机构数量减少了 73%，公务员编制人数减少为 39 人，与同类情况相比减少了 57%（北京市同等规模街道的有 90 人左右）。通过改革，精简了机构与人员，减少了管理环节，提高了行政效率，降低了政府管理成本。

第三，通过职能归位，理顺内外关系。各个“街道社区化”体制改革试点区，均按照“政企、政事、政社”三分开原则，对街道办事处承担的政府行政执法、行政审批和行政管理职能进行了逐条梳理，属于区有关职能部门履行的全部归还给有关职能部门，属于社区自治组织、民间组织和事业单位履行的职能分别归还给这些组织。

第四，创建大社区民主自治组织，强化基层民主自治功能。“街道社区化”改革，使得街道办事处不再成为市、区两级政府有关职能部门摊派或下放行政管理事项的漏斗，有效地克服了社区日益严重的行政化倾向，使社区居民委员会回归其自治本质属性，有利于更好地发挥社区自治功能。同时，通过在大社区层面成立的居民议事机构，拓宽了居民参与的渠道，提升了居民参与的层次，有利于基层民主自治的进一步发展。

②目前街道社区化改革的不足与缺陷分析。

上述“街道社区化”改革模式虽然减少了城市行政层级，符合行政体制改革目标，并且在适宜的体制、制度环境下，有利于社会自治力量的发育生长和社会力量参与城市公共事务和公共服务机会和空间，弥补政府公共服务能力不足和调控不足等问题，有利于政府改革目标的达成，建立小政府大社会的行政改革价值取向，但在实践中遭遇了如下困难：

第一，对区政府及其职能部门的执行力和公共服务能力提出严峻挑战。虽然城区政府作为城市的基层政府，法理上应是直接接触居民群众的行政主体，但由于长期习惯于居中位置，习惯于幕后运作、指挥、下派，缺乏直接执行与提供公共服务的实践经验，因而就目前实际来看，区政府各个职能部门离开街道办事处的依托，其管理能力和公共服务能力将大打折扣，难以应对居民群众日益增长的多元化的公共服务需求。

第二，取消街道办事处以后的社会管理需要有较强自治能力和较高自治水平的社区自治组织以及相对发育成熟的民间社会机构为组织支撑，这与社区自治水平不高和民间社会组织发育不成熟、力量不够壮大以及居民公共意识、觉悟相对缺失的现实差距过大。

第三，取消街道办事处后的制度保障、公共服务由谁来承担等诸多问题都需要认真对待。总之，取消街道办事处为时尚早。

在上述实践探索之外，还有一种“虚区实街”的理论研究成果，有必要加以分析。“虚区实街”理论的基本主张是：鉴于三级政府管理层次过多，现有的基层政府区政府与广大居民“距离”较远，主张在适度调整、扩大现有街道幅度基础上，将区政府改为市政府的派出机构，并缩减其职能，而将街道办事处改为街道政府，实行新的城市两级管理体制。由于其调整的层次多、范围广、法律突破难度大，且工程浩大，因此，到目前尚无一个地方用于实践。

“虚区实街”虽然遵循国际上城市两级治理的规律，符合国际大城市治理的趋势，也切合控制甚或减少行政层次、降低行政成本的我国行政改革总体目标，但是，其面临的问题有以下三个：第一，将遭遇现有法律规定的障碍，该种方案的实施需要修改、调整诸多的现有法律规范，即使在对法律做出重新修订之后，仍有大量的后续工作要做，难度极大；第二，这种改革是对我国现有城市行政体制的“颠覆性”的重构，涉及市、区、街道三个层面，改革的力度、幅度和难度过大，不易把握，搞不好会出现较大的社会震荡；第三，这种改革模式成效的长期性与现行干部追求政绩的迫切性相背离，这也是此种方案至今没有一个地方付诸实践的根本原因所在。

评价与反馈

请结合本子任务的学习和你的理解，调查一个社区行政管理改革创新的典型街道办事处或社区，并填写表5－2。

表5－2

该社区行政组织改革的基本情况	该社区行政组织改革的主要做法与经验	该社区行政组织改革发展中仍然存在的问题及改进要点

任务二 社区行政管理工作主要内容

情境导入

情境12 一份来自社区的综合治理报告

社区行政管理工作千头万绪，社区内容繁杂琐碎，既有行政职能职责法定的，也有临时追加安排的，需要统筹安排，因此要学会“弹钢琴”，让各项工作都能有条不紊地进行。这里将一份来自基层社区的某年度社区综合治理总结报告，简单整理成有关社区综合治理方面的行政管理工作的内容及措施，以便了解社区行政管理工作的基本情况。

内容1：做好社区综合治理工作计划。按照上级指示安排，为做好该社区治安综合治理工作，结合辖区实际情况，我社区综合治理领导班子在党支部的带领下研究制定了本年综合治理工作计划，完善了各项组织机构和各项规章制度，责任分工明确，做到了工作有计划、有落实，完成了上级安排的各项任务分解，确保今年综合治理工作目标的实现。

内容2：狠抓社区治安防范措施的落实。一是按切实落实“属地管理”的原则，积极推动社区建设综合治理工作。社区动员辖区内的企事业单位干部职工和居民群众，进行宣传教育，在主要街道、居民住宅区悬挂、张贴宣传横幅、标语和黑板报，使我们的创建平安社会活动宣传教育达到了预期的效果。二是完善组织网络和规章制度，积极开展群防群治工作。今年全年，该社区共出动义务巡逻队100余人次，社区工作人员每天下户巡逻已形成制度化。另外该社区在新华街道办事处的领导下，全民动员，在辖区范围内广泛开展“压案”专项行动，使社区治安、刑事案件的发案率同比下降了60%～70%。

内容3：狠抓流动人口、房屋租赁规范化管理。以流动人口、房屋租赁规范化管理为突破确保小区发案率的下降。加强流动人口、房屋租赁规范化管理，严抓人口管理工作。社区定期或不定期地对辖区常住人口、外来暂住人员、重点人员进行调查、登记。对小区租赁户加强法制宣传教育，以谁出租、谁受益谁负责为原则，严把流动人口“流入”关，做到来路明、底子清、管得住，确保外来人员不失控。辖区民警和居委会工作人员还发放各类宣传资料300余份，指导外来务工人员依法保护自身的合法权益。

内容4：深入开展禁毒与反邪教警示教育，强化居民防范意识。结合禁毒工作安排积极开展无毒社区的创建工作，以“不让毒品进我家”等活动为切入点，在社区内以禁毒宣传单、入户宣传等活动形式，加强了小区居民的禁毒意识。目前该社区无吸毒人员，无制、贩毒行为。我们一直没有放松对一些邪教组织的警惕。一方面，我们经常下到群众当中去，做好沟通了解工作，做到“发现一个，帮教一个”；另一方面，积极发动群众主动揭发邪教组织的非法活动，做到“发现一起，处理一起”。社区至今没有发生有新滋生者发动的集体闹事、集体上访事件，也没有发现邪教组织发动的非法活动。

内容5：围绕普法依法治理工作、抓好两劳帮教开展人民内部矛盾的预防调解工作。社区居委会以板报、讲座、宣传栏等形式，组织辖区居民全面开展“法律进社区”宣传活动，积极开展各项普法宣传工作，使居民懂得了学法、知法、守法、用法的重要性，提高了居民依法办事的法律意识，营造辖区浓厚的法制舆论氛围。积极排查和化解人民内部矛盾，按照“预防为主，教育疏导，依法处理，防止各类矛盾激化”的原则，把各类矛盾化解在萌芽状态，维护社会稳定。社区还定期组织工作人员学习业务知识，积极开展岗位练兵活动，使综治干部人员的业务水平不断提高，对自己辖区内的基本情况做到了如指掌，受到居民的好评和区领导的表扬。

（资料来源：新华社区综合治理年度总结，百度文库，有删改）

说明：这份来自新华社区综合治理年度总结报告，总结了一年来社区综合治理工作基本任务完成情况和社区行政管理工作的基本内容。我们应学习好相关知识，才能科学地分析研究，读懂这个报告，以便全面深入地了解我国基层社区行政管理工作现状、工作内容，学习掌握相关的工作方法与经验。

任务要求

1. 通过学习研究，分析整理我国社区行政管理工作的基本内容，理解相关概念，把握社区各个领域行政管理工作的特点及问题解决的策略、思路及措施。

2. 结合当地社区实际，调查研究某一社区某项行政管理工作内容情况，发现其中的问题，并提出完善的建议。

子任务1 社区治安综合治理

任务分解：

（1）通过学习研究，分析整理国内有关社区治安综合治理的基本知识，理解社区治安综合治理的含义和开展此项工作的意义，掌握社区治安综合治理的内容特点及改进社区治安综合治理的思路。

（2）结合调查研究工作实际，了解某社区治安综合治理工作的基本内容、环节、重点和模式，充分认为到社区治安综合治理工作在社区治理中的重要地位与作用。

知识准备：

一、社区治安综合治理的含义及意义

1. 社会治安综合治理与社区治安综合治理的含义

社会治安综合治理是指在党委、政府统一领导下，在充分发挥政法部门特别是公安机关骨干作用的同时，组织和依靠各部门、各单位和人民群众的力量，综合运用政治、经济、行政、法律、文化、教育等多种手段，通过加强打击、防范、教育、管理、建设、改造等方面的工作，实现从根本上预防和治理违法犯罪，化解不安定因素，维护社会治安持续稳定的一项系统工程。

社区治安综合治理可从以下五个方面进行理解：（1）社区治安综合治理，必须坚持党的领导。（2）必须组织和依靠社区单位和群众，发动群众力量，从社区人际和谐抓起。（3）必须综合运用经济、法律、文化、教育等手段，可采取打击、防范、教育、管理、建设和改造六项主要工作措施，以增强措施的综合效应，从根本上预防和治理违法犯罪。（4）社区治安综合治理必须有明确分工的实施主体。应根据治安工作的职责分工，存在不同主体，包括专司治安管理职能的工作机构及其派出机关（公安派出所、治安队、消防队、治安检查站等)，也包括基层的政府组织和社区自治组织，如街道办事处、社区企事业单位的保安部门、物业服务公司以及社区居民等。(5) 社区治安的综合治理必须遵循“依法治理、群防群治、专群结合、打防结合、标本兼治”的原则，只有遵守这些原则才能防止社区治安偏离正确的方向。

治理综合治理的原则、措施必须与社区治安实际工作有机结合，不断提高工作能力和治安管理水平。目前，各地在综合治理过程中积累了一些实践经验，主要有创建安全小区、建立治安联防队、加强社区治安巡逻、完善综合治理网络、建立社区智能化安防系统等，为搞好社区治安综合治理工作提供了借鉴。

2. *加强社区治安综合治理的意义*

社区治安综合治理对于维护社区正常生活秩序、保障社区稳定团结等具有重要意义。

首先，社区治安综合治理是解决社区治安问题的根本出路。当前，由于人口流动现象严重，社会利益主体多元化，社会矛盾激化等一系列问题，社区的治安问题成为矛盾和消极因素的综合反映。在此情况下，仅仅依靠打击犯罪等行政手段，并不能完全有效地消除这些不安因素，其治本之策在于长期不懈地坚持社区的治安综合治理，才能及时发现问题、解决问题，把各种不安定因素消除在萌芽状态。

其次，社区治安综合治理是基层人民民主专政的重要方式和手段。在人民民主专政的社会主义国家里，社区治安综合治理通过最基层的专政手段，打击各种非法和有害势力，有力地保障了人民群众的生命和财产安全，并依靠群众，具备了可靠的政治保障、组织保障和群众基础，充分体现我国社会主义制度的优越性。

最后，社区治安综合治理是促进法治建设和精神文明建设的重要途径。社区治安综合治理有利于维护社区的安定团结，为社区群众创设安全、文明的生活环境。同时通过依法管理，把社区治安工作纳入到法制轨道，有利于促进我国法制建设，有利于建设社会主义精神文明。

二、社区治安综合治理的主要范围与内容

社区治安综合治理主要包括刑事犯罪行为、行政违法行为、灾害事故与突发事件、社区内的不良道德风尚与不良社会风气等几类内容。与“打击、防范、教育、管理、建设、改造”等六项社会治安综合治理措施相对应，其具体工作范围内容也主要包括六个方面。①

(1) 打击是社会治安综合治理的首要环节和前提条件。要坚持经常性打击与集中打击相结合、集中打击与专项整治相结合的方针，深入持久地开展依法从重从快严厉打击严重危害社会治安的刑事犯罪活动。

(2) 防范是减少各种违法犯罪活动和维护社会治安秩序的积极措施。要广泛发动和组织群众，采取各种措施消除不安定因素和安全隐患。特别要大力疏导、调解各种社会矛盾和民间纠纷，避免矛盾激化。加强居民区楼院的安全防范设施，如智能化安防设施

---

① 社会治安综合治理的工作范围包括哪些？[EB/OL]. [2016-08-24]. http://wenda.so.com/q/1473319966723252?src=140.

建设。广泛组织党员、干部和群众参与居住地的治安防范，健全群防群治机制。

（3）教育是社会治安综合治理的基础工作和战略性措施。要在人民群众中广泛深入、扎实开展普法教育和各种形式的法制宣传教育，使广大群众进一步增强法律意识和法制观念。共青团、工会、妇联、青少年保护办公室要与学校、家庭密切结合，加强对青少年的教育，尤其是做好后进青少年、轻微违法犯罪青少年的教育挽救工作。

（4）管理是堵塞犯罪空隙、减少社会治安问题、建立良好社会秩序的重要手段。要针对新情况、新问题，认真抓好社会治安综合治理的各项管理工作。特别是要加强对流动人口的管理，对废旧物品收购、旅店、娱乐场所等行业的管理，对集贸市场的管理和对金库、重要物资仓库等要害部门的管理。

（5）建设是落实社会治安综合治理的关键。要大力加强以党支部为核心的基层组织建设，使社会治安综合治理的各项措施落实到基层，落实到群众中去。要建立健全各种治安防范制度，特别是要普遍推行各种形式的社会治安综合治理责任制。

（6）改造是教育人、挽救人、防止重新犯罪的特殊预防工作。

三、改进社区治安综合治理的思路

1．推进社区治安综合治理社会化

在目前的社会治安综合治理中，对于社区治安的管理，基本上仍然沿用传统的社会控制方式，主要采用行政手段推动工作。这种社会控制方式存在弊端，主要是政府力量过大，社会力量弱小，导致政府在社区治安治理上高投入、低产出，造成社区和民众对政府的高依赖性，减弱了社区自我控制功能。解决这一弊端，推进社区治安综合治理乃至社会治安综合治理社会化，大致包括以下几个方面。

（1）充分发挥社会组织的作用，培育社区自我管理机制。在社区，主要是加强居民委员会、基层治保会、居民调解委员会等群众性自治组织建设，培育并依法规范行业性协会、社会中介组织，鼓励各种非营利性的民间组织、社区组织、公共组织参与社区管理，逐步形成社区自我管理机制，探索建立社区缓冲机制等。

（2）成规模地组建群防群治队伍，壮大群防群治力量。比如，组建治安巡防队伍、社区保安队伍、治安信息员队伍、治安志愿队伍、看楼护院队伍等，广泛发动和组织社区居民参与社区治安综合治理，开展形式多样的群防群治活动，依靠公众力量构建社区治安的稳定和谐。

（3）大力发展由政府或民间组织建立的社区工作者队伍，参与治安防范工作，提供社区治安服务，预防社区不良行为，促进社区治安综合治理发展。

（4）政府将对社区提供基本治安服务的部分职能，逐步交由社区组织（社会组织）承担，运用社会化方式去实现，形成政府防范、社区防范、民众防范、有偿治安服务等多元化社区治安防范体系。需要强调的是，推进社区治安综合治理社会化，不能把政府必须承担的治安责任强行摊派给社区和社区居民。

2．推进社区治安综合治理市场化

“综合性”是社区治安综合治理的显著优势。随着社会转型的加速，社区治安综合治理的“综合性”无法依赖传统的计划经济手段、权威控制和身份制度来实现，而应当走市场化的道路，充分挖掘市场吸引力，通过市场运作来实现。这是社区治安综合治理模式彻底变革。社区治安综合治理的市场化运作大体包括以下几方面。

（1）以市场化方式进行资源配置。对于社区的治安服务项目，如治安岗亭服务，治安信息员、看楼护院人员竞聘，以及社区治安综合治理宣传等项目，也可采取市场化的方式，由社区安全自治组织进行运作。

（2）吸引民间资金参与运作。对于政府必须提供的基本治安服务，政府也可以通过市场化运作的方式，吸引社团、企业甚至社区居民个人来承包。比如，某个社区治安状况差，政府可以出面招标，选择有条件的、合法的保安公司负责该社区的治安，政府出资购买该保安公司的服务。美国等国家实行的私人保安公司制度，与此有类似之处，且收效甚佳，值得我们借鉴。

（3）鼓励民间组织参与治理服务。对于额外的治安服务，政府也应当通过市场化运作的方式，鼓励企业、社团等组织甚至个人提供。比如，扶植、培育、引导、规范保安公司和私用治安产品企业的发展等。

总之，通过市场化运作，使得社区居民在获得政府提供的基本治安服务的同时，通过市场获得额外的、优质的治安服务。

3. 推进社区治安综合治理法治化

（1）建立完善的社区治安综合治理法律体系。①尽快制定“社会治安综合治理法”，并以此为指导，制定相应的社区治安综合治理的法规和实施细则。2016 年 3 月举行的十二届全国人大四次会议期间，徐显明等 31 名代表提出关于制定社会治安综合治理法的议案。他们认为从理论和实践看，制定社会治安综合治理法的条件已经成熟，建议制定该法，以明确社会治安综合治理的工作范围和职责主体；明确组织机构和工作制度；强化源头治理和发现预警机制；主管部门要及时督促解决治安突出问题；加强对综合治理的人力物力保障；对违反本法者予以问责等。②对社区治安综合治理工作所依据的法律进行补充完善，增强针对性、操作性和有效性。目前应尽快制定帮教法、调解法、群防群治法、流动人口管理法等专门工作法。③修改和完善与社区治安综合治理工作相关的法律法规，尤其是《城市居民委员会组织法》，进一步确定居委会在社区治安综合治理中的群众性自治组织地位。④充实、修改相关的地方性法规。

（2）提高公众的社区治安综合治理法律素质。公众的法律意识越高，法律实施的效果则越好。社区治安综合治理法律意识的培育，是一项长期而艰巨的任务，必须有总体规划，并在实施中注意三点：①内容的针对性。应根据不同责任主体在综合治理中的不同责任与义务，有针对性地进行法制宣传。②方法的多样性。运用多种形式，采取多种手段，借助多种工具，广泛进行宣传教育。③工作的实效性。把宣传教育与工作实践相结合，将社区治安综合治理法律法规贯彻的难点作为宣传的重点，使宣传活动更好地为实践服务。

（3）健全法律责任落实监督体系。在法律责任落实监督过程中应遵循以下两个原则。①全方位监督。所谓全方位包括监督主体与客体的全方位。监督主体包括立法机关、执法机关，也包括党政机关、人民群众以及社会舆论。监督客体不仅包括党政机关和行政、司法部门，还包括各种社区力量。所有社区治安综合治理的责任主体，均是监督的客体。②实际归责。所谓实际归责是指责任主体一旦出现消极的违法行为，没有依法履行义务就要受到相应的处罚，从而警策责任主体，促使其严格遵守、执行法律。贯彻实际归责原则的关键是，一方面要在立法中明确责任主体的违法责任及具体处罚办法；另一方面要在法律监督的过程中，严格遵守实际归责的原则，对不依法进行社区治安综合治理的责任主体进行处罚，从而保障社区治安综合治理的依法进行。

（4）将社区治安综合治理各项工作纳入法制轨道，实行依法治理。在依法治理过程中，要注重文化的因素，要有亲和力，逐步由他律变成自律。

4. 推进社区治安综合治理信息化

推进社区治安综合治理信息化，当务之急要抓紧构建以下5个信息平台。

（1）人口信息平台。主要包括常住人口信息、外来人口信息、重点人口信息等。

（2）刑事犯罪信息平台。主要包括刑事发案信息、犯罪嫌疑人信息、逃犯信息、证人信息等。

（3）治安防控信息平台。主要包括矛盾纠纷排查调处信息、重点要害部位防范信息、城市社区治安防范信息、“人防”“物防”“技防”信息等。

（4）紧急事件信息平台。主要包括群体性事件信息、群体性纠纷信息、群死群伤的治安灾害事故信息、突发性公共卫生信息等。

（5）综合治理队伍信息平台。主要包括综治机构信息、政法队伍信息、群防群治队伍信息、群众自治组织信息、社会工作队伍信息等。

通过构建上述5个信息平台，实现信息综合和跨数据库的联网，提高对社区治安管理的决策水平和快速反应能力。

评价与反馈

案例分析：认识某社区综治站的职责

某网友认为：社区综治站是街道综治办的参谋和助手，具体负责本社区及企业的平安创建和综治工作。其主要职责任务有如下10项：

（1）法制宣传：结合形势和任务，充分利用会议、板报、有线广播、宣传橱窗等，进行常用法律法规宣传教育，不断提高干部群众的法制观念和道德水准。

（2）治安防范：全面落实社会治安基础防范各项措施，积极开展平安创建活动，开展治安防范工作，在辖区组织治安巡逻，落实防范措施。

（3）民间纠纷调解：学习推广“枫桥经验”，认真开展人民调解工作，充分发挥治保调解组织作用，妥善处理群众信访事宜，及时化解家庭矛盾和邻里纠纷，防止“民转刑”案件和群体性事件。

（4）归正人员帮教：建立帮教小组，落实帮教责任人，对归正人员、失足青少年、监外人员等，要认真落实安置帮教措施，做到有人管、不失控。

（5）流动人口服务管理：认真做好流动人口服务管理工作，严格规范出租私房和用工单位的治安管理责任，定期组织清查“三无”人员，并及时向有关部门报告。

（6）无毒害社区创建：加大扫除“黄赌毒”等社会丑恶现象的力度，坚持禁吸、禁种、禁制并举防毒品的蔓延和危害，确保无涉毒人员。

（7）消防及安全生产：建立健全各项治安保卫制度和措施，经常进行消防、安全生产的监督、检查，消除安全隐患，严防火灾事故和生产责任事故。

（8）场所特业管理：积极配合有关部门，切实加强对本辖区内的公共娱乐场所、旅馆等特种行业的监督、检查工作，发现问题及时疏导、化解，把矛盾化解在基层。

（9）协助公安政法机关办案：主动配合、协助政法机关在本辖区内开展打击违法犯罪分子和开展国家安全人民防线建设和反邪教等工作。

（10）其他职责：及时办理上级交办的有关社会治安综合治理的其他事项。

（资料来源：hesheng163，http://wenda. so. com/q/1458413064721302?src = 140. 2015 - 7 - 17，有删改）

请结合本子任务的学习和你的理解，分析本案例，并填写表5 - 3。

表5 - 3

请对该社区治安综合治理的内容进行归类	如何推进该案例中的10项综合治理内容的社会化、市场化、法治化和信息化

子任务2　社区外来人口管理

任务分解：

（1）通过学习研究，分析整理国内外有关社区外来人口管理的基本知识，理解社区人口管理的含义、特征、原则和开展此项工作的意义，掌握社区人口管理的内容，能够分析社区人员管理的问题、原因，提出改进社区人员管理的对策。

（2）结合调查研究工作实际，了解某社区人口管理工作的基本内容、方法和经验，提高对社区人口管理工作在社区治理中的重要地位与作用的认识。

知识准备：

一、社区外来人口的含义、特征及管理意义

1. 社区外来人口的含义

这里所指外来人口主要是城市社区外来人口。城市社区外来人口是相对于城市的户籍人口而言的。要准确理解城市社区外来人口，必须要搞清楚户籍人口、常住人口、流

动人口和外来人口的概念及其相互之间的关系。

户籍人口是指拥有城市本地户籍的人口（包括持农业户口的本地人口）。常住人口通常是指在当地居住超过6个月的人口。它包括户籍人口和在当地居住超过6个月的外来人口。我国现行的城市人口就是以常住人口进行统计的。流动人口是指暂时离开常住地的短期迁移人口。这里的常住地以乡、镇、街等社区为基本单位，这里的“短期”可以短到一天。

外来人口主要指相对于本地人口而言的，也就是不具有本地户籍的人口。从理论上讲，社区外来人口既包括已经在城市居住超过6个月的城市常住人口，也包括进入城市还不到6个月的流动人口，既包括进入城市的农村人口，也包括从其他城市流入的非本地人口。但从实际情形看，社区外来人口中虽然有少量的大中专学历专业技术人才，但主要指到城市打工的农村剩余劳动力，即通常所说的农民工。在广州市专门有外来人口管理机构（广州市来穗人员服务管理局），因此，在广州市也将外来人口称作“来穗人员”，避免称“农民工”“外来工”等带有歧视性称呼，以强化外来人口的平等地位。

改革开放以来，我国的城市外来人口队伍日益壮大，在大城市中，外来人口绝对量最多的是上海市，而相对值比较最高的是深圳市。根据北京、上海、广州、深圳四市的2016年国民经济和社会发展统计公报，外来人口比例从高到低的排序是深圳、北京、上海、广州。深圳市常住人口1 190.84万人中，非户籍人口806.32万人，占比重67.71%。上海市常住人口总数2 419.70万人中，外来常住人口980.20万人，占比重为40.51%。广州市年末常住人口1 404.35万人中，外来人口533.86万人，占比重为38.01%。北京市年末常住人口2 172.9万人中，常住外来人口807.5万人，占常住人口的比重为37.16%。①

2. 社区外来人口的特征、问题及管理意义

据研究②，社区外来人口的特征主要有：主要分布于城市的近郊区，但近年来远郊区县呈加速增长态势；以农民工为主体，就业的行业相对集中，以体力劳动为主；受教育程度以初、高中为主；收入大大低于本地职工收入水平；消费支出很低；稳定性日益增强等。

社区外来人口问题主要有：外来务工人员的合法权益常受不法侵害；外来务工人员子女的教育得不到有效保障；暂无工作的外来人员数量不容忽视；低龄外来务工人员逐年增加；低收入群体的外来人口数量庞大；城市对外来务工人员的管理难度大；等等。

社区外来人口的管理问题已经引起多方关注，因而加强外来人口的管理对完善社区治理工作，增进社区和谐有着重要的意义。首先，通过社区外来人口管理，能使大规模的外来流动人口化整为零，进入城市社区成为社区居民的一员，取得与原居民同样的居民身份或享受户籍人口均等服务，从而在社区层面缓解了政府公共管理的压力。其次，外来人口面对城市的陌生环境，在农村形成的生活经验无以应对，在社区层面进行外来

① 根据北京、上海、广州、深圳四市的2016年国民经济和社会发展统计公报整理。

② 吴鹏森，章友德. 城市社区建设与管理［M］. 上海：上海人民出版社，2007：348－353.

人口管理，满足外来人口的工作和生活需求，能够改善外来人口的生存质量，有利于使之尽快地融入城市社会，减少违法犯罪事件的发生，促进社会和谐稳定。最后，从外来人口的需求出发，做好城市社区外来人口管理工作，实际上是改善外来人口的民生状况。因此，城市社区外来人口管理体现出以人为本的管理理念，使科学发展观在社区层面得到贯彻和落实。

二、社区外来人口管理的原则及内容

1．社区外来人口管理的原则

外来人口的管理是一项十分复杂的工程，必须遵循一定的原则。特别是不同社区外来流动人口的结构特征、居住方式、就业类型及变动情况各不相同，要对社区外来人口进行有效的管理，必须遵循一定的原则，明确相应的管理要求。

根据全国各大城市的经验，对城市社区外来流动人口的管理必须坚持以下原则：一是因地制宜、依法治理的原则；二是党委领导、政府主管、公安为主、各方参与的综合管理原则；三是“谁用工，谁负责”和“谁出租，谁负责”的原则；四是管理与教育、管理与服务相结合的原则。只有确定和遵循这些原则，才能实现管理的目标和任务。①

2．社区外来人口管理的主要内容

其一是治安管理。这就是维护社区的秩序与稳定，为城市的改革开放和经济发展创造良好的社会治安环境。主要做好信息管理、证件管理、房屋租赁管理、证件查验、集中清查等工作。

其二是就业管理。应加强劳动力市场建设和监管，建立准入制度，高度重视外来人口的维权工作。社区主要协同人口管理部门，做好外来人员的就业证申领和登记，以及做好收取就业管理基金和就业管理服务费等办法。做大社区服务产业，增加更多的就业岗位来吸纳城乡劳动力。重视维护外来人员合法权益，要求所有用工单位要严格遵守《中华人民共和国劳动法》《中华人民共和国工会法》等基本法律，尊重人权，规范用工制度。在新建企业和其他新经济组织组建工会并提高外来从业人员入会率，尝试组建行业工会，维护外来从业人员的合法权益。镇、街道劳动服务所要推行全员劳务合同制，依法办理外来人员劳动用工手续，实施外来人员综合保险制度，保障外来从业人员的合法权益。

其三是服务管理。社区外来人口管理不能局限于治安管理，而要实行综合管理和服务性管理。服务性管理主要包括教育、宣传、服务、保障四个方面。通过社区社会化服务网络，开展家政服务、医疗服务、文化服务、教育服务、社区管理服务等，为城市外来务工人员提供社区社会化服务，使他们在拥有更多的公共服务、社会福利和闲暇的同时，逐步适应城市生活，增强社区意识。比如对外来务工人员的子弟学校采取更为宽松的态度，帮助外来务工人员子弟学校提高管理水平，规范办学行为；为外来务工人员提供一定的文化学习机会；等等。具体来说，一是要充分利用社区资源，组织外来务工人员开展多种形式的思想文化和法律法规教育活动，提高外来务工人员思想文化素质，增

① 黄泽林．加强城市外来人口的管理［J］．城市发展研究，2002（4）：28－32.

强他们的法治观念。二是通过组织外来务工人员参加社区文化精神活动（如文明社区、文明市民评选、社区文艺活动），以社区精神培育外来务工人员的社区意识，帮助其融入城市社区，增强认同感与责任心。三是积极组织外来流动人口参与社区服务与社区管理。

三、社区外来人口管理中存在的问题及解决对策

1．社区外来人口管理中存在的问题

通过对上海、深圳、广州、海口、珠海等沿海开放城市和重庆内地大城市的调查比较，发现有些城市对社区外来人口还处于粗放型管理阶段，主要存在如下一些问题：一是领导体制未理顺。管理机制不健全，机构设置不合理，多头管理现象严重。二是管理行为不规范。依法管理程度不高，管理力度不够，管理责任和目标设置不科学。在管理中，普遍存在重收轻管、以收代管、只收不管和重复收费、以收费为目的等情形，因而难以得到外来人口的支持。三是社区管理平台尚未完全建立，管理和服务的能力有待提高。社区管理的权力有限，社区管理人员日常事务很多，投入外来人口的管理和服务工作不够，社区可提供外来人口服务的资源不多，吸纳外来人口中的高素质人员参与社区管理的力度还不够。四是机关、学校、部队、工地等外来人口集中的单位外来人口管理工作推进困难，外来人口的计划生育工作尤其困难重重，外来人口子女义务教育不落实的问题仍比较突出。五是暂住人口登记办证率低，租赁房屋管理薄弱，漏管失控严重。六是窗口办公流于形式。根据调查，有的城市派出所虽然购置了微机，挂牌设立了窗口，但工作模式仍然采取原来的现场式、被动式、收钱发证式的管理，窗口形同虚设。

2．城市社区外来人口管理问题产生的原因

城市社区外来人口管理存在问题的原因是多方面的。一是缺乏科学管理的指导思想和管理方式，导致了不当的管理行为或者不能实现管理的目标和效果。二是有关领导没有认识到外来人口管理对于稳定社会治安的重要性，因而对这项工作重视不够，使外来人口管理力度较弱，重要区域难管或不能管。三是追求部门利益和缺乏统一的领导，各自为政，管理过程中出现部门关系冲突，管理体制混乱，综合管理有名无实，不能形成合力共同管理外来人口等问题。四是服务意识差，责任心不强，管理工作不到位。岗位目标考核不过硬，流于形式，使管理工作没有真正落到实处。一些地方的管理人员自身的素质和业务水平不够。五是缺乏较为全面、系统的管理操作规程，造成了外来人口管理规范化、标准化、法治化程度不高的局面，使一些对外来人口的管理活动无法可依或没有效用。

3．解决社区外来人口管理问题的对策

解决社区外来人口管理问题的对策主要有以下几个方面：

（1）根据社区外来人口现状和人口管理资源条件，选择适合社区实际的人口管理模式。广州地区在对流动人口的管理过程中，经历了防范性户籍属地管理、社区化管理等流动人口的管理模式。而现阶段是要让流动人口更好地融入到城市社区中来，推行的是以服务为导向、以社区为核心的管理模式，增强流动人口对社区的认同感。

（2）以社区为基础，以属地化管理为原则，构建社区外来人口管理体系。要充分发挥“两级政府、三级管理、四级网格”的体制优势，条块结合，以块为主，依托社区，

把外来人口的各项管理工作统一起来，建立属地化的外来人口管理体系，并发挥各主体作用，建立长效管理机制。具体来说，一是要加强组织领导，形成“条线指导协调，社区属地管理”的外来人口综合管理体制。二是要建立协调有效的一线管理体系。应在各治安基层组织的管辖范围建立，以公安基层派出所牵头和主导，地段居委会为依托，街道的计生、城管、劳动等部门积极参与，暂住人口较多的单位密切配合，形成动态为主的管理方式和运转协调的机制。三是要以问题为导向，针对外来人口问题，改革和完善管理服务制度，保护外来人口的合法权，促进外来人口与城市本地人口的和谐共处与共同发展。

(3) 创新管理服务流程和方法，构建外来人口管理服务链。一是明确职责分工，在政府统一领导下，各司其职，共同参与基层社区搞好外来流动人口管理，人口管理执法、监督、信息交流等工作各负其责。二是强化社区管理基础，完善社区外来人口管理组织与队伍。在街道或基层政府的领导下，在街道办事处、居民委员会、楼（栋）等成立专门管理委员会、中心等机构，以及街道专管员，院落、楼（栋）联络人和治安联防责任人等管理队伍。建立如社区出租屋和外来人口管理服务中心（站）、社区居民自治委员会、社区居民权益服务中心等。逐步形成以社区自治为基础的外来人口管理服务链：地方党委、政府—政法委—街道党工委、办事处与派出所—社区居委会暨社区居民自治委员会、治安民警与治安联防负责人、行业协会等自组织负责人—社区党支部、社区自管小组组长与治安联防队员—院落长—楼（栋）联络人—家庭负责人等。

评价与反馈

案例分析：联和街流动人员管理的“八立足八实现”措施

广州市黄埔区联和街的流动人口是户籍人口的4倍。流动人口管理成为该街道社会管理和社区服务管理的重要内容。联和街针对流动人口比例高的实际情况，对流动人员采取“八立足八实现”措施，使新老“联和人”和谐共处，被评为“广州市流动人员管理服务典型示范点”。其主要措施有：

一是立足“以类分人”，实现分类管理。根据是否有固定居住场所，是否有固定就业单位，是否涉嫌黄、赌、毒行为，证件是否齐全，将流动人员进行分类，根据不同类型特点进行有针对性的管理。

二是立足“以屋管人”，实现模式创新。针对流动人员的动态性特点，挨家挨户上门登记流动人员信息，对流动人员的居住情况进行即时、动态、高效监控，做到人来登记、人走注销，情况清、底数明。

三是立足“以数辖人”，实现动态跟踪。依托信息化手段，建立流动人员信息库、出租屋信息库、企业信息库，实现“人、屋、企”信息三关联。同时，与公安、工商、房管等部门共享数据资源，对流动人员进行动态跟踪管理。

四是立足“以公待人”，实现平等对待。流动人员只要到街道登记，就能享受与常住户籍人口同等的社保、教育、医疗、计生、就业、公共服务等社会福利，有力调动了流动人员参与街道建设的积极性和创造性。

五是立足“以情感人”，实现特色服务。推行“三无一关爱”和“三个主动”特色服务，“三无一关爱”指为流动人员服务无上下班之分、无节假日之分、一事无两趟和温情关爱，“三个主动”指主动入户、主动进企业、主动现场办证服务。通过放电影、举办文体活动等，充实流动人员的业余文化生活，促使新老“联和人”和谐共处。

六是立足“以治安人”，实现平安和谐。在全街出租屋、员工楼、企业共安装治安监控摄像头2 952个，覆盖出租屋4 792套，单位员工楼宿舍5 238套，改善治安环境，增强流动人员的居住安全感。

七是立足“以宣化人”，实现主动纳管。向流动人员宣传有关政策规定，使其主动配合管理。2010年上半年，共更新宣传栏16个，派发流动人员服务管理宣传资料约58 000份。

八是立足“以法护人”，实现权益保障。增强用工单位依法招用流动人员、出租屋主依法向流动人员出租房屋、流动人员依法居住务工的意识，依法维护流动人员的合法权益。

（资料来源：本书课题组. 新型社区管理服务创新研究［M］. 广州：广东高等教育出版社，2014. 有删改）

请结合本子任务的学习和你的理解，分析本案例，并填写表5－4。

表5－4

请说出你对联和街流动人员管理的“八立足八实现”措施的看法	请结合所在社区外来人口的特点和实际情况，提出相应的管理措施

子任务3　社区文化教育管理

任务分解：

（1）通过学习研究，分析整理国内外有关社区文化教育管理的基本知识。理解社区文化管理的含义、特点和功能，掌握社区文化管理的含义与方法；能够认清社区文化管理面临的主要问题，并提出改进对策。理解社区教育的含义，掌握社区教育管理的含义与功能；能够认识到社区教育存在的问题，并提出解决对策。

（2）结合调查研究工作实际，了解某社区文化管理、社区教育管理工作的基本内容、方法和经验，提高对社区文化教育管理工作在社区治理中的重要地位与作用的认识。

知识准备：

一、社区文化管理

1. 社区文化的含义、特点与功能

(1) 社区文化的含义。

不同的专家学者对社区文化有不同的定义和理解。美国学者桑德斯认为，社区文化“包括在它的语言、文字、公共象征、知识信仰、价值体系以及有关行为程序中的惯例，规则与特定方式之中”①。中国学者吴文藻认为，社区文化“是某一社区内的居民所形成的生活方式……也可以说是一个民族应付环境——物质的、象征的、社会的和精神的环境——的总成绩”②。

社区文化有广义和狭义之分。广义的社区文化是社区物质文化和社区精神文化的总和。狭义的社区文化仅指社区的精神文化，它是社区成员精神活动、生活方式和行为规范的总和，包括社区居民的思维方式、价值观念、精神状态、风俗习惯、公共道德等思想形态，以及学习、交往、娱乐、健身、休闲、审美等日常活动。③ 尽管如此，对社区文化的理解主要还是从精神层面来把握，但也会涉及物质层面，因为社区物质文化乃是社区精神文化的对象化的成果。

因此，社区文化是指一定区域、一定条件下社区成员共同创造的精神财富及其物质形态，它包括文化观念、价值观念、社区精神、道德规范、行为准则、公众制度、文化环境等，其中，价值观是社区文化的核心。

(2) 社区文化的特点。

社区文化是一种综合性的地域文化现象，它具有以下特点：

①社会性。社区是社会最基本的单位之 ，受特定时期社会文化的主导和影响，反映社区成员共同生活关系。通过文化整合，可以促进社区安定、和谐、进步。

②地域性。社区是地域文化的发祥地，是地域文化形成、保持、传承和创新的根据地。特殊气候通过对人们的体格、性格、心理和生活方式的影响而影响着社区文化特色；特有生态对社区的传统艺术和饮食文化有着一定的影响。

③群众性。社区文化是一种群众性很强的文化。它的群众性体现在：群众组织并参与社区文化活动，群众自身受益于社区文化活动，社区文化优劣的判断标准来自社区居民群众。

④实用性。社区文化中的许多活动都是社区居民日常生活的内容，有些是历史传统、风俗习惯，有些是流行趋势、现代时尚，既有益于个人修养，又有益于社会整合。

⑤分散性。组织和参与社区文化活动的人员多是退休或业余的人士，爱好和习惯不

---

① 郑杭生．社会学概论新修［M］．北京：中国人民大学出版社，1994：363.

② 中国大百科全书社会学编辑委员会．大百科全书·社会学卷［M］．北京：大百科全书出版社，1991：376.

③ 白志刚．社区文化与教育［M］．北京：中国劳动社会保障出版社，2001：10.

同，工作机制比较灵活，相对于专业文化单位而言，它具有分散性。

⑥多样性。社区文化是由各个社会团体或主体所构成的，所以它会呈现出不同特色。体现在内容的多样性、服务对象多样性、形态的多样性、组织的多样性上。

⑦层次性。在社区的共同体中，由于社区居民阶层不同、年龄不同、文化程度不同、民族不同、兴趣不同等特点，他们对社区文化有不同层次需求，这就要求社区文化显现出层次性特征。

⑧综合性。社区文化是一个综合的概念，涉及社区居民的方方面面。社区文化是老百姓生活中必不可少的多种活动的统一称谓，它是一个大文化的概念。

（3）社区文化的功能。

社区文化在满足人们的精神需要、提高居民的各方面素质、建设和谐社区方面发挥着极其重要的作用。具有以下主要功能：

①娱乐和健身功能。娱乐和健身是社区居民从事社区文化活动的重要目的。人们在歌唱、跳舞、绘画、跑步、打球、下棋等休闲活动中放松神经、消除疲劳、调剂精神、愉悦身心。

②认知和育智功能。开展社区文化，就要创造条件来满足人们不断增长才智的要求。例如，通过组织计算机和外语学习、各种职业培训、知识技能竞赛等活动，可以使居民增加知识，学习技能，开发智力，增长才干。

③传承和整合功能。社区文化活动是社区成员进行交流、沟通思想、改善关系、增进友谊、建立情感的主要方式，是提高社区成员文化素质、形成共同的价值观、提高精神文明水平的重要途径。社区不但要通过创造自己的文化特色，将特色传承下去，还要通过用正确的思想理论来引导人的行为，用合理的制度和法律来约束人的行为，以此来整合社区的文化时尚，促进社区和谐稳定有序。

2．*社区文化管理的含义及方法*

（1）社区文化管理的含义。

所谓社区文化管理，是指政府职能部门和社区组织根据社区的具体情况，遵循文化发展的客观规律，运用思想政治的、经济的、法律的以及教育的等各种手段，有意识、有计划、有目的地对社区文化的形成、演化与发展加以有效控制的过程。

社区文化管理的根本目的，是根据社区文化发展的实际状况，按照它们的不同内容和性质加以管理与组织，为社区全体居民创造合理的、美好的精神生活条件，以满足居民不断提高的精神生活需求，提高社区居民的综合素质和社区的文明程度，树立良好的社区形象。

（2）社区文化管理的方法。

对社区文化活动要采取科学、合理、有效的方法加以管理。主要方法有：

①行政性方法。它是指主要依靠社区的文化行政管理机构，运用行政手段，按照行政方式来组织、指挥、监督社区文化活动的管理方式。行政手段主要是指行政机构进行文化行政管理所运用的决议、决定、命令、规章、制度、纪律、工程程序、规划预算、检查标准等办法。

②经济方法。它是指依靠社区文化的经济调节控制机构，按照社区文化发展所体现

出来的经济原则和经济规律，运用经济手段来管理社区文化。经济手段是指财政拨款、利润成本、价格调节、工资奖金、税收监督、经济罚款等经济杠杆，以及经济责任制、经济合同制等方面的制度。

③法律方法。它是指立法机构根据广大社区居民文化活动的根本需要，通过各种法则、法规、法令、规章、条例等文化法律规范和文化司法工作，来调整规范城市文化的各单位、各群体、各个体在社会文化活动中所发生的文化交往关系，保证社区文化生活的正常顺利进行。

④思想教育法。所谓思想教育的方法就是通过说服、教育、批评和自我批评的方法来处理文化工作中的矛盾来制止文化活动中不健康因素的蔓延。通过加强思想道德方面的建设，提高居民的文化素质和思想、道德和法律水准。

⑤舆论引导法。社会舆论是指多数社会成员对某些人或事的议论和评价。它往往是根据一定的价值标准特别是道德规范做出的，会直接或间接地影响到相关社会成员的声誉，具有较强的控制力量。社区应努力引导居民形成正确良好的舆论导向，起到惩恶扬善的作用。

⑥虚拟社区管理法。就是利用微博、网站、微信、QQ 群等网络社交平台，以网络社会组织、网络志愿队伍、居民网友为主体，构建社区虚拟社会，了解社区网络舆情、社区需求、社区动态，发布正面、积极信息，引导社区舆论导向，倡导社区文明新风，促进社区交流与和谐稳定。

3. 社区文化管理面临的主要问题

我国社区文化管理由于理论研究滞后、实践时间较短，在管理过程中出现了许多问题，并且这些问题日益突出。

（1）管理组织不健全。由于我国主要实行政府和社区双重管理的社区文化管理模式，这种管理模式要求政府和社区内部有完善的管理组织或机构，负责社区文化管理事务的处理工作，但目前我国政府和社区内部的管理组织并未达到上述要求。社区内部文化管理组织机构缺失，结构不合理、不健全，缺少经费来源和优秀人才。

（2）管理队伍不得力。当前社区文化管理普遍存在人才队伍不稳定、工作缺少计划性和连续性的问题。文化市场管理人员少，管理力度不够，盗版以及宣传暴力、内容污秽的出版物还普遍存在。有些社区文化工作者素质不高，工作具有盲目性，组织的文化活动流于形式；有的社区文化经营活动收费不统一，账目管理有漏洞，有私吞和避税现象。

（3）投入机制不完善。文化管理资金的不足与我国社区文化管理投入机制的不完善有着密切的关系，主要表现在以下两个方面：一是社区文化投入主体的一元化。大部分城市社区文化管理资金依赖于政府财政拨款。二是社区文化投入分配的不合理。主要是重视社区文化设施设备的硬件投入，而轻视社区文化管理的软件投入。

（4）思想认识不到位。一是缺乏对社区文化管理内涵的系统认识。社区管理者和居民仅从休闲、健身、娱乐等角度理解社区文化，不是为了丰富市民的精神文化生活，仅仅重视单纯的文娱活动的开展。二是对社区文化管理主体认识存在局限性。一些政府官员习惯于行政管理方式，不习惯“指导”性的管理，降低了社区文化管理的效率。

（5）政策法规不配套。目前我国社区文化管理的相关政策法规依然处于缺失状态。一是我国还没有出台一部专门针对社区文化管理的法规。缺少对社区文化建设、管理制度和投入机制、群众文化组织的合法地位等诸多方面的明确规定。二是社区文化发展缺乏足够的政策支持。如在鼓励对文化事业的捐赠方面，公益性捐赠范围窄，免税机制未完善；缺少专门社区文化专职工作人员激励政策，不利于人才的引入和队伍素质的提高。

（6）管理体制不灵活。我国现有的社区管理体制基本以街道和社区居委会为主。由于街道没有相应的权力管理相关事务，只好转嫁给居委会，同时又在登记制度上对自治组织实施限制，其实质是对自治组织依然实行政府主管机制，造成社区自治组织在社区文化的组织、协调、控制等管理方面都表现得力不从心，导致社区文化管理只能依照历史传统和政府计划惯例运转。

4. 改进社区文化管理对策

改进社区文化管理的策略大致包括以下三个方面。

（1）全面开展社区文化调查。社区文化调查包括两部分：一是社区文化资源调查。资源调查的对象包括人才、社区组织、设施和文物等基础性资源，以及民俗、文艺、教育、体育、环境等专项资源。对于历次调研的基础数字、材料及研究论文，都要建立档案并存入电脑，有条件的还要上传至网络，以供社区之间相互查询，开展纵向和横向的对比研究。二是社区居民文化实践调查。调查的方式一般为问卷式或访谈式，调查内容通常包括社区居民业余文化活动的方式、社区居民文化活动参与的目的、社区居民文化活动的实际参与和未来参与意向以及社区居民文化活动的总体情况。

（2）制定和完善社区文化规划。社区文化发展规划对社区文化工作的科学性、系统性、连续性和实效性有较大影响。首先是制定总体规划。包括指导思想和基本原则、总体目标和基本任务、阶段性目标和具体任务、落实检查和考核措施等要素。其次要制定详细的实施方案，指定责任单位和责任人，明确具体分工、完成时间和验收办法。再次是制定专项规划。它包括比较具体的发展目标、工作重点、落实措施和评价标准。最后是年度计划。年度计划一般涉及文化场地和设施建设、文物保护工作、文化交流活动、文化市场管理、文艺创作和大型文化活动及其具体的实施方案等内容。

（3）优化社区文化管理体制。社区文化管理体制建设包括以下两个方面：一是社区文化领导体制建设。社区文化涉及民俗、文艺、教育、体育、精神文明、环境等文化成分。需要形成有效的社区文化管理体制，整合社区文化资源，协调社区文化主体关系推动社区文化建设的顺利开展。二是社区文化工作者队伍建设。需要按照事权、用人权、财权统一的原则，建设一支高素质的社区文化工作者队伍，加大对社区文化设施条件的投入，加强对现有的社区文化工作者的系统培训，提高文化工作者的素质和能力，更好地为社区居民服务。

（4）开发利用好社区文化资源。社区文化资源的开发主要内容包括：一是培养社区文化人才。一方面要结合国民教育培养社区本土文化人才；另一方面要通过社区人才资源调查和各种文化活动，积极发掘社区文化人才，充分发挥他们的特长。二是壮大社区群众性文化社团组织。社团组织要注重组织制度建设，制定组织章程，实行规范化管理。三是开发社区文化设施资源。政府、企业和社团组织应想方设法增加文化设施的数量，并实行文化设施和场地资源共享。四是保护和利用好社区的文物资源。首先是要调查文物资源和保护文物资源。文物保护的投入也是一种回报率很高的长效投资。其次是在保护的同时，应充分利用文物的研究价值、欣赏价值和感化价值来创造直接的经济收入。

（5）搞活社区文化市场。社区文化市场涉及文化设施的有偿服务、文化的产业化、文化市场的管理和文化消费的引导。一是有偿提供社区文化活动场地和服务设施。二是大力发展社区文化产业。社区文化产业包括民俗产业、文艺产业、教育产业和体育产业。文化产业的运作和管理要逐步规范化、法治化、市场化，同时要兼顾经济效益和社会效益。三是加强社区文化市场管理。有些文化市场的经营者唯利是图，不讲道德良知和社会责任，传播不良信息，有些文化市场存在着偷税漏税现象。四是提倡健康高雅的社区文化消费观念。一方面要通过社区文化活动的开展，满足人们的求知欲和审美情趣；另一方面要努力创造条件，在社区内开办健康高雅的文化消费场所。

（6）繁荣社区文化事业。社区文化作为福利性、公益性的群众文化事业，政府应投资建设场地和设施，并提供必要的活动经费资助社区服务企业、民间组织开展组织群众文化活动。一要重视社区文化事业服务。社区文化事业服务主要是由当地政府、社区、文化社团提供的。政府主要负责规划、管理、协调和设施建设等事项；社区主要负责群众文化活动的组织、协助和信息传递等工作；文化社团主要负责活动设计、组织、筹措资金和业务指导。二要完善社区文化发展的激励机制。社区成员和社区单位参与社区文化建设的热情需要保护和激励，要建立定期展览、会演、比赛和奖励表彰制度，并且不断进行完善。竞争要公开，评比要公平，奖励要适当。报纸、刊物、广播电台和电视台都要大力宣传社区文化的活动情况，并引导社区文化的深入开展。

二、社区教育管理

1. 社区教育及社区教育管理

（1）社区教育含义及类型。

社区教育是一种教育的组织形式，是在一定的地域范围内，以社区为主体，面向社区全体民众开展的各级各类教育活动和过程的集合体，是社区内各种社会力量和全体社会成员共同拥有、共同参与、共同管理、共同享有的一种教育体系。社区教育的根本目的是以各种教育方式、多种教育手段提高国民的素质。社区教育应当依照社区建设发展及社区居民的需求，充分地、有效地利用社区的教育资源来组织、开展教育活动。

社区教育可分三类：第一类是以一所学校为中心，联结所在社区的部分企业、事业单位与政府部门共同组成的社区教育委员会。第二类是以社区为中心，由街道办事处或区级政府牵头，社区教育机构等企业单位共同参与组建的。第三类是以区（县）为地域的社区教育，旨在加强企业、农村未来劳动者素质的培养和社区文化建设。

社区教育的特点主要有以下几个：一是为社区的建设、发展服务。社区教育是为解决社区面临的许多社区问题而组织、实施的，如社区的卫生环境较差，需要培训卫生环保知识，增强社区居民的卫生环保意识。二是全民参与、资源共享。社区内开展的各项有益的教育活动需要全体居民共同参与，社区居民既是受教育者，又是社区教育的管理者，社区教育也是一种自我教育、自我管理的活动。资源共享就是社区内的所有学校、文化体育、娱乐设施都向社区的全体居民开放，以有偿或无偿的方式让大家使用。三是区别于非传统的学校教育。社区教育大多数是非正规的教育、非正规的学习。社区教育是一种服务，社区居民想学什么就学什么，想怎么学就怎么学，想在哪里学都可以，以最大限度满足社区及社区居民学习需求的大众化教育。四是实现终身教育和建立学习型社会的途径。终身教育要求将教育贯彻于人生的始终。要求社会的每个成员都可以按照自己的意愿选择学习的内容、方式，都可以随时随地学习，整个社会就是一个大课堂。社区教育是实现终身教育、建立学习型社会的重要途径。

社区教育是实现终身教育、构造学习型社会的基础。由于社区教育对社区发展具有极大的推动作用，并越来越受到社会重视和人民群众的好评，发达的社区教育已成为一个国家教育现代化水平的重要标志之一。

（2）社区教育管理及其特征。

社区教育管理就是对社区教育资源（包括人力、物力、财力和信息等）进行合理组合，使之有效运转，以实现组织目标的协调活动过程，也是对社区内的教育资源进行开发、利用，以实现社区教育的最终目标的一种组织力量。①

社区教育管理除具有管理的共同性如通过合理的计划、组织、控制、指挥、协调，最有效地配置和利用人力、物力、财力等资源外，还有自身的个性或特征。

①社区教育在管理理念上，具有人文关怀和为民服务的特征。社区教育原本就是人本性、人文性、素质性极强的一类教育。教育的目的就是提高社区居民思想道德素质、科学文化素质、身心健康素质、现代文明素质，提高他们精神文化生活质量，展示他们的精神风貌和生命价值。因此，教育的内容、形式、时间、环境等都由居民决定，是一种真正的素质教育、愉快教育。

②社区教育在管理方式上，具有民主管理和自主自律的特征。社区教育是社会性、开放性、群众性极强的教育活动和过程。社区居民的主动性、积极性和参与度是社区教育的内在要求。由于社区教育管理处于基层第一线，面广量大，情况复杂，更多的则是依靠居民群众的自我管理、民主管理，凸显了民主管理和自主自律的特征。

③社区教育在管理空间上，具有地域性和开放性的特征。社区教育生存发展既要受地区环境制约，又依赖于社区条件，因而在管理组织上具有天然的地方色彩。其地域性特征反映在两个方面：一为自然环境特征，一为人文环境特征。另外，社区教育覆盖面广、信息量大、眼界开阔，必须突破封闭式的垂直型管理体系，实行开放性的社会化管理，社区居民（单位或代表）参与其中，并监督管理过程。

④社区教育在管理品质上，具有实践性和理论性的特征。社区教育管理贴近群众，贴近生活，贴近实际，扎根于社区居民社会生活实践，具有很强的实践性。这是社区教育管理充满生机活力的根本所在。社区教育绝不是不要理论，也不是不讲或不重视理论，而是更加强调基于实践的理性反思，更加强调理论的本土化、草根性。

---

① 桑宁霞. 社区教育概论［M］. 北京：中国社会科学出版社，2002：109.

（3）社区教育管理的功能。

通过社区管理机构的职责任务和功能作用的发挥，社区教育功能得以呈现。

①宣传教育。对于社区教育知识、法律规定政策等需要进行广泛深入的宣传教育，以提高领导层和社会各个方面的认知度、认同度。通过信息传播制造舆论，为社区教育发展鸣锣开道，发动社区群众参与社区教育活动，争取社会各界的理解和支持。

②协调指导。开展与各个有关方面的沟通协调，是社区教育组织实行管理的一项重要工作。其内容有信息沟通、意见协商、工作协调、加强合作等。通过各个方面的协调沟通，达成共识，形成合力，合作双赢，提高工作整体效能。

③引领规划。社区教育管理机构为党委、政府提供社区教育决策主意、办法、建议，发挥思想库、智囊团的参谋和咨询作用。提高社区教育的科学民主决策水平，便于统筹社区教育资源，做好社区教育规划，保障社区教育事业健康、有序、稳步发展。

④创新发展。社区教育管理机构通过社区教育思想观念和工作方法的创新和社区教育课题研究和项目研究，对一些共同关心的重点与热点问题，开展讨论，交流信息，形成共识，有效地指导社区教育持续地创新发展。

2．社区教育存在的问题

（1）生产力发展的不平衡性与教育需求的冲突。生产技术装备的日趋“高”“专”及工艺过程的日趋复杂，不仅要求劳动者具有一定的技术素质，还要具有一定的文化素养，保证文明生产。目前，我国高素质劳动者不多，且主要集中在东部沿海地区的某些大城市。而在农村，农业生产科技含量较低，手工劳动仍将是绝大多数农民主要的生产方式。由于经济发展不平衡，社会教育发展也极不平衡，影响了社区教育的发展。

（2）传统的小农生产观与社区教育所要求的合作、整合的冲突。社区教育是需要用思想与行动、合作与整合来实现的。社区组织化及合作、整合的过程，直接影响到社区教育的协调发展。社区教育在体制上强调社区内的各种教育因素和机构的集合、协调与互动，因而要求政府部门、社会各界、普通民众获得共识，相互合作来构建联动机制，将人力、财力、物力资源统筹分配，综合使用，协调工作方式。

（3）社区教育的多样性与轻视非正规教育的冲突。社区教育的多样性要求正规教育和非正规教育并重，二者不可偏废。但由于受到生产力发展水平的制约和传统观念的束缚，包括教育部门人员在内的很多人都对教育产生了以下三个方面的误解：第一，认为教育学校是一个独立的教育实体，没有把“不正规”的社会社区教育纳入其基本组成部分，造成两者脱节与割裂；第二，认为非正规教育对正规学校而言只不过是一项可有可无的选择而已，正规的教育系统应在国家教育主管部门和国家教育计划的严格控制下，避免受到非正规教育的影响；第三，非正规教育是针对当时人权、教育机会均等、解决社会弱势群体的教育问题，是穷人教育，是劣等教育，受到社会及教育部门的歧视。

（4）社区教育肩负的历史使命与教育投入不足的冲突。长期以来政府对教育的投入严重不足问题，近年来有所改善，如2016年财政性教育经费支出占国内生产总值比例继续超过4%。但是社区教育的经费主要来自地方政府，少量企业、社会各界及个人等捐助，经费难以从制度上保证，特别是受城市政府重视程度和财力的影响，使得社区教育经费捉襟见肘，影响了终身教育体系和学习型社会的构建。不过，近几年一些发达城市

（如上海、无锡等）开始重视终身教育与学习型城市建设，规定居民可获得的人均教育经费，采取政府购买社区教育公共服务等方式支持社区教育发展。

3. 解决社区教育问题的对策

（1）以终身教育思想为指导原则，更新社区教育观念。人们对社区教育缺乏感性和理性的认识是影响社区教育发展的重要原因。因此，首先要在观念上有所突破：一是树立全民教育、终身教育观念，确立社区教育是实现全民教育、终身教育的重要形式和建立学习型社会的基础观点。二是要确立可持续发展观，把社区教育纳入社区发展的总体规划之中，使社区教育与社区建设协调发展。三是要确立社区教育特色观。我国各地发展极不平衡，为此要结合国情、区情、民情开展社区教育，走特色社区教育之路。

（2）建立促进我国社区教育发展的有效运行机制。当前我国社区教育机制及其运作方式主要有：激发社区成员不断增长的学习需求，形成社区教育发展的内在动力机制；建立地方政府和社会各部门广泛参与的社区教育组织管理协调机制，强化政府行为；建立社区教育多渠道经费投入的办学机制；建立地方性法规、政策保障机制；建立和完善社区教育的督导评价机制。建立社区教育的运行机制，才能使社区教育健康、稳步地发展。

（3）充分发挥远程开放在社区教育中的骨干作用。社区教育应充分利用开放教育体系，以开放教育及开放大学（广播电视大学）为主体，推进开放式社区终身教育体系的建设与运作，其对策是：建设社区数字化学习平台和社区教育设施网络；政府购买社区教育服务；以开放大学社区数字化学习网络体系为载体整合高校及社会的师资、技术、设备优势，实现教育资源共享，以此推动社区教育的发展；适应社区居民教育需求，开展个性化、多样化的教育项目，建设丰富的教育资源，满足不同层次群体的需求。

（4）积极构建农村社区教育网络。我国是一个农业大国，发展农村社区教育，对改善农村劳动者整体素质，保持农村社会的稳定具有重要作用，其对策是：要加强县级农村社区教育的组织领导和协调，发挥县级社区教育中心的龙头作用；开展农村专项教育培训项目，培养农村干部、专业技术人员和专业户、经理人、技术能手等农村社会经济发展带头人；充分发挥开放教育、开放大学（广播电视大学）对乡村社区教育骨干的作用，开展学历与非学历教育，提高农民现代科技素质、就业能力和经营管理能力。

（5）加强对社区教育的理论和实践的研究。

社区教育在我国起步较晚，理论研究薄弱。为此要立足国情加强研究，把社区教育的研究放到构建终身教育体系，形成学习型社会的大背景中去，为我国终身教育体系的构建提供科学决策依据，其对策是：组织专职研究人员对社区教育的产生和发展及其在发达国家的实践和经验方面加以研究；积极动员政府、企业、社区、各级各类学校组织成员参加社区教育、终身学习、数字化社区教育研究、学习型社会的研究，从宏观、中观、微观层面开展多层次、全方位、多类型的研究与实践。

评价与反馈

案例分析：怀柔区四大举措强化社区文化品牌建设

怀柔区在加强居民自治工作中，以社区文化品牌建设为抓手，着力夯实基层基础。

目前，该区已形成不同类型社区文化品牌达40余个，其中邻里节、慈孝文化节、夏日激情文化广场、文化大观园等在全市乃至全国具有影响力，开创了“一居一品”“一居多品”的良好格局。他们的具体做法是：

一是从打造睦邻文化品牌入手，搭建居民参与平台。不断加大和谐睦邻文化建设力度，突出“睦邻创建，品牌先行”主题，不断推陈出新，成功打造出了泉河街道“邻里节”、“慈孝文化节”、龙山街道“邻里情俱乐部”等多个睦邻文化品牌，营造出了社区和谐温馨的邻里氛围。两个街道先后赢得了全国社区睦邻文化建设工程示范街道、全国和谐邻里示范街道、全国睦邻文化先进街道、北京市建设和谐社区示范街道。怀柔区还获得了全国社区睦邻文化建设工程示范城区等多项殊荣。

二是从创建特色精品社区入手，丰富居民参与的内容。按照“围绕特色，打造精品”原则，引导社区开展“一居一品”特色创建，成功创建社区文化大观园、阳光宜居型社区、物品交流合作社、8点心语小屋、如意书画院、吉祥乐队等近20个特色品牌。在提高社区居民文明素养的同时，扩大影响力，提升凝聚力，增强居民认同感和归属感，引导居民自发参与社区建设。

三是从完善共建机制入手，拓宽社区居民参与的领域。通过社区建设联席会、听证会、社情民意信息站、居民门栋自治等机制，凝聚社区各项事务共创共享载体。实现了政府主导、社区自治、驻区单位和社会组织参与共建、志愿者互助服务的良好运行机制，定期组织听证会，征集各方社情民意，建立楼院自治小组，让居民自主管理事务，增强社区生机与活力，充分运用各个团体的潜在优势，在沟通协调基础上实现挂钩联合、优势互补、资源共享、共同发展。

四是从组织居民参与入手，唤醒社区居民自治意识。通过居委会搭台、居民唱戏的形式，逐步建立群众自我管理、自我教育、自我发展的运行机制。社区通过开展文化品牌大型活动实践，培育文体爱好者、社会组织、驻区单位参与并自主开展社区文化品牌建设。近几年，我区每年组织举办“邻里节”“夏日激情文化广场”“慈孝文化节”等大型活动，通过精彩纷呈的文体活动平台，调动社会组织、文化队伍和驻区单位参与服务，并引导其逐步产生自发行为。

（资料来源：http://www.bjhr.gov.cn/publish/main/index.html. 2013－09－23，有删改）

请结合本子任务的学习和你的理解，分析本案例，并填写表5－5。

表5－5

为打造社区文化品牌，怀柔区采取了哪些措施	请结合你所在社区实际，谈谈应当开展哪些活动来打造社区文化品牌

子任务4 社区其他行政管理

任务分解：

（1）通过学习研究，分析整理国内外有关社区环境管理、社区体育管理和社区资产管理的基本知识。理解社区其他行政管理工作的含义、内容和方法；能够认清社区其他行政管理工作面临的主要问题，并提出改进对策。

（2）结合调查研究工作实际，了解某社区其他行政管理工作的基本内容、方法和经验，提高对社区行政管理工作的全面认识，发挥社区其他行政管理工作在社区治理中的作用。

知识准备：

一、社区环境管理

1. 社区环境及社区环境管理

社区环境具有广义和狭义之分。广义上的“社区环境”泛指社区的所有外部环境，包括自然环境、人文环境、经济环境、社会环境等一切影响社区居民生产生活的外部因素。狭义上的“社区环境”则主要是指社区的自然生态环境。广义上的“社区环境管理”是指国家采用科学的、行政的、经济的、法律的、教育的各种手段，对人们开发利用、保护和改善的社区环境活动进行干预或施加影响，以协调人类与环境的关系，保护和改善社区环境，保障人民身体健康，促进社会经济发展所进行的管理活动。从狭义上理解“社区环境管理”主要是指社区自然环境管理活动。社区环境管理既包括社区的自然环境保护和社区卫生管理，又包括社区社会环境完善和社区人文素质的提高。这里主要是从狭义上理解社区环境管理。

社区环境管理的目标就是要提高社区居民的环保意识，保障社区居民合法的环境权益；保护社区环境卫生，建设绿色、生态、低碳化的美好社区；建设现代化的社区环境文明，建成环境优美、生活舒适的现代化新型文明社区。

社区环境管理的意义在于：其一，社区环境管理是社区管理的重要组成部分，良好的社区环境管理能够提升社区形象。其二，社区环境管理能够为社区居民创设一个良好的生活环境，保障居民的环境权益，提高生活品质。其三，社区环境管理有利于从基层做起，保护环境，防治污染。其四，社区环境管理有利于提升居民的环境意识，建设生态文明。其五，社区环境管理作为社会环境管理的基点，其发展进程和相应成效能够为城市、社会的环境管理做出预见性启示。

2. 社区环境管理的主要内容

社区环境管理内容包括对象内容和工作内容。对象内容主要包括自然生态环境的保护、社区绿化、社区绿色能源的使用、居家节能减耗、绿色消费方式和生活方式的建构等。社区环境管理工作内容根据社区的具体情况存在差异，但总体而言都包括了以下四方面的内容。

（1）建立完善的环境管理体系。

环境管理体系是社区全面管理体系的组成部分，它包括制定、实施、实现、评审和保持环境方针所需的组织机构、规划活动、机构职责、惯例、程序、过程和资源，还包括组织的环境方针、目标和指标等管理方面的内容。总的来说，社区环境管理体系主要是旨在帮助社区实现自身所设定的环境水平，并不断改进环境行为，达到更好水平的社区管理工具。

（2）确立专门的环境管理方针。

社区环境管理方针是社区环境管理组织对环境管理的整体目标、方向及行动原则。环境管理方针包括了长远规划、特定目标、环境保护、权益保护等方面的内容。环境管理方针应当在社区内公开公布并实施。环境管理方针应随着社区实际情况的变化和环境的持续改进做出必要的调整。

（3）制定专业的环境管理方案。

根据社区内环境工作者队伍的构成情况，制定出每个有关职能为实现环境目标指标而应履行的职责和实现的时间，以使社区的环境方针付诸实践，使环境目标得以逐步实现。其基本的制定步骤为初始评审—确立目标—制订短期计划并列出具体措施—分析成本效益并列出方案。环境管理方案的制订使得社区的环境管理工作有章可循，将责任落实到人，是环境管理体系中的重要环节，对于实现环境管理目标具有重要作用。

（4）构建环境管理监测体系。

社区的环境管理是业主委员会、上级环境管理组织、开发商、物业管理机构等共同参与的管理，需要一个完备的监测体系。四个相关组织都应该抽调专职或兼职人员组成监测小组，定期向管理者提交环境监测报告，揭示社区环境管理中存在的问题，必要时提出改进意见。

3. 社区环境管理存在的主要问题

当前，我国社区环境管理取得了一系列重要成就，但也存在很多问题，主要表现在以下方面。

（1）社区对环境建设与管理的重视程度不够。受到传统住宅文化的影响，以及当前我国土地及物业相关费用居高不下的影响，我国很多社区对于环境的建设和管理没有给予相应的重视。社区对于环境的建设管理往往存在着“等、靠、要”的心理，单纯依靠上级政府的投入筹措环境建设与管理，而自身则缺乏有效的投入、配合与支持。

（2）社区环境管理经费不足。当前社区环境卫生经费的主要来源是社区的环卫经费投入和社区居民上缴的卫生费用。但目前我国社区在环境建设管理方面的投入偏少，卫生费用收缴率低，外来流动人口卫生费收缴难，导致社区环境管理费用的不足。

（3）环卫及绿化配套设施不足。完备的环卫及绿化配套设施是搞好社区环境建设与管理工作的物质基础。当前，我国大部分社区存在相关配套设施不足的问题，如公厕不足、垃圾堆放点和回收站太少等。环卫及绿化配套设施的严重不足直接影响到我国社区环境建设管理的水平。

(4) 社区缺乏完备的环境管理队伍。目前我国部分社区的环卫工作都实行外包，交给专业的环卫公司进行打理。还有部分社区实行自我管理的方式，由社区抽调人力进行环境的建设管理工作。从社区环境卫生的现状来看，大部分社区缺乏完备的环境管理者工作队伍，导致社区的环境建设和管理混乱无序，达不到相关的卫生环境标准。

(5) 部分居民的生态环境保护和生活卫生意识差。社区居民对于社区的生态环境保护、社区环境建设与管理方面的法律法规知之甚少，生态环境意识和社区卫生意识差。拒绝缴纳环境卫生费用，缺乏良好的卫生习惯，乱扔乱倒垃圾等现象比较严重，破坏了社区自然和人文生态环境，影响了社区环境建设管理水平的提升。

4. 解决社区环境管理问题的对策

要以生态观念为指导，全面提升社区环境管理水平，建设绿色社区、生态社区、低碳社区。绿色社区是指具备一定的符合环保要求的“硬件”设施和“软件”环境，有较完善的环境管理体系和较成熟的公众参与机制的文明社区。其硬件设施包括绿色建筑、社区绿化、垃圾分类、污水处理、节水节能等设施。软件设施则是在传统社区的基础上将“人与自然和谐共生”作为主旨，从社区的开始设计到消费、管理始终贯彻绿色的理念，让社区既保护环境又有益于人们的身心健康，同时又与城市经济、社会、环境的可持续发展相统一。

(1) 社区整体设计方面。

在绿色、生态、低碳社区的整体设计规划过程中，要将社区的绿化、低碳设计等要素作为重要因素纳入总体设计中，如在生态绿化方面关注垂直绿化、遮阳、园林景观等，在低碳方面全部使用环保材料和节能减耗等。在社区建设之初，做好全局的统筹规划，着眼长远，有利于在社区建设过程中及今后的使用管理过程中时刻围绕绿色、生态、低碳的标准，建成节能、环保、健康、可持续发展的现代化社区。

(2) 社区建筑方面。

社区建设是社区环境的主要构成部门，建筑方面的绿化、生态、低碳化倾向，将直接影响社区环境的发展方向。因此，在社区建筑材料选择上，要减少使用稀有硬木，而选择合理的代用品；要注重建筑材料的经久耐用性，如选用花岗岩、水磨石地砖，从而节约护理和维修费用；要优先选择可再生材料；优先选用当地材料，减少施工中的运输消耗。

(3) 社区能源使用方面。

节能环保是绿色生态、低碳社区的本质特征。因此，在社区的能源使用方面，应当普遍选用节能设计。如绿色住宅注重使用保温材料与构造，提高建筑热环境性能。如在建筑物的内表面采用高性能的保温材料、高效节能玻璃等新型节能建材，从而对建筑物起保温隔热作用；采用外墙遮阴和屋顶隔热措施，控制建筑对热量的吸收，与自然通风降温手段配合，减少空调费用；户型设计采用节能的户型，讲求自然通风与采光。自然通风良好的户型在夏季可取代空调的作用；采光设计也涉及节能，如采用明厅、明卧、明厨、明卫的设计，就能节约照明用电，采用绿色照明的节能灯；社区内最大限度地使用节能灯、节水器，尽量使用智能系统，降低能源消耗；号召业主在日常居家生活中使用太阳能热水器、无氟家电、减耗家电等；充分使用太阳能、风能等绿色能源；社区全面采用节水设计，使用节水水龙头、节水马桶，使用废水冲厕，生活污水经过中水站处理，可用于社区的清洁、绿化、洗车等，节约水资源。最后，在社区能源使用方面，应当采用能源及资源的分户计量收费体制，减少能源使用中的平均现象，以减少社区居民的能源浪费，促进节能环保。

（4）社区环境卫生方面。

良好的社区环境卫生是构建绿色、生态、低碳社区的基本要素。社区环境卫生包含了环境保护、污染治理等方面的内容。首先在环境保护方面，要实现责任制，减少环境污染源，杜绝源头污染。其次在环境污染治理方面，包括防治空气污染、水体污染、固体废弃物污染、噪声污染等。防治空气污染：硬化社区路面，减少尘土；提倡使用天然气，降低粉尘、一氧化碳、油烟等的空气污染，在室内摆放能净化空气、吸收有毒物质的植物，街区道路加强绿化；限制车辆通行，减少尘土和尾气污染等。防治水体污染：减少污水排放，实行雨水和污水分流，收集雨水进行灌溉、清洁、洗车及景观用水；污水进入处理厂，进行循环利用；净化物业区域的沟渠和池塘等。防治固体垃圾污染：实行垃圾分类处理，遵循“无害化、减量化、资源化”的原则，可回收垃圾进行资源化处理，不可回收垃圾进行袋装化清运，减少运输过程中的污染；垃圾及时清理。防治噪声污染：加强绿化；限制社区内车辆通行时间和车速；限制装修时间，杜绝夜间作业，防止施工噪声；根据社区管理条例，防止生活噪声。

（5）社区绿化方面。

绿化对于社区环境建设具有改善小气候、改善社区空气质量、防风防尘、杀菌防病的作用，同时还具有美化环境、分割空间、修身养性等功能。社区环境绿化要遵从统一规划、合理组织、形成系统、节约用地、营造良好的物业景观、投资经济、方便管理等基本要求。要掌握好绿色植物的选择和配置，注重绿色植物的多样化。同时要根据社区不同的地理、气候及建筑特征，选种合适的花卉草木，设置相宜植物带，并随季节变化进行定期养护，维持生态平衡。在社区绿化管理方面，应当设立专门的绿化管理机构，包括委托式和自主式两种方式。在机构中明确各自的岗位职责，制定严格的绿化管理制度，责任落实到人。同时注意加强绿化宣传，培养绿化意识。

（6）社区生态文明方面。

提升社区生态文明，首先是建立生态理念与意识。要建立居民培训制度，经常举办各类环保讲座，并将环保知识寓于人们的日常生活之中，达到固化生态理念、建立友好环境态度、养成爱护环境习惯的目的。其次是要建立社区居民和社区组织持续参与社区生态环境保护的动力机制，形成“四力”①，可持续地推进社区生态环境建设。“四力”包括社区居民应对生态危机的“变革力”、生态环境建设的“认知力”、对参与生态环境建设主体的“激励力”、生态环境建设所形成的制度性力量（即“制度力”）。再次是开展多种形式的社区绿色环境文化活动，提高物业管理人员和业主的环保意识，增强驻区单位的环境认同，融洽各方关系，共建美好的生态家园。

---

① 黄安心. 关于“城中村”生态修复社区参与动力机制构建研究［J］. 广州广播电视大学学报，2017（5）：74－83.

二、社区体育管理

1. 社区体育的含义和特征

(1) 社区体育的含义。

目前，理论界对何谓“社区体育”存在一定的争议，但大都认定社区体育是发生在社区这一空间之中的社会现象，是指社区居民的体育活动。从广义上来讲，社区体育应该是一个包含城市社区体育和乡村社区体育两个方面的完整概念。从狭义上来讲，一般认为，社区体育主要是指在城市街道办事处的辖区内，以自然环境和体育设施为物质条件，以全体社区成员为主要对象，以满足社区成员的体育需求，增进社区成员的身心健康为主要目的，就地就近开展的区域性群众体育活动。

(2) 社区体育的特征。

有学者从社区体育的衍生特点出发，认为社区体育具有以下三方面的基本特征①。

①社区体育具有高松散性和低竞技性特征。社区体育多属社会成员个体行为，因而这类具有自治性质特征的活动松散性高。参加社区体育活动的社会成员都是自觉自愿的，他们参与的次数、组织或形式无严格纪律约束，表现为自由的、放松的、分散的活动。

②社区体育具有重自愿性和轻规定性的特征。社区各类成员参加社区体育活动的时间、地点、次数、项目及其运动量全属业余坚持、自愿自觉。即使有社区体育指导员的辅导和体育管理组织的条例，社区成员也在自愿接受和愿意遵守的前提下自由地进行体育活动，是在个人余暇时间内进行的，是以主体内在需要和个体爱好为特征的活动。

③社区体育具有多缓慢轻柔和少投入消耗的特征。个人余暇活动多选择动作轻缓，形式灵活，内容多样，动静结合，形神相随，内外兼顾，寓于趣味，富于轻松、愉快的体育活动，作为社区体育活动的主要内容，这些内容尤其适合中老年人和妇女等群体。

2. 社区体育管理的主要原则及完善途径

(1) 社区体育管理的原则。

根据社区体育的基本特征，社区体育在管理上应将宏观控制与具体协调相结合，坚持“四个为主”，即以指导性计划为主、宣传教育为主、分散灵活为主和协调引导为主。其基本原则是：

①社会化原则，即指要充分动员和团结各部门、各行业、各单位、各社会团体共同抓好社区体育。

②激发性原则，即指要广泛运用各种手段与形式激发人们自觉积极投入体育锻炼的动机、热情、兴趣与行为。

③可行性原则，即指开展力，社区体育实践的目标、计划、内容、形式等均要从社区实际出发，做到切实可行。

④趣味性原则，即指为满足人们获得乐趣的心理需要，在活动内容、形式、手段、方法上力求多样化、趣味化。

---

① 王锋. 城市社区体育基本及衍生特点认识水平 [J]. 西安体育学院学报，2002 (1)：39-40.

（2）完善社区体育管理的途径。

①加大投入，完善体育服务设施。应当充分发挥政府、社会和社区三个方面的作用。首先政府应加大对社区体育的投入，引导社会资金投向社区体育事业，兴建和完善社区体育场地和设施。同时要调动社会资源力量，特别是社区驻地企事业单位的积极性。在资金、技术人员和活动项目上支援社区体育事业。另外社区居民委员会、物业公司等应当在社区现有体育设施的建设、开发、利用上做好经营管理工作，提高经营管理效益，通过组织社区体育活动，联系感情，和谐社区。

②引进产业经营体制，发展社区体育产业。建立符合时代要求的社区体育经营管理体制，发展产业经营体制。出台保证社区体育事业发展的政策，创造鼓励社区体育产业良好发展的环境，以有偿服务和微利经营的方式发展社区体育产业。通过会员制、低价格等策略，巩固自己的基本消费队伍，提高企业的竞争力。

③积极开展社区体育的宣传教育活动，引导社区居民转变生活方式。社区体育形式多种多样，有日常型社区体育、假日型社区体育、有组织的社区体育竞赛。应采取措施吸引社区居民参与体育活动。目前我国部分城市社区居民对参与体育活动态度淡漠的主要原因，除了工作繁忙、体育基础设施配置不全等因素之外，还在于其对体育活动休闲、娱乐方面的认识不足。因此，应该把宣传教育和科学健身活动同步进行，比如通过举办健身知识讲座，增加群众的知识面，引导群众正确、科学地健身。

④完善社区体育管理体系。长期以来，我国体育事业的管理主要以行政手段推动，政府部门成了社区体育的决策主体、组织主体甚至参与主体，而居民只是被动地参加由“官方”组织的“大型”体育活动，充当了“官办”社区体育活动的陪衬。由于自治型社区管理模式应该成为社区未来发展的方向和趋势，因此，社区体育的发展应顺应自治型社区管理模式这一发展方向，政府部门的职能应该保留在宏观管理层面上，而更多的微观管理权限应该下放到基层社区组织当中。这样，就可以理顺政府管理部门同社区自治组织的关系，实现两者之间的良性互动，建立起完善的社区体育管理体系。

三、社区资产管理

1．社区资产的含义与内容

（1）社区资产的含义。

社区资产主要是指产权归属社区的国有、集体所有的资产。根据这一定义，广义上社区资产应包括农村社区集体资产、“城中村”社区集体所有资产、城市社区国有资产和社区业主共有资产。狭义上主要是指农村社区集体资产、“城中村”社区集体所有资产。这里主要是从狭义上探讨。由于我国农村社区及“村改居”城市社区存在大量村集体经济组织，包括经济社、经济联社和各类村办公司企业。它们拥有大量各类资产，产权属于集体所有，是村居民经济收入的重要来源，并由此构成此类社区的经济特性，也是区别于一般城市社区的重要特征。

（2）社区资产的内容。

关于集体资产的内容，应该从农村集体资产为源头进行界定。根据国发〔1995〕35号文件规定，农村集体资产（以下简称“集体资产”）是指归乡、村集体经济组织（以下简称“集体经济组织”）全体成员集体所有的资产。属于组（原生产队）集体所有的资产，仍归该组成员集体所有。集体资产包括：集体所有的土地和法律规定属于集体所有的森林、山岭、草原、荒地、滩涂、水面等自然资源；集体所有的各种流动资产、长期投资、固定资产、无形资产和其他资产。集体资产所有权受国家法律保护，任何单位和个人不得侵犯。

根据《广东省农村集体资产管理条例》第七条规定，农村社区合作经济组织的集体资产包括：①法律规定属于农村集体所有的耕地、荒地、山地、森林、林木和林地、草场、水面、滩涂等自然资源。农村的宅基地、自留地、自留山的产权属于集体所有。②通过公共积累、投资投劳所兴办的集体企业资产。③社区合作经济组织投资投劳兴建的建筑物、构筑物，以及购置的交通运输工具、机械、机电设备等财产。④社区合作经济组织控股、参股、联营的企业和与外商合资、合作经营的企业以及开展对外加工装配、补偿贸易业务的企业中，按合同及章程规定属于集体所有的资产。⑤社区合作经济组织直接用于农、林、牧、副、渔业生产的投入及其产品。⑥国家、经济组织、社会团体及个人对社区合作经济组织的无偿拨款、资助、补贴、捐赠的财物及其形成的资产，以及国家对社区合作经济组织及其企业减免税赋形成属于集体所有的资产。⑦社区合作经济组织及其企业设立的专项资金，征用集体土地各项补偿费属于集体所得部分，生产经营者上缴的承包款物、租金，社员上交的集体提留、乡镇统筹费及劳动义务工（不含国家使用的义务工）、劳动积累工形成的资产。⑧社区合作经济组织及其企业所拥有的现金、存款、有价证券。⑨社区合作经济组织及其企业所拥有的商标权、专利权、著作权等无形资产。⑩依法属于集体所有的其他资产。

根据上述政策法规规定，农村及“城中村”社区集体资产主要包括资金、资源、资产三类型，也就通常所讲的“三资”。

2. 农村及“城中村”社区资产管理背景及工作内容

（1）社区资产管理的含义及背景。

随着农村经济的不断发展和农村工业化、城镇化、现代化进程加快，农村集体经济组织及“城中村”集体经济组织资产越来越多，管理越来越混乱，大量农村资产、资金、资源流失，引起集体经济成员的强烈不满，因此需要认真对待“三资”管理问题，并加以解决。集体经济组织“三资”管理混乱，主要表现在农村财务使用状况不公开、不真实，村干部挪用集体资产，账目不清晰，集体资源产权不明晰，或长期闲置浪费，或流失严重，土地资源私自转包等问题上。这些问题引发了严重的干群矛盾和农民越级上访事件的频发，导致经济案件的产生，严重影响了农村经济发展和社会和谐稳定。农村及“城中村”社区集体资金、资源和资产的管理与信息公开逐渐成为全国农民群众关心的焦点。

从 1995 年开始，国家先后发布了《国务院关于加强农村集体资产管理工作的通知》《国务院办公厅关于做好清理化解乡村债务工作的意见》《中共中央办公厅国务院办公厅关于加强农村基层党风廉政建设的意见》《关于开展村级会计委托代理服务工作的指导意见》，把规范基层农村的三资管理提升至新的高度。《广东省农村集体资产管理条例》于 1996 年 3 月 1 日起开始施行。2016 年 12 月 26 日《中共中央国务院关于稳步推进农村集体产权制度改革的意见》出台，对于探索农村集体所有制有效实现形式，创新农村集体经济运行机制，保护农民集体资产权益，调动农民发展现代农业和建设社会主义新农村的积极性都具有重要现实意义。

（2）社区资产管理工作的重点内容。

根据农村和“城中村”社区集体资产管理现状及国家相关政策法规规定，集体资产管理的重点内容应当是以下几个方面。

其一，加快集体资产评估和产权确定工作，推动资产的合理配置与流动，提高资产的效用。应建立集体资产监督管理、土地经营权流转管理等平台，建立符合农村实际需要的产权流转交易市场，开展农村承包土地经营权、集体林权、“四荒”地使用权、农业类知识产权、农村集体经营性资产出租等流转交易。加强集体资产管理，集体资产发生所有权或使用权转移时，必须进行资产评估，并以评估价值作为转让所有权或使用权的依据。集体资产评估要遵循真实、科学、公正、可行的原则，由取得评估资格的机构按工作程序进行，评估结果要按权属关系经集体经济组织成员大会或成员代表大会确认。负责指导和监督集体资产管理工作的主管部门要加强对评估工作的指导和监督。

其二，加快农村集体产权制度改革，维护农民合法权益、增加农民财产性收入。“三资”是农村集体经济组织成员的主要财产，是农业农村发展的重要物质基础。应适应城乡一体化发展新趋势，分类推进农村集体产权制度改革，在继续搞好集体土地等资源性资产确权登记颁证、建立健全集体公益设施等非经营性资产统一运行管护机制的基础上，针对一些地方集体经营性资产归属不明、经营收益不清、分配不公开、成员的集体收益分配权缺乏保障等突出问题，着力推进经营性资产确权到户和股份合作制改革，切实维护农民合法权益，增加农民财产性收入，让广大农民分享改革发展成果。

其三，明确集体经济组织的主体职责，健全集体资产管理的制度，提高资产管理水平。集体经济组织要建立健全产权登记、财务会计、民主理财、资产报告等各项制度，把集体所有的资产全部纳入管理范围之内。要按照民主管理的原则，建立健全成员大会或成员代表大会制度，涉及集体资产管理的重大事项，必须经过民主讨论决定，保障集体经济组织成员有效地行使对集体资产的监督权、决策权，发挥集体经济组织成员参与管理的积极性。集体经济组织在对集体资产实行承包经营过程中，必须认真做好承包合同的签订的兑现工作；要加强对所属企业的集体资产运行状况的监督。实行联营、股份经营和中外合资、合作经营的农村集体企业，要严格执行国家有关法律、法规和政策规定，切实保障集体经济组织对其资产的所有权、收益权。农村集体资产属于社区合作经济组织全体成员所有，任何单位和个人不得瓜分、侵占集体资产。除国家征用土地和依法进行产权交易外，任何组织和个人均不得擅自改变农村集体资产产权的集体所有性质。

其四，开展对农村及“城中村”社区集体资产的清产核资工作，摸清“家底”，便于经营管理。清产核资是做好集体资产管理工作的基础。清产核资的主要任务是：清查资产，界定资产所有权，重估资产价值，核实资产，登记产权，建章建制。《广东省农村集体资产管理条例》规定，社区合作经济组织及其企业所有的集体资产有下列情形之一者，应当进行资产评估：资产实行承包、租赁、参股、联营、合资、合作经营的；资产拍卖、转让、产权交易等产权变更的；企业出现兼并、分立、破产清算的；资产抵押及其他担保的；其他需要进行资产评估的。需要进行资产评估的农村集体资产，由社区合作经济组织或企业委托经县以上人民政府认定的具备相应资格的资产评估机构进行评估。

其五，加强对农村集体经济的审计工作，防止农村基层“微腐败”现象发生和蔓延。要充分发挥农村集体经济审计的监督作用。各级农业行政管理部门要会同有关部门切实加强对农村集体经济组织审计工作的指导和管理，并妥善解决审计出来的问题。对集体经济组织的经济活动要进行全面审计，对占有、使用集体资产的单位要实行专项审计。要加强农村集体经济审计队伍的建设，组织好农村集体经济审计人员和财会人员的培训，建立健全规章制度，使这项工作逐步做到规范化、制度化。对贪污、挪用、平调、私分、无偿占用及挥霍浪费集体资产等违法、违纪的单位和个人，要依法或按有关规定严肃处理。被侵占的集体资产必须如数归还；不能归还的，应作价赔偿；情节严重、构成犯罪的，要依法追究当事人的刑事责任。

其六，健全农村集体资产管理的法规和制度，做到有法可依，促进资产管理规范化。要加强集体资产管理方面的立法和制度建设。农业部要会同有关部门抓紧拟定农村集体资产管理的法规，尽快提请国务院审议并发布施行。财政部门与农业部门要进一步加强农村集体经济组织财务、会计制度的建设。各省、自治区、直辖市人民政府可根据本地实际情况，制定有关集体资产管理的规章，逐步将集体资产纳入依法管理的轨道。《广东省农村集体资产管理条例》规定，社区合作经济组织集体资产管理中的下列事项，必须经合作经济组织成员大会或成员代表会议审议通过：年度财务收支预算、决算方案；农民年度依法承担的费用和劳务的预算、决算；集体资产经营方式的确定和变更；经济项目、公益项目投资；年度集体资产收益分配方案；集体资产产权处分；其他重要经营管理事项。

其七，引入现代企业管理制度，推进社区集体经济组织的股份制改革，提高社区资产经营管理水平。社区合作经济组织依法自主决定其资产的经营方式。可以兴办企业，也可以实行承包、租赁、参股、联营、股份合作以及中外合资、合作经营等。可以实行所有权与经营权分离，实行承包、租赁经营，并采取公开招标、投标的方式确定经营者，经营者应当采取资产抵押或其他担保方式进行。承包、租赁经营所有者与经营者之间应当依法签订合同，明确双方的权利和义务，并应把资产保值增值内容纳入合同条款，确保集体资产不流失。

其八，加强资产管理信息化建设，建立“三资”管理平台，规范社区集体资产的管理。要加强民主监督进一步发挥社区居民监督委员会的作用，深化财务公开和民主管理工作，社区民主理财小组须实行按月理财，逐笔审查财务收支原始凭证，并加盖民主理财专用章，对手续不全或不合理的开支要及时提出整改意见，并督促社区按有关规定进行整改落实。对社区重大“三资”管理事项实行全过程监督，真正发挥民主监督作用。加强审计监督，重点围绕社区级财务收支、土地征用补偿费、社区工程建设项目、资金资产管理和社区干部经济责任、信访问题开展审计和专项审计，加大对社区集体经济的审计监督力度，促进社区集体经济审计的经常化、制度化、规范化。加强财务网络平台建设，加快推进社区财务计算机监管网络建设，实行城市单元的联网，为社区出纳网上记账报账和“三资”监督创造良好的工作条件，实现对财务核算的实时查询、实时分析、实时监管。加强对各社区财务公开、民主理财、货币资金管理、合同管理、票据管理和工程项目管理等制度执行情况的检查，对检查发现的问题，及时采取有效措施进行整改落实，确保各项制度落实到位。

评价与反馈

案例分析：龙岗区切实加强社区“三资”清理监管

“三资”问题是基层群众关心的热点难点问题，也是基层干部违纪违法问题的多发领域。龙岗区高度重视社区“三资”清理监管工作，成立了社区“三资”清理监管领导小组，并制定《龙岗区深化社区股份合作公司“三资”清理监管工作方案》，出台了《龙岗区“三资”清理业务操作指南》，同时，对全区8个街道130家社区股份合作公司“三资”清理监管工作进行专项督导检查，及时反馈发现的问题，并督促相关街道和社区进行整改。

为建立健全长效监管机制。龙岗区还制定了《进一步加强股份合作公司重大事项监管办法》《关于加大财政扶持力度加快产业转型升级的若干措施的通知》《龙岗区小型建设工程招投标管理规定》等三个制度，分别从转地补偿款、集体资产、经营管理、财务管理、审计监督、重大事项、产业转型升级等方面，全面加强规范化管理。同时，社区股份公司将账内账外资金、资源、资产账目全部登记在册，土地、物业及车辆等大额固定资产全部拍照保存、编号，录入电脑管理系统中，大大提高了档案管理成效，完善了“三资”台账管理体系。

为巩固和提升“三资”清理工作成果，进一步提升全区“三资”监管科学化水平，龙岗区于2013年7月底前启动了社区党风廉政信息公开平台优化提升工作，以“三网一平台”为核心，坚持整合与新建相结合，全面整合完善现有系统数据资源，实现“三资”即时监管和预警功能。在整合社区党风廉政信息公开平台和社区经济信息网功能及数据的基础上，优化提升全区社区党风廉政信息公开平台，新建“三资”监管及服务模块，统一建设社区经济管理和服务系统，并结合数字地图技术，实现社区“三资”可视、可管、可监督。同时，依托新建的龙岗区社区经济管理和服务系统，实现社区党风廉政信息服务、管理和监督三大功能，在推进社区党务、站务、居务、企务公开，保障股民和群众知情权、参与权和监督权的同时，加强对社区股份合作公司财务、集体资产、重大事项的监管，实现社区自我监督、街道监管、区级预警三层监管体系。

下一步，龙岗区还将强化关键环节、重大事项的监管工作，切实提高“三资”监管水平；加强股份合作公司领导人员的廉政风险教育，在2013年纪律教育月活动期间，组织讲师团深入社区开展巡回教育，强化源头管理，防范社区管理层腐败问题发生。同时，开展创建“廉洁社区”试点活动，在每个街道选择一个条件成熟的社区作为“廉洁社区”试点，以点带面在全区推动廉洁社区建设。

（资料来源：深圳侨报，2013－08－14，有删改）

请结合本子任务的学习和你的理解，分析本案例，并填写表5－6。

表 5－6

龙岗区是怎样开展对社区“三资”清理和监管的，有哪些措施	请结合你所在社区谈谈社区“三资”管理工作的思路

巩固与提高

项目总结

本项目主要介绍社区行政管理相关知识，首先介绍了社区行政管理的含义、特点及功能作用，以及社区行政组织体系、社区行政组织改革的内容和改革探索出的社区行政管理模式。然后介绍了社区行政管理工作的主要内容，包括社区治安综合治理、社区外来人口管理、社区文化教育管理和社区其他行政区域管理。以全面系统了解社区行政管理的特点和规律，指导社区行政管理工作实际，提高社区行政管理工作的科学性、有效性。

案例讨论

武进“五位一体”打造“三资”管理新模式

武进区农村资金管理平台率先在西湖街道试点启动，该平台依托网络支付系统，实现了对村级资金收支各个环节和流程的留痕记录。该区“三资”管理已形成五大平台，通过相互叠加监管，形成了一张紧密的监督之网。

该区地处苏南发达地区，农村集体资产面广量大，全区村组集体资产总额已达125.52亿元。发展集体经济是实现乡村振兴的重要方略，但也带来了监管问题。区纪委有关人士指出，农村集体“三资”管理得好不好，廉政风险防控是否到位，不仅关系集体资产是否保值增值，更关系农村基层政治生态是否稳定。如何为这部分资产拧上“安全阀”？近年来，该区不断创新举措，在制度设计层面发力，通过打造一系列监管平台，积累了农村“三资”管理的成功经验。

一是强化农村集体“三资”管理，前提是“摸清家底”。一个村或社区的资产究竟有多少，必须通过资产核资录入，才能让瞒报、漏报无以遁形。为此，我区打造了“三资”监管平台，以农村集体经济股份合作制度改革为基础，开展清产核资，实行动态管理，充分发挥“三资”监管平台作用。目前，平台已录入固定资产信息1.8万条，涉及金额21.9亿元；资源信息2.4万条，涉及面积83.7万亩；经济合同信息6 036条，涉及金额7.2亿元。

二是建立农村产权交易市场，发挥“三资效用”。为进一步壮大厚实集体经济力量，该区在“摸清家底”后，建立了区、镇、村三级农村产权交易市场体系。通过农村产权交易服务平台，发挥“三资”效用，壮大社区集体经济。截至目前，平台累计成交项目2 586笔，成交金额6.91亿元，今年交易额与去年同期相比增长300%以上。

三是建立便民平台，增加“三资”透明度。为了让村民及时了解、查询“家情”，“e阳光”便民平台今年在全区全面推开。所有镇级平台搭建完成，90%镇的试点村“e阳光”便民平台已上线使用，基本实现全区镇级全覆盖。其中，湟里镇16个村全部投入运行，实现村级全覆盖。

四是信息化、规范化，防止腐败问题发生。该区还积极完善农村资金管理运行，通过建立农村财务记账平台，实行村级、组级会计电算化、网络化，实现了农村财务核算的规范、便捷、有效。同时，通过刚打造的区农村资金管理平台，实行村级非现金结算管理，实现了集体资金往来可留痕、可查询和可追溯，防止腐败问题发生。

“五大平台叠加发力，以一体化模式推进，有利于加快我区农村集体‘三资’管理现代化进程。”区委农工办主任夷××表示，将紧紧围绕乡村振兴战略，进一步优化监管平台，持续发展壮大新型农村集体经济，切实增强广大农民幸福感和获得感。

（资料来源：马叶星，武进日报，2017－12－22，有删改）

讨论问题：

1. 请结合案例，谈谈武进“五位一体”“三资”管理新模式的看法。
2. 请根据调查或了解到的所在城市存在“三资”的某个社区“三资”管理方法，并分析存在的问题，提出你的改进建议。

实践活动

认识社区的行政管理组织体系

活动目标

结合课本的内容，调查研究一个典型社区的行政管理组织体系，了解其职责功能、运作方式，认识社区行政管理体系，并尝试为其改革提出建议。

背景材料

行政管理工作的内容非常繁杂，应当以某一街道办事处或镇人民政府为调查的典型对象。这样才能全面完整地了解基层社区行政管理工作的全貌。除此之外，对当地市、区政府的职能分工和运作情况也要有初步的了解，以构成基层社区行政管理体制机制的背景。

训练要求

（1）首先成立调研小组，分工协作。工作内容包括收集资料、选择典型小区、提供物质支持、研究设计调查提纲、实施调查、研究分析、完成报告等。

（2）实施调查研究，分四个阶段进行：前期资料收集整理；调查方案、提纲设计制作；实施调查研究；报告的写作。关键是了解行政组织的架构及职责分工，从历史和现实两个维度了解该社区行政管理体制改革发展状况，分析其中的主要理论依据。

（3）分析该社区的行政管理组织体系的构成及其平时的工作内容，包括党政管理主体、自治管理主体和物业管理主体，分析其中的不足及改进建议。然后填写表5－7。

表5－7

组织体系	平时工作内容	不足	建议
党组织			
街道办事处			
居民委员会			
其他			

（4）作业交流分享。根据分工，各自完成自己的工作，并根据教学需要完成本项目作业。然后在研讨会上由相关发言人进行成果介绍。根据研讨结果和意见进行修改完善，最后正式提交报告。

项目六
社区公共服务

任务导学

案例6　社区公共服务的百步亭模式

武汉市江岸区百步亭社区，与时俱进，提档升级，满足居民群众需要，创造“百步亭模式”并在武汉市推广。该社区的实践证明：社区治理重在社区服务。他们的主要做法如下：

其一，三方联动，整合社区资源高效服务居民。社区居委会组织与物业公司之间存在体制上的矛盾，各自为政，互不买账。但是百步亭社区是在社区党组织的统一领导下，实行社区居委会、物业公司、业主委员会“三方联动”。百步亭充分发挥物业公司的作用，居委会主任担任物业公司总监，检查考核物业服务质量；物业公司经理担任居委会副主任，承担服务居民的重任。社区1 200多名物业员工成为社区工作者，成为服务居民的专业队伍，有效解决了社区工作缺人缺钱的难题。

其二，尽心尽责，把公共服务送到居民家里。百步亭社区提出“居民永远都不错，我们永远有不足”的服务理念，实施“规范管理、亲情服务、从小事做起、从好事做起”的服务宗旨，服务做到“三全”——全方位、全天候、全过程，服务过程不说“不”字。依托社区党群服务中心，为居民提供户口登记、就业培训、低保优抚、法律援助等“一站式、零距离”服务，变“坐等”为“上门”，把政府服务送到家。

其三，邻里守望，让自我服务成为居民自觉行动。14万居民的大社区，光靠社区工作者远远不够。社区积极倡导自我服务，以邻里守望为重点，引导居民投身社区建设，让居民切切实实得到了实惠。社区做到了“事有人管、难有人帮、苦有人问、喜有人贺”，老人在社区得到了照顾，年轻人可以安心工作，孩子在社区健康成长。大力开展志愿服务，形成了“有时间做志愿者，有困难找志愿者”的良好氛围。志愿者来到家，除了不知道存折密码，其他什么都了解，他们叫得应、来得快、办得好、信得过，是贴心的依靠。

其四，共同进退，打造社区服务联合体。在市、区民政部门的支持和指导下，百步亭社区研发了居家养老服务信息系统，并初步建立了以居委会养老服务站、物业公司为主体，4 000多家社区服务商参与的服务体系；居家养老信息中心为社区6 000多位老人免费发放“一键通”手机，根据老人呼叫需要，及时协调各方资源为老人提供服务。百步亭还将充分发挥社区协调和市场的作用，吸引更多的企业、更多的社会资源参与到社区服务中，促进社区服务转型升级，更好地满足居民日益增长的物质文化需要。

（资料来源：长江日报，2014－06－05，有删改）

任务导引：

社区公共服务需求虽然大体相同，但如何有效提供则是要结合社区实际，探寻各具特色的有效供给模式是值得思考的重要问题。百步亭社区通过社区管理机制创新、公共服务体制创新、公共服务内容创新和公共服务组织创新，形成了自身特色的社区公共服务的模式，是对社区公共服务组织形式的有效探索，是社区走可持续发展道路值得借鉴的成功范例，为新形势下建设社区公共服务体系提供了有益经验。因此，我们需要了解社区公共服务相关知识，指导社区公共服务供给的实践，提高社区公共服务水平。

学习目标

1. 了解社区公共服务的产生情况，社区公共服务的种类；国外的典型社区公共服务供给模式及借鉴意义，可供选择的社区公共服务模式。

2. 掌握我国社区公共服务的模式；理解社区公共服务的含义、特点，基本公共服务和社区基本公共服务含义。

3. 学会运用相关知识，分析解决社区基本公共服务体系建设问题。

任务一　社区公共服务概述

情境导入

情境13　对接市民需求的社区服务，体验公共服务的“时空圈”

广州市在社区公共服务方面走在全国中心城市社区服务的前列。全市188个街镇全面建立社区家庭综合服务中心，开展了社区综合服务和15个专项服务，每年投入大量资金在社区服务方面。2016年12月2日，广州市政府常务会议审议通过了《广州市人口发展和基本公共服务体系建设第十三个五年规划》，公共服务的亮点越来越多。

亮点1：公共教育服务：逐步提升的义务教育质量和水平，均衡分布的区域间教育资源，100%标准化的义务教育公办学校；来穗人员随迁子女接受义务教育，义务教育阶段适龄特殊儿童“零拒绝”；普通中小学的财政补助标准将逐步提高，中等职业教育免除学杂费也将分类推进，建档立卡的家庭经济困难学生率先免除普通高中学杂费；建立从学前教育到研究生教育的困难家庭学生资助体系。

亮点2：劳动就业公共服务：全体劳动者可获得就业指导、就业政策咨询服务，享受就业困难扶持政策与优待；广大创新创业人员可享受精细化的创业促进帮扶措施与政策，失业人员、来穗务工人员、残疾人、新成长劳动力等可获得就业援助与劳动保障等服务。

亮点3：基本社会保险服务：城镇企业职工、无雇工的个体工商户、灵活就业人员享有职工基本养老保险服务；年满16周岁的户籍居民，其他不符合职工养老保险要求的非从业城乡居民享有城乡居民基本养老保险服务；城镇职工、本市户籍灵活就业人员和无雇工的个体工商户享有职工社会医疗保险服务；各类在校学生、具有本市户籍且未参加职工社会医疗保险的城乡居民，包括未成年人（未满18周岁的非在校学生）、灵活就业人员、非从业人员以及老年居民享有城乡居民基本医疗保险服务；城镇企事业单位职工享有失业保险服务；全体职工享有工伤保险服务。

亮点4：基本医疗和公共卫生服务：市民享有城市15分钟、农村30分钟医疗卫生服务圈，基本解决看病就医和健康服务的可及性问题，医疗健康获得感显著提升；市民可通过卫生计生健康科普平台、12320热线服务等便捷地获取充分的医疗健康知识，使健康意识明显提升，健康生活方式持续巩固；市民基本实现与家庭医生签约，在常见病、多发病诊治、合理用药、就医路径指导和转诊预约，以及基本公共卫生和健康管理等方面享受相应服务。

亮点5：基本社会服务：老年人享有老年人福利补贴服务，困境儿童享有困境儿童分类保障服务，农村留守儿童享有留守儿童关爱保护服务，孤儿享有孤儿养育保障服务，流浪未成年人享有流浪未成年人救助保护服务，城乡常住居民身故者享有免费基本殡葬服务。

亮点6：基本住房保障服务：户籍中等偏下收入住房困难家庭及符合条件的来穗务工人员享有公共租赁住房服务；农村唯一、长期、自住危房的低保低收入家庭享有农村危房改造服务。

亮点7：基本公共文化体育服务：布局合理，网络健全，符合国家、省、市相关建设标准的市、区、街（镇）、社区（村）四级公共文化设施网络以及城市“10分钟文化圈”、农村“10里文化圈”；完善的“城市10分钟健身圈”和“农村10里健身圈”格局；优惠或免费向社会开放的公共文化场馆、体育场馆设施；农村居民免费享有文化信息资源共享、送书送报送戏等公益性文化服务。

说明：社区公共服务是一项复杂的系统工程，涉及面广，影响大，推进工作量大、困难多。但是广州市在社区公共服务方面下手早、动作快、力量大，走在全国中心城市社区服务的前列。在此前提下，广州市的社区公共服务均等化工作不断向精细化、微观化和亲民性方向推进，特别是打造“15分钟医疗服务圈”“10分钟健身圈”“10分钟文化圈”“10分钟社区居家养老服务圈”等社区公共服务设施建设的“时空圈”的举措，不但保证基本公共服务的精细化、微观化，而且实现了基本公共服务可感知性，体现了公共服务政策措施的亲民性，促进了社区公共服务均等化的深入发展，也为新型社区治理发展创造了良好的社会条件。

任务要求

1. 通过文献研究，分析整理有关社区公共服务的相关知识，了解社区公共服务产生与发展的情况，理解社区公共服务的含义与特点。掌握社区公共服务的分类标准及类型。

2. 结合社区调查，总结研究某城市社区或某社区公共服务体系建设与运作的做法与经验，分析存在的主要问题和原因，并提出改进社区公共服务质量的建议。

子任务1　社区公共服务的概念

任务分解：

（1）通过文献研究，分析整理有关社区公共服务的相关知识，了解社区公共服务产生与发展情况，理解社区公共服务的含义、特点。

（2）结合调查研究工作实际，了解某社区公共服务供给工作的基本情况，提高对社区公共服务供给工作的感性认识，发挥社区公共服务在社区治理中的“润滑”作用。

知识准备：

一、社区公共服务的产生与发展

1. 国外社区公共服务

社区服务是伴随着经济发展和社会进步产生与发展起来的，是工业化、城市化、社会化大生产和社会分工专业化的产物。最早起源于西方，西方资本主义国家的工业革命带来了城市的大发展，也使城市的失业人口日益增多，贫困问题层出不穷。在这种情况下，社区服务作为资本主义早期社会福利的一种形式，作为解决社会问题的一种方式应运而生。

国外的社区服务已经走过了几百年的发展历程。特别是第二次世界大战后，一方面，西方发达国家的社会结构、家庭结构、人口结构和生活方式发生了巨大变化，老年人问题、残疾人问题、妇女儿童保护问题进一步突出，广大居民生活需求不断上升，要求高质量的社区服务；另一方面，这些国家建立了与资本主义市场经济相适应的一整套社会福利制度，促进了社区公共服务的扩大与发展。

到了20世纪50年代，为了解决全球范围所面临的贫困、疾病、失业等经济与社会发展问题，联合国在发展中国家率先倡导“社区发展”计划，之后逐步扩展到发达国家。社区公共服务在国外也叫作“社区照顾”。社区照顾是当代西方发达国家社区服务工作的一个范例，它作为一种运动起始于20世纪50年代，主要为解决贫困和温饱服务而被提出。

西方国家的公共服务的提供和生产为一体，由政府来承担，当时提供的主要是基本的公共服务。政府作为公共服务的提供者承担如下责任：（1）对是否提供某种公共服务进行决策；（2）对提供公共服务的内容进行决策；（3）为公共服务提供资金；（4）组织协调公共服务的生产；（5）对公共服务的生产和结果进行监管和评价。

2. 我国社区公共服务的演进

我国的社区服务萌芽于20世纪80年代初期。在这一时期，随着城市经济体制的改革，社会福利制度改革也拉开了帷幕。改革的目标是：1984年社会福利事业杭州会议和1985年全国社会福利生产大连会议，把建设社会化的社会福利制度列为城市民政工作的重点。其中的一项重要措施就是在街道建立“社会福利服务网络”。这可以说是中国社区服务的萌芽。

1987年年初，民政部第一次提出了“社区服务”这一科学概念，以此代替“街道社会福利网络”的概念，并提出了建立和完善社区服务体系的发展目标。

1989年10月，民政部在杭州召开了全国城市社区服务工作经验交流会，明确提出了今后一个时期，城市社区服务的发展目标，要求在三五年内，全国1/3的大中城市要开展社区服务，其中50%以上的街道要实现社区服务网络化，并形成完整的社区服务工作体系；中、小城市和边远城市也要根据各地实际情况，制定社区服务近期发展规划，其中30%以上的街道要实现社区服务网络化。从此，中国的社区服务事业进入了全面发展的时期。

1993年8月27日，为进一步推动和规范社区服务的发展，以民政部、国家计委、体改委、财政部、人事部、劳动部、卫生部、建设部、国家体委、中国老龄委等14个部委的名义，联合颁布了《关于加快发展社区服务业的意见》，对社区服务的性质、内容、目标、任务、管理等做出了更加明确的规定。文件规定社区服务，是指在政府倡导和扶持下，为满足社会成员多种需求，依托街道和居委会，发动社区力量开展的具有社会福利性质的居民服务业。它主要由社区福利服务业和便民利民服务业组成，是社会保障体系和社会化服务体系中的一个重要行业。此时的社区服务具有福利性、群众性、服务性、互助性和地缘性五个特点。

2006年4月由国务院颁布的《关于加强和改进社区服务工作的意见》要求“以不断满足社区居民的物质、文化、生活需要为出发点，充分发挥政府、社区居委会、民间组织、驻社区单位、企业及居民个人在社区服务中的作用，整合社区资源，健全服务网络，创新服务方式，拓宽服务领域，强化服务功能”。提出，要整合政府各部门在城市基层的办事机构，积极推进“一站式”服务，提高为社区及其居民提供公共服务的水平。特别要发挥政府自身在提供公共服务上的力量，不能把自身应做的事情推给社区。对社区组织做起来有优势的行政性工作，可委托给居委会来承接，如果委托就必须解决人财物的问题，可依法采取“权随责走、费随事转”的原则，委托社区组织承担。要由NGO、NPO组织来承接。例如购买服务、项目管理等，调动社会组织参与社区服务的积极性，促进公共服务社会化。公共服务的手段是信息化建设，要梳理、整合各类服务热线、呼叫热线，形成社区公共资源共享机制；建设社区信息化平台，提高社区公共服务的自动化、现代化水平。

2011年12月20日国务院办公厅发布关于印发国务院《社区服务体系建设规划

(2011—2015年)》(国办发〔2011〕61号),认为社区服务体系,是指以社区为基本单元,以各类社区服务设施为依托,以社区全体居民、驻社区单位为对象,以公共服务、志愿服务、便民利民服务为主要内容,以满足社区居民生活需求、提高社区居民生活质量为目标,党委统一领导、政府主导支持、社会多元参与的服务网络及运行机制。

2012年5月16日,国务院常务会议通过的《国家基本公共服务体系"十二五"规划》(国发〔2012〕29号)(以下简称《规划》)。《规划》提出,把基本公共服务制度作为公共产品向全民提供,是我国公共服务发展从理念到体制的创新。我国实行社会主义制度,公民都有获得基本公共服务的权利。保障人人享有基本公共服务是政府的职责,要按照"以人为本,保障基本;政府主导,坚持公益;统筹城乡,强化基层;改革创新,提高效率"的基本要求,着眼制度设计、系统规划、整体推进,建立健全基本公共服务体系。该《规划》为社区公共服务体系建设提供了重要依据。

2013年10月31日,民政部、国家发展和改革委员会、工业和信息化部、公安部、财政部联合发布《关于推进社区公共服务综合信息平台建设的指导意见》(民发〔2013〕170号),目的是发挥社区信息化在提升社区自治和服务功能方面的积极作用,切实满足居民公共服务需求,推动基层社会服务管理创新。在此意见指导下,全国各级各类社区公共服务平台逐步建立,极大便捷了社区公共服务活动的开展,保障了社区公共服务目标的实现。

2015年9月19日,中央办公厅印发了《关于加强社会组织党的建设工作的意见(试行)》(中办发〔2015〕51号),2016年,中办国办印发了《关于改革社会组织管理制度促进社会组织健康有序发展的意见》(中办发〔2016〕46号,以下简称"46号文"),明确提出了要走中国特色社会组织发展之路。走中国特色社会组织发展之路,其最本质的特征也必须是坚持党的领导,也迫切需要党的领导。一直以来,社会组织就在党的关心关怀下成长发展壮大,党没有忽略社会组织,社会组织也从来没有离开过党。并且,社会组织越是发展壮大,越是需要加强党的领导。这既是党的工作需要,也是社会组织的自觉需要。这将为社区服务组织建设发展提供重要政治保证,也有利于社区公共服务事业在正确的轨道上健康发展。

2016年9月1日,《中华人民共和国慈善法》正式施行,必将对慈善事业健康发展产生积极而深远的影响。2017年2月24日闭幕的十二届全国人大常委会第二十六次会议通过了关于修改《企业所得税法》的决定(草案),修订后的《企业所得税法》允许超出12%的部分可以在以后三年内继续税前扣除,是对捐赠扣除企业所得税优惠政策的扩大和延伸,很大程度上解决了一大部分大额捐赠支出的税前扣除。这将有利于减轻社区民间组织和其他组织在提供社区公共服务时的负担,调动多元主体参与社区公共服务的积极性。

2017年1月23日,国务院关于印发《"十三五"推进基本公共服务均等化规划》的通知(国发〔2017〕9号),全面指导了社区公共服务的事业的加速发展。"十二五"以来,我国已初步构建起覆盖全民的国家基本公共服务制度体系,各级各类基本公共服务设施不断改善,国家基本公共服务项目和标准得到全面落实,保障能力和群众满意度进一步提升。同时要看到,我国基本公共服务还存在规模不足、质量不高、发展不平衡等短板，突出表现在：城乡区域间资源配置不均衡，硬件软件不协调，服务水平差异较大；基层设施不足与利用不够并存，人才短缺严重；一些服务项目存在覆盖盲区，尚未有效惠及全部流动人口和困难群体；体制机制创新滞后，社会力量参与不足。因此，在十三五期间，推进基本公共服务均等化的指导思想是高举中国特色社会主义伟大旗帜，全面贯彻党的十八大和十八届三中、四中、五中、六中全会精神，深入贯彻习近平总书记系列重要讲话精神和治国理政新理念、新思想、新战略，认真落实党中央、国务院决策部署，统筹推进“五位一体”总体布局和协调推进“四个全面”战略布局，牢固树立和贯彻落实新发展理念，坚持以人民为中心的发展思想，坚持以社会主义核心价值观为引领，从解决人民群众最关心最直接最现实的利益问题入手，以普惠性、保基本、均等化、可持续为方向，健全国家基本公共服务制度，完善服务项目和基本标准，强化公共资源投入保障，提高共建能力和共享水平，努力提升人民群众的获得感、公平感、安全感和幸福感，实现全体人民共同迈入全面小康社会。总体目标是到2020年，基本公共服务体系更加完善，体制机制更加健全，在学有所教、劳有所得、病有所医、老有所养、住有所居等方面持续取得新进展，基本公共服务均等化的总体实现。

2017年6月12日发布《中共中央国务院关于加强和完善城乡社区治理的意见》将城乡社区公共服务有效保障作为城乡社区治理能力显著提升的标志。该意见提出要加快城乡社区公共服务体系建设，健全城乡社区服务机构，编制城乡社区公共服务指导目录，做好与城乡社区居民利益密切相关的劳动就业、社会保障、卫生计生、教育事业、社会服务、住房保障、文化体育、公共安全、公共法律服务、调解仲裁等公共服务事项。着力增加农村社区公共服务供给，促进城乡社区服务项目、标准相衔接，逐步实现均等化。将城乡社区服务纳入政府购买服务指导性目录，完善政府购买服务政策措施，按照有关规定选择承接主体。创新城乡社区公共服务供给方式，推行首问负责、一窗受理、全程代办、服务承诺等制度。提升城乡社区医疗卫生服务能力和水平，更好满足居民群众基本医疗卫生服务需求。探索建立社区公共空间综合利用机制，合理规划建设文化、体育、商业、物流等自助服务设施。积极开展以生产互助、养老互助、救济互助等为主要形式的农村社区互助活动。鼓励和引导各类市场主体参与社区服务业，支持供销合作社经营服务网点向城乡社区延伸。

二、社区公共服务的含义与特点

1. 社区公共服务的含义

社区公共服务概念可以说是中国的发明。国际社会并无此概念，也很少用社区服务，而是把立足于社区的社会服务，例如社区的邻居辅导中心、青少年服务中心、妇女避难所等机构的服务称为社区服务。对于这部分服务内容，国际社会更经常用的词不是社区服务，而是社会服务、社会福利服务或社会工作。可见，并没有一个可以与社会服务或社会福利服务相分离的社区服务概念。

随着实践的发展和理论探讨的不断深入，专家学者和实际工作者从不同侧面、不同角度界定了社区公共服务的内涵。社区服务包含三个部分，即社区公共服务、私人服务和社团服务。而社区公共服务是社区服务的一个有机组成部分，应该是界定在社区范围内的一种公共服务。很多学者认为社区公共服务是指“以社区为单位提供的社会公共服务，它是用服务形式满足社区居民共用性消费需要的社会公益产品”，认为“社区公共服务包括：社会为了社区的需要而提供的社会公共服务和社区本身为满足自己的需求自行安排的公共服务，即社会为社区提供的公共服务和社区自给的公共服务”。①

我国民政部把社区公共服务定义为：“以城市街道、居民委员会为依托，依靠社会力量兴办的实行自负盈亏管理的社区型社会福利设施和社会服务网络。包括为老年人服务的设施，如街道办敬老院、颐寿院、托老所、老年庇护所、老年活动中心、老年婚姻介绍所、老年综合服务站、老年康复门诊。为残疾人服务的设施，如社区福利工厂（组）、精神病人工疗站、心理咨询辅导站、残疾人社区康复中心、残疾人婚姻介绍所等。为儿童服务的设施，如街道托儿所、幼儿园、学前所、小学生活动站、失足青少年帮教组，以及残疾儿童寄托所、弱智儿童启智班、残疾儿童康复门诊。为烈军属服务的设施，如烈军属活动站、烈军属之家。家庭服务和便民利民服务，如家庭照料服务、开设家庭病房、开展邻里互助服务等。”杨团认为，“上述对社区服务的定位十分庞杂。其中既有完全的私人服务，又有为特殊人群防危解困的社会福利服务，也有少量可以算作为社区全体居民利益而设置的公共服务。由于不同性质的服务项目混淆在一起，提供服务的方式也就难以区分。由于倡导社区服务的民政部门一直从事对特殊人群的政府福利照顾工作，实际运营中，无论什么项目，只要纳入社区服务，就习惯性地要以福利方式提供。但是冠以‘福利’二字的社区服务却没有可供其长期运营的资源，民政部门所能提供的政府财政资源被财政开支体制限定主要应用于政府举办的社会福利院、儿童福利院，没有可能用于在社区内扩充的福利项目”。她提出“社区公共服务”的概念，即“社区居民所需要的、由社区组织（包括社区连锁性质的组织）供给的社会公共服务”②。

社区公共服务应从广义和狭义两个方面来理解。从广义上理解，社区公共服务是指公共领域所提供的直接的和间接的服务的总称，既有物质形态的公共服务，也有非物质形态的公共服务。从狭义上理解，公共服务仅指由政府直接提供或由政府出资委托社会组织提供的纳入政府政策规定范围的公共服务，通常是基本的公共服务。很显然社区公共服务主要是由政府提供，但仅由政府提供显然难以满足日益增长的社区公共服务需要，需要调动社会资源力量来提供更加丰富的社区公共服务。

因此，应从更广泛的意义上理解和界定社区公共服务。社区公共服务应指为了满足社区成员对公共服务的社会需求，为了公共服务质量和效率的提升，利用社区内外的资源，充分发挥政府、社区自治组织、社会组织、企业及社区居民在社区服务中的作用，为生活在一定地域内的全体居民提供的社会福利和公益性的社会生活服务。

2. 社区公共服务的特点

社区公共服务的特点表现在：

（1）社区公共服务具有公共性。社区公共服务属于社区服务的重要组成部分。它主

---

① 钟金霞. 当代城市社区治理改革［M］. 长沙：湖南大学出版社，2012：71.

② 杨团. 社区公共服务经济研究［DB/OL］.［2001－09－24］. http://www.docin.com/p－338424215.html.

要是由政府提供的或政府出资购买企业、民间组织提供的公共服务，它覆盖到了社区，包括就业、社会保障、文化教育、社会救助、计划生育等，具有明显的公共性特点。

（2）社区公共服务具有社区性。社区公共服务不同于一般的公共服务，是特指以政府提供的以社区为载体的公共服务，即政府公共服务延伸到社区的那部分内容。社区公共服务必须要以社区为依托来展开，社区公共服务离不开社区。

（3）作为公共产品具有生产的非排他性和消费的非竞争性。社区公共服务也是公共物品，也就具有公共物品的性质。由于社区公共物品和服务的消费是在群体中进行的，这就造成了无法对消费者共同使用的某一项服务的使用价值进行分割，除非生产者花费巨大成本，否则无法阻止消费者不付费就搭车的性质，即社区公共服务的非排他性；社区公共服务的非竞争性，指消费者使用一种物品或享用一项服务并不能阻止其他人的使用或享用的性质，公共服务对每一个消费者所提供服务的数量和质量是等值的，每个消费者消费不会影响其他消费者的消费数量和质量。

（4）社区公共产品供给主体的多元性。现代社区基本公共服务是一种以政府为主导，社会力量支持和居民参与的多元服务体系。可通过政府购买服务的方式，由民间组织和社区服务企业承担公共服务，适当引入竞争机制，打破政府的垄断供给的模式，形成多中心供给格局，实现基本公共服务的供需平衡。

（5）公共服务目标的社会性和公益性。社区公共服务的内容是社会性，其内容主要涉及社会发展层面，关注点在于社会保障、社会救助、教育、文化、卫生医疗、计划生育、社会治安等。正因为如此，社区公共服务同时具有公益性，应追求社区公益事业和公共目标的达成。

评价与反馈

请结合本子任务的学习和你的理解，填写表6－1。

表6－1

社区公共服务的含义	社区公共服务的特点有哪些

子任务2 社区公共服务的分类

任务分解：

（1）通过学习研究，分析整理国内外有关社区公共服务分类的基本知识。掌握社区公共服务分类的方法和类型；能够根据不同的分类发现社区公共服务供给问题，并提出相应的建议。

（2）结合调查研究工作实际，了解某社区公共服务不同类型划分的意义和功能作用，能够提出更好地满足不同居民的公共服务需要的有针对性的服务。

知识准备：

社区公共服务有很多种类型，按不同的标准可以分为不同的类别，主要有三种分类。

一、根据满足社会公共需求的水平分类

社区公共服务的内容，根据满足社会公共需求的水平，可以将公共服务分为基本公共服务、准公共服务（非基本公共服务）和个性化公共服务。

1. 基本公共服务

基本公共服务是指在一定社会经济条件下，政府为满足社会基本公共需求，保障社会全体成员基本社会权利和基础福利水平，保持经济社会稳定，必须向全体公民均等地提供的基础性公共服务，包括义务教育、公共卫生、公共安全、基本社会保障、食品药品安全等内容，主要是基本的公共安全、基本民生和基本公益性服务。

2. 准公共服务

准公共服务（非基本公共服务）是公共事业型公共服务，是政府为了保证社会成员的生活质量和生活水平，通常以资本运作、专项投入、经费补贴、政府购买服务、奖励、优惠政策、产业政策、经济杠杆等手段措施，并通过社会化、市场化、企业化方式提供的，具有一定营利性的公共服务，如水、电、燃气的供应，交通、通信、网络、垃圾污水处理、环境卫生、绿化、安防等专项服务，社区物业管理服务，等等。

3. 个性化公共服务

个性化公共服务是指能够进一步提高公民的生活质量和生活水平，促进社会成员的全面发展，有一定个性化特征的更高层次的公共服务，如各种私立学校、高等教育、高级医疗服务、个性家政服务、个性物业服务等。

基本公共服务、准基本公共服务和个性化公共服务是以经济学的视角对公共服务分类的结果。三者的关系密切，共同构成了完整的公共服务体系内容，不可偏废。公共服务的发展与生产力和社会的发展密切相关，在生产力和社会发展比较完善的社会，人们对公共服务的要求更高，政府必须保证基本公共服务，满足人民基本的生产生活需要。在此前提下，不断完善基本公共服务，进一步拓展和发展个性化公共服务，不断提高社区公共服务质量和水平，则是社会进步，人民生活不断提高的必然要求，是增强人民幸福感的重要途径。

二、按公共服务的主要内容分类

社区公共服务的主要内容可以归纳为两种类型。

1. 面向全体社区居民的具有便民利民性质的社区服务

它与社区居民联系最密切，最能体现社区一般居民的生活需求，同时也是最能反映社区经济广度和深度的服务。它可以分为：①一般家居生活服务，包括日常生活用品的购置与配送，家用电器维修，卫生清理，服装制作、拆洗与熨烫，代收公用事业费等；②社区环境综合治理服务，包括绿化面积的维护和扩大，“四害”治理，环境噪声的控制，居民楼道、门前环境卫生的保护，民事纠纷的调解，火灾隐患的消除，外来人口的管理等；③社区医疗卫生服务，具体可以开发的服务项目包括疾病预防、医疗诊断、病人护理、健康咨询、卫生宣传和防疫等，并且可以建立与之相配套的服务设施，这是顺应我国城市医疗服务改革，合理配置卫生资源，并为社区居民所迫切需要的服务活动；④社区少年儿童服务，包括各类活动的“宫”“家”“站”等基础设施以及青少年教育基地，为少年儿童提供卫生防疫和保险服务、学前教育服务、兴趣培养与成长教育服务等；⑤社区生活服务，包括文化、教育、科普、咨询、培训、体育、娱乐、健身服务等。

2. 面向特殊群体，具有社会福利性质的社区服务

它尽管是针对社区少数人群，却能直接反映社区服务的质量，体现社会主义精神文明建设的广泛内涵，是社区工作者应高度重视的服务活动。这种服务可以分为：①为社区老年人服务，针对我国社会老龄化现状和趋势，将社会养老和家庭养老结合起来，实现具有中国特色的养老方式，也是当前我国社区服务业中最具发展潜力的服务内容；②为社区残疾人服务；③为社区优抚对象服务；④为社区特困家庭服务。

三、根据服务性质的差异分类

根据服务的性质分类可分为三类。

1. 补偿性服务

社区公共服务中的补偿性服务在本质上属于由政府和社区提供的社会福利服务。几乎每个人一生中都在从事不同的工作，尽自己之所能，为社会做出贡献。社会有义务为已退休且由于衰老、疾病等原因陷入贫困和痛苦之中或因各种原因遭受不幸的特殊群体提供补偿性服务。

2. 预防性服务

现代社会的快速发展使城市中产生了各种各样的社会问题。快速的生活节奏和巨大的生活压力可能使某些人产生精神疾病，青少年则可能由于社会的忽视而产生越轨行为。社区提供的各种娱乐设施、组织的各种娱乐活动以及对重点对象的帮教服务，对许多社会问题的产生起到了有效的预防作用。

3. 支持性服务

支持性服务是指通过健康、教育和福利等方面的服务，为社区成员各方面的发展提

供支持，其内容包括教育服务、健康服务、人口政策和人力资源规划以及就业指导和培训等方面。

评价与反馈

请结合本子任务的学习和你的理解，填写表6－2。

表6－2

根据满足社会公共需求的水平分几类	按公共服务的主要内容分几类	根据服务性质的差异分几类

任务二　社区公共服务提供的模式

情境导入

情境14　成都市社区与都江堰天马镇公共服务多元化供给实践

社区公共服务供给模式与当地公共服务需求及政府资源情况相关，不同地区呈现不同特点。在此方面成都市做了一些开拓，取得了一些实效，现在已基本形成以政府为主导，集合社会闲散、慈善资源和社区集体经济资源共同融资供给社区公共服务的格局，供给的方式也由以往单一的政府“单中心”供给，变成现在政府主导，市场、第三部门和社区组织复合组成的“多中心”供给。同时基层单元也创新发展了不少具体形式。

情形1：柳城街办在15个社区设立了街办驻社区公共服务和社会管理事务所，下设文体活动服务部、群众服务事务部、社会组织部等职能机构，各机构相互配合、紧密协作。街办提供事务所运行经费，聘请社区有经验、有影响力的居民担任工作人员，事务所定期或不定期对工作人员进行专业培训，并聘请专业机构，通过市场化运作，为小区居民提供文化生活、家政管理、水电气维修等专业服务。依托日趋成熟的驻社区公共服务和社会管理事务所，柳城街道办永宁路社区建立了社会公共服务阳光互助站。整合辖区内的社会组织、机构等资源，有钱出钱，有力出力，共建社区，共享成果。

情形2：邛崃市前进镇依托新农村建设项目配套公共服务。根据社区公共服务相关文件精神和地方实际情况，前进镇发动当地企业和居民为社区的公共服务融资募捐，将社会的闲置、慈善资源引入社区公共服务事业。前进镇在实施社区公共服务供给的工作中严格按照“三步量分法”和“六步工作法”来确定、实施项目，严格执行村民议事会监管村级公共服务资金制度，成立前进镇项目资金评审领导小组和前进镇招投标领导小组，切实加强项目论证，合理制定实施方案，强化过程监督检查，让群众全程参与项目的实施，确保社区（村）公共服务资金公开、透明、规范、合理地使用。

情形3：双流县黄甲镇将市场竞争机制引入社区公共服务。黄甲镇将市场竞争机制引入社区公共服务，在融资方面，社区将一些集体土地使用权进行转让，在社区公共服务供给和管理方面，实行外包招标。黄甲镇的社区为了弥补社区公共服务资金的不足，通过让渡部分土地使用权给当地企业和居民，加上当地政府的财政补贴，弥补了社区公共服务和管理的部分资金缺口，同时尽量将社区公共服务市场化，引进市场竞争机制，能外包的社区公共服务尽量通过竞标方式招标，减少社区公共服务供给和管理成本，从而减轻社区公共服务专项资金不足的压力。

情形4：都江堰市天马镇借助灾后重建的政策优势，结合国土资源部的“农村集体建设用地减少和城镇建设用地增加相挂钩”项目，很大程度上缓解了社区公共服务的供给和灾后重建融资难的形势。天马镇的社区公共服务供给情况面临着双流县黄甲镇类似的问题。天马镇政府为了解决社区公共服务专项资金的不足问题，利用“灾后重建”国家土地资源部出台的“农村集体建设用地减少和城镇建设用地增加相挂钩”政策为社区建设和公共服务供给融资。

（资料来源：中国改革论坛，http://www.chinareform.org.cn/，2012－07－30，有删改）

说明：社区公共服务的供给模式不但取决于公共服务需求，更要有政府主导下的有效作为，即充分利用政府力量和资源，调动社会力量与资源，形成一种多元参与社区公共服务供给的格局。成都市的做法和探索出的社区公共服务“多中心”供给模式，创新社区公共服务供给模式，增强公共服务供给的有效性，值得借鉴。

任务要求

1. 学习研究国外社区公共服务模式的做法与经验。理解国外社区公共服务模式的做法与特点。理解并掌握国外城市社区公共服务做法的可借鉴之处。

2. 分析研究社区公共服务供给模式，构建可供选择类型的内涵及模型。理解并掌握我国社会化社区公共服务供给的实践模式。

3. 结合调查研究工作实际，了解某社区公共服务的基本内容、方法或某城市的社区公共服务供给模式，并借鉴国外公共服务模式、做法经验，提出修改建议，提高社区公共服务供给水平，形成具有地域特色的城市社区公共服务供给模式。

子任务1 国外典型的社区公共服务供给模式及借鉴

任务分解：

（1）通过学习研究，分析研究国外社区公共服务模式的做法与经验。理解国外社区公共服务模式的做法与特点。理解并掌握国外城市社区公共服务做法的可借鉴之处。

（2）结合调查研究工作实际，了解某社区公共服务的基本内容、方法，并借鉴国外公共服务模式做法经验，提出修改建议，提高社区公共服务的供给质量与水平。

知识准备：

一、国外典型的社区公共服务供给模式

由于各国的国情与社区概况不同，各国形成了独特的社区公共服务供给模式。无论是内容还是形式，都各不相同。美国、英国、新加坡的社区公共服务模式具有典型性。

1．美国——授权社区的社区公共服务模式

美国政府在改革中推崇“社区拥有的政府，授权而不是服务”。美国的社区授权意味着政府治理由划桨向掌舵方向转变，即政府以及专业组织提供社区人员更有效的实施行为规范。在社区，政府行为与社区行为相对分离，政府对社区的管理主要是通过制定各种法律法规协调社区各利益主体之间的关系，以及为社区成员的社区参与提供制度性的保障。社区内的具体事务则完全依靠社区自治组织（由社区居民选举产生）来行使社区的管理职能，是典型的自主自治。社区内的公共服务则由 NGO（非营利性组织）来具体承担，政府会根据组织的服务成本与效果的差异给予不同幅度资助。

这种模式的主要特点是：①社区公共服务内容广泛。美国的社区公共服务囊括了社区居民需要的方方面面：衣食住行、教育、文化娱乐、园艺美化、医疗卫生、水电、交通、通信等基础设施服务；照顾老弱病残的特殊服务；人际关系的处理；等等。②社区公共服务供给主体多元化。在美国，政府、志愿者和社会中介组织共同为社区居民提供公共服务，但是各主体之间服务领域很明确。政府仅限于提供涉及居民最基本需要的部分。如水电、煤气、网络通信设施以及绿化、保洁和照明等，主要由政府出资委托或承包给专业公司。社区公共服务的另一部分是由志愿者提供的。社区志愿者的人员构成和提供服务范围十分广泛，志愿人员中不但有专业技术人员、离退休人员、普通市民，还有政府官员和大中学生。③社区自治功能提高，实行民主管理。在美国，社区在公共服务中发挥着重要的作用。城市社区没有政府基层组织或派出机构，实行高度民主自治，依靠社区居民自由组合、民主选举产生的社团组织如社区治理协会、社区治理委员会、社区治理服务中心等来行使社区治理职能。如柏莱梅市中产阶级山庄社区通过民主选举成立社区治理委员会，委员每月开会一次，主要研究聘用社区治理公司及有关监察事项、处理邻里矛盾、与警方联络合作、参与政府活动、组织民主选举等。

2. 英国——社区照顾式的社区公共服务模式

英国的社区照顾是当代发达国家社区服务工作的典范，其经验对许多国家和地区都产生了深远的影响。英国的社区照顾最初是针对“住院式照顾”提出来的。住院式照顾是政府兴办大型福利院舍，雇用大批工作人员对无依无靠的老年人和残疾人实施住院式照顾，社区照顾使被照顾者能够像正常人那样独立地生活在自己熟悉的社区环境里。至20世纪70年代，社区照顾在英国已相当普及。为了提高社区照顾的质量和效率，英国政府改变过去国家负担过重的局面，走上了多元化的社区照顾之路。政府把原来由政府承担的一些社区照顾移交给私营机构和志愿者组织，政府委托这些机构提供社会所需要的社区照顾，然后政府花钱购买，提供给照顾的需求者，地方管理部门只起宏观管理作用，它们安排、提供和购买适应个人需求的照顾，所提供的服务应该去适应个人的需求，而不是让需求去适应所提供的服务。这既减轻了政府的负担，也提高了社区照顾的质量和效率。

英国社区照顾的具体形式既包括社区内照顾，也包括社区外照顾。①由地方政府出资兴办社区服务中心，为老年人、残疾人和学龄前儿童服务。工作人员大都是政府雇员，活动经费主要来自政府拨款，基本上属于无偿服务。②开办社区老年公寓。其收费标准大体相当于政府发给每个老人的养老金。③家庭照顾。这是政府为使老人留在社区、留在家庭而采取的一种政策措施，具体表现为由家庭成员进行照顾，政府发给适当的津贴。④设立短期护理机构——暂托处。主要是为了解决因家庭有事外出或离家度假而得不到照顾的老年人、残疾人的问题。⑤上门服务。这是对居住在家里，但生活不能完全自理的老人提供的一项服务。包括上门送餐或做饭、洗衣、洗澡、理发、购物等。⑥开办社区老人院。集中收养生活不能自理又无家庭照顾的老年人。

英国社区照顾的特征可以概括为：①地方化。具有因地制宜的特点，着重满足地方的个别需求，而不必有一个共同的供给内容和输送体系。②分权化。以地方的参与为前提，减少来自中央对服务输送与决策的干预，由中央到地方是第一层次的分权，而第二层次的分权是使过于依赖专业机构向社区机构分权。③去机构化。使被照顾对象在家中及社区内得到照顾。即使在专业机构中照顾，机构也必须符合社区化小型化的标准，而不是大型的社会福利机构。④社区化。以社区为基础的服务意味着服务的供给与输送均以社区为单位，尽量避免过大的范围。

3. 新加坡——政府导向型的社区公共服务供给模式

新加坡是政府导向型的社区组织运行机制的代表。它强调的是政府的强力调控和垄断，表现为政府在公共服务的生产、提供和监管中均是强势支配力量，依照政府的计划性和权威性严格遏制公共服务市场化所带来的分散性和私立性。

新加坡的社区公共服务可分为三种类型：①行政事务服务。服务范围是社区全体成员，但真正接受服务的是有需求的居民，如房屋登记、代办有关手续等，属于非营业性低偿服务。②社会福利服务。服务对象是老弱病残群体，以满足其基本生存需求。③商业服务。它主要为居民提供营业性服务，基本是私人经营，如果因为采取便民措施而导致营业性亏损的话，可以获得适当补贴。

新加坡政府根据需要投资兴建不同数量的居民委员会、民众联络所、居民活动中心、海上体育俱乐部、展览中心、保护儿童培训中心、青少年友谊俱乐部以及各类医院、门诊所、残疾人工作点、收容所和敬老院等各类基础设施，为社区居民提供各种服务。家庭服务中心是个以居民为基础，提供家事服务的福利性机构，开展个人与家庭辅导、信息与中介、家庭教育、专业服务及义工培训等服务。新加坡社区医院作为辅助医疗机构，是国家医疗保健体系的补充，收费低廉，重点满足老弱病人的需求。社区医院一般与区域医院为邻，在某种程度上与区域医院共享医疗资源，病人康复护理可转入社区医院。新加坡实行社区警察制，社区内设居民警岗，并在此基础上建立居民警察局。居民警察局一般与民众联络所共楼办公，采取一站式警察服务，与社区基层组织密切合作，提供全面治安服务。在社区警察制度下，警方强调警民联防，注重社区的广泛参与，培养居民的自我防范意识。

二、国外城市社区公共服务做法的可借鉴之处

（1）社区公共服务内容比较全面，适应面广。满足社区居民需求是社区公共服务的出发点，所有的活动都是为了满足社区居民的需要。在社区公共服务内容上比较完善，都是按照社区居民的需要进行设置的，除照顾老弱病残者等特殊服务外，衣食住行、教育、文化娱乐、园艺美化、医疗卫生、水电、交通、通信等基础设施服务都有提供，充分地避免了社区公共服务在供需上的矛盾。

（2）多元化的社区公共服务供给体系。无论是美国社区服务还是英国的社区照顾，政府部门、营利组织、非营利组织、志愿部门甚至个人都积极投身到社区公共服务的运营、生产和管理当中。虽然以上三个国家是截然不同的三种模式，但他们都是从本国的国情出发，实行不同的治理模式，都达到了满足社区居民需要的目的，并使社区发展井然有序。在以上三种模式中，政府实施组织、管理、监督、评估等一系列职能，政府主要做好服务供给的宏观的指导和调控，以及财政和资金上的支持和保障。社会力量在上述两个国家的服务供给中也起到了积极和十分重要的作用。社区组织和各种社团利用其灵活的组织形式，优越的区位优势和良好的民众基础，补充了政府力量的不足，同时为当地民众提供了更多生活的便利。

（3）民间和社会团体及社区工作者和志愿者发挥重要作用。民间和社会团体在公共服务供给中发挥了良好的联系政府与民众的桥梁作用。民间和社团组织集中民意，把居民的需要以比政府部门更高效、更便捷的方式传达给政府。除了桥梁和纽带作用之外，民间和社会团体以比政府更贴近民众的优势，为社区居民提供高质量和更加丰富的服务，满足居民多样化、个性化以及较高层面的需要。从这些层面上讲，非政府力量的强弱与发展程度很大程度上影响着社区公共服务的丰富性和优质性。

（4）多中心供给的模式中，良好的制度设计实现了各主体之间的合理定位和良好互动。政府淡化直接领导角色，每个服务项目的出台都有其他主体的参与，都是在充分尊重民众意愿的基础上切实根据民众的需要提供各种服务。居民如果对服务产品不满意，或对服务供给主体的服务不满意，都可以通过投票的方式选择符合自身要求的供给类型。

（5）推动社区自治。保证社区居民委员会有效代表社区居民的权益是社区建设的关键。目前，城市发展的速度加快，在社区规划、社区改造等重大事项面前，居民的利益

容易被忽视，社区自治力量的重要性显示出来。

（6）推动社区居民的社区参与。居民才是社区的真正主体，居民要承担起社区建设的责任。培育社区居民的社区意识，可以通过贴近家庭生活的宣传、社区直接选举、开放讨论社区热点问题等方式吸引居民走进社区。

（7）社区公共服务要有规范的法律保障。健全完备的各项法律规范着各参与主体，使各项工作有法可依、有章可循，每个参与成员都能在法律的规范框架下开展工作，同时得到法律的支持和保护。国外一切社区行为都依据法律、法规开展，所以社区建设井然有序。没有法律保障，社区的利益很容易受到侵害。我国近来社区矛盾多发，居民利益屡受剥夺，与各种社区投资和利益分享机制、社区成员之间的谈判、协商、公示、责任追究和利益补偿机制缺乏或没有权威直接关联。

评价与反馈

请结合本子任务的学习和你的理解，填写表6-3。

表6-3

简述国外典型的社区公共服务供给模式	国外城市社区公共服务做法有哪些可借鉴之处

子任务2　我国社区公共服务的供给模式

任务分解：

（1）通过学习研究，分析研究社区公共服务供给模式，构建可供选择类型的内涵及模型。理解并掌握我国社会化社区公共服务供给的实践模式。

（2）结合调查研究工作实际，了解某城市社区公共服务的模式，分析其特点，发现其中的不足，提出完善意见建议，形成具有地域特色的城市社区公共服务供给模式。

知识准备：

一、社区公共服务供给模式的类型

社区公共服务供给模式需要一定的理论依据。沈千帆在《北京市社区公共服务研究》一书中归纳出三种类型①，可作为社区公共服务模式选择的重要依据。

① 沈千帆. 北京市社区公共服务研究［M］. 北京：北京大学出版社，2011：72.

1. 政府主导型的社区公共服务模式

（1）政府主导型社区公共服务的内涵。

政府主导模式是政府主导、居民响应参与、自上而下推行的社区发展模式。政府在社区发展中处于中心地位，政府对社区发展的法律、政策、组织规范体系提供计划及方案，并给予大力的资金支持，而社区层面的组织及居民按照政府的计划与方案实施或参与活动。大多数的政府干预往往通过四个方面的经济手段得以实现：①供应，政府通过财政预算提供服务；②补贴，它是供应的一种补充手段；③生产，政府通过市场的方式出售服务；④审批制，政府通过审批的方式批准或禁止经济领域内的某种活动。在发展过程中表现为政府行为与社区行为的紧密结合，政府对社区的干预较为直接与具体，并在社区中设有各种形式的派出机构，社区管理表现出浓厚的行政色彩。新加坡可看成政府主导型社区公共服务模式的代表。

（2）政府主导型社区公共服务模型。

政府主导型的社区服务模式的模型（见图6－1），它是由两部分组成：社区服务供应者，也就是政府；二是社区服务的使用者，即社区居民。在该模式中，社区服务供应者是政府，政府通过提供资金支持、直接生产、管制禁令等方式，直接参与到社区服务的提供中来。社区服务的方方面面都有政府管理的渗透，政府企图建立一个稳定、有序、程式化的社区服务模式，使社区福利能尽可能公平地惠及社区中的每一个人，同时有利于政府对于整个社会的管理。社区服务的使用者，即社区居民，享受政府直接提供的公共福利性社区服务，同时也可通过出资购买的方式享受由政府提供或者严格监管下生产的私利性较强的社区服务。

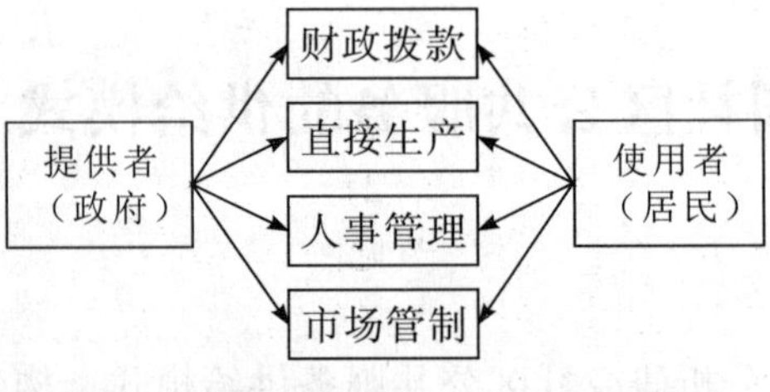

图6－1 政府主导型社区公共服务模型

政府主导型社区公共服务模式的优点在于：首先，体现社区服务福利性，便于政府对社会稳定的控制，有助于社会公平的实现，保障公共服务质量。但政府主导型的社区公共服务模式也具有一定局限性。它加重了政府负担，从财政支出到人员管理，将耗费政府大量精力。其次，政府对市场的干预可能导致福利损耗，难以使资源达到最优化配置。再次，政府直接提供社区公共服务的方式可能无法满足居民多样化的需求，不具备针对性和特殊性。最后，由于缺乏激励手段和专业性，政府主导型的社区公共服务模式可能缺乏提高质量和持续创新的动力。

2. 市场活跃型的社区公共服务模式

（1）市场活跃型社区公共服务的内涵。

市场化机制是借助市场的某些优点如资源配置效率、成本意识和管理分工专业化等，运用一种虚拟市场，通过竞争公开化的契约外包方式，来满足社区的公共服务需求。政府在其中扮演催化剂、规划者、监控者或购买者的角色，而有生产资质和竞争能力的公共组织、民间团体和私人企业成为生产者。通过引入市场机制，可以使政府取消对无端消耗公共资源的不良企业的支持，放松规制以激励民营经济为社区提供公共服务，通过自由市场、政府补助、合同承包、特许经营、凭单等形式把责任委托给竞争市场中运营的私营公司和个人。民营化旨在改善政府作为社区公共服务提供者的绩效，包括打破不必要的政府垄断，在社区环境清理、垃圾收集处理、树木维护、医疗服务、教育服务等公共服务中引进竞争。

根据中外学者的相关论述，从微观角度而言，社区公共服务市场化提供的方式表现为如下四种：①民营化，即通过引进市场激励逐步替代行政干预和公共服务的政府垄断，包括从国有企业撤资、放松管制等。②契约外包，即通过谈判或签订合同的方式，将社区公共服务的生产责任交付于有竞争能力与生产资质的公共企业、民间团体或私人组织，而政府通过向生产者提供财政补贴或产品购买的方式，针对具有自然垄断性的公共服务制定一系列的生产标准，通过特许的方式让极少数企业进入社区公共服务生产领域，但授予公众消费选择权。③内部市场，在具有相似职能的政府内部或公共部门之间引入虚拟市场理念，公共服务供应通过一种运用奖励或补贴的方式，鼓励竞争生产和标杆管理的方式，以排除行政指令造成的惰性和政府垄断生产造成的低质、低效和浪费，包括某些特殊公共服务生产的内部竞争和服务项目的承包等。④消费抵用券（政府补助），即政府制定某种公共服务的一系列行业生产标准，允许有资质的公共或私人部门进行收费式服务供应，顾客拥有公共服务消费的选择权利，政府则通过对特定人群发放抵用券的方式进行适当补偿。

（2）市场活跃型社区公共服务模型。

市场活跃型模式是市场作为社区服务的提供主体，通过充分竞争为社区提供服务的社区发展模式。市场在社区发展中处于中心地位，为居民提供有偿性的便民利民服务。

市场活跃型模式的社区公共服务模型（见图6－2），由购买者、竞争市场、受惠者三部分组成。其中竞争市场是市场活跃型社区管理的核心。①购买者，是指政府或个人在市场作为社区服务提供者的环境下所处的地位，政府或个人作为社区服务的购买者，是出资人和验收人，通过向市场购买服务的方式，为广大纳税人提供公共福利，而非由政府直接提供。②竞争市场，是指社区服务提供方的市场形态，产品提供方通过充分的市场竞争，采取竞标方式向顾客提供产品，通过质优价廉的产品，获得顾客的选择。竞争市场通过有效竞争，占领市场，驱逐劣币，由于其专业性和激励性特征，保证了公共福利提供的高质和高效。③受惠者，是指享受公共福利的社会公民，也是公共服务公共性的体现，其出资人和受惠人相分离。一方面，对于公共性强的社区服务，由于缺乏激励，很难由私人主体提供，则应由政府提供，在我国纳税人依法享有享受公共服务的权利，政府通过购买市场上的公共服务，提供给纳税人，纳税人则直接享受市场主体提供的社区公共服务，这是社会福利的一部分。另一方面，对于私利性强的社区服务，则由有需要的个人出资购买，市场提供多样化、个性化、有针对性的社区服务产品，满足社区居民对公共服务的需求。

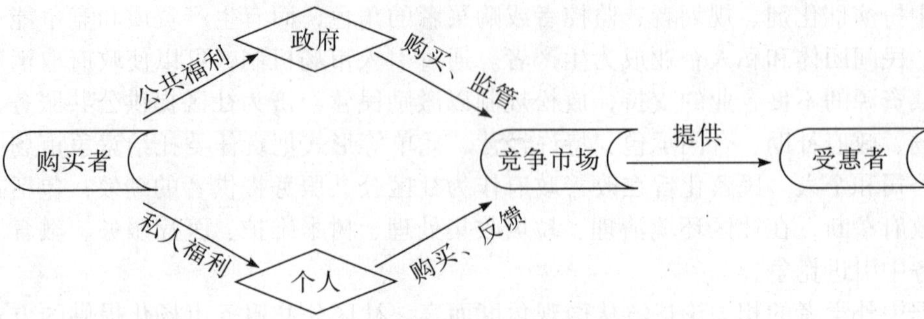

图 6－2 市场活跃型社区公共服务模型

这种模式的优点有：市场主体的多元化保证了产品的专业性，而传统的政府提供方式则因缺乏专业性而无法满足社区居民需要，降低了社区服务质量；资源优化配置，通过市场这只“看不见的手”，将社会资源合理配置，保证社区居民以最低廉的价格享受到最优质的服务，同时，激烈的竞争可以促进社区服务产业的发展；通过市场提供的方式可以改变完全由政府提供公共福利的模式，减少政府的管理压力，有利于政府职能向服务型转变。这种模式的缺点也比较突出：在以市场为主导的社区服务提供方式中，企业必然会注重本公司的经济利益，而容易忽视社会效益；以市场为导向，虽然最大限度地满足了“效率”的需求，却也忽视了对“公平”的需求，这种模式必然会加剧社会矛盾，影响稳定。因此，政府有关部门必须加强对市场行为的管理和监督，使得居民能够方便低廉地获得有普遍需求的社区公共服务项目。

市场活跃型社区公共服务在当今社区管理中并不少见，较典型的是“物业管理”模式。

3. 社会组织主导型的社区公共服务模式

(1) 社会组织主导型社区公共服务的内涵。

社会主导模式是社会组织主导、居民主动参与、由下而上实施的社区发展模式。社会组织在社区发展中处于中心地位，政府对社区发展的职能主要表现在制定法律、政策，协调社区内的各种利益关系，为社区居民的参与活动提供制度规范，基本不涉及组织及计划方案。

该模式的社区公共服务资源提供的方式表现为：①社区生产，即根据公共服务类别，通过特定的社区组织提供或者参与生产和供应。例如，在中国的城乡社区包括社区自治委员会、行业协会、老年协会、社区宗教组织、居民大会或者其他形式的组织。②家庭生产，即家庭或个人通过自给自足或相互帮助的方式，生产那些政府无法提供或无暇顾及的微观领域的、性质难以界定清楚的服务类型，包括邻里守望、教育付费、家庭养老和亲属孤残抚养等。许多地区已经在不同邻里区建立了“小市政厅”，很多地方还引入了以邻里为基础的咨询委员会，来为有关公共用地划分和使用等邻里最关心的问题的决策提供帮助。③社会团体生产，即特定公民团体生产和提供相应的公共服务，包括行业自律、行业志愿服务、行业服务自我提供等。

（2）社会组织主导型社区公共服务模型。

社会组织主导的社区公共服务模式的模型（见图6－3），主要由三部分组成：一是支持者，即政府；二是主导者，即社会组织；三是参与者，即社区公民。在社会组织主导的社区公共服务中，政府不再是公共服务的提供者，而是以支持者的身份，通过制定政策、法规和一定程度的监管，为社区服务把握大的方向，而不渗透到社区公共服务的细节中去。社会组织则是社区公共服务提供的主导者，它旨在建立关系网络，自主提供服务，发动社区公民互助。一方面，社会组织扮演社区公共服务提供者的角色；另一方面，社会组织因其公益性具备极强号召力，可以发动志愿者和社区公民自发为社区提供公共服务。在社区组织主导的社区公共服务中，社区公民不仅是社区公共服务的使用者和享有者，更是社区公共服务的参与者，这种自下而上的社区管理模式充分体现了社区居民的自发性和能动性，将第三方组织的力量和公民的力量充分发挥，以“公民自治”的理念颠覆传统的政府管理手段。

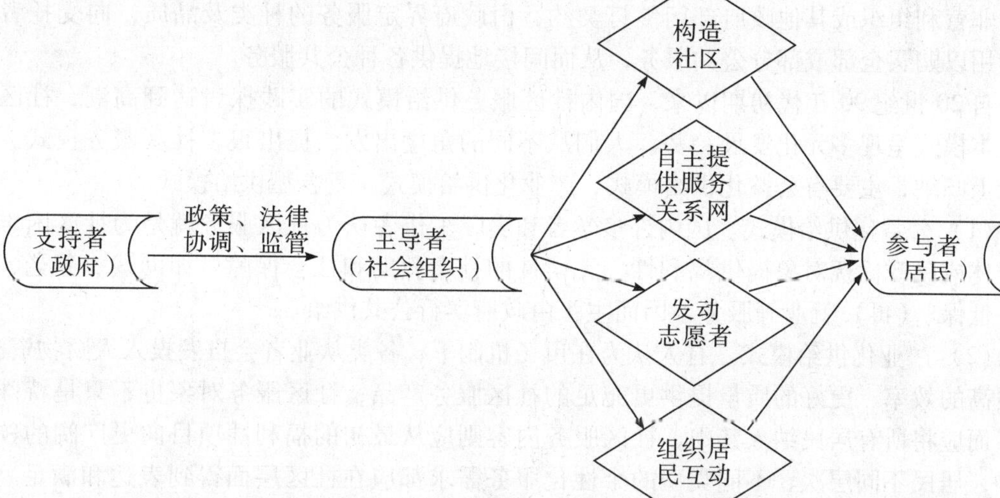

图6－3　社会组织主导型社区公共服务模型

充分发挥公民社会和非政府组织的作用是当今政府治理的大趋势，在第三方组织越来越发达的今天，这种依靠社会组织解决社区管理问题的方式越来越多见。这种模式的优势在于：充分调动各种资源，依托自下而上的社区治理模式，有利于发挥社会各方力量，调动一切资源，减少政府负担；促进公民自治，通过选举社会组织领袖，公民有了便捷的渠道管理与自己生活息息相关的事务，他们的民主和平等诉求有了实现的平台，利于社会的稳定和公民社会的发展；政府伙伴关系形成，第三方组织通过渗透社会基层的管理，成为政府的社会管理伙伴，避免在社会矛盾凸显时政府立场被孤立，也成为平衡政府执政的重要制约和监督力量。社会力量在发挥其作用的同时，也存在一定的局限性：目前非政府组织监管存在缺位，致使隐患丛生，在世界各国，不少具有强大影响力的非政府组织丑闻迭出，影响社会公信力，使得公民质疑其合法性；非政府组织资产增值问题存在争议，不以“营利”为目的的运作能否长久持续下去，其对社区提供的公共服务是否会因此打折，各方观点不一，这也是非政府组织面临的最严峻挑战；由于社会力量具有松散性，在“集中力量办大事”方面有着局限性，需要政府部门发挥作用，扶持其发展。

社会组织主导的社区公共服务提供主体包含两大类别：非政府组织和社区自治组织。美国是社区自治模式的典型。社区自治组织提供公共服务的运行机制。社区自组织是社区居民自己组建的参与社区整合的组织类型，它在市场、国家不占主导的社会生活领域中存在。

二、我国社会化社区公共服务供给模式

1. 我国社区公共服务供给的理论模式

政府购买公共服务（Purchase of Service Contracting，POSC）是20世纪80年代以后，发达国家为应对福利国家的危机而开展的政府改革运动，尤其是在公共服务的市场化改革，使欧美国家的政府公共服务领域中的角色和作用发生了历史性的转型，即政府向营利、非营利组织或其他政府部门签订契约，由政府界定服务的种类及品质，向受托者支付费用以购买全部或部分公共服务，从而间接地提供各种公共服务。

自20世纪90年代初期以来，国内社区服务供给模式的实践探讨达到高潮，社区服务基本模式呈现多元化发展趋势。人们从不同的角度出发，提出很多社区服务模式。从理论上归纳，主要有公益化供给模式、产业化供给模式、复合型供给模式。①

（1）公益化供给模式。国内许多学者和实际工作者认为社区服务就是为社区困难弱势群体或民政优抚对象提供福利性、无偿性的社会救助和社会保障，如助残、养老、法援、低保、（再）就业等服务，因而主张由政府实行公共供给。

（2）产业化供给模式。有人认为在市场机制下，各类从业者会自发投入人财物资源，以更高的效率、更好的质量提供更充足的社区服务产品；社区服务对象也不只是特殊群体，而应将所有居民纳入其中；社区服务内容则应从最初的福利性项目向更广阔的领域延伸，居民不同层次、不同类型的个性化服务需求都应在社区层面得到表达和满足。这种产业化模式不仅能适度减轻政府的“无限责任”及其财政负担（并缓解纳税人负担），还可为民众创业和就业提供广阔的新空间。

（3）复合型供给模式。即以上两种模式的综合，亦称社会化供给模式，认为社区服务具有福利性和产业性之双重属性，但其中政府责任大小、作用多寡、谁主谁次的问题仍有很大讨论空间。

2. 我国社区公共服务供给实践模式

我国社区服务的实践始于20世纪80年代中期，是在政府的倡导和政策指引下逐步开展起来的，社区服务经过30多年的发展，各地形成了各具特色的公共服务模式，具有代表性的有上海模式、武汉模式、青岛模式、沈阳模式等。

（1）上海模式。“上海模式”概括为：党的领导、政府支持、群众自治、社会参与、

---

① 暨南大学社区服务研究课题组. 按中央“十二五”规划建议构建社区服务多元化供给模式[J]. 特区经济，2011（1）：19－20.

专业服务、合理推进的社区建设模式。从而形成“党的领导有力、行政管理有序、各方广泛参与、人民安居乐业”的社区建设新格局。它能够有效地利用政府部门的主导优势，统一各方面的力量，形成合力，搞好协调，减少纠纷。其中上海浦东新区罗山街道的模式最有借鉴性。浦东社会发展局在罗山街道小区建成一个市民休闲中心，综合教育、文体、福利、卫生、市民求助多功能为一体，命名为罗山市民会馆，征招愿意管理的志愿机构进行管理。1996年，社发局与社会服务专业传统的非营利组织——上海基督教青年会签署了协议，将罗山会馆正式委托给青年会运营和管理，共同开创了“政府主导、各方协作、市民参与、社区管理”的模式。青年会作为罗山会馆的法定托管机构，全权负责会馆的设施规划、项目开拓和财务收支。依托馆内设施开发了50多个经常性项目，开展了一系列的活动，社会效益是显著的。罗山会馆已开发的41个主要项目按照全额补贴、差额补贴、持平、微利四类进行分解，并一一核定其收费标准，严格其管理制度，使1999年年末罗山会馆的财政状况终于达到了基本平衡。①

（2）武汉模式。所谓“武汉模式”是一种具有武汉特色的社区建设目标模式，就是坚持社区自治方向，以社区为平台，通过制度变迁，在每一个社区范围内，建立一种行政调控机制与社区自治机制结合、行政功能与自治功能互补、行政资源与社会资源整合、政府力量与社会力量互动的社区治理模式。

它着重体现为加强党组织对社区的领导。这种模式的特点是：明确提出转变政府职能，提升社区自治功能，坚持“两依法”（即“政府依法行政，社区依法自治”）原则，建立新型的政府行政调控机构与社区自治机制相结合，政府管理功能与社区自治功能互补的城市基层管理体制。

（3）青岛模式。青岛市社区建设经过多年实践，逐步形成了以社区服务为龙头，以社区组织建设为核心，以职能转变、重心下移为重点，以基层民主政治建设为着力点，不断完善社区功能，建设生活便利、环境优美、治安良好、人际关系和谐的现代社区的工作思路。青岛市社区建设是以社区服务为重点，这种做法的优势是：不需要大量的财政投入，而是适当的必要资助；不需要增加太多的人员编制，而是对人力资源的优化和调整；不需要多强的经济实力和社会基础，而是对社区资源的重新配置。

（4）沈阳模式。沈阳模式是一个以构建现代社区体制为框架、以社区居民民主自治为主体、以党的领导为核心的全面推进社区建设的过程。着力建立以居住地为特征，以居民的认同感和归属感为纽带，以居委会为依托，由党和政府领导、社会各方面参与、群众自治管理的地域性小社会。从2003年开始，我国上海、北京等地出现了很多政府向民间组织购买公共服务的现象，这与我国政府职能转移，建立服务型政府以及公共服务社会化的背景有关。通过购买有偿的社区服务，可以有效降低政府向社会提供公共产品的运作成本。有放有抓，集中力量解决一些只能由政府完成的任务，实现政府管理的科学化。通过适当引入市场机制，来进行优化资源组合。提高公共服务的质量。促进社区公共服务向专业化、优质化发展。

---

① 杨团．推进社区公共服务的经验研究：导入新制度因素的两种方式［J］．管理世界，2001（4）．

各地探索实践取得了不少成效，但也存在很多问题，主要有：（1）缺乏完善的政府购买服务项目选择机制。政府购买服务改革启动时对政府购买服务范围的界定不够清晰，项目选择的原则、标准、条件都不太具体，操作性不强，导致在项目申报和选择中存在认识偏差，思想难以统一。（2）政府购买服务市场化导向不清晰。公共项目及服务方案的决定权由当地基层政府部门主导，社会服务机构也在一定程度上影响决定，唯有居民缺少选择权，服务质量和满意度均不高。（3）缺乏规范严密的操作管理制度。目前的政府购买服务改革立足于财政部门、各行业主管部门的努力推进，具体实施过程中，由于各主管部门的思路、管理方式、措施、力量的不同，执行中具体操作过程各不相同，虽然形成了各具特色、各有千秋的局面，但不利于统一操作、规范管理，各项目的执行力度也参差不齐，规范的工作流程缺失，更导致出现职责不清、考评困难等问题。（4）政府购买服务项目与财政资金管理衔接不畅。主要是在经费拨付与使用支出上存在时间差，并造成承接服务的社会组织的服务成本增加的问题，不利于民间组织的发展。（5）政府购买服务节约财政资金的效果不明显。主要社区公共服务政出多门，资源分散在各个涉及社区公共服务的部门，资源缺少整合，重复建设、短期服务、“一锤子买卖”较多，资金使用效益不高。这些问题都需要在实践与创新中加以解决。

评价与反馈

案例分析：三无老旧小区或可享补贴——蜀山探索政府购买社区服务模式

蜀山区出台的《小区管理服务实施细则》规定，该区将加大对“三无”老旧小区引入物业管理服务工作的资金扶持和政策引导力度，并积极探索“三无”小区“低收费、有补贴、全覆盖”的政府购买社区服务新模式。

三无小区将引入物业服务，完善基础设施，使之具备提供物业服务的能力，达到相关标准，并成立业主委员会。对于符合相关标准的三无小区，政府都将通过审批公示程序，给予小区居民0.2元/米^{2}的物业费用补助，特殊群体可能还会减免。政府提供专项资金，并按照试点先行、逐步推开的方式分阶段实施。蜀山区还将实施专业化物业管理或准物业管理。对不具备条件的，根据群众意愿，积极探索社区化准物业管理模式，提供基本的物业服务。对规模较小、基础较好的小区，探索推行居民自治物业管理模式。通过努力，使改造后的“三无”小区实现有公共保洁、有绿化养护、有道路保养、有秩序维护、有治安维护、有停车管理、有设施维保的“七有”目标。建立物业管理长效机制，全面提升物业管理服务水平。

请结合本子任务的学习和你的理解，填写表6－4。

表6－4

蜀山区政府是如何实施政府购买社区服务模式的	结合上述案例，谈谈你对政府购买社区服务模式的认识

任务三　社区基本公共服务及体系建设

情境导入

情境15　以社区家庭服务中心为核心的专业化社区公共服务体系

近些年来广州开发区借鉴国内外先进经验，大力推进社区公共服务体系的供给，基本形成了以政府为主，社会组织、企业、志愿者相结合的供给模式，构建了以政府购买服务为主要资源支持、社区家庭服务中心为运作核心，以街道办事处（镇人民政府）的指导监督协调为保证的主体多元化、服务专业化、资源整合化、项目特色化的社区公共服务供给体系。

目标与思路：贯彻广州市政府建设"五个一"工程（一个社区服务中心、一个小公园、一个群众文化娱乐场所、一个卫生服务机构和一个治安视频监控中心）的要求，在每条街道或者村建立社区家庭综合服务中心、社区老年人之家、居家养老服务部、残疾人康复中心等，构建完善的社区服务体系。通过整合社区服务资源，以政府购买社会服务或引进社会组织承接社区综合服务，建立以社工为主导的跨专业团队，提供以家庭、长者、青少年为核心的各类专业、优质服务，在社区里努力形成政府提供公共服务、社区提供自助互助服务、市场提供便民利民商业服务的新格局。

试点与探索：广州开发区从2010年下半年开始引进国内外社区服务的先进经验，充分发挥社会力量的作用，提供社区服务。2010年10月19日，广州开发区联和街社区综合服务中心"联和一家"正式揭牌，以政府购买服务方式提供专业社区服务。区政府拨款按250万元每年的标准购买社区服务，另出资50万元作为"联和一家"的首家试点中心的"开张费"。"联和一家"对接联和辖区黄陂、联和、暹岗、天鹿湖、金峰园等6个社区服务中心，以及各社区的劳动和社会保障服务工作站、出租屋管理服务站、卫生服务站、文化阅览室、星光老人之家、残疾人康复站和庇护所等，形成了1个中心、6个社区服务点、45个基层服务站的多层次网格化服务体系，满足了不同人群的服务需求。

推广与建成：2011年6月，"九龙家庭综合服务中心"在九龙镇成立，服务地域面积有175.1平方千米，服务范围有3个居委会和28个村委会的所有常住居民。九龙家庭服务中心采用政府整体购买服务的"1+1+1"运作模式操作。太和社会工作服务中心服务项目主要有：资讯与传介、个案管理及辅导、社区支援、志愿者管理、外展社会工作等。2011年年底，五街一镇都成立了家庭综合服务中心，即联和街的"联和一家"、九龙镇的"太和观"、萝岗街的"萝岗香雪"、夏港街的"幸福港湾"、东区街的"幸福街坊"、永和街的"万家永和"，另外还有一家民间组织（"协和社工"）在东区街成立了"幸福工坊"，免费向外来工提供专业服务。除"幸福工坊"是自筹经费外，以上家庭综合服务中心都是采用政府购买向居民提供服务的方式。

（资料来源：新型社区管理服务模式创新研究［M］．广州：广东高等教育出版社，2014：217－218．有删改）

说明：社区公共服务体系建设并非一蹴而就，它需要试点先行、以点带面、逐步推进，广州开发区在推进社区公共服务体系建设过程中，不是贸然行事，而是在明确目标和思路的前提下，通过引进先进的社区公共服务体系建设经验，先进行试点，成功之后再全面推进。一方面充分发挥政府在社区公共服务体系建设中的主导作用，另一方面通过政府购买社区服务的资金投入和社区服务场地、办公设置的投入，吸引社会组织、企业和志愿者的参与，整合了社会资源，构建了以政府购买服务为主要资源支持、社区家庭服务中心为运作核心，以街道办事处（镇人民政府）的指导监督协调为保证的社区公共服务供给体系。这说明社区基本公共服务体系建设，需要遵循客观规律，并根据公共服务供给的特点与条件，有目标、有规划、有步骤地推进，才能取得良好效果。

任务要求

1．学习研究社区基本公共服务相关的基本知识。掌握基本公共服务和社区基本公共服务的概念。

2．能分析研究社区基本公共服务体系建设的现状及问题，并提出完善社区基本公共服务体系的对策建议。

3．结合调查研究工作实际，了解某社区基本公共服务的基本内容，并针对该社区公共服务体系建设上存在的问题提出改进建议。

子任务1　基本公共服务与社区基本公共服务

任务分解：

（1）通过学习研究，分析研究有关社区基本公共服务的相关知识。理解并掌握基本公共服务和社区基本公共服务的概念。

（2）结合调查研究工作实际，了解某社区基本公共服务的基本内容，并了解社区基本公共服务提供的基本情况，发现其中的问题，并提出合理化建议，提高社区基本公共服务的供给质量与水平。

知识准备：

一、基本公共服务及相关概念

1．基本公共服务

基本公共服务指建立在一定社会共识基础上，由政府主导提供的，与经济社会发展水平和阶段相适应，旨在保障全体公民生存和发展基本需求的公共服务。国务院《“十三五”推进基本公共服务均等化规划》对相关概念做了定义：基本公共服务是由政府主导、保障全体公民生存和发展基本需要、与经济社会发展水平相适应的公共服务。

基本公共服务是直接关系个人生存权和发展权的公共服务，主要包括三个部分：一是保障生存的基本需要的服务，如就业、养老和最低生活保障、居住等；二是满足尊严和能力需要的服务，如基本的教育和文化服务；三是满足基本健康需要的服务，如医疗卫生、环境保护等。义务教育、公共卫生和基本医疗、社会保障、就业服务、住房保障、基础设施、生态环境、公共安全等是基本公共服务的主要内容。

基本公共服务应该是广覆盖、普惠性、可持续的。基本公共服务包括上述三个部分。随着经济发展和人民生活的水平提高，基本公共服务的范围会逐步扩展、水平逐步提高。由联合国开发计划署编、中国（海南）改革发展研究院组织撰写的《中国人类发展报告2007—2008：惠及13亿人的基本公共服务》一书认为，义务教育、公共卫生与基本医疗、基本社会保障、公共就业服务是建立社会安全网、保障全体社会成员基本生存权和发展权必须提供的基本公共服务。

随着经济的发展，我国越来越重视基本公共服务的供给，努力提供与经济社会发展水平相适应的基本公共服务，以保障全体公民生存和发展的基本需要。2006年10月11日，中共中央十六届六中全会通过的《关于构建社会主义和谐社会若干重大问题的决定》，把教育、卫生、文化、就业、社会保障、生态环境、公共基础设施、社会治安等列为基本公共服务。《中华人民共和国国民经济和社会发展第十二个五年规划纲要》指出：基本公共服务体系的范围包括公共教育、就业服务、社会保障、医疗卫生、人口计生、公共文化、基础设施、住房保障、环境保护9个方面。2017年1月23日国务院发布《“十三五”推进基本公共服务均等化规划》，较为全面系统地勾勒了国家基本公共服务的各项制度性安排，并制定了《“十三五”国家基本公共服务清单》，内容包括公共教育、劳动就业创业、社会保险、医疗卫生、社会服务、住房保障、公共文化体育、残疾人服务等8个领域的81个项目。每个项目均明确服务对象、服务指导标准、支出责任、牵头负责单位等。该规划是“十三五”乃至更长一段时期构建国家基本公共服务体系的综合性、基础性、指导性文件，是政府履行公共服务职责的重要依据。

2. 基本公共服务的相关概念

与基本公共服务相关的概念有基本公共服务标准、基本公共服务均等化和基本公共服务体系。基本公共服务标准，指在一定时期内为实现既定目标而对基本公共服务活动所制定的技术和管理等规范。基本公共服务均等化，指全体公民都能公平可即地获得大致均等的基本公共服务，其核心是机会均等，而不是简单的平均化和无差异化。基本公共服务体系，指由基本公共服务范围和标准、资源配置、管理运行、供给方式以及绩效评价等所构成的系统性、整体性的制度安排。

在这些概念中，“基本公共服务均等化”是近年来的“热词”，也是党和政府在公共服务体系建设方面的重要目标。实现基本公共服务均等化，是促进公共服务资源在城乡、区域之间均衡配置，缩小基本公共服务水平差距，全面实现基本公共服务目标的标志。

国务院发布《“十三五”推进基本公共服务均等化规划》对基本公共服务均等化的含义及意义做了全面阐述，定义基本公共服务均等化为全体公民都能公平可即地获得大致均等的基本公共服务，其核心是促进机会均等，重点是保障人民群众得到基本公共服务的机会，而不是简单的平均化。并指出享有基本公共服务是公民的基本权利，保障人人享有基本公共服务是政府的重要职责；推进基本公共服务均等化，是全面建成小康社会的应有之义。这对于促进社会公平正义、增加人民福祉、增强全体人民在共建共享发展中的获得感、实现中华民族伟大复兴的中国梦，都具有十分重要的意义。

二、社区基本公共服务的范围、项目及任务

1. 社区基本公共服务的范围及项目

社区基本公共服务是以社区为主要载体提供的基本公共服务，即基本公共服务的社区化。也就是在政府的引导和支持下，以公共利益为导向，以社区为基本单元，为社区全体居民尤其是弱势群体提供基本公共产品和服务，包括福利性和公益性社会公共服务，具有公益性、普惠性、福利性、区域性等特点。它在满足社区各类群体对公共服务基本需求的同时，也在客观上起到了消除公共服务资源分配不均、推动基本公共服务均等化的目的。

社区基本公共服务主要是社区最需要的公益性、福利性服务，即针对所有居民和社区单位提供的环境保护、卫生保健、法律咨询、文体活动、社区安全等公益性服务；面向老年人、残疾人、贫困救助对象、下岗失业者、少年儿童等弱势群体的福利保障类服务，但不包括部分居民需要的多样化个性化服务、高层次服务，以及各类便民利民的营利性服务等。

根据《社区服务体系建设规划（2011—2015 年）》，社区居民可以享受的基本公共服务大致可以分为四类：

（1）社区劳动就业、社会保险和社会服务。包括加强街道和社区劳动就业、社会保险和社会服务平台建设，配备标准化的设施设备，完善服务功能。大力发展以家政服务、养老服务、社区照料服务和病患陪护服务等为重点的家庭服务业，实施家庭服务业从业人员定向培训工程，社会保障卡、社会服务信息落到社区。

（2）社区医疗卫生和计划生育服务。包括建立居民健康档案、健康教育、预防接种、儿童保健、孕产妇保健、老年人保健、慢性病管理、重性精神疾病管理、传染病及突发公共卫生事件报告和处理、卫生监督协管等国家基本公共卫生服务免费向社区居民提供。提供计划生育宣传教育、政策咨询、技术服务、优生优育指导、药具发放、随访服务、生殖保健、人员培训、流动人口计划生育服务及计划生育行政事务办理、实有人口动态信息采集等服务。

（3）社区文化、教育、体育服务。包括广泛开展社会文化活动，全国所有建成的社区综合服务设施中都建立具备综合服务功能的文化中心，推进建立公共电子阅览室和未成年公益性上网场所。广泛开展社区教育，建设标准化、示范性的全民学习中心，普及科学文化知识，建设学习型社区。社区普遍建有体育场地，配有体育设施，城市、城区

建有“全民健身活动中心”，街道、社区建有便捷、实用的体育健身设施等。

（4）社区法律、治安服务。包括推动人民调解、安置帮教、法制宣传教育、法律援助等服务进社区，实现法律服务在社区全覆盖。深入推进社区警务战略，加强群防群治队伍建设，全面提高社区治安综合治理水平。

随着“基本公共服务均等化”目标的提出，社区公共服务的发展愈益受到关注。发展社区公共服务，就是要将政府的公共服务延伸到社区，实现服务全覆盖、惠及全体居民。目前，在国家层面，关于社区公共服务的功能定位和内容范围大体上已经明确，针对社区特点、以满足社区居民日常基本生活需要为主、提供便捷可即的基本公共服务，包括社会保障、社会救助、社区就业、计划生育、社区卫生、社区治安等，涉及的社会行政部门主要是民政、社保、劳动、计生、卫生、公安等。

2. 社区基本公共服务均等化的重点任务

根据《“十三五”推进基本公共服务均等化规划》，国家应建立完善基本社会服务制度，为城乡居民提供相应的物质和服务等兜底帮扶，重点保障特定人群和困难群体的基本生存权与平等参与社会发展的权利。

重点任务包括社会救助、社会福利、社会事务和优抚安置等。

（1）社会救助。推进城乡低保统筹发展，健全低保对象认定办法，建立低保标准动态调整机制，确保农村低保标准逐步达到国家扶贫标准。完善特困人员认定条件，合理确定救助供养标准，适度提高救助供养水平。合理界定医疗救助对象，健全疾病应急救助制度，全面开展重特大疾病医疗救助工作，加强医疗救助与基本医疗保险、大病保险和其他救助制度的衔接。全面、高效实施临时救助制度。降低法律援助门槛，扩大法律援助范围。

（2）社会福利。全面建立针对经济困难、高龄、失能老年人的补贴制度，并做好与长期护理保险的衔接。提高城乡社区卫生服务机构为老年人提供医疗保健服务的能力，加快社区居家养老信息网络和服务能力建设，推进医养结合发展。进一步完善孤儿基本生活保障制度，做好困境儿童保障工作，统筹推进未成年人社会保护试点和农村留守儿童关爱保护。全面推进精神障碍患者社区康复服务。

（3）社会事务。建立和完善公民婚姻信息数据库，探索开展异地办理婚姻登记工作。完善儿童被收养前寻亲公告程序，全面建立收养能力评估制度。推进基本殡葬公共服务，巩固提高遗体火化率，推行火葬区骨灰和土葬改革区遗体规范、集中节地生态安葬。做好第二次全国地名普查，健全地名管理法规标准，加强地名文化保护，开展多种形式的地名信息化服务。

（4）优抚安置。全面落实优抚安置各项制度政策，提升对复员退伍军人、军休人员的优抚安置和服务保障能力。完善优抚政策和优抚对象抚恤优待标准调整机制。将优抚安置对象优先纳入社区、养老、医疗卫生等服务体系，探索建立优抚安置对象社会化服务平台。

评价与反馈

请结合本子任务的学习和你的理解，填写表6－5。

表6－5

简述基本公共服务标准、基本公共服务均等化和基本公共服务体系	社区居民可以享受的基本公共服务大致可以分为哪几类

子任务2　社区基本公共服务体系的完善

任务分解：

（1）通过学习研究，了解我国社区基本公共服务体系建设的现状及问题，并提出完善社区基本公共服务体系的对策建议。

（2）结合调查研究工作实际，了解某社区基本公共服务体系建设的现状，并针对社区公共服务体系建设上存在的问题提出建议。

知识准备：

一、社区基本公共服务体系的现状及问题

1．社区基本公共服务体系的现状

2011年12月20日国务院办公厅发布关于印发国务院《社区服务体系建设规划（2011—2015年）》（国办发〔2011〕61号），认为社区服务体系，是指以社区为基本单元，以各类社区服务设施为依托，以社区全体居民、驻社区单位为对象，以公共服务、志愿服务、便民利民服务为主要内容，以满足社区居民生活需求、提高社区居民生活质量为目标，党委统一领导、政府主导支持、社会多元参与的服务网络及运行机制。

自2000年大规模开展社区建设以来，各级政府推进了体制改革、创新了运行机制、加大了财政投入、强化了发展规划，我国社区公共服务取得了较大成效。主要体现在：社区公共服务设施建设步伐加快，设施数量不断增加，覆盖面不断扩大；社区公共服务队伍不断壮大，并且日益专业化和规范化；社区公共服务对象和内容得到拓展；新型社区公共服务机制在探索中初步建立；社区建设投入占政府财政支出的比重不断上升；社

区居民的满意度不断提高。

2. 社区基本公共服务体系建设上存在的问题

从社区基本公共服务体系建设角度来看，则主要存在以下问题：

（1）管理分散、政出多门、各自为政。一是缺乏统一的管理机制。从目前的管理机制看，只有纵向的条条管理，各职能部门把各自的职能和工作与社区结合，完善各自的任务，没有做到条块结合。各个部门权限平行，职能各异，各自出台的政策，规定各自一条线自上而下执行，没有实行有机的统一，从根本上弱化了社会保障的整体效用，也使管理的成本居高不下。劳动社会保障、民政、卫生、文化、教育、体育等职能部门的资源整合有待加强。二是工作人员之间的矛盾。如社区劳动保障工作站工作人员归劳动保障部门管理，待遇与社区其他工作人员不同，引起人员之间的攀比，带来一些消极影响，影响工作上的支持和配合。

（2）全能型政府仍然是基本公共服务主体，增加政府运行成本，降低效率。一是思想观念上的依赖感。建立健全基本公共服务体系就是政府要投入人力、物力、财力，设置机构、增加人员编制、投入硬件设施等。导致的结果是政府运行成本居高不下，服务效率也很难提高。二是从基本公共服务体系运行模式和管理体制看，政府部门扮演着举足轻重的角色。提供服务的机构由政府兴建，人员大多由上级部门委派，导致服务机构如各级社区服务中心的工作主要围绕政府部门下达的行政任务，而不能满足社区成员多样化的具体需求。三是居民对社区管理的低度参与，使基本公共服务工作过程缺乏公正的监督。多数居民把社区服务中心看作行政办事机构而不是社会组织，而服务中心组织的活动也多由居委会“干部”承担而少有志愿者参与。

（3）社区资源的开发和利用不足。社区内可提供的公共服务资源更有效的整合尚待加强。同时，社区内其他组织的资源利用则远远没有提上议事日程。特别是城市新建小区中的物业公司参与基本公共服务的积极性不高。像武汉百步亭社区把社区居民需求、物业公司利益、政府管理与服务职能三方有效结合，形成社区居民能得到全方位的社会保障服务，物业公司积极参与和投入基本公共服务，政府降低管理成本的良性互动机制的社区还很少。

（4）社区建设水平制约基本公共服务功能的发挥。多数社区仍然维持着过去从事传统社会救济的管理机构和工作人员，工作人员文化素质不高，缺乏社会保险工作的培训；一些社区办公条件差，缺乏必要的工作经费，工作手段落后；社区的信息化管理工作滞后，信息网络建设不足，等等。这些问题导致社区提供的社会保障服务的低水平和低效率。尤其是在信息资源的有效整合方面存在不足，市、区、街道、社区四级分层的网络化管理存在差距，整个劳动与社会保障若干任务没能在一个平台上有效整合。

（5）基本公共服务管理的重心下移程度不够。市、区、街、社区四级管理的作用没有充分发挥，市本级承担了过多的事务性工作，一定程度上影响办事效率，降低服务水平。

二、完善社区基本公共服务体系的对策

1. 社区管理体制配套改革

加快公共服务体系建设，实现政府公共服务覆盖到社区，根本途径仍然离不开社区

管理体制改革。

(1) 要把政府行政管理权与基层群众自治权分开，解决政府包办社会的体制性问题；建设公共服务体系，需要将政府“掌舵”与民间“划桨”分开即政府决策与民间执行分开，解决政府包办服务的体制性问题。

(2) 要强力实施社区事务分类服务。社区事务分类服务，是不同业务由不同组织负责、不同职能由不同组织履行、不同服务由不同组织提供的一种新的社区体制。现今政府在提供社区公共服务方面呈现出职能交叉、权责不清，部门争利、相互推诿，重复投资、资源浪费等问题。可以通过社区事务分类服务、服务流程再造、重构社区公共服务体系来解决此类问题。

(3) 要加强社区行政管理运行机制建设，适应基本公共服务体系建设的需要。一是管理重心下移。调整机构与人员配置，将工作重心下沉到社区，做好指导与服务；应尊重、理解社区居委会，充分履行各自职能，全力做好属于本部门办理的行政业务，并主动接受社区居委会的监督；应大力支持和配合社区自治组织开展的社会保障服务与管理工作，尽职尽责地为社区解决相关问题。二是统一管理。在城市，区、街道、社区应建立起三级公共服务体系建设委员会，统一领导和规划安排社区基本公共服务体系建设工作，统一信息收集，统一申报批准，统一基金管理，统一标准待遇，统一给付发放。在新建住宅小区，应适当授权鼓励物业公司承担社会保障工作，减少管理成本，提高效率。三是发挥社区居委会的作用。充分发挥社区居委会在了解社区居民需求、提供便民服务方面的独特优势和重要作用。

(4) 要加快培育多元供给主体。一是加快事业单位分类改革。理顺政府与事业单位在基本公共服务供给中的关系，强化提供基本公共服务事业单位的公益属性，推动去行政化和去营利化，逐步将有条件的事业单位转为企业或社会组织。进一步落实事业单位法人自主权，深化人事、收入分配等配套制度改革，确保依法决策、独立自主开展活动并承担责任。二是积极引导社会力量参与。进一步规范和公开基本公共服务机构设立的基本标准、审批程序，严控审批时限，鼓励有条件的地方采取招标等方式确定举办或运营主体。积极推动基本公共服务领域民办非营利性机构享受与同行业公办机构同等待遇。三是大力发展社会组织。深化社会组织登记管理制度改革，落实税收优惠政策。加强社会组织孵化培育和人才扶持，采取人员培训、项目指导、公益创投等多种途径和方式，提升社会组织承接政府购买服务能力。采取降低准入门槛、加强分类指导和业务指导等办法，大力培育发展社区社会组织，支持其承接基层基本公共服务和政府委托事项。

2. 建立社区基本公共服务多元供给机制

多元供给体制是社区基本公共服务供给体制改革发展的必然趋势。

(1) 要加大政策扶持力度，通过政府购买服务、设立项目资金、活动经费补贴等途径，调动各类社会组织社区的服务积极性。应在政府实施有效监管、机构严格自律、社会加强监督的基础上，扩大基本公共服务面向社会资本开放的领域，要给非公立机构留有合理空间，鼓励和引导社会资本参与基本公共服务设施建设和运营管理。同时要充分发挥公共投入引导和调控作用，合理利用政府补贴供给方和补贴需求方的调节手段，探索财政资金对非公立基本公共服务机构的扶持，并积极采取财政直接补贴需求方的方式，增加公民享受服务的选择权和灵活性，促进基本公共服务机构公平竞争。

（2）应加强社区服务体系建设。包括社区服务法规制度建设，加大社区服务体系建设资金投入进行重点工程建设，同时，完善社区服务扶持政策，指导各地将社区服务体系建设纳入地方经济和社会发展规划，纳入城市规划和土地利用总体规划。协调有关部门，进一步完善社区服务税收、公用事业收费、用工保险、工商和社会组织登记等优惠政策，鼓励发展社区服务业。建立社区服务体系建设部际联席会议制度，研究落实重大问题和重点工作。指导各级政府切实履行好发展社区公共服务体系的责任，加强督促检查，开展绩效评估，将社区建设成效纳入各级党委政府部门工作目标考核。

（3）推动供给方式多元化创新探索，形成新的供给模式。一是推进政府购买公共服务。能由政府购买服务提供的，政府不再直接承办，交由具备条件、信誉良好的社会组织、机构、事业单位和企业等承担。二是加强政府和社会资本合作。能由政府和社会资本合作提供的，广泛吸引社会资本参与。政府通过投资补助、基金注资等多种方式，优先支持 PPP 项目。三是鼓励发展志愿和慈善服务。广泛动员志愿服务组织与志愿者参与基本公共服务提供，发挥慈善组织、专业社会工作服务机构在基本公共服务提供中的重要补充作用。四是发展“互联网 +”益民服务。加快互联网与政府公共服务体系的深度融合，推动公共数据资源开放，促进公共服务创新供给和服务资源整合，构建面向公众的一体化在线公共服务体系。五是扩大开放交流合作，借鉴国际先进管理和服务经验，提升基本公共服务供给质量和水平。鼓励通过合资、合作等方式，支持合作办医，共建养老和残疾人托养机构；鼓励公共教育、公共文化体育等领域对外交流与合作。

3. 政府公共服务业务外包常态化

政府职能部门的功能都应该严格定位和限定在管理和执法范围内，将专业性、运作健康的职能通过政府购买社会服务的方式外包出去，实现公共服务的社会化、专业化和市场化。通过服务外包，彻底解决管干不分问题。街道办事处则要向区域性、综合性公共服务部门转变，逐步完善政府公共服务体系。政府公共服务外包可以采用四种方式：

（1）整体外包。通过机制转换实现公共服务外包，如老城区的安全保卫、社区绿化、再就业培训、居家养老、医疗、残疾人康复、优生优育、生殖健康和法律咨询等。

（2）专项外包。通过业务整合实现公共服务外包，如对各种低保金、优惠金的资格审查等保障性服务。

（3）改制外包。通过体制改革，剥离机关后勤富余人员成立服务公司，实现公共服务外包，如保洁、保物等物业服务。

（4）整合外包。通过体制改革、技术创新，建立全市或多部门集成的综合或专业信息平台机构，提供信息化服务。

改革的步骤可以因地制宜，一般采取同步规划、分步实施方式，先进行第一种和第二种方式的改革，再进行第三种和第四种方式的改革。

4. 构建社区管理与公共服务平台，提升社区基本公共服务能力

社区是基本公共服务的主要载体和枢纽，因此应构建以社区为基础的城乡基层社会管理和公共服务平台，提升基本公共服务的能力。

（1）要完善社区服务体系建设。以居民需求为导向，加强基层公共服务资源整合，因地制宜建设社区综合公共服务设施，行政办公、就业和社会保障、卫生计生、文化体育、科普宣传等设施加大共建共享力度。在外出就业较为集中的农村地区，要重点提供留守家属的关爱服务，充分利用布局调整后闲置资源用于开展托老、托幼等服务。加快建设社会工作专业人才队伍，并建立专业人员引领志愿者服务的机制。

（2）要努力拓宽社区组织和社区志愿者的参与渠道，支持引导社区自治组织、各类社会组织、志愿者投身社区服务。应当大力推行社区志愿者注册登记制度，推动社区志愿服务规范化、制度化、法治化。还要培育服务组织，大力培育社区服务性、公益性、互助性社会组织，发展群团组织，支持工会、共青团、妇联及残联、老龄协会、计划生育协会、慈善协会等群众组织发挥各自优势积极参与社区服务活动。

（3）加快社区基本公共服务信息平台建设，提高公共服务信息化水平。积极构建国家数字化教学资源库和公共教育服务平台，加强就业、社会保险、基本社会服务、医疗卫生、人口和计划生育、保障性住房、文化体育等信息系统建设，促进信息资源整合共享。积极利用信息技术提高社区公共服务机构管理效率，创新服务模式和服务业态。

5. 加强社区服务组织建设，提高社区组织运作效率

为加强社区服务组织建设，提高社区组织运作效率社区服务组织在建设过程中必须注意以下几方面问题。

（1）社区服务组织的规模化发展。社区服务组织不能像是"小卖铺"。服务的内容单一，规模太小，缺乏专业的服务团队的社区服务组织，只会造成一个社区存在多个社区服务组织，服务内容交叉，不同的人对接同一个服务对象等情况，从而导致资源浪费和效率低下。只有社区服务组织尽量形成规模化，才能降低管理成本，提高工作效率。如果服务的社区较小，社区服务组织可以同时服务几个相邻的社区。

（2）组织团队的成员必须专业。凡是加入该组织的成员必须在正式上岗之前接受过严格的培训，这方面可以由政府提供免费培训。培训的内容不仅仅是其具体从事的服务项目，还要注意与人交流的方式方法和言谈举止的培训。毕竟服务的对象是人，每个人的性格不一、文化程度不一、年龄段不一等，因此在提供服务的时候需要因人而异，否则容易产生矛盾。

（3）服务项目的设定上要实现"三化"，即多样化、层次化、人本化。"多样化"是指服务的项目内容要丰富，避免单一，有利于形成社区服务组织提供综合服务，满足不同人的服务需求；"层次化"是为了满足不同层次的居民需求，如不同年龄层次、文化层次的居民需求；"人本化"也是服务项目设定的出发点，以人为本，才能做到真正满足居民的需求，如果是脱离人本的服务，即使服务得再好也是徒劳的。归结起来，就是服务项目的设定必须从社区居民的实际需求出发，通过深入调查了解情况，设定合理的服务项目。

（4）注重内部管理。首先要把组织内部管理框架搞好，要有完整的管理机制，制定完善的管理规章制度，明确各部门的职责分工。同时，注重培养组织文化，形成凝聚力，有利于组织管理和组织的发展。

（5）推动社区服务组织良性发展。作为纽带的社区服务组织，如果在发展过程中走

上歧途，不但不能起到政府与百姓之间的润滑作用，反而会激化三方矛盾，从而造成更坏的影响。因此，政府在放权的同时，还要做好监管，如社区服务组织成立时要严格审核；对社区服务组织提供的服务项目进行定期评估；要求社区服务组织财务公开。对于社区服务组织要有合理的撤并机制等，使其朝着良性方向发展。

评价与反馈

案例分析：上海浦东罗山市民会馆

上海浦东新区开发以来，新区政府一直在探索“小政府、大社会”的模式，浦东新区社会发展局（以下简称“社发局”）也遵循这一精神积极探讨社会福利社会化的新路子。在社区建设中，如何引入市场机制，将国家投资的公共设施委托给民间社团经营，如何营造一个突破部门分割的体制，满足社区居民公共服务需求的新的综合性社区发展设施，一直是社发局规划中的改革与发展的重要目标。所以当1995年一个新建小区——罗山街道的公建配套设施出现空置，就成为他们实现目标的机会。社会发展局规划了一个大胆的体制性试验——将这个公建配套设施改建成一个市民休闲中心，综合教育、文体、福利、卫生、市民求助多功能为一体，启动社会机制，物色一个社会组织对其进行管理。他们把这个社区公共设施命名为罗山市民会馆。以示与功能单一且由政府或政府派出机构营运的社区服务中心的区别。为此，社发局向社会发出讯息，征召愿意管理的志愿机构。

社发局最后选定了具有社会服务专业传统的非营利组织——上海基督教青年会（以下简称“青年会”）。1996年，社发局与青年会签署了协议，将罗山会馆正式委托给青年会运营和管理，共同开创了“政府主导、各方协作、市民参与、社区管理”的模式。青年会作为罗山会馆的法定托管机构，全权负责会馆的设施规划、项目开拓和财务收支。青年会充分利用会馆4 000平方米的占地面积、2 260平方米的使用面积，精心设计了馆内老人院、钢琴房、图书馆、小影厅、健身房、乒乓房、茶室、活动长廊、文化广场、假日托儿所、市民教室、市民求助中心等20多个室内外设施，其设施总面积超过了3 000平方米。他们依托馆内设施开发了50多个经常性项目，开展了一系列的活动，据不完全统计，1996年2月至2000年11月，到会馆参加活动或享受服务的市民已达71.4万人次。社会效益是显著的。

（资料来源：中国人民大学出版社教学资源库，http://zykc.crup.cn/）

请结合本子任务的学习和你的理解，填写表6－6。

表6－6

此案例说明政府在社区公共服务提供主体的角色上有哪些变化和有哪些好处	将罗山会馆正式委托给青年会运营和管理有哪些好处

巩固与提高

项目总结

本项目主要探讨了社区公共服务及社区基本公共服务模式及体系完善问题，首先介绍了社区公共服务的含义、特点、类型。然后在介绍国外典型的社区公共服务供给模式及其借鉴意义的基础上，分析了可供选择的社区公共服务模式。最后结合实际，分析社区基本公共服务体系建设的现状及问题，提出了完善我国社区基本公共服务体系的对策思路，以增强社区公共服务体系的完整性，提高社区公共服务的水平，促进社区公共服务的均等化发展。

案例讨论

宁波新碶街道社区服务中心：积极拓展服务内容

宁波市北仑区新碶街道社区服务中心成立至今已有8年了，是宁波市第一家正式登记的民办非企业性质的社区服务组织。该中心立足于“民办”，适应社会和市场的需求，承接政府的项目，开拓“外包”服务。

这个社区服务中心目前已经成功运营的项目有三大类。一是家政服务，有钟点工卫生保洁、水电维修、配送（送水送米送煤气等）；二是小区物业管理；三是城乡社区保洁、助老服务；四是宁波市81890救助服务（北仑分中心信息咨询服务）。

2001年，北仑区新碶城区只有6个社区，约有居民3万人。随着城区的不断扩大，大批农民被征地、拆迁和安置，携老带小进城成了居民，原有的社区服务模式（限于政府的一些行政事项和居委会的福利性事务）已远远适应不了社区居民多层次、多样化的需求。为了给社区居民提供快捷高效的家政服务，服务中心尝试着打出了“有困难，找社服，拨一拨就灵（66681890）”的宣传口号。印有“66681890”字样的三轮车，奔波在新碶的大街小巷和居民家中。除了提供送水、送米、送气等家政服务外，居民们需要换个电灯泡、水龙头什么的，也去找“社服”。很快，“拨一拨就灵”得到了社区居民的认可和信任。几年后做大并升格为服务中心，购买了一辆面包车，成为北仑区首辆“社区巴士”，其服务效能备受广大居民好评。所有的服务是微利或无偿的，所有的服务价格都低于市场价格，如市场钟点工每小时为10～12元，服务中心提供的钟点工为8～10元。服务中心与30多名优抚对象、孤寡老人、残疾人建立了长期无偿免费服务关系，深受困难家庭的欢迎，也受到社会的广泛好评。

社区服务一直是政府倡导、社会关注、群众急需的焦点。一个小小的民办非企业单位，如何做大社区服务蛋糕？服务中心探索出的路子是：承接政府部分社会事务，为社区居民提供优质服务，在取得良好社会效益的同时争取经济效益的平衡。

中心现在有在编和非在编员工100多名，服务区域从1个街道9个社区9万居民，部分项目扩大到全区8个街道200多个城乡社区。服务中心承接了3个政府外包项目，分别是：81890救助服务信息分中心，将宁波市81890信息系统服务功能延伸到北仑区的每个城乡社区，并增收了150多个加盟企业，在休闲、庆典、交通、旅游、家电维修等方面提供更加便捷的服务；小区物业应急服务项目，针对老旧小区设施陈旧、缺乏专业管理队伍，服务中心采取项目申请的方式，从相关部门取得了资助，为老旧小区物业提供即时性维护保养；为优抚对象、下岗人员、失土农民提供公益岗位，区政府将20多个社区公益性岗位给服务中心，服务中心从下岗失业、土地被征用的"4050"大龄群体中招用家政服务工作人员，政府提供每人每月600元的工资补助，并办理好养老保险和医疗保险，使服务中心有了一支稳定的员工队伍。2008年，服务中心服务产值已突破300万元，其中1/6为政府项目外包。

社区服务中心以项目化、企业化运营为主，与非在编的"松散型"服务队伍相结合，成立若干个服务小组，并实行"服务与收费分离、订单服务与跟踪监督相结合"的办法，以提高服务质量。同时，在整个新碶城区建立了有50多人登记在册的非在编的家政服务员联系网，形成"松散型"的服务队伍。中心以有效的激励机制提升家政服务质量，在实行基本工资加多劳多得的提成工资的同时，将星级服务标准与按星级取酬有机地结合起来，鼓励员工尽心尽力做好家政服务，以优质服务赢得了市场，使"66681890"服务热线成为社区居民服务的首选，创立了社区服务的品牌，实现了政府、社区居民和员工"三满意"。

讨论问题：

（1）上述材料体现了哪种社会化社区公共服务提供模式？具体是怎样的呢？

（2）结合上述材料，谈谈你对政府购买服务的认识。

实践活动

社区的基本公共服务供给调查

活动目标

通过结合课本的内容，深入了解某社区的基本公共服务的内容和供给模式。分析基本公共服务内容结构情况，供给模式存在什么优缺点，并能提出完善的建议。

背景材料

社区公共服务内容很多，国家有基本的规定，各省市地方也有相应的政策，地方提供什么样的服务则受制于地方经济条件和财力情况，供给的方式和模式也各不相同，应当全面了解，并作为本次社区调查的参考资料，可以做比较和分析，以便找到其中的问题。

训练要求

（1）首先成立调研小组，分工协作。工作内容包括收集资料，选择典型小区，提供物质支持，研究设计调查提纲和问卷，实施调查，研究分析，完成报告等。

（2）实施调查研究，分四个阶段进行：前期资料收集整理；调查方案及问卷、提纲设计制作；实施调查研究；报告的写作。关键是对相关的政策规定和制度的资料收集工作要充分；确定的典型社区的基本公共服务情况要全面了解，从历史角度了解这些公共服务项目的变化情况和原因，了解目前的供给内容、模式及存在的问题等。

（3）作业交流分享。根据分工，各自完成自己的工作，并根据教学需要完成本项目作业。然后在研讨会上由相关发言人进行成果介绍。根据研讨结果和意见进行修改完善，最后正式提交报告。

项目七
社区居民自治

任务导学

案例7　苏州东沙湖社工委培育新型社区自治模式

2014年5月中旬，苏州工业园区东沙湖社工委针对各社区社团较多，牵扯很多精力的实际情况，率先在全市范围内试点"新型社区自治模式"——由居民参与选举各社团负责人，成立"社团理事会"和"自治委员会"。居委会不再直接参与社团的日常运作，只负责联络、指导、协调各理事会，"放手"让居民去组织各类活动。社工摆脱烦琐的社团事务，专心为居民做好搭建平台、协调利益关系、处理社区公共事务等"大服务"范畴的各类事宜。而这一新型社区自治模式，已经得到试点社区社工和居民的双重认同。

问题：41个社团令社工难抽身。以前仅一个社区舞蹈队，就分为肚皮舞、民族舞、爵士舞、印度舞等多个社团。现在该社区一共有41个社团，仅社区的舞蹈队、健身队、太极拳队及书法、美术、乐器等按男女老少划分的各类文体队伍，就达到了22个，但只有5名社工。每周末都会有活动，社工必须亲自联系协调好叔叔阿姨们的活动场所，活动的时间和地点，也要通过电话一个个传达到；当天举办活动时，社工要第一个到场；活动过程中，社工既要协调又要指挥，结束后还要做台账……这还不算，由于社团众多，加上小区各类矛盾的协调和调解，社工忙起来连家人和孩子都顾不上。还经常加班，双休日很难保障。社工自家小孩子也没法照料。5位社工基本处于疲于应对状态，办事效率也受到了影响。在东沙湖社工委片区，社团最少的社区也有15个，社工基本上都这样忙碌着。

破解：指导社区民间组织自治。几个社工，要管理那么多社团，精力非常有限。一般的社区除了日常的党建、综治、基层组织建设等条线外，还有文体、劳动保障、计生卫生、精神文明、社区教育、便民服务、民政等条线。再加上十多个或几十个社团，社工们的工作压力实在太大。5月中旬，东沙湖社工委从服务功能和运行机制上对社区自治进行了大胆探索。如玲珑湾社区居委会分门别类，建立了宣传教育、暖心服务、文艺团体、体育团体等四个社团理事会和群防群治、调解和议事三个委员会，这些"理事会"和"委员会"有各自的组织队伍，并制定了自治制度。各个理事会长和理事全部由社团成员自由选举而成。选举过程中，社区只是旁听，不插手选举事务，不指定理事会或委员会的成员。虽然参与居民大多是老年人，但是都有很好的资源。他们经常组织各类训练活动和乒乓球比赛，全部是在理事会指导和大家的共同努力下完成的，社区居民委员会不用操心。每次活动，需向社区相关负责人汇报情况，接下来的训练、排练或者是比赛，都是理事会成员自发完成。就连社区做台账需要的各种照片和材料，理事会都会准备好。这减少了社工工作强度，调动了民间资源。

转换：从民间组织自治到居民自治。在居民参与意识和能力不强的社区人文环境条件下，要实现居民自治，的确还有很长的路要走。目前，社区居委会自身自治理念还存在缺位的情况，在日常工作中，一头扎进各类精细化的个性服务与文体活动的开展，搭建沟通平台、协调利益关系，引导居民自治方面却明显短腿；整天围着小部分唱唱跳跳的人转，却对大部分居民，乃至整个社区的自治事务无力操心。另外，居民“有问题就找社区、反正社区会管”的依赖心理还比较严重，无法独立，或者不愿主动参与社区自治事务。因此，在社区社团已经发展壮大到一定规模，居民自治意识和能力达到一定水平时，居委会可以试着放手。可以从挖掘社区领袖、梳理各类社团入手，分门别类建立教育、服务、文体等社团理事会，并规范运作机制，不断提高居民的自治意识，让居委会从原来事事抓在手上担当主导主办者，转变为担当居民自治组织的指导协调者，实现事务型向服务型转身。

（资料来源：中国社区网，http://www.cncv.org.cn/.2014－06－09，有删改）

任务导引：

社区居民自治并非一蹴而就的事，特别在基层社区普遍缺少自治意识的情况下，需要通过社会工作者和社区专业社团组织的自治活动，来培育社区自治意识和能力，逐步推进社区居民自治。东沙湖社工委就是这样做的。他们通过引导社区社团组织，分门别类建立了宣传教育、暖心服务、文艺团体、体育团体等社团理事会和群防群治、调解和议事等委员会，制定各组织自治制度，广泛开展民主自治活动。社区居民委员会先期只是通过旁听，不插手选举事务，不指定理事会或委员会的成员的方式，来引导社区专业社团的自治活动，逐步培育社区自治意识，直到居民自治的全面形成。这是一条新型社区居民自治发展的正确道路。

学习目标

1. 了解社区居民自治和城市社区居民自治相关基本知识，掌握居民自治和社区居民自治与内容；了解城市和农村社区居民自治制度产生发展的基本情况和我国城市社区居民自治的模式。

2. 学习、研究居民自治相关理论；掌握我国城市社区居民自治制度的特点及功能，发现社区居民自治中的问题，并提出完善社区居民民主自治的对策和主要措施。

3. 学会运用社区居民自治知识、理论、政策指导社区居民自治实践，特别是对城乡新型社区居民自治有全面的认识，对一些典型的社区的居民民主自治体系建设有明确的思路与对策。

任务一　居民自治概述

情境导入

情境16　遍地开花“议事亭”居民自治惠近邻

社区居民自治在一些人眼里，近乎高大上的“政治”，但实际上也就是社区的政治，讨论和决定的是关系到老百姓生活的大事。社区居民自治如果脱离居民实际生活，就会成为与居民疏远的“政治”名词了。扬州市维扬区梅岭街道锦旺社区玉带河南小区的长廊，经社区改造变成“邻里驿站”，成为居民的小小议事亭，使居民自治落地生根了。

雏形：露天长廊成首个议事亭。玉带河南小区内有个露天长廊，几乎每天都有人来坐坐，有的择菜，有的拉家常，有时大家还在这里打打牌。去年，锦旺社区为露天长廊盖起“屋顶”，并对水泥柱子进行了美化，遇到下雨天，居民也可以来这里聚会。这里也成为锦旺社区首个居民“小小议事亭”，在社区引导下，被用于居民自主商议、民主讨论及调解矛盾。近一年来，锦旺社区还因地制宜，在玉带河北小区巡逻亭、扬大宿舍区活动室、长征西路志愿者驿站、锦旺苑居民客厅等处打造了5个小小议事亭。还将在辖区8个网格均设立议事亭。

成长：议事亭成居民自治平台。“小小议事亭”本就是居民聚集地，有了社区牵头，这里很快成了公共事务共商、共议、共解的议事平台。锦旺社区各网格长和网格员，每天都在网格内走访，到议事亭与居民交流。小区的公共车库，多年来一直由一对70多岁老夫妻管理，因他们年纪大，身体也不好，无力继续管理车库。社区通过“小小议事亭”，多次召集小区内小组长、居民代表等议事协商。目前，该小区公共车库成功引进了物业公司，进行市场化管理，不仅提升了公共车库的日常环境，还改变了公共车库管理混乱的局面。

拓展：搭建起邻里互助桥梁。有了议事亭，居民有了难事、烦心事，也多了一个求助、排解的渠道。社区工作人员介绍，一次，网格长在锦旺苑小区内巡查，议事亭内几位居民告诉网格长，小区内一户家庭正在闹矛盾，婆媳吵架，闹着财产分割。网格长带领调解员、热心居民立即上门了解情况，和婆媳分别谈心讲道理，婆媳俩很快握手言和。玉带新村19幢一户家庭，父亲中风瘫痪、母亲老年痴呆，生活困难。网格长了解情况后，立即在“邻里互助群里”发布消息，并在社区“智慧平台”发布微心愿，申请“微募捐”，热心居民纷纷响应，捐款捐物，上门看望，营造了邻里互助的大家庭氛围。

（资料来源：扬州晚报，2017-09-05，有删改）

说明：社区居民自治涉及社区政治、经济、文化方方面面的实际问题，不应只是形式。居民自治从自发到自觉，从被动卷入到自愿、自主参与，体现基层自主治理的发育轨迹和特质。玉带河南小区首创“小小议事亭”，孕育成了居民议事的平台，形成了一种社区居民自治模式和场域，解决了老百姓的实际问题，做实了居民自治。这其中不但体现了居民自治发育成长的规律，也要有基层行政组织转变管理方式方法，积极引导与支持，还有其他社区服务组织的参与。各方力量的整合，搭建了活动场地平台，配置了管理人员，完善了活动规则，充实了自治内容，使居民自治活动不但能开展得起来，还能进行得下去。

任务要求

1. 学习研究有关自治与社区居民自治的相关知识。了解我国城市社区居民自治法律规定。区别西方国家的地方自治与中国基层群众自治的不同点。

2. 理解并掌握社区居民自治的含义、社区居民自治的性质；认识实行居民自治的意义；熟悉社区居民自治的内容。

3. 结合调查研究工作实际，了解某社区居民自治的内容和基本情况，发现其中的问题，学会运用居民自治法律法规政策知识指导社区自治实践，并提出针对性的意见。

子任务1　居民自治的理解与认识

任务分解：

(1) 学习研究有关自治与社区居民自治的相关知识。理解并掌握社区居民自治的含义、社区居民自治的性质。区别西方国家的地方自治与中国基层群众自治的不同点。

(2) 结合调查研究工作实际，了解某社区居民自治的基本情况，发现其中的问题，并提出有针对性的加强居民自治建设的意见。

知识准备：

一、自治与社区居民自治

1. 自治与社区居民自治的含义

“自治（autonomy）”之意，据《布莱克维尔政治学百科全书》的解释，是指“自我统治”，在通用的政治语言中，亦指实行自我管理的国家或国家内部有很大程度的独立性和主动性的机构。具体地说，自治是主体（个人、集体、地方或民族）凭借自己意志管理自己，而无须别的主体直接控制的一种治理形式。[①] 就中国而言，我国的自治包含三个层面、三个类型的内容：地方自治、民族区域自治、基层群众性自治。社区居民自治显然属于第三个层次，它是指社区居民在居委会辖区内，以居委会这一自治组织为依托，在法律法规和政策范围内对社区公共事务进行民主选举、民主决策、民主管理和民主监督。

① 徐勇，高秉雄. 地方政府学［M］. 北京：高等教育出版社，2005：209.

在社区“自治”的概念上，不同的学者所处角度不同，对社区自治、社区居民自治、城市社区居民委员会自治和居民自治等概念存在着模糊的表述。有人把法律明确规定的居民自治，表述为城市居委会自治；还有人在“社区建设”的语境中以“惯用”的“社区自治”来替代实际意义上的社区居民自治，但是在内涵所指上没有多少不同。不过，费孝通先生仍然坚持“居民自治”的提法。徐勇则将传统提法与现代语境做了一个结合，称为“社区居民自治”。朱光磊则以居民委员会在实际政府过程中所起作用为出发点，指出居委会虽然不是一级政权组织，但它是我国城市社会生活的基本细胞之一，是我国人民民主专政政权体系组成的一个环节。从政府过程的角度看，多年来居委会具有类似“单位”职能的作用。随着“单位”模式的淡化，住房体制改革的推行等因素，到世纪之交，“社区”的概念开始与“居民自治”的概念结合起来。也就是说，“社区居民自治”已在逐渐替代“城市居民委员会自治”和“居民自治”。①

需要注意的是，社区居民自治与社区自治是根本不同的。夏学銮认为“社区自治”是社区建设的首要目标，即要把社区建设成自给自足的实体。社区自治首先是经济上的，其次是政治上的，最后是文化上的，保持地方文化特色和自我认同就是社区文化自治的基本内涵。② 社区经济自治是根本，社区政治自治是特征，社区文化自治是内涵。社区居民自治的内容其实只是“四民四自”（即民主选举、民主决策、民主管理、民主监督和自我管理、自我教育、自我服务、自我监督），只是一定地域内的群体性自治，而非相对于排除凌驾于它之上的政治力量的地域性自治。潘小娟认为“社区居民自治是指社区居民依法管理本居住区共同事务，决定自身共同利益，实行自我管理、自我教育、自我服务的权利、制度和机能的总和”③。

由此可见，社区自治涉及社区经济、政治、文化领域，是更广泛意义上的基层治理形式，而社区居民自治则主要是社区政治领域的基层治理形式。从这个意义上讲，社区居民自治是社区居民，在党的领导下，依法管理社区共同事务，实现社区共同利益的一种基层治理形式，是指在一定的时空范围内居民采取集体行动自主表达、维护权利的制度安排和过程。

2. 社区居民自治含义的理解

（1）社区居民自治的主体是居民。社区居民自治的主体仅仅是指社区里的居民，而非全体社区成员，社区内其他组织单位参与的社区建设属于共驻共建性质，而非居民自治范畴。另外，由于我国居委会辖区与物业管理辖区呈现多种关系，居民与业主的关系比较多样化，居民自治不完全等同于业主自治。从主体的角度来讲，前者的主体是社区内的所有居民，而后者的主体是物业管辖区域内的所有业主。

（2）社区居民自治的核心是居民权利表达与实现的法治化、民主化、程序化。一是

---

① 潘小娟，等. 城市基层权力重组：社区建设探论［M］. 北京：中国社会科学出版社，2006：351－352.

② 夏学銮. 中国社区建设的理论架构探讨［J］. 北京大学学报（哲社科版），2002（1）.

③ 潘小娟，等. 城市基层权力重组：社区建设探论［M］. 北京：中国社会科学出版社，2006：138.

依据宪法和法律法规规范社区管理。二是居民自治组织依法、公开、公正、公平民主推选产生。三是凡涉及居民自治范围的重大事项由居民（代表）会议讨论决定，必要时邀请法律专家进行论证，实现民主决策。四是社区经济管理、社会治安、社风民俗、婚姻家庭、计生工作依章理事、依法办事，居民当家做主的主权切实得到保障，无压制、侵犯民主权利的行为发生，规范民主管理行为。五是健全社区事务公开、财务公开、民主评议干部制度，有财务、社务监督小组和公开栏，广大居民知情、参与、监督的权利得到落实。六是通过建立法制学校，开展法制讲座，法制宣传教育有组织、有宣传窗、有教材、有台账资料，组织居民学法，通过法制宣传教育，进一步增强居民的法律素质和依法办事能力，提高社区法治化管理水平。

(3) 社区居民自治的对象包括与居民权利有关的所有活动和所有事务。社区居民自治不仅仅局限于社区自治组织作用的领域，而是包含社区范围内所有与公民权利相关的组织以及个体所作用的领域，它意味着社区居民自治运行系统是一个权利与权力之间的多元交叉网络，在居民、政府组织、社区组织、社会中介组织、企业等节点之间形成纵横交错的互动网络。可见，社区居民自治是一种权利与权力的生态链。

二、社区居民自治的性质及理解

1. 人民群众自治

社区居民自治是一种基层群众自治，强调权力向社区下放与政府向居民分权。中国的农村村民自治和城市居民自治同属于人民群众自治。中国社区居民自治与外国的地方自治不同，也不同于中国的民族区域自治。地方自治和民族区域自治是国家内部的地方和民族区域与中央分享治理权限。地方自治组织和民族区域自治既是自治机构，也是国家的地方政权机构。这种分权关系是板块式的，有较为明确的权力边界。而人民群众自治则是人民群众参与管理与自己利益密切相关的社区公共事务的一种方式，以便国家通过民主参与的方式对离散的社会进行有机整合。

2. 自治组织与政府的合作共治

在西方，社区自治组织是自发产生的，其目的是通过建构公民社会，防范和限制政府权力。因此，在西方国家，特别是美国，流行“冲突主义”理念。根据这一理念，社区自治组织是公民联合起来，与政府讨价还价，争取和扩大利益的工具。而在中国，更应该提倡“合作主义”，即社区自治组织与政府合作，共同治理城市。为什么要倡导“合作主义”，其合作的基础是什么呢？第一，社区自治组织是政府下放权力的结果，是国家法律认可的具有唯一性的权威性组织。这种分权是根据管理需要的功能性分权而不是以公民社会为基础的实体性分权。国家法律在赋予社区自治组织自治权的同时，规定社区自治组织有协助政府工作的义务。第二，社区居民自治组织是适应满足社会成员需要而产生的，是人民群众依法管理自己的事情，创造自己幸福生活的方式。而这一目的与政府的目的是一致的。这是社区自治与政府管理合作的根本性基础。当然，社区居民自治与政府管理的合作是在权力分化，社区成为依法自治主体的基础上进行的。要实现社区居民自治与政府管理的有机合作，就必须重新厘清政府与社会的关系。

三、西方国家的地方自治与中国基层群众自治

1. 西方国家地方自治的内涵

西方的地方自治制度是在西方资本主义国家比较普遍存在的一种地方政权制度，作为西方政治制度体系中的重要组成部分，本质上是为维护资产阶级的统治服务的。

地方自治是在一定的领土范围内，全体居民组成法人团体（地方自治团体），在宪法和法律规定的范围内，并在国家监督之下，按照自己的意志组织地方自治机关，利用本地区的财力，处理本区域内公共事务的一种地方政治制度。① 地方自治所管理的事务主要是指本地区的经济、社会和政治事务，一般来说，地方自治不包括法律、防务、秩序和外交事务。

无论是英美法系国家，还是大陆法系国家的地方自治，二者本质上是相同的。地方自治机关“所代表的并不是人民相对于国家的自治关系，而是地方行政机关相对于中央行政机关的自治关系”②。这种本质的两个明显表现是：首先，西方国家地方自治的主体主要是少数民族团体和区域性组织，它们都与一定的地域相联系。其次，西方的地方自治意味着自治体的自觉和自我管理，因而自治地方与其上级有着明显的对抗性。

2. 中国基层群众自治制度与西方国家地方自治制度的区别

在中国，以城市社区居民自治制度为重要内容的基层群众自治制度与西方的地方自治制度是完全不同的两种制度，它们有着本质上的区别，绝不能混为一谈。1982 年的现行宪法用根本大法的形式规定了我国现阶段的基层群众性自治组织，《宪法》第一百一十一条规定：“城市和农村按居民居住地区设立的居民委员会或者村民委员会是基层群众性自治组织。”1989 年的《中华人民共和国城市居民委员会组织法》和 2010 年修订的《中华人民共和国村民委员会组织法》（以下简称《村民委员会组织法》）对居民委员会、村民委员会的性质、地位、任务、组织机构、人员产生及构成、经费来源等都做了具体规定。

我国的群众自治制度与西方的地方自治制度是完全不同的两种制度。第一，它们所依据的社会基础不同：西方的地方自治制度是从西方特定的社会情况出发建立的，而我国的群众自治制度是符合中国国情的制度。第二，它们所依据的根本社会制度不同，所维护的阶级利益也不同：西方的地方自治是建立在资本主义国家生产资料的私人占有制和资产阶级国家的基础上，本质上是为维护资产阶级的统治服务的。而我国的群众自治制度建立在以生产资料公有制为特征的社会主义国家基础上，群众自治本身就是人民管理国家。第三，它们所依据的政治制度的基本原则也不同：西方的地方自治制度是按照西方民主政治制度的基本原则确定的，而我国群众自治制度是按照人民民主专政国家制度的基本原则确定的。

由于自治制度的不同，也由于社会主义本质上的优越性，中国的群众自治制度与西

---

① 中国大百科全书编辑部. 中国大百科全书（简明版）［M］. 北京：中国大百科全书出版社，1998.

② 聂月岩. 当代中国政治制度［M］. 北京：首都师范大学出版社，2007：178.

方的地方自治制度相比有着明显的优越性，这种优越性主要表现在民主主体的群众性、民主形式的直接性、民主任务的全面性等三个方面。这种优越性充分体现了人民民主的真实性和广泛性。我们必须坚持这项重要的政治制度，不断完善和发展基层群众自治制度。

评价与反馈

请结合本子任务的学习和你的理解，填写表7-1。

表7-1

简述社区居民自治的含义与理解	中国基层群众自治制度与西方国家地方自治制度有什么区别

子任务2　社区居民自治的内容

任务分解：

（1）学习研究社区居民自治的内容，了解我国有关城市社区居民自治的法律规定。

（2）结合调查研究工作实际，了解某社区居民自治的内容，学会运用居民自治法律法规政策指导社区自治实践，不断丰富自治内容。

知识准备：

一、社区居民自治的内容

我国城乡社区居民自治，就是以城市居民委员会、村民委员会等社区自治组织为主要载体，以民主选举、民主决策、民主管理、民主监督为主要内容，广大群众充分行使民主权利，逐步实现社区居民自我管理、自我教育、自我服务、自我监督的城市基层群众自治制度。因此，社区居民自治的内容主要包含以下四个方面：

1. 民主选举

选举是自治的基础、民主的基础，是人民行使民主权利的一种最基本和最重要的实现形式。多年来，广大群众在推进民主选举方面进行了积极而有意义的探索。近几年，扩大社区自治的直接选举范围成为党和政府推进社区自治的一项重要内容。社区居民一人一票的直接选举，可以最大限度地使居民参与到社区建设中来，充分体现我国社会主义人民当家做主的本质。

2．民主决策

民主决策是指，有关社区的重大事项由社区相关机构根据法定程序，经社区居民或居民代表民主协商讨论后，由决策机构做出决议。经过不断的探索与实践，社区居民主要通过以下几种组织形式来进行民主决策：第一，社区居民代表大会或社区居民大会。第二，社区协商议事会。第三，居民委员会。第四，业主委员会。随着城市社区居民自治的不断推进，各地根据社区的特点，探索出了许多有意义的民主决策制度。

3．民主管理

民主管理是社区居民自治、人民当家做主的重要内容和必然表现。各项决策制定以后，还要依靠切实有效的管理措施去执行，才能将决策落到实处。《城市居民委员会组织法》第二条规定：居民委员会是居民自我管理、自我教育、自我服务的基层群众性自治组织。居委会对于社区的公共事务，采取民主协商管理的办法。其中很重要的一种形式就是通过社区居民共同参与社区的建章立制工作，实现社区内部事务的民主管理，从而实现社区居民的自我管理、自我教育。

4．民主监督

社区的民主监督制约机制，对于加强社区权力行使的监督非常重要。民主监督的实现有赖于一定的制度和形式。主要包括：第一，居务公开，有的地方又称为社务公开。只有在居务公开这个前提下，将涉及居民利益的事项及时有效地向大家公开，居民对各权力主体的监督才有可能展开。第二，民主评议。目的是监督管理社区日常事务的居委会、业主委员会等其他社区自治组织及其工作人员是否积极有效地开展其日常工作、履行其职责，规范其运作、促进其更好地发挥自治组织的作用。第三，公示与旁听制度。对于将要出台的涉及社区居民切身利益的各项制度、规范，都要及时将其公开，并派社区居民代表列席、旁听相关会议，提出居民的意见与建议。另外，社区居民代表大会作为居民自治中的重要机构，在决定社区重大公共事务、审议各种规章制度的过程中，也发挥着重要的监督作用。

二、社区居民自治的内容法律规定

1．城市社区居民自治的内容

根据1990年1月1日起施行的《城市居民委员会组织法》规定，居民委员会是居民自我管理、自我教育、自我服务的基层群众性自治组织。同时居民委员会要协助基层政府或者它的派出机关开展工作。

城市社区自治的内容，是以《城市居民委员会组织法》的有关规定为基础的，主要包括：（1）宣传宪法、法律、法规和国家的政策，维护居民的合法权益，教育居民履行依法应尽的义务，爱护公共财产，开展多种形式的社会主义精神文明建设活动。（2）办理本居住地区居民的公共事务和公益事业。（3）调解民间纠纷。（4）协助维护社会治安。（5）协助人民政府或者它的派出机关做好与居民利益有关的公共卫生、计划生育、优抚救济、青少年教育等项工作。（6）向人民政府或者它的派出机关反映居民的意见、要求和提出建议。（7）居民委员会应当开展便民利民的社区服务活动，可以兴办有关的服务事业。另外，多民族居住地区的居民委员会，应当教育居民互相帮助，互相尊重，加强民族团结。中办发〔2000〕23号文件还赋予了城市社区居民委员会进行社区建设、开展社区服务、创建文明社区等职责。

2. 农村社区居民自治的内容

2010年10月28日颁布实施的《中华人民共和国村民委员会组织法》规定，村民委员会是村民自我管理、自我教育、自我服务的基层群众性自治组织，实行民主选举、民主决策、民主管理、民主监督。

村民自治的主要内容包括：（1）办理本村的公共事务和公益事业，调解民间纠纷，协助维护社会治安，向人民政府反映村民的意见、要求和提出建议。（2）支持和组织村民依法发展各种形式的合作经济和其他经济，承担本村生产的服务和协调工作，促进农村生产建设和经济发展。（3）村民委员会依照法律规定，管理本村属于村民集体所有的土地和其他财产，引导村民合理利用自然资源，保护和改善生态环境。（4）尊重并支持集体经济组织依法独立进行经济活动的自主权，维护以家庭承包经营为基础、统分结合的双层经营体制，保障集体经济组织和村民、承包经营户、联户或者合伙的合法财产权和其他合法权益。（5）宣传宪法、法律、法规和国家的政策，教育和推动村民履行法律规定的义务、爱护公共财产，维护村民的合法权益，发展文化教育，普及科技知识，促进男女平等，做好计划生育工作，促进村与村之间的团结、互助，开展多种形式的社会主义精神文明建设活动。（6）村民委员会应当支持服务性、公益性、互助性社会组织依法开展活动，推动农村社区建设。另外多民族村民居住的村，村民委员会应当教育和引导各民族村民增进团结、互相尊重、互相帮助。同时，村民委员会及其成员应当遵守宪法、法律、法规和国家的政策，遵守并组织实施村民自治章程、村规民约，执行村民会议、村民代表会议的决定、决议，办事公道，廉洁奉公，热心为村民服务，接受村民监督。村民委员会向村民会议、村民代表会议负责并报告工作。

评价与反馈

请结合本子任务的学习和你的理解，填写表7－2。

表7－2

简述社区居民自治的内容	简述城市社区居民自治的内容	简述农村社区居民自治的内容

任务二　城市社区居民民主自治

情境导入

情境17　回迁楼院居民“玩”自治　小区“脏乱差”变“高大上”

青岛西仲一路这片居民楼，都是仲家洼村2000年城中村改造时的回迁房。有着300多年历史的青岛仲家洼村破旧平房，在改造中被拆掉，建起了高楼，村民原地回迁住上高楼。但由于回迁房都是开放式楼院，缺乏管理，小区环境一度脏乱不堪，其他硬件设施也不完善，地面铺设的人行道板没过几年就坑洼不平，每到下雨天就遍地泥水滩。2013年，宁夏路街道对西仲一路29号至35号中的4栋居民楼的楼院升级改造，投入约20万元将其试点打造成居民自治的楼院，并将其命名为“宜居家园”。通过两年多的居民自治，楼院越来越干净，居民越来越爱惜保护环境，以前随手乱扔杂物的现象再也看不到了。

做法1：以居民议事培育自治意识。在西仲一路的居民区，整个居民区都是开放式楼院，这里的居民楼虽然外观相近，但其中的29号楼院与其他楼院有所不同。楼院二层楼上悬挂着“宜居家园”四个大字，建有方便居民休闲的花廊凉亭，建起一个家训传统文化墙，楼院内的环境也要比周边开放式楼院干净整洁许多。而这一切又源于居民自治。它不但恢复了老村庄传统文化，而且提高了开放式楼院的生活品位。居民自治是在自发中开始的，又通过试点走向自觉的行动。起初，楼院中8名楼长和热心居民组成楼院自治小组，负责起对楼院的自治管理。楼院中花廊既是楼院居民的会客厅，又是居民自治的议事厅，自治管理方法都是在这里商量决定的。通过居民参与议事培育了居民参与意识。

做法2：以家训文化墙传承历史。当年的仲家洼是青岛最早的村落之一，始建于明末清初，已有300余年的历史。村里的仲氏家族是“先贤仲子”的后裔，明朝时期从云南迁居至此植树建村，因地势低洼而得名仲家洼，之后形成由张、葛、仲、胡、姜等姓氏组成的5个自然村。为增强传统文化的凝聚力，2012年，宁夏路街道决定在仲家洼居民楼院的临街处，打造一条千米长的仲家洼历史文化长廊，将仲家洼特有的文化历史重新搬回17栋回迁居民楼。西仲一路29号院改造时，又将文化长廊延伸进楼院。自治小组积极配合，公开征集，挖掘出各家各户老辈传下来的治家妙方。楼院的东侧，整个墙面被打造成一个家训传统文化墙。这面家训墙是老村子的历史传承，住在这个楼院的回迁居民非常骄傲，增强了传统文化的凝聚力。

做法3：让居民承包楼院花坛。居民姚先生将自家阳台前的一小片花坛承包下来，到市场买来菊花、月季等花草种在里面，每天将花坛周围清扫得没有一片落叶。楼院里的花坛也被居民们承包，浇水、施肥、除虫……管理得井井有条。现在居民们自觉维护楼院的环境卫生，因为曾饱尝杂草遍地、蚊蝇乱飞的杂乱环境之苦，现在楼院地面砖缝里只要长出一小撮杂草，立刻就会有居民将其拔掉。刷了白色油漆的花廊常年保持整洁一新，不少居民每天主动从家里拿来抹布，将休闲座椅的椅面擦拭干净，方便别人随时可以坐下。

做法4：精心的物业管理让老楼院有了“新住法”。改造后的“宜居家园”应当有更好的管理模式。居民不安于现有的脏乱差现状，引入、征集好的管理方法，以改变现状。岛城现存有许多建于数十年前的老楼院，这些老楼院基本都是没有物业管理的开放式小区。这些老楼院配建时的基础设施落后，没有配套停车空间，商贩随意进出，墙面小广告泛滥……诸多原因让老楼院给人以陈旧落后的感觉。但也有一些老楼院通过居民和社区的多方努力，把老楼院管理得井井有条，让老楼院焕发“青春”，其环境、管理丝毫不亚于“高大上”现代化新建小区。老楼院也有“新住法”，通过小区改造改变环境面貌，通过居民自治实现满足社区民意和需求，通过引入先进的管理模式，征询可行的管理方法来改变现状。

（资料来源：青岛早报，2015－10－03，有删改）

说明：社区居民自治需要培养居民参与意识、丰富自治内容、吸引居民参与，只有这样才能让居民有参与的积极性，并能持续参与社区居民自治。通过居民楼的楼院升级改造，试点居民自治的楼院，创造“宜居家园”，为居民参与自治并培养参与意识提供条件，同时通过家训文化墙传承历史传统、让居民承包楼院花坛、精心的物业管理等自治主题活动和自治运作模式，丰富自治内容，让居民自治有可感知的内容、有公益的增进、有参与的途径，一切变得自然而然，不搞形式主义。这说明居民自治需要接地气的方式方法，这才是关键。

任务要求

1. 学习研究城市居民自治的基本知识。了解城市居民自治制度及实践情况，我国城市社区居民自治的模式。理解社区居民自治制度的含义，掌握我国城市社区居民自治制度的特点及功能。

2. 理解城市社区居民委员会的性质、特点和职能。了解城市社区居民委员会的设立、组成及其机构及自治表现形式。发现城市社区居民自治制度建设中存在的问题并提出完善的对策措施。

3. 结合实际，重点调查“城中村”社区居民自治的情况，分析“城中村”社区居民主自治问题，提出完善“城中村”社区居民自治工作的建议。

子任务1　城市社区居民自治制度及实践模式

任务分解：

（1）学习研究城市居民自治制度基本知识。了解城市居民自治制度生产发展及实践情况，我国城市社区居民自治的模式。理解社区居民自治制度的含义。掌握我国城市社区居民自治制度的特点及功能。

（2）结合调查研究工作实际，了解某城市社区居民自治的内容，熟悉城市社区居民自治的基本制度和特点。

知识准备：

一、城市社区居民自治制度

1．社区居民自治制度的含义

城市社区居民自治是城市居民群众依法直接管理社会基层公共事务的一种民主形式。关于社区居民自治制度直接的定义与解释并不多。徐勇认为社区居民自治制度是以城市社区为自治域，由社区成员通过社区自治组织对本区域公共事务进行管理的一种制度，一种中国特色的社会管理方式和民主参与制度。曹艳认为，城市社区居民自治制度就是城市社区居民在党的领导下，依据国家法律和党的政策，在居民委员会辖区，依托居民委员会，按照平等、选举、公开、监督、多数人决定、法治等原则，按照一定程序，民主选举基层群众性自治组织的领导人，对基层公共事务和公益事业进行民主管理、民主决策、民主监督的制度和实践活动，表现为基层群众的自我管理、自我服务、自我教育、自我监督以及对干部的民主监督，其目的就是要把城市社区建设成为管理有序、服务完善、文明祥和的社会生活共同体。

综合起来，城市社区居民自治应当是在社区党组织领导下，居民委员会依法选举产生自治组织的领导人，组织、引导居民参与对公共事务和公益事业进行民主管理、民主决策、民主监督，对干部进行民主监督的制度，以及居民的自我管理、自我服务、自我教育、自我监督的自治活动。

2．我国城市社区居民自治制度的产生与发展

我国城市社区居民自治的群众性自治组织是居民委员会，城市社区居民自治伴随居民委员会而产生和发展。具体来说，我国城市社区居民自治制度的发展可分为四个阶段。

（1）城市社区居民自治制度的初创、普及阶段（1950—1958年）。

早在新中国成立初期，我国就开始了基层民众自治的实践。1950年3月，天津市政府按照居民居住状况建立带有政权性质的居民委员会。1951年4月，上海市将2000多个具有自治性质的联防服务队改组为居民委员会。1952年，天津市政府把居民委员会改造为完全自治性质的群众自治组织。1953年6月，彭真同志在根据毛泽东主席的指示做了

深入调研的基础上，向中央提交了《关于城市街道办事处、居民委员会组织和经费问题的报告》，该报告建议在各城市区以下和不设区的市以下，建立分担行政工作性质的“城市街道办事处组织”和群众自治性质的“城市居民委员会”组织，中央批准了该报告。此后，各地陆续建立了居民委员会组织，其性质均属于基层群众性自治组织。1954年3月，政务院公布《人民调解委员会暂行组织通则》。随后，全国各地城镇群众性的治安服务、调解等委员会和居民小组纷纷涌现。1954年12月，第一届全国人大四次会议制定并通过了《城市街道办事处组织条例》和《城市居民委员会组织条例》，第一次以法律形式确认了居民委员会是“群众自治性的居民组织”，规定了街道办事处和居民委员会的任务、组织机构和工作原则。按照规定，街道办事处的任务是办理市区居民工作的交办事项，指导居民委员会的工作，反映居民的意见和要求。居民委员会的任务是办理有关居民的公共福利事项，反映居民的意见和要求，动员居民响应政府号召并遵守法律，领导群众性的治安保卫工作，调节居民间的纠纷，等等。居民委员会的建设由此纳入国家组织法规。1956年居民委员会在全国各个城市普遍建立起来，并得到了进一步巩固和发展。到1958年，城市基层群众自治在全国形成。

（2）城市社区居民自治制度的停滞、异常阶段（1958—1978年）。

1958年以后，由于“左”倾思潮的影响，居民委员会与街道办事处合为一体改称为“人民公社”。人民公社作为一级政权组织，同时又是经济生活组织、社会生活组织，主要任务是从事工业、商业活动，在很大程度上成为政府部门和事业单位的办事机构和代理机构，其群众自治的性质缺失，使基层民主政治建设和居民生活服务受到了很大损失。1966年至1976年的“文化大革命”时期，居民委员会遭到了严重的破坏。全国各城市中的居民委员会有的被解散，有的实行了军事编制，有些居民委员会干部被当成“当权派”“牛鬼蛇神”“走派”进行批斗、游行。随着各级“革命委员会”的建立，街道办事处改组为“革命委员会”，居民委员会也相继改称为“革命居民委员会”，主要任务是抓阶级斗争和意识形态，严重背离了居民自治的原则。

（3）城市社区居民自治制度的恢复、探索阶段（1978—2007年）。

1978年党的十一届三中全会以后，城市社区居民自治得到全面恢复和发展。1979年，街道革命委员会被撤销。1980年，全国人大常委会重新公布了《城市街道办事处条例》《城市居民委员会组织条例》，街道办事处、居民委员会的机构和职能得以恢复，各地城市社区居民自治开始重建和发展。1982年宪法第一次以根本大法的形式规定了居民委员会的性质、组织机构和基本职能，并建立了符合宪法规定的体现城市居民自我管理、自我教育和自我服务精神的城市居民委员会。1987年，党的十三大明确提出要发展基层社会生活的群众自治。1989年12月，第七届全国人大常委会第十一次会议通过并颁布了《居民委员会组织法》，居民委员会的组织建设发展到一个新的阶段。1998年，民政部确定北京市四城区、上海市卢湾区、重庆市江北区、南京市鼓楼区等26个城区为全国社区建设试验区，开展了社区建设的试点和实验工作。此后，在全国开展了社区建设示范活动。2000年1月，以中共中央办公厅、国务院办公厅的名义向全国转发了《民政部关于在全国推进城市社区建设的意见》，明确了社区建设的根本方向是社区居民自治，规定了社区居民委员会的性质：“社区居民委员会的根本性质是党领导下的社区居民实行自我管理、自我服务、自我教育、自我监督的群众性自治组织”。随着城市商品住宅大量开发，面对物业纠纷，业主权益被侵害，业主与物业公司、居民委员会的关系如何处理等一系列问题，社区居民委员会束手无策。2003年国务院出台了《物业管理条例》对物业管理与服务中的重要问题，居民委员会与业主委员会的关系做了一定的规范。由于业主自治主要围绕产权进行，多在经济领域，加上业主、居民较多关注经济利益，维护自身权益，从而推进了以产权经济领域的小区事务自治为特征的社区自治的实践与发展。

（4）城市社区居民自治制度的规范、发展阶段（2007年至今）。

2007年10月，党的十七大报告把“基层群众自治制度”纳入我国特色政治制度范畴，城市社区自治的战略地位也得到提高。提出“要健全基层党组织领导的充满活力的基层群众自治机制，扩大基层群众自治范围，完善民主管理制度，把城乡社区建设成为管理有序、服务完善、文明祥和的社会生活共同体”。由此我国城市社区居民自治进入了一个全面发展的新时期。同时《中华人民共和国物权法》也自2007年10月1日起施行。该法对“业主的建筑物区分所有权”及与不动产相关的问题做了法律上的权威规定。截至2009年年底，全国24个省、自治区、直辖市人大常委会相继颁布了居民委员会组织法实施办法，很多省（区、市）出台了用于规范居民委员会选举的政府规章，城市社区普遍制定了社区的居民自治章程或居民公约，初步形成了以宪法为依据、以居民委员会组织法为基础、以行政规章为支撑、以居民自治章程为补充的法律制度体系，居民群众行使居民自治权利有了基本依据，居民自治实践有了制度保障。有效提高了社区居民群众的民主法制意识和驻区单位参与意识、共建意识，全社会共同关注、共同推进城市社区居民自治的良好氛围逐渐形成。2010年11月，中共中央办公厅、国务院办公厅印发的《关于加强和改进城市社区居民委员会建设工作的意见》中也强调：“加强和改进城市社区居民委员会建设的目标任务是：到2020年……社区居民群众享有更多更切实的民主权利，社区居民自治范围进一步扩大，社区民主管理制度日趋完善。”2012年11月，党的十八大报告明确指出：“在城乡社区治理、基层公共事务和公益事业中实行群众自我管理、自我服务、自我教育、自我监督，是人民依法直接行使民主权利的重要方式。”“要健全基层党组织领导的充满活力的基层群众自治机制，以扩大有序参与、推进信息公开、加强议事协商、强化权力监督为重点，拓宽范围和途径，丰富内容和形式，保障人民享有更多更切实的民主权利。”这从政策上确立了城市社区自治的地位和作用，对我国民主政治的发展具有极其重要的意义。2017年6月12日《中共中央国务院关于加强和完善城乡社区治理的意见》提出通过实现党领导下的政府治理和社会调节、居民自治良性互动，全面提升城乡社区治理法治化、科学化、精细化水平和组织化程度，促进城乡社区治理体系和治理能力现代化。并提出进一步加强基层群众性自治组织规范化建设，合理确定其管辖范围和规模。促进基层群众自治与网格化服务管理有效衔接。加快工矿企业所在地、国有农（林）场、城市新建住宅区、流动人口聚居地的社区居民委员会组建工作。完善城乡社区民主选举制度，进一步规范民主选举程序，通过依法选举稳步提高城市社区居民委员会成员中本社区居民比例，切实保障外出务工农民民主选举权利。进一步增强基层群众性自治组织开展社区协商、服务社区居民的能力。建立健全居务监督委员会，推进居务公开和民主管理。充分发挥自治章程、村规民约、居民公约在城乡社区治理中的积极作用，弘扬公序良俗，促进法治、德治、自治有机融合。

3. 城市社区实行居民自治的意义

(1) 城市社区居民自治制度是国家民主化进程及城市基层治理方式转变的必然产物。城市社区居民自治是在20世纪90年代伴随着城市社区建设的发展而兴起的。城市社区居民自治是城市经济体制改革不断向纵深推进的逻辑结果，是国家民主化进程及城市基层治理方式转变的必然产物。实行城市社区居民自治，就是要改变原来单一的居委会组织体制，进行组织形式与体系的创新，通过建立社区居民会议、社区协调议事委员会和社区委员会等机构，形成新型的社区自治组织的主体系统。同时还要处理社区自治组织与社区党组织、业主委员会、物业服务公司和社区中介组织等组织的关系，形成良好的、互动的社区自治组织的生态系统。

(2) 建立社区居民自治有利于完善社区治理体系，为城市基层民主建设创造了必要的社会条件。传统国家的社会政治结构是家国一体、政社一体结构，这是一种依附性社会政治结构；现代国家的社会政治结构是政府、市场、社会三元分化相对成熟的结构。城市社区建设是在全能政府“失效”和市场“失灵”及培育市场与培育社区双重改革的制度背景下发生的社会政治结构整合过程。在社区建设中，存在行政和自治两种导向，从普遍价值和长远目标来看，在社区建设中应该强化社区居民自治的导向。这在于社区居民自治是低成本的管理体制创新，是社区建设的内在要求，有利于扩大公民政治参与和加强基层民主。

(3) 社区居民自治为居民参与城市管理提供了一个重要平台。以基层民主建设作为我国民主政治建设的突破口，把扩大基层民主作为发展社会主义民主的基础性工作来抓，这是我国民主发展的重要途径和重要特色。完善城市社区居民自治，建设管理有序、文明祥和的新型社区，是城市基层民主建设的重要任务。它需要城市居民的广泛参与。以扩大基层民主为突破口，以城市社区居民自治为平台，发展社会民主，调动民众民主参与基层管理的积极性。城市社区民主自治制度为扩大城市基层民主和城市居民的民主参与提供了一个制度化、法治化的平台。

(4) 社区居民自治有利于化解城市基层的各种利益矛盾。社区居民自治是适应市场经济条件下利益主体多元化、分配方式多样化和社会成员利益诉求差异化的新情况所做出的制度安排。通过民主决策、民主管理、民主选举和民主监督的制度设置来协调多元化的利益主体的利益关系，能够实现城市居民差异化的利益要求的相对满足，保障公民的各项权利，能够弱化城市居民与城市居民之间、城市居民与城市政府之间利益矛盾的对抗性质，从而促进城市社区的和谐与稳定以及城市的健康发展。

二、我国城市社区居民自治制度的特点及功能

1. 我国城市社区居民自治制度的特点

(1) 社区党组织是社区居民自治的领导核心。中国城市基层社会的居民自治，是在中国共产党的领导下进行的。党支部设在居委会上是中国基层民主与西方社会基层民主的最大区别。这样才可能在实现居民自治过程中不至于偏离社会主义发展的大方向。从居委会的角度讲，把党组织建立在居民区，能更好地贯彻党的群众路线，使居委会能够

在党的领导下更好地实现居民自治。目前，在我国城市社区中，全部建立了党组织，有的是设立社区党委，有的是设立社区党总支，下设党支部。社区党组织由社区党员大会或党员代表大会选举产生，在街道党工委领导下，负责社区范围内各类社会组织、新经济组织党建工作，以及居民党员、个体工商户党员、流动党员的管理工作。

（2）社区居民自治的主体是居民委员会辖区内的全体社区居民。《居民委员会组织法》规定："除了依照法律被剥夺政治权利的人，凡年满18周岁的本居住地区居民，不分民族、种族、性别、职业、家庭出身、宗教信仰、教育程度、财产状况、居住期限，都有选举权和被选举权。作为居民自治之最高权力机构的居民会议，可以由全体18周岁以上的居民或者每户派代表参加，也可以由每个居民小组选举代表2~3人参加。并且规定机关、团体、部队、企事业组织，不参加所在地的居民委员会，但是应当支持所在地的居民委员会的工作。"这些规定表明，居民自治主体是居民委员会辖区内的居民，而不包括机关、团体、部队、企事业组织等社区成员。

（3）社区居民自治区域是居民委员会辖区。社区居民自治是根据居民居住状况，按照便于服务管理、便于开发社区资源、便于居民自治的原则，并且考虑地域性、认同感等社区构成要素，由不设区的市或市辖区的人民政府所划定的；并且一经划定就受法律保障。在依法划定的居委会辖区内，居民自治组织可以行使自治权，一旦越出边界，自治权也自动失效。① 社区居民自治是居民委员会辖区内的居民自治，而不是整个区域内地方政府的自治。

（4）社区居民自治的组织形式是居民委员会。依据我国已颁布的法律、法规，中国现阶段的基层群众自治组织，主要包括农村的村民委员会、城市居民区的居民委员会和公有制企业的职工代表大会。现行宪法规定了我国现阶段的基层群众性自治组织，明确了居民委员会的性质，即城市社区居民自治的群众性自治组织，也明确了居民委员会的组成方式、组织架构、基本功能和职责，以及居民委员会与基层人民政府的关系等重要问题，确立了居民自治原则和方向，为居民自治的发展提供了现实的法律和制度保障。

2．城市社区居民自治制度的功能

（1）自治功能。《城市居民委员会组织法》第二条规定："居民委员会是居民自我管理、自我教育、自我服务的基层群众性自治组织。"我国城市社区居民委员会从性质上来说是基层群众自治组织，是国家政权和制度设计的产物，自治功能是其存在的前提。城市社区居委会的工作主要包括自行选举、自行管理社区事务、自行管理社区财务。

（2）协助功能。城市社区居委会有着广泛的群众基础，是党、政府、群众之间互相联系的纽带。《城市居民委员会组织法》第二条规定："居民委员会协助不设区的市、市辖区的人民政府或者它的派出机关开展工作。"在日常工作中，城市社区居委会把党和政府的路线、方针、政策以及法律、法规向广大群众宣传，并及时把人民群众的意见反馈给党和政府，还协助人民政府或者其派出机关做好与居民利益有关的公共卫生、计划生育、优抚救济、青少年教育等工作。

---

① 戚学森．城市社区建设思路与方法［M］．北京：中国社会出版社，2009：5.

(3) 协调功能。《城市居民委员会组织法》第三条规定的居民委员会的主要任务之一就是调解民间纠纷。因此，城市社区居民委员会是协调社会矛盾纠纷的权威性组织。居民邻里的关系、家庭内部关系、业主与物业公司的矛盾、居民与社区的关系都是社区居委会协调的主要矛盾关系。居民委员会的调解员通过协调、调解等方式，化解了矛盾纠纷，增强了社区的凝聚力，促进了社区的和谐。

三、我国城市社区居民自治的模式

1998 年，民政部全面启动了“全国社区建设实验区”计划，在全国选定 26 个国家级社区建设实验区，围绕社区自治组织的架构及其有效运作开展社区建设的实验和探索。各地在结合本地实际的基础上进行了大量的改革和创新，涌现出了“上海模式”“沈阳模式”“江汉模式”“百步亭模式”“青岛模式”等各具特色、各有创新的社区居民自治典型模式。

1. 上海模式

1996 年，上海市坚持建立健全“两级政府、三级管理、四级网络”的体制，进一步下放城市管理职能，逐步建立了“条块结合、以块为主、各方参与”的社区工作机制。[①] 该模式中“两级政府”指市、区政府，“三级管理”指市级、区级和街道办事处三个管理层级，“四级网络”是指市、区、街、居（社区）四级服务网络。其改革方向是通过行政推动，市政府向区政府、区政府向街道、街道向社区三个层而的放权让利，在街道办事处和居民委员会联动的过程中发展社区各项事业。

上海市将社区定位于街道，街道搭建社区建设和管理的平台，市、区、街道和居民委员会共同构成四级服务网络，建立领导系统、执行系统和支持系统，由此形成开放型参与式的社区管理组织结构体制。该模式领导系统主要由街道党工委、街道办事处和城区管理委员会构成，主要职能是政策制定；执行系统由市政管理委员会、社区发展委员会、社会治安综合治理委员会和财政经济委员会四个工作委员会构成，主要职能是政策执行；支持系统主要由社区自治性组织以及辖区内企事业单位、社会团体、社区工作者协会、居民群众等构成，通过社区委员会、社区事务咨询协商委员会、协调委员会、居民委员会等组织形式，对社区事务进行议事、协调、监督和咨询。可见，上海模式具有很强的政府主导性，一方面注重构建“四级网络、培育自治功能”，通过将社区建设的工作重心下沉到社区及其居民委员会组织，发挥居民委员会的作用，更好地依托和培育居民自主参与，实行居民自我管理、自我教育、自我服务和自我监督；另一方面，“条块结合、以块为主、条包块管”，加强街道办事处对辖区事务的组织领导、综合管理和协调管理的权力和职能。按照事权、财权相一致的原则，进一步扩大街道权力，完善考核和奖励机制，使街道更好地履行职能。可见，上海模式的最大特点是延伸城市管理职能，以街道为主体，政府在街道社区进行第三级管理，以街道为社区功能单位推进社区发展；通过向街道适度放权，扩大管理权限，理顺政府行为与社区自治之间的关系，促进行政

---

① 吴志华，翟桂萍，汪丹．大都市社区治理研究：以上海为例［M］．上海：复旦大学出版社，2008：75.

效率的提高与居民自治实现的有机统一。

2. 沈阳模式

1998 年下半年起，沈阳市在和平、沈河两区试点的基础上，开始在全市展开社区体制改革，将社区定位在小于街道办事处、大于原来居民委员会的层面上，在探索社区建设和社区居民自治作用发挥的途径上形成了特色。沈阳市的做法理顺了条块关系，构建了新的社区管理组织体系和运行机制。

该模式的特点是"社区自治、议行分离"，在重新划分居委会辖区规模的基础上，通过重构社区组，建设包括决策层、执行层、议事层和领导层的社区民主自治组织体系。具体做法是：在决策层，建立社区成员代表大会制度，由社区居民和社区单位代表组成，定期讨论决定社区重大事项；在执行层，由社区成员代表大会选举产生社区居民委员会，主要负责执行社区成员代表大会的决定，在政府有关部门和街道办事处的指导下组织居民开展自我教育、自我管理、自我服务；在议事层，由社区内人大代表、政协委员、知名人士、居民代表、单位代表等组成社区协商议事会，职能是对社区事务的协商、议事，对社区管理委员会的工作进行监督；在领导层，按照《中国共产党章程》规定设立社区党委、总支和支部的社区党组织。可见，沈阳模式的最大特点，是使居民委员会成为责权统一的区域管理实体，明确社区居民自治权，积极推进社区居民自治。

3. 武汉江汉模式和百步亭模式

2004 年开始，武汉市在社区建设试验区的基础上，全面推进以转变政府和街道办事处职能、强化社区民主自治功能为中心的城市社区建设深层次改革和探索，形成了有代表性的江汉模式和百步亭模式。

（1）江汉模式。

江汉模式是"三自模式"，即社区人自愿参与、社区组织管理自主管理、政府自觉依法行政的城市社会治理模式。[①] 该模式是"政府组织与社区组织合作互动模式"[②]，通过政府主动转变职能调整政府组织与社区组织的关系，实现社区事务的自我管理。

江汉区在吸收上海模式和沈阳模式经验的基础上创新发展，以政府主动转变职能为核心特征。江汉区通过社区居民自治，促使公共权力的重心下移，将社区建设中所依赖的社区公共权力直接置于社区成员的监督下。[③] 江汉区在依照沈阳模式建立社区自治组织体系后，明确转变政府职能：①理顺关系。在下放权力的过程中，如果没有政府职能的转变，政府仍然将社区组织作为自己的下属组织对待，就会造成体制复归，使社区自治组织行政化，下放权力的作用也会被抵消。明确居委会与街道、政府部门的关系是指导与协助、服务与监督的关系，不是行政上下级的关系。②明确职能。政府部门负责行政管理，承担行政任务，居委会负责社区自治，不再与街道签目标责任状。③政府部门面向社区，实现工作重心下移，将基层政府公务人员的工作延伸到社区。如以往的警察

---

① 吴志华，翟桂萍，汪丹. 大都市社区治理研究：以上海为例［M］. 上海：复旦大学出版社，2008：75.

② 胡宗山. 全国社区建设模式评析［J］. 中国民政，2001（6）：21－22.

③ 张俊芳. 中国城市社区的组织与管理［M］. 南京：东南大学出版社，2004：81.

主要集中在公安派出所，在社区建设和政府转变职能中，警察进入社区工作，可以及时有效掌握治安信息，处理公共安全问题，工作质量大大提高。④费随事转，责权利配套。⑤建立评议考核监督机制。以社区居民群众是否满意、是否高兴、是否拥护为工作出发点和检验标准。通过“民评官”等方式，使政府工作直接接受公民的监督，政府管理得以改善，政府的权威基础得以重构。

江汉模式自我革命，主动转变政府职能，理顺关系，真正从行动上开始探索解决社区向自治方向迈进，并着重在体制创新方面思考和解决问题，是一大创新。同时也应看到，江汉模式也面临很多不足：组织构建和间接选举问题；对于社区民主政治的内在需求的发育培育尚嫌不足；硬件投入、财务支撑体制方面有待加强；区内各社区之间平衡发展有待加强。尽管如此，江汉模式坚持社区自治方向，以社区为平台，通过制度变迁，在每一个社区范围内，建立了一种行政调控机制与社区自治机制结合、行政功能与自治功能互补、行政资源与社会资源整合、政府力量与社会力量互动的社区治理模式，为中国城市基层管理体制改革进行了大胆而富有成效的探索。

（2）百步亭模式。

百步亭模式是将房地产的开发建设、政府对社区的物业服务三者结合，集“建设、管理、服务”三位一体的社区管理模式。

百步亭模式的主要特点：①不设街道办事处，创建“社区管委会、物业服务公司和居民委员会”三位一体的“一个中心、两层网络”的管理体系：以社区党委领导下的管委会为中心，负责协调社区内部组织与政府职能部门的关系，依法制定社区管理制度；以开发公司为主体的建设网络，加大基础设施和公益性设施建设力度，完善社区功能；以物业公司为主体的服务网络，把商业性服务、福利性服务和公益性服务融为一体，为居民提供便捷周到的服务。②以楼（栋）为单位，每个楼（栋）设一位楼（栋）长，几个楼（栋）按照片区设一名主管楼（栋）长。3 个居民委员会，461 名楼（栋）长，333 名小楼（栋）长，8 000 多名社区志愿者，积极参与社区管理。③提供以市场化为主导的社区公共服务。社区将社区公共服务的提供者和生产者相分离，使社区公共服务模式由“政府办社会”转变为“民营企业服务社区”，政府则有计划地将部分国家、集体、单位的资产转化为社区公共资产。①

这一模式的最大特点就是建立了“党的领导、政府服务、居民自治、市场运作”的社区运行机制。

4. 青岛模式

1996 年，青岛市将社区自治作为重点，围绕社区建设，重点在街道体制、社区服务运行机制、社区居委会成员任用制度三个方面进行体制改革创新。

青岛模式的基本做法是：①依据“议行分设”原则在社区层面建立社区自治组织，每个社区都成立一个由全体居民或居民代表选举产生的社区居民大会作为社区最高权力机构，行使对社区公共事务的决策权。②选举产生社区代表会议及社区委员会作为社区

---

① 尹保华. 社区建设创新与社会管理［M］. 北京：知识产权出版社，2012：132.

自治工作体系，负责社区内公共事务和公益事业的组织与管理，以及社区内自治事项的执行，社区委员会是社区代表会议的常设理事机构。③改组街道党委为社区党工委，作为社区建设和居民自治的领导核心，对地区性、社会性、公益性工作负全面责任。④积极探索社区服务产业化运作，进行社区服务股份制试点。这一模式的最大特点是实现在街道层面的政府行政职能和社会管理职能的分离，并进行了在街道层面建设大社区、实行大社区治理的试点，沿着城市管理重心下移—政企分开（转变职能）—行政职能与社会职能分离—建立社区体制展开社区管理体制改革。①

从以上这些实践成果可以看出，我国各地城市社区正沿着居民自治的方向，从实际情况出发，积极探索具有中国特色的城市居民自治之路。

评价与反馈

请结合本子任务的学习和你的理解，填写表 7－3。

表 7－3

简述我国城市社区居民自治制度的特点及功能	简述我国城市社区居民自治的模式及特点

子任务 2　城市社区居民自治体系建设

任务分解：

（1）学习研究城市居民自治体系建设的基本知识。理解城市社区居民委员会的性质、特点和职能。了解城市社区居民委员会的设立、组成及其机构及自治表现形式。发现城市社区居民自治制度建设中存在的问题并提出完善的对策措施。

（2）结合调查研究工作实际，了解某城市社区居民自治体系建设的现状及问题，提出相应的对策措施，以完善城市社区居民自治制度体系。

知识准备：

一、城市社区居民委员会的性质、特点和职能

1. 社区居民委员会的性质

社区居民委员会是党领导下的社区居民实行自我管理、自我教育、自我服务的群众

① 胡祥. 城市社区治理的热点问题研究［M］. 武汉：中国地质大学出版社，2009：140－150.

性自治组织。

自我管理是指社区居民自己组织起来，自己约束自己，自己管理自己的事务。和行政管理、经济管理不同，它具有以下特点：一是自我管理要通过说服教育、居民之间的相互帮助、先进模范的带头作用以及每个居民的自觉意识，而不靠国家强制力来实施。二是管理者与被管理者是统一的，社区居民既是管理者，也是被管理者，管理机构及人员由社区居民大会或社区成员代表大会选举产生，并接受居民群众的监督。三是管理的方式主要是通过社区居民大会或社区成员代表大会集中全体居民的意见，制定社区自治章程等规章制度，由全体居民遵守执行，强调各方的积极参与，从而形成良好的社区治理秩序。四是管理的内容主要是与社区居民利益密切相关的公共事务和公益事业，调解解决本地区内的各种纠纷等。

自我教育就是通过开展社区居民自治活动，使居民受到各种教育。在自我教育中，教育者和被教育者是统一的。每个居民既是教育者，又是被教育者。每个居民通过自己的行为影响其他居民，担当主要教育任务的社区居民委员会成员也来自居民之中。自治活动与教育是统一的。居民进行各种形式的自治活动，本身就是对居民进行丰富多彩的教育。居民通过行使选举权和被选举权，参加社区居民大会或社区成员代表大会，监督社区居民委员会的工作，受到社会主义民主的教育，从而在实践中认识民主、学习民主，习惯于按民主的原则和程序办事。居民通过制定社区自治章程等规章制度受到社会主义法制和道德教育。通过发展文化教育，普及科学知识，开展移风易俗，破除封建迷信等活动，提高居民的文化素养。

自我服务是指居民群众组织起来，自己为自己开展各种便民利民的服务活动。自我服务的开展有利于增强社区自治的吸引力和凝聚力，也有利于团结居民开展社区自治。在社区自我服务中，服务项目根据居民的需要确定，重大项目由社区居民大会或社区成员代表大会讨论决定；所需费用通过居民自筹、辖区单位赞助、社区组织捐助或上级资助等多种渠道和形式解决，由社区居民委员会负责组织协调。自我服务的内容主要是办理社区的公共事务和公益事业，如硬化路面，美化环境，兴办托儿所、敬老院，开展群众性文娱活动，等等。它对于社区居民安居乐业具有十分重要的作用。

在社区自治中，自我管理、自我教育和自我服务三者是紧密联系、相辅相成、不可分割的。自我管理本身就是一种自我教育，自我教育又推动自我管理，自我服务增强自治的吸引力和凝聚力，为自我管理和自我教育创造条件。

2. 社区居民委员会的特点

城市社区居民委员会是我国城市基层群众性自治组织，具有以下几个特点。

第一，群众性。居民委员会是由在一个区域内居住的所有居民组成的群众性组织。居民委员会的组成主体是全体居民，它不分民族、种族、性别、年龄、职业、家庭出身、教育程度、财产状况、宗教信仰和政治面貌。居民委员会组织具有最广泛的群众性。

第二，自治性。居民委员会是在党的领导和政府的指导下，在国家宪法和法律以及政策规定的范围内，拥有一定的自主权和自决权，居民在自愿的基础上，通过自我管理、自我教育、自我服务、自我监督等途径来实现自治的组织形式。居民委员会不从属于也不依赖于居民居住地范围其他任何社会组织，具有自身组织上的独立性。

第三，基层性。居民委员会不是全国性的、统一的组织，也不是省、市、县、街道一级的组织，是设立在国家最低一级行政区划之下的居民居住区的社会组织，是在城市基层政权组织指导之下的社会组织，是按照便于群众自治的原则设立的直接由广大居民所构成的组织。

3. 社区居民委员会的职能

第一，宣传教育群众，提高居民文明素质。包括宣传宪法、法律、法规和国家的政策，教育居民履行法律规定的义务，合理利用自然资源，保护和改善生态环境，维护居民的合法权益，爱护公共财产，以及发展社区文化教育，普及科技知识，开展多种形式的社会主义精神文明建设活动，例如评选文明小区、文明楼院、五好家庭等。

第二，实行社区自治，管理社区公共事务。主要包括向社区居民大会或社区成员代表会议负责，并定期汇报工作，努力完成其提出的各项任务；在国家法律、法规和政策允许范围内，自主决定社区各项事务；办理社区居民的公共事务，开展共驻共建，筹措社区公益事业资金，管理和维护集体资产等。

第三，协助政府职能部门开展社区的行政社会管理工作。主要包括协助政府部门在社区开展民事调解、社区治安、劳动就业、公共卫生、计划生育、优抚救济、青少年教育、外来人口管理等工作，协助保护城市生态环境，维护社区的交通、通信、能源等市政公共设施；协助政府部门做好社区内失业人员及离退休人员的社会化管理与服务工作；参与业主委员会对社区的物业管理和服务进行指导、监督、支持等。

第四，开展社区服务，发展社区服务业。开展以劳动就业为重点的社会事务服务；组织志愿者服务队伍，面向社区特殊群体，提供社区特殊服务；发展社区便民利民的服务业，发展中介组织，管好“三资”，壮大社区集体经济实力；管好社区服务站，兴办有关的社会福利事业，指导、管理社区安老、助残等社区服务机构，为社区成员提供优质服务。

第五，监督评议政府职能部门的工作和反映社情民意。主要包括组织社区居民对政府部门的各项政务进行民主评议和民主监督；向政府部门反映社区居民的意见、要求并提出建议。

第六，围绕经济建设中心，做好环境优化工作。组织社区成员进行自治管理，做好社区卫生、社区环境、社区治安等各项工作，为社区经济实力的壮大和发展服务。

二、城市社区居民委员会的设立、组成及其机构及自治表现形式

1. 社区居民委员会的设立

根据我国有关法律规定，在城市实行社区自治的组织是居民委员会。在社区建设中，我国多数地方对原有的居民委员会进行了改革和调整，组建了社区居民委员会。尽管和原来居民委员会的范围相比，社区居民委员会管辖范围大大扩展，从原来的100~700户扩展到1 000~2 000户，但是，社区居民委员会在其成立及运行的诸多方面依然沿用居民委员会的法律法规。

按照《居民委员会组织法》及其各省、市、自治区实施办法的有关规定，社区居民委员会的划分、设立、撤销或规模调整应按照便于居民自治、方便群众直接管理地区事

务的原则进行，居住区域的划分可以以街、胡同、巷、围墙或者河流等为界限；在实际操作中，一般由街道办事处提出（有关居民或组织也可向街道办事处提出要求），报所在未设区的市、市辖区人民政府审定，并报上一级人民政府备案。

2. 社区居民委员会的组成及机构

社区居民委员会成员一般由主任、副主任和委员组成，并通过依法民主选举的方式产生。社区居民委员会成员的选举，可以采用直接选举方式进行，也可以采用间接选举方式进行。也就是说可以由社区全体有选举权的居民或者每户派代表选举产生，也可以根据居民意见由每个居民小组先选举居民代表，再由居民代表进行投票选举产生。选举由社区全体有选举权的居民、户代表过半数，或者2/3以上的居民代表参加，方为有效；候选人须获得参加投票人数过半数选票，方能当选。居民委员会成员每届任期3年，可以连选连任。社区居民委员会下设人民调解、治安保卫、公共卫生、计划生育、环境和物业管理等工作委员会，各委员会的主任可以由居民委员会成员兼任，也可以另行聘任。

3. 社区居民委员会的自治表现形式

社区居民委员会是实行社区自治的居民自治组织，社区自治表现形式是“四个民主”，即民主选举、民主决策、民主管理和民主监督。

（1）民主选举。这是社区居民自治最基本的方式。法律赋予社区居民在社区自治中拥有选举和被选举的权利。《居民委员会组织法》明确规定：“居民委员会主任、副主任和委员，由本居住地区全体有选举权的居民或者由每户派代表选举产生；或者根据居民意见，也可以由每个居民小组选举代表二至三人选举产生。”并且规定撤换和补选居民委员会成员，必须经过居民会议讨论决定。居民小组长也要由居民小组推选产生。民主选举遵循“选民登记—公布条件—报名—资格审查—初步选举—正式选举”的选举程序，贯彻差额选举、双过半数、公开计票、无记名投票等原则，结合直接选举和间接选举两种方式，整个过程应当公开、公平、公正。

（2）民主决策。这是社区居民自治的根本要求。民主决策要求在居民自治的规则和程序方面，保证广泛的人民参与，倾听意见并集中民智。社区成员代表大会是社区民主决策的主要机构。社区的重大事项由社区成员代表大会决定，社区居民委员会负责执行。在日常事务的决策中，主要是社区居民委员会和社区党组织讨论形成初步意见，再交社区协商议事委员会讨论通过。在民主决策的过程中要充分考虑社区居民的意见，重视社区居民的参与。正如美国政治家科恩所讲：“民主是一种社会管理体制，在该体制中社会成员大体上能直接或间接地参与或可以参与、可以影响全体成员的决策。”①

（3）民主管理。这是社区居民自治的直接体现。社区居民委员会是社区民主管理的主要机构，代表社区居民管理社区公共事务。社区民主管理以建立在社区居民同意基础上的权威的合法性为基础，以少数服从多数为组织原则，以社区文化、社区治安、社区教育、社区环境、社区服务、社区卫生为主要内容。社区民主管理依靠社区居民，强调社区居民的参与。

---

① 科思. 论民主［M］. 聂崇信，朱秀贤，译. 北京：商务印书馆，1988：10.

(4) 民主监督。这是社区居民自治的保证。居务公开和民主评议是保证居民知情权和监督权的主要形式。社区居民对社区居民委员会的工作实行民主监督，对不称职的社区居民委员会成员，可以向社区成员代表大会提出撤换、罢免建议。《居民委员会组织法》明确规定："居民会议有权撤换和补选居民委员会成员。"

三、城市社区居民自治制度建设中存在的问题及完善措施

1．我国城市社区居民自治制度实践中存在的问题

(1) 居民委员会自治功能弱化，运作行政化。城市社区居民委员会的法律性质是基层群众性自治组织，但是在实践生活中，居民委员会具有"双重代理人"的身份：一是代表国家（基层政权）向居民传递国家意志；二是代表居民向国家（基层政权）表达意见。这种"双重代理人"特质使居民委员会的运作在社区中呈现出了非常特殊的角色，造成居民委员会过度行政化或者"内圈化"，而街道办事处由于工作职能和工作责任的不统一，造成"权责不一"，困扰着"社区制"的发展。① 此外，随着管理重心的下移和街道办事处职能的扩大，街道办事处事实上成为一级"准政府"，而街道办事处自然将居委会变成自己的下属单位。除此之外，政府事务与自治组织的事务缺乏有效区分。社区从投票选举、经费来源、人事安排以及任务分解的确定等，都受政府及街道办事处的领导与控制。这导致了社区组织带有浓厚的行政性色彩，大大削弱了社区的自主性，使居民的民主管理受到限制。

(2) 居民参与自治的主体不具有广泛性，自治意识淡薄。扩大基层民主、推进基层民主自治是社区建设的重要目标，必然要求社区成员广泛参与、讨论和决定。目前的社区自治在我国还处于政府倡导和推动阶段，居民的身份正从"单位人"转变为"社会人"，"单位人"对自己的单位有着高度依赖感、认同感，加上社区自治没有给居民带来切身的利益好处，而相应地对社区归属感和社区意识薄弱，这种状况至今仍未消除。现阶段社区居民自治的突出问题是社区居民参与自治的主体不具有广泛性，自治意识淡薄，积极性不高。参与社区建设活动的大部分是离退休职工，青年人等很少参与社区建设活动。在很多居民心中，社区居委会不过是一个帮助人民排忧解难的行政组织，并没有把它看作是实现民主权利的基本自治组织。居民也没有意识到参与社区自治不仅是自己的一项权利，更是自己对社区应尽的一份责任和义务。

(3) 居民委员会与业主自治组织的关系模糊。业主自治是近些年来城市化进程的发展和住房制度改革不断深入的重要成果。业主作为消费者群体，通过自治来管理好自己的社区，这种新型的管理模式具有较强的主人翁精神，显示出强大的优势和生命力，是提高城市社区物业管理水平的重要途径。业主自治是私法自治原则在房屋所有权领域中的体现，是依据物权法中的建筑物区分所有权制度设立的。而现行法律只规定了居民委员会与机关、团体、企事业组织的关系，但对居民委员会与其他非政府组织的关系，尤其是与业主委员会的关系没有规定，导致在实践中本应在维护社区居民利益方面都有所作为的双方在实际运作中产生诸多问题。

---

① 丁茂战．我国城市社区管理体制改革研究［M］．北京：中国经济出版社，2009：31.

（4）社区干部队伍素质有待提高。社区居民自治需要一支具有良好素质、熟悉社区情况、亲民为民的社区干部队伍。社区工作的管理、服务水平要提高，社区干部队伍建设是基础。但现实中社区工作者队伍的整体素质并不令人满意。20世纪90年代，社区干部大多是通过国有企业下岗失业职工、企事业单位的退休人员来补充，素质和能力较差，难以担当社区居民自治建设大任。2000年以来，有一部分具有较高综合素质和能力的部队转业退伍军人和大中专毕业生也来到社区工作，他们为社区的发展和自治体系的进一步完善做出了贡献，但目前社区的薪金水平却难以留住他们。

2. 完善我国城市社区居民自治制度建设的途径

（1）完善相关立法，强化城市社区居民委员会自治主体的法律地位。现行城市社区自治的法律主要是1990年1月1日实施的《城市居民委员会组织法》。这些法律法规都是宏观的、原则性的，过于抽象，缺乏可操作性。随着社会经济体制的变革，经济和社会环境也相应发生了变化，城市社会管理体制也出现了一些新情况和新问题。面对新的法律实施环境，旧规定已明显不适应社会主义市场经济的发展，社区实际工作中很多问题找不到相关法律依据。因此有必要对《城市居民委员会组织法》进行修订。

（2）转变政府职能，强化社区自治功能。为此，需要做好以下三方面的工作：第一，政府要下放权力，赋予社区决策权、日常工作管理权等，使社区在本区域范围内成为治理主体；第二，政府需要从管理型向公共服务型转变，为社区自治建设提供政策、财力和物力支持，管理社区自治难以管理好的公共事务，不能任意将不属于社区的任务分解硬性转嫁给社区；第三，政府必须做好宣传教育工作，以开展各种活动为载体，不断提高居民的社区意识，引导居民积极参与社区事务。

（3）发展社区民间组织，建立社会化的社区事务管理运作机制。大量的社区中介组织是社区实现自治的重要基础。因此，要因地制宜加紧出台相关政策，培育扶持真正独立于政府和社区居委会组织之外、具有法人资格的各类公益性、服务性、中介性组织，以更好地承接政府转移下放的职能，切实发挥服务社区的作用。一是要注意发挥社区中老党员、老干部、老劳模、老教育工作者、老医疗工作者的作用，对各种维权类协会，要在居委会和有关部门指导下，选举德高望重的人员，担任相关行业协会的负责人员。二是要推进娱乐类群众组织的发展。三是要扶持推动各类社会服务组织发展。要通过对社区服务资源的合理配置，引导、扶持各类服务类中介组织独立地在社区开展服务。

（4）提高居民自治意识，推进参与体制创新。目前，社区居民自治属于政府主导型的社区居民自治。在社区自治发展中，政府的主导作用是不可或缺的强大力量。但是政府的力量毕竟是外在的条件，最主要的还是要靠内在的条件，即城市社区居民自治的广泛参与。必须要让居民树立主体意识和社区的归属感，意识到自己对社区建设享有权利和承担义务。当居民感受到社区与其利益息息相关时，肯定会主动参与到社区建设中去维护自己的利益。同时，城市社区自治建设要创新居民参与体制。只有加强社区居民参与制度建设，才能保证居民参与机制更加完善，渠道更加畅通，提高社区居民参与社区事务的积极性。①

（5）理顺居民委员会与业主委员会的关系。业主委员会的出现和运行是完全脱离行政的创新，似乎业主委员会的成立对居民委员会产生了一些冲击。但实际上两者在性质、职责和活动重心方面是不同的。根据法律规定，城市居民委员会是承担社区公共事务管理的群众性自治组织，而业主委员会只是物业管理自治，物业管理只是社区事务管理的一部分。社区居民委员会与业主委员会二者成立的依据、职责和权力不同，谁也不能代替对方。在物业管理的区域范围内，当社区居委会依法履行自治管理职责时，业主应当接受居委会的管理。另外，两者共同的目标都是服务社区居民，要以此为契机，逐步理顺二者关系，做到共同为居民服务，优势互补、相得益彰。

（6）培育、吸引优秀人才为社区服务。社区干部处在社区工作的第一线，是参与社区建设、管理和服务的主导力量，是推进社区建设的主要力量。应采取多种方式把一批思想政治素质好、文化程度较高、有奉献精神、工作能力强的优秀人才充实到社区干部队伍中来，建设一支坚强有力、精干高效的社区干部队伍。主要措施可以用5个字概括，即“留”“引”“选”“育”“激”。“留”就是充分发挥老干部的余热，通过广泛听取居民意见，民主推荐等形式，把一批威望高、能力强、经验丰富、甘于奉献的老干部依法留在社区居委会，传承经验、以老带新。“引”就是适时引入干部基层锻炼培训机制，从国家机关中选派干部进入社区任职，把一批素质高、能力强和熟悉社区工作的优秀年轻机关干部，按照组织程序到社区担任党支部书记或通过依法选举担任社区居委会主任，充实社区干部力量。“选”就是每年从大中专毕业生中选拔一批热爱社区工作、勇于开拓创新、素质好、能力强的优秀青年，通过依法选举或担任主任助理等方式安排到社区工作，既解决了他们的就业问题，又为社区发展输入新鲜血液，增强社区干部队伍的生机和活力。“育”就是抓好社区干部培训工作，采取集中培训、参观学习、与先进社区开展结对交流等方式，提高社区干部队伍的整体素质和依法办事、服务群众和发展社区事业的能力。“激”是就解决社区干部的待遇和工作环境问题，调动其积极性。

评价与反馈

案例分析：发挥居民自治，共建美好家园

高行居委的万安教工大楼、高行西弄、液压件厂公房这三幢居民楼一直以来都是高行居委社区工作的“老大难”问题，这三幢楼是纯居民住宅，共有136户居民，408多人，院内居住的居民比较杂，大多为20世纪90年代的公房拆迁搬迁户和外来打工出租的临时住户，人口流动性大，贫困户、下岗失业人员较多。一直以来，这几幢楼，没有物业公司管理，没有打扫卫生的专职人员，从来无人打扫，院内卫生极差，经常有人从窗口向楼下乱扔垃圾，甚至在楼道里大小便，社会居委会的工作人员经常到此楼道内为

---

① 郑卫国. 论城市社区建设是发展城市基层民主的重要路径［J］. 中共成都市委党校学报，2010（2）：15-19.

他们打扫卫生。这几幢楼，无自行车棚，无绿化带，无防盗门，治安较差，经常发生偷盗事件。居民常常为一点小事而吵闹不休，互不相让，为一点小矛盾就找到社区，要社区工作人员协调解决问题，致使社区居委会的管理十分困难，工作难以开展，同时居民的意见较大，多次提出要解决这三幢楼所存在的种种问题。

针对以上情况，居委会认真考虑居民反映的情况，反复思考如何解决这个没能彻底解决的“老大难”问题，积极寻求一个有效的解决方案。在和居民进行沟通了解后，大家一致认为，只有成立管理体系，建立居民自治服务网络，让居民实行居民自治，才是彻底解决所有问题的办法。于是，居委会两套班子共同努力，开始着手协助这三幢楼居民成立自治组织体系的相关工作。

（1）居民自选，成立居民自治服务网络。居委会首先在每幢楼前张贴了成立居民自治服务网络的通知，要求每幢楼推选一个代表组成服务网络管理小组，在居委会两套班子和居民的多次协调、动员下，每幢楼都推选出了大家信得过的代表。随后居委会将推选出的三位代表名单在楼道前进行了公示，最后通过了大家的一致同意。

（2）广开言路，制定相关制度。居民自治服务网络成立了，相关的规章制度也应该及时出炉，居委会广开言路，和管理小组认真听取居民的意见，集思广益，共同制定出了楼道管理制度、收费制度，并张贴在各楼道内。管理制度确定了楼道内的卫生工作由大家统一排班轮流清扫，处理垃圾；收费制度确定了由当选的居民代表和楼组长每半年到每户收取20元钱作为楼道管理费，管理费包括清洗水箱、修理防盗门等，剩下的用于房屋维护修缮、化粪池和下水管道的疏通等，服务网络每年公布一次管理费的账目，必须做到财务公开透明。

（3）各方协调，解决矛盾。虽然居民自治服务网络建立了起来，但是各种矛盾却不断地凸显出来，成立第三天的时间就有30多个居民到社区反映问题，比如：自从安装了防盗门后，许多人认为很不方便出入，要求不关门；有的住户无视管理制度，不交管理费；等等。针对种种矛盾，居委会不断上门了解情况，对居民做了大量耐心细致的说服教育工作，将各种问题都尽量妥善地解决，让居民理解支持居委会的工作。

（4）征求意见，完善管理。在服务网络成立两个月后，居委会再一次召开了居民代表大会，征求居民对这两个月来服务网络运行情况的意见和建议，并且对居民提出的问题做了进一步的解决，使楼道的管理更完善，更能取得居民的支持。

自从服务网络成立后，虽然一开始遇到了诸多的问题，出现了一些意想不到的矛盾，社区居委会通过各方调解，终于将各种矛盾化解，使得工作能正常开展下去。居委会的做法是：首先是公开透明。居委会让整个解决过程能够以公开、透明的方式让该院所有的居民都清楚，并且以开放的姿态接受所有居民的意见和建议。其次是民主自治。不管是在服务网络管理的成立过程中，或是在各种规章制度的制定中，居委会始终只是担当指导协调的角色，人员的选举敲定都是居民自己的意愿，居委会从不指定任何人员，真正做到了居民自治。再次是沟通疏导。居委会的工作繁而杂，居民经常为一点点小矛盾就找到居委会，其实矛盾是小问题，关键的是思想的疏导工作。耐心倾听心声，进行交流沟通，许多居民是带着气来、消了气走的，这样的工作态度居民易于接受，也更便于居委会工作的开展。现在，楼道内的卫生得到了彻底清扫，垃圾也不堆积如山，偷盗事件不再发生了，大家还在志愿者的带动下，成立了自己的夜间巡逻小分队，保卫着小区的治安，邻里间的纠纷也不见了，大家互相帮忙，互相关心，一户有难，全楼相助。居民们切身感受到了有这个服务网络的好处，同时也更支持社区的各项工作。

（资料来源：http://juyuanxiaoxiang. blog. sohu. com/158504907. html. 2010 - 08 - 23，有删改）

请结合本子任务的学习和你的理解，填写表7-4。

表7-4

三幢楼居民在自治组织体系建设方面做了哪些工作	居委会在处理事件中有哪些成功经验

子任务3　“城中村”社区居民自治

任务分解：

（1）学习研究“城中村”村（居）民自治相关知识；理解“城中村”村（居）民自治的作用；学会分析研究“城中村”村（居）民主自治问题，为完善“城中村”社区村（居）民自治工作提出有针对性的建议。

（2）结合调查研究工作实际，了解某城市“城中村”村（居）民自治的现状及问题，并提出相应的对策措施。

知识准备：

一、“城中村”及“城中村”村（居）民自治的作用

1.“城中村”村（居）民自治

“城中村”，从字面上说，就是指城市中的村庄，或者说是城市包围的村庄。“城中村”是中国社会快速城市化进程中的特有现象，在其他国家的乡村城市化过程中比较少见。① 在国内也主要集中于广东珠江三角洲地区。国外学者与“城中村”相关的研究论述，大致可以归为城市蔓延（urban sprawl）、城乡边缘过渡地带、贫民窟（slum）、都市

① 江浩，罗翠婷，曾学农，等. 城中村现状与改造研究：以广州市荔湾区为例［M］. 北京：中国农业出版社，2011：20-21.

村庄（urban village）等几个方面①。国内有学者认为“城中村”是指在城市建成区范围内所保留着的在社会结构、经济生活、人员身份、管理方式等方面依然传承农业社会特点的农村聚落点。建设部《城中村规划建设问题研究报告》将“城中村”定义为“改革开放以来，随着我国工业化、城镇化的快速推进，在许多城市中形成了一些已经位于规划区内、周围被城市建设用地包围，但在土地权属、户籍、行政管理体制上仍然保留着农村模式的农民居民点”②。

“城中村”村（居）民自治与城市社区居民自治和农村村民自治有着制度上的联系和区别。首先，“城中村”村（居）民自治取决于该社区管理体制的性质是农村社区还是城市社区。所处社区非城市建制区内，管理体制上仍然是农村体制，表明此社区仍然是农村社区，仍然实行村民自治制度；如果农村社区通过了“村改居”即农村村民委员会改制为城市社区居民委员会，同时农民的身份也转为居民，户籍也由农业户籍转为非农业户籍，则实行城市居民自治制度。其次，“城中村”社区具有很明显的农村乡村自治的特性。城市行政区域的农村社区及“村改居”改制后的城市社区都属于“城中村”社区，都具有明示的农村特征，如血缘关系、亲情关系浓厚，社会交往相对封闭、狭窄，生产方式简单，没有脱离“小农经济”意识，人口的文化素质不高，传统观念和文化浓厚，因此在治理上比较倾向宗法观念，先富起来的大户或村（居）民成为“城中村”社区自治的主要群体，拥有实际话语权，其他居民则参与治理意识缺乏、能力不足，整体参与性不强。最后是“城中村”社区自治的经济性特点明显，即经济自治是其主要内容和特征。这主要是由于农村存在集体经济组织，由此演变为“城中村”经济组织，如经济社、经济联社、股份合作制公司等。相比较城市社区，“城中村”社区存在经济上民主治理的基础条件，也具有经济自治的实践经验。

2. 居民自治促进“城中村”的作用

由于其特殊性，“城中村”居民自治对于这个特殊环境的发展有着至关重要的作用。

（1）居民自治能促进“城中村”物质文明快速发展。物质文明指的是通过改造自然的积极成果所表现出来的人们物质生活的进步状况。在“城中村”，物质文明集中体现为经济的发展、农民收入的增加和物质生活水平的提高。村（居）民自治通过实现广大农民的政治民主权利，调动各方面的主动性、积极性和创造性，加快“城中村”经济发展，促进“城中村”物质文明的迅速发展。

（2）村（居）民自治能促进“城中村”政治文明的广泛深入。在“城中村”，政治文明表现为农民自己当家做主，管理本村事务的权利意识的觉醒和行为能力的提高。村（居）民自治的实践及其成效已充分显示出对促进“城中村”政治文明的广泛深入的重要作用。

（3）村（居）民自治促进“城中村”精神文明的健康进步。“城中村”精神文明主要体现为精神生活的充实健康，村（居）民素质的显著提高，人际关系的和谐融洽，村

---

① 李俊夫. 城中村的改造［M］. 北京：科学出版社，2004：7.

② 何保利. 经济快速发展地区城中村改造与管理问题研究［D］. 西安：西安建筑科技大学，2010：9.

（居）民教育的丰富多彩，整个村呈现一派积极向上、团结互助、和谐奋进的良好村貌。实践证明，村（居）民自治对于促进"城中村"精神文明的健康进步有着重要作用。首先，村（居）民日益增长的精神文化生活的需求逐渐发展为享有积极、健康、向上文化生活的权利，这成为加速"城中村"精神文明建设的内驱力。其次，村（居）、支两委和村（居）民委员会将能否开展文明创建工作作为绩效的评定标准之一，成为推动"城中村"精神文明建设的主要力量。

（4）村（居）民自治保证"城中村"整治改造进行，促进社区生态文明的发展。健全的村（居）民自治制度和高效运行的自治载体能确保"城中村"社区整治改造目标的实现。良好的村（居）民自治，表明社区的治理能力，能解决实际问题，能从根本上治理"城中村""脏乱差"状况，改善"城中村"生态环境、人居环境，按照城乡一体化建设的要求，建设"城中村"社区的新型城市化综合群落，保证"城中村"村（居）民的和谐幸福。

二、"城中村"村（居）民自治问题

1. 民主选举过程中违规事件时有发生，难以反映民意

首先表现为干部的产生方式，由"钦定"代替"民选"。有的街（镇）领导为了"领导"轻松，希望村（居）委成员"听话"。有的基层领导为了顺利实现"支书、村主任一人挑"，于是在选举中违规操作，操纵村委会的选举，或事先指定人选，或暗箱操作，或篡改选举结果，使民主选举失去意义。其次，"贿选"现象屡见不鲜。因为"城中村"存在大量土地征收后的高额补偿费、集体自留地和集体经济组织，存在以此谋利的机会，一些参选者并不是真正愿意为村（居）民服务，而是想得到以权谋私的机会和好处。由于选举背后隐性"操作"的存在，使得本应体现民意、反映民意的民主选举流于形式，存在暗箱操作现象。

2. 民主决策、民主管理名不符实，难以实现真正的民主

在"城中村"，民主决策、民主管理两个环节的运行，一般包括两种形式的共同参与。一种是以村、支两委为中心的"领导型"决策和管理，另一种是依托村（居）民自治组织而展开的村（居）民自我决策和管理。然而在这两种形式中都存在一定的问题，使得民主决策、民主管理难以实现真正的民主。首先，以村、支两委为中心的决策和管理，如果不走民众路线，不遵循从居民中来、到居民众中去的决策、管理程序，就会变成领导团体，甚至领导者个人的决定和独断专行。其次，村（居）民的自治组织尚不健全，多是因共同兴趣、爱好而自发组成的民间文艺、活动团体，或是协调村文明创建的文明理事会等，村（居）民自治体系中的村（居）民代表大会中的部分组织不健全，难以形成政治上的社区居民自治小气候。村（居）民自治组织运作不畅，民主决策、民主管理难以实现。

3. 民主监督往往流于形式

难以体现村（居）民当家做主，村（居）务公开是民主监督最直接的形式，村（居）务公开好不好是评判民主监督是否到位的重要指标。可如今，"城中村"的村（居）务公开往往流于形式，表现在：一是村（居）务公开内容不全面，缺乏真实性。

二是村（居）务公开形式单一，大多“城中村”采用的方式就是在几块公布栏上张贴几张文字资料，就叫村（居）务公开。三是村（居）务公开时效性差。有的“城中村”村（居）务半年公布一次，甚至几年公布一次，使村（居）务公开失去了它本来的意义和目的。四是村（居）务公开地点不合理。有的“城中村”有十几个行政小组，居民分散居住，并且多保留足不出户的旧习惯。村委会不顾及实际情况，仅将村（居）务公开局限在村委会所在地周围，人为地缩小了民主监督的范围。民主评议同样是村（居）民参与民主监督的途径之一。民主评议走过场，实际上虚化了民主监督制约机制。

4. 村（居）民素质不高，自治观念不强，村（居）民自治难以落到实处

当前我国“城中村”村（居）民的总体文化水平还较低，民主观念落后，主体意识不强，自我管理、自我教育、自我服务的能力较差。这必然会阻碍“城中村”社区基层民主发展。一些村（居）民由于受传统的封建专制思想的影响，对政治民主表现冷淡，缺乏公共意识、合作意识、大局意识，缺少现代民主意识和思想觉悟，信奉“多一事不如少一事”、不管“闲事”的思想，对村（居）事务的知情权、决策权和管理权并不关注，甚至放弃对村（居）委会工作、村（居）干部的行为监督权，即使是经济权益受到侵害也是逆来顺受，一味被动地服从领导、支配。这样不仅直接影响其社区居民自治的参与热情，而且在一定程度上助长和纵容了某些干部的官僚作风。

三、完善“城中村”社区村（居）民自治工作的建议

1. 遵循民意，规范选举

民主选举是最基本的民主权利，也是村（居）民自治的基础。能否真正实现民主选举，村（居）选举权利能否落到实处，则首先要规范并严格遵循村（居）选举的民主程序。即成立村（居）选举委员会，充分酝酿并确定符合民意的候选人，确保参选人数，以方便群众选举为原则，组织秘密投票和计票以及公布选举结果，加强各环节的监督工作。其次，在选举工作中要明确民主选举标准。按照政治品德好，能真正为村（居）民谋福利、办好事等标准确定选举候选人，对于上级“钦定”对象，也要纳入此参照体系然后确定是否入围。再次，保证选民在无任何干扰情况下独立行使自己的选举权利。在正式选举工作开始前，向村（居）民宣传有关选举的法律、法规、政策，明确选举代表的权利和义务，严厉打击“贿选”现象，对于靠不正当手段拉票的候选人，应立即取消候选人资格，同时一并取消此人以后连续两届参选的资格。最后，对于新当选的村干部，要实行优胜劣汰。一个季度或是半年后组织村（居）民大会对其工作实绩进行民主评议，评议结果不理想，或是很差的则直接罢免或撤换，评议结果一般的，则要接受一个阶段的考察，若政绩仍不理想，则予以罢免或撤换。

2. 落实民主，让村（居）民明确和履行决策权和管理权

健全民主决策和民主管理机制是村（居）民自治的根本，村（居）民能否直接参与民主决策和管理，参与程度如何，是衡量“城中村”村（居）民自治是否体现民主的重要指标。要抓好民主决策和民主管理，必须做到：第一，以村、支两委为中心的“领导型”管理应充分发扬民主，从村（居）民中来，到村（居）民中去。做任何一项重大决策时，都应首先广泛征求村（居）民意见，通过村（居）民大会审议通过后方能做出决

定。对于村领导擅自做出的决定，村（居）民大会有权予以更正和驳回。第二，健全村（居）民的自治组织，建立起各种财务监督组织、经济合作组织、红白理事会、各种行业组织等基于村（居）民共同需要和利益而自我形成的自治组织。有效扩大村（居）民参与村（居）务决策和管理的途径和范围，反映广大村（居）民的利益和要求。

3. 完善“村改居”和集体经济组织内部治理结构，培育社区自治能力

要从体制改革入手，从培育素质能力出发，逐步培育社区自治意识和能力。首先是可试行居民委员会主要成员选举制和秘书、办事人员常任制，让居民委员会成为社区居民“自己”的组织。改变传统的居民委员会委员产生受行政化控制的做法。同时通过选举产生的居民委员会委员应有2/3以上为社区的居民，建立与居民的“血肉”联系。其次要完善社区原村集体经济组织的现代企业制度改革，通过完善改制公司的内部治理结构，建立正常的运行机制，实现经济上的民主自治，培育社区参与和民主管理的意识。这就要解决股权结构问题，主要是股份发行、转让向社区内股东后代开放；吸收当地社区外来居民和其他社区组织参股，并按《公司法》统一规范股份公司内部运作制度；对不能正常行使股东、董事权力的年长者和身体健康有问题者，应通过股权委托、强制性减持、规定不履行职责和义务达到一定次数视为自动永久放弃股东或董事权益的行为等方式解决股民结构封闭性和无法正常运作的问题；根据股东大会决议减持集体股份比例，释放的股份根据股东大会决议在股东后代或社区居住就业并参与社保达一定年限（如5年以上）的外来居民中重新配股，实现股东来源多元化，内部治理结构良性化。

4. 强化民主监督机制，保证村（居）民当家做主

民主监督机制是确保村（居）民自治制度健康发展的有力武器，如果没有监督和约束，村（居）民自治就会在各种利害冲突中走形变样，难以保证村（居）民当家做主的权利。要健全和强化民主监督机制，应做到：一是深化村（居）务公开，确保民主监督落到实处。要做到财务、政务、事务、文件全方位的公开，村（居）里日常财政收支应及时详细公布，重大经济项目涉及的财务状况，应在不同进展阶段全过程公开。二是抓住资产管理重点，加快推进信息化管理，建立三资平台，加大经济监督力度。“城中村”的经济组织运行监督是民主监督的重点。特别是改制后的股份合作制公司的运营管理需要全方位监控。一方面要通过宏观经济政策调控和街道办事处、镇及区（市、县）职能部门机构的引导、执法行为，调控“城中村”社区集体经济组织的活动；另一方面要通过地方政府机构（区或街道办事处）建立的“三资平台”加强对“城中村”社区集体经济组织重大决策、运营过程、收益分配、投资活动的直接监督调控。三是建立民主评议村干部制度。坚持每年在村干部述职的基础上，组织村（居）民或代表对村干部德、勤、能、绩四个方面进行评议。评议结果与工资待遇挂钩，并且结果中，村（居）民意见较大、评议结果很差的干部则按照程序予以罢免撤换。四是提高村（居）民综合素质，增强村（居）民主法制观念，扩大村（居）民自治的群众基础。首先要大力发展村（居）民教育，提高村（居）民文化素质和政治参与意识。其次要抓好干部的培训工作，建设一支高素质的村（居）民自治的干部队伍。

评价与反馈

案例分析：观澜格澜郡“楼长服务站”——“城中村”自治模式的延伸

2016年7月26日，深圳市龙华新区观湖办事处中航格澜郡楼长服务站正式揭牌成立，这是龙华新区成立的首个商品楼小区楼长服务站。观湖中航格澜郡小区总人口约1万人，建筑107栋2 000余间套，商铺、公司法人200余家，设立楼长22名。

据了解，“楼长协会”“楼长服务站”等机构和运作模式是发端于“城中村”，尤其是“外卖小区”的一种创新型小区管理组织平台，由于缺乏成立业委会的法律条件，便以社会组织的名分组建小区管理机构。这种创新尝试探索出丰富多彩的基层治理形式。

观湖中航格澜郡小区总人口约1万人，建筑107栋2 000余间套，商铺、公司法人200余家，设立楼长22名。为了更好地为居民提供服务，有效化解社区矛盾，为楼长提供交流活动平台，观湖办事处和观湖楼长协会自今年5月起开始筹备，经过两个多月的共同努力，中航格澜郡楼长服务站于7月26日正式成立。

据了解，楼长作为楼房义务管理人员，承担着义务消防、法制宣传、纠纷调解、环境监督、治安协管、信息采集等职责，是社区居民自治、参与社会管理的重要途径。此次成立的中航格澜郡楼长服务站，为楼长提供工作交流平台，优化资源配置，同时也给楼长一个“家”的感觉。

下一步，办事处将组织小区楼长积极参与开展“双提升”整治、居住登记自主申报宣讲等活动，不断深化服务水平，让居民从中得到实惠；同时还将通过进一步完善服务站各项功能，打造具有观湖特色的楼栋长自治管理模式。

（资料来源：孙波，邝志豪，深圳商报讯，2016-07-27，有删改）

请结合本子任务的学习和你的理解，填写表7-5。

表7-5

“楼长服务站”体现了什么特色优势	“城中村”的自治模式对住宅区居民自治和业主自治有什么启示

任务三　农村社区村民自治

情境导入

情境18　打造阳光廉洁“三资”交易平台，保障村民自治运作健康有序

随着农村经济发展，农村集体经济组织资产规模越来越大，如何防止村级基层组织腐败，保证村集体经济健康有序发展，成为基本政权建设的重要问题，同时也是农村村民自治的重点、村民关心的焦点和社会关注的热点。为此，2011年广东省开始在珠江三角洲地区率先推进以“政经分离”为重点的农村综合改革，切实加强农村集体“三资”监管制度体系建设。深圳市光明新区公共资源交易中心是广东“三资平台”建设与运作的一个缩影。2016年初，根据深圳市委市政府统一部署，中心将建设社区集体经济资金资产资源交易平台（“三资交易平台”）作为重点工作全力推进。建设“三资”交易平台是强化基层治理、预防基层腐败、推动社区集体经济转型升级的重要举措，根据这一总体工作目标，着眼于“管理、监管、服务”三项功能，突出“信息公开、综合监管、便捷高效”三个特色，积极推进平台建设。

措施1：突出信息全公开。通过信息化技术，“三资”交易申报、审批、办理等所有流程全部实现网上进行，交易需求、文件、结果公告等交易信息实现100%网上公开，交易流程网上留痕，真正做到“网下无交易，网上全公开”。通过信息公开，“三资”交易真正实现阳光交易，有效地规范了社区“三资”交易行为。

措施2：突出监管全方位。充分运用“大数据”技术，自动搜集“三资”交易全流程各项数据，根据需要自动生成36个数据表格。除能与“四个平台”互联互通外，通过预留网络接口，可以实现与新区纪检监察部门、行业主管部门信息系统互联互通、数据共享，破除“信息孤岛”现象，建立起纪检监察、行业监管、平台监督和社会监督“四位一体”的综合监管体系。

措施3：突出服务全过程。将服务理念贯穿“三资”交易全过程。为易于上手，设计了形象生动、指引明确的“三资”交易工作流程导图，使用对象可以一目了然地掌握交易各个环节。为便于操作，设计了清晰明了的操作手册。为便于答疑，设置了服务指南专栏，为交易各方提供法律政策、业务咨询、工程流程等服务。为更加实用，平台建设过程中主动征求社区意见，最大可能地兼顾使用便捷性。通过上述措施，最大限度地实现便民利民。

（资料来源：检察日报，熊红斌、陈斌，2016-09-01，有删改）

说明：农村村民自治工作必须以经济工作为中心，紧紧抓住村民关心的集体经济组织运营、资产交易、利益分配等问题，才能真正关心和维护广大村民的利益，使村民自治工作有了强化的经济基础。广东省在推进农村村民自治方面做了大量先行探索工作，

高度重视完善农村集体经济监管体系，“三资交易平台”建设为重点和抓手，推进以“政经分离”为重点的农村综合改革，有效地实现行政事务、自治事务和经营事务“三分离”，从根本上保证了农村村民自治的健康发展。

任务要求

1. 学习研究农村村民自治的基本知识；了解农村村民自治制度及实践情况，理解农村村民自治的含义、内容及原则；整体认识村级治理问题及完善对策。

2. 结合实际，调查农村村民自治的情况，分析某村村民主自治问题，提出完善农村村民自治工作的建议。

子任务1 农村村民自治概述

任务分解：

（1）通过学习研究，理解农村村民自治的含义与特点，村民自治的地位、内容及意义，以及村民自治的基本原则。

（2）结合调查研究工作实际，了解某村村民自治的整体情况，熟悉农村村民自治的基本制度和特点。发现村民自治中存在的问题，并提出有针对性的对策。

知识准备：

一、农村村民自治含义与特点

1. 村民自治的含义

村民自治的概念由两个方面组成，一个是村民，另一个是自治。近些年来，有关部门和学者对它下了很多定义，如全国人大常委会法制工作委员会、国务院法制办公室、民政部有关室司认为，村民自治是指“在农村基层由群众按照法律规定设立村委会，自己管理自己的基层事务。它是我国解决基层直接民主的一项基本政策，是一项基层民主制度”①。国务院法制办公室政法司认为，“村民自治的含义，就是自我管理、自我教育、自我服务”②。民政部基层政权建设司指出，“我国的村民自治，是广大农村地区农民在基层社会生活中，依法行使自治权，实行自己的事自我管理的一种基层群众自治制

① 全国人大常委会法工委国家法，国务院法制办公室政法司，民政部政策法规司，民政部基层政权和社区建设司．村民委员会组织法学习读本［M］．北京：中国社会出版社，2010：84.

② 国务院法制办公室政治司．村民委员会组织法讲话［M］．北京：中国法制出版社，1999：21.

度"[1]。但尚未形成权威性的意见。有些学者认为村民自治是一个多层次、多维度的综合性概念，是一种理念性概念、基层制度概念、治理模式概念和活动方式概念。[2] 也有些学者认为，要给村民自治下一个准确定义，首先应当明确村民自治中的自治主体。但现在对自治主体有三种不同的认识，第一种意见认为，村民自治的主体是村民个人，村民自治就是一个或几个自然村的村民自己组织起来办理自己的事务；第二种意见认为，村民自治的主体是村民委员会；第三种意见则认为，村民自治的实质是以村为单位的"村自治"，在法律上，实行自治的"村"应当是"村民自治"的主体。[3]

综上所述，村民自治的概念是一个多层次的综合概念。它既是一种基层制度体系，也是一种运行方式机制，更是一种治理模式状态。

村民自治的地域范围是村，即按自然村落划分的居住单位，自治的主体是居住在农村的村民。由于农村的生产资料——主要是土地——为集体所有，农民无可选择地成为集体中的一分子，因此，农民加入村民委员会自治组织，并非由于农民本人自愿申请而加入，而是一生下来，凡具有本村农业户口的，即成为自治体成员。村民自治组织不属于国家政权系统，村民委员会成员不属于国家公职人员，而是从本村中直接选举产生，不脱离生产劳动。自治的内容是本村的公共事务和公益事业，即本村的村务，村民自治权只能是依法行使，办理公共事务的主要手段是非强制性的，建立在说服教育的基础上。

2. 村民自治的特点

村民自治作为农民群众实行直接民主的一种基本形式，在农村基层社会组织体系中占有重要地位，它有着农村其他基层社会组织不具有的特点。

（1）范围的地域性。

根据2010年10月28日公布实施的《中华人民共和国村民委员会组织法》（以下简称《村民委员会组织法》）第三条规定，村民委员会是"根据村民居住状况、人口多少，按照便于群众自治，有利于经济发展和社会管理的原则设立"。第八条规定："村民委员会依照法律规定，管理本村属于村农民集体所有的土地和其他财产，引导村民合理利用自然资源，保护和改善生态环境。"可见，按村民居住状况、人口数量，便于自治，有利于经济发展和社会管理的原则来设立村民委员会，充分考虑了地域特点，有利于广大农民在自己熟悉的地域环境和经济状况以及文化传统下行使民主权利，管理本村自然资源，保护和改善环境。

（2）内容的民主性。

《村民委员会组织法》第二条明确规定："村民委员会是村民自我管理、自我教育、自我服务的基层群众性自治组织，实行民主选举、民主决策、民主管理、民主监督。"这项法律规定明确说明这既是村民自治本质决定的内容要求，也是村民自治制度区别于、先进于历史上其他农村基层管理制度的根本特征。首先，民主选举是村民自治的基础。

---

① 民政部基层政权建设司．农村基层政权建设与村民自治理论教程［M］．北京：教育科学出版社，1998：104．

② 何泽中．村民自治概念辨析［J］．法学评论，2001（1）．

③ 崔智友．中国村民自治的法学思考［J］．中国社会科学，2001（3）：129－140．

其次，民主决策是村民自治的核心。再次，民主管理是村民自治的关键。最后，民主监督是村民自治的保障。

（3）主体的群众性。

村民自治的主体是本村村民，本村村民都有权参加村民自治。《村民委员会组织法》第二条明确规定："村民委员会是村民自我管理、自我教育、自我服务的基层群众性自治组织。"村民自治工作的组织者村民委员会由村民直接选举产生，任何单位和个人都不得任意委派和变相指定产生，村民委员会成员来自本村村民，享有选举权的本村村民都有机会被选为村民委员会成员；村民委员会成员不脱离生产，且有一定的任期规定，即使是在任期内也要受村民监督，若大部分村民对其工作不满意，本村五分之一以上有选举权的村民或者三分之一以上的村民代表联名，可以要求罢免村民委员会成员。村民委员会是村民的代表和利益维护者，他们代表本村村民的合法利益并向上级人民政府反映村民的意见、要求和提出建议；同时国家法律和政策也规定了在法律规定的范围内，村委员会要带领广大村民积极从事生产等各项活动，推进农村的两个文明建设。

（4）本质的自治性。

村民自治的自治性是由其组织性质决定的。《村民委员会组织法》第二条规定："村民委员会是村民自我管理、自我教育、自我服务的基层群众性自治组织。"

（5）形式的多样性。

村民自治本身就是中国广大农民在黄土地上的伟大创造，是广大农民在取得经济自主权的同时，争取政治自主权的成功尝试。在党和政府的积极支持下，广大农民在依法推进村民自治过程中，对村民自治的具体形式结合本地实际情况，又进行了一次次成功的改进和创造，使村民自治的形式丰富多彩，呈现出多样性的特点。例如吉林省梨树县农民在选举活动中首创"海选"方式，山西省河曲县农民创造了"两票制"，许多地方的农村在选举中引入了竞选机制，增加了选举的公开性和透明度；为了打破人情关系的阻碍和宗族、大产势力的干扰，在选举时设立了秘密投票间；为了便于外出打工农民的政治参与，有些地方的农村创造了"函选""流动票箱"等形式；为了更好地行使民主决策权利，农民们创造出了全体村民会议、户代表会议和村民代表会议的新型民主决策机制；在民主监督和村务公开等方面也是各出高招，监督方法和手段各有特色。

（6）组织的系统性。

村民自治活动是在一定的组织结构内展开的，村民自治的组织形式和结构，决定着村民自治的范围、程度和方式，决定着村民权利的行使和保障，具有十分重要的意义。根据我国《村民委员会组织法》和广东省的相关规定以及实践来看，村民自治的基本组织结构主要有三个层次，即由全体村民参加的村民会议或由村民代表参加的村民代表会议、由村民选举产生的村民委员会及专业委员会、村民小组会议。其中，村民会议或村民代表会议、村民小组会议是决策机构，村务监督委员会是监督机构，村民委员会是执行机构，村民小组是任务的具体落实者，三个层次各有分工，各司其职，相互配合，密不可分，构成了系统的组织结构。随着我国经济社会的发展，村级社区形成相当的经济实力，管理大量的社区资源，还要提供公共的社区管理服务，因而结构更复杂，如存在社区业主自治、物业服务公司及其他服务机构等组织机构的存在，将形成更为复杂的村级社区治理体系如社区党政系统、社区居民自治系统、社区业主自治系统、社区集体企业治理系统和社区参与系统等。

(7) 任务的复杂性。

农村是我国社会的重要组成部分，是农民生息繁衍的基层社会。随着农村各项事业的发展，农村所具有的政治、经济、文化、社会保障与治安等方面的功能都十分突出和复杂，社会生活中的各项事务构成了农村社会的基本内容。《村民委员会组织法》第八、第九、第十条对此已做出了明确规定，归纳起来包括以下几个方面：其一，办理本居住地区的公共事务和公益事业。具体内容包括：修建乡村道路、社区基础设施、兴修水利，美化农村居住环境，举办各种服务性事业，举办社会福利事业，兴办公共卫生事业，兴办农村基层文化教育事业，等等。其二，调解民间纠纷。根据我国的传统习俗，农村的一般性民间纠纷，往往都是村民自己解决的。村民委员会作为村民自己选举产生的村民自治组织，其成员在村民中有较高的威信，对本村情况和人际关系比较熟悉，对解决村民纠纷往往有经验，懂方法，所以他们有条件及时调解和解决纠纷，制止矛盾的发展，避免矛盾的激化，维护良好的社会秩序。其三，协助维护社会治安。在我们这样一个人口众多，地域辽阔的超大社会，单靠公安机关来维持社会治安是远远不够的，必须动员和组织广大人民群众参加社会治安工作，实行社会的综合治理。

3. 农村村民自治与城市居民自治的比较

为了进一步探究城乡一体化对农村村民自治的影响，针对城乡自治的现状，我们做出如下研究分析：

(1) 在起源上，城市起源于政府的倡导和推动。农村起源于村民自发的要求。我国的农村经济体制改革从落后地区开始，而农村基层自治也来自落后地区，其自发性强。城市基层自治是在政府有意识的倡导和推进下发展起来的，具有强烈的规划性，越是发达的地区行政推进力越强。

(2) 在自治基础上，城市居民参与度比农村村民低。村委会作为农村自治组织对村民的号召力、凝聚力、向心力较强，社区居委会对居民的这种能力则较弱。从经济基础来看，村民自治是建立在土地等生产资料共有的基础之上，村民一出生就是本村成员，参与生产资料的分配，自然享有自治权利，自治基础稳定。而城市居民之间没有共同的经济基础，成员流动性大，身份界定难，自治基础不稳定。从利益关系来看，村民自身利益与村委会密切相关。一方面，村委会有经济管理职能，村民可以从中获取经济利益分配。而城市居委会没有。另一方面，村委会有管理自身公共事务、公益事业的权力和能力，如土地承包权的获得，村办学校村级道路建设等村公共事务管理和公益事业的发展，关系到村民的切身利益。而城市中，办学、修路这样的职能和权力至少在市区一级社区居委会是没有的。从邻里关系来看，农村的自然村落由村民的血缘关系、亲缘关系、宗族关系所联系构成，祖祖辈辈长期居住一地，安土重迁，流动性较小，邻里关系密切。而城市居民亲缘分散、流动性强，出生地与生活地分离，邻里关系不密切。

(3) 在自治效果上，村委会的自治程度高，社区居委会的自治程度低。从选举上看，村委会成员的产生由村民一人一票直接选举，一旦当选较能直接反映村民的愿望。而社区居委会成员的产生一般是居民代表会议间接选举产生，由实行招聘、考试与选举相结合的方式产生，所体现的是提高居委会干部的素质。从决策上看，一般来讲村重大事项都召开村民代表会议或村民大会讨论决定，而社区重大事项是由居委会做出决定，很少经过居民代表会议。村民自治体现出村民参与具有较强的民间性和平等性。而居民自治具有较强的代议性和行政性色彩。从待遇上看，村委会的干部补贴原来主要依靠农业税的提留和村集体经济的自筹自创补贴，来源于村，因此他们想问题、办事情较能代表村民意愿。而社区居委会干部的补贴主要靠政府财政补贴，自治程度也就相对较低。

（4）在自治重点上，农村村民自治注重自我管理，通过民主选举、民主管理、民主决策、民主监督四大民主，来体现自治。而城市则注重自我服务，通过培育和发展中介组织，为居民提供更多更好的服务内容和项目来吸引居民参与自治。

（5）在城乡基层自治组织与同级党组织的关系上，农村党组织自新中国成立以来一直延续下来，成为基层组织的领导核心。村事务的治理权力，主要由村党支部特别是书记执掌，村委会受党支部的领导。而城市社区居委会党组织，目前正处在加强建设的阶段，原有居委会党员人数少、组织不健全，社区事务由社区居委会特别是由主任负责。

城乡这两种自治虽然由于创立之初“内源式”和“外生式”的区别导致自治效果、自治程度上村民自治高于居民自治，但是二者在总体上“同”大于“异”。这些相似之处体现在设立目标相同，无论是村民自治还是居民自治国家设立的目的都是为了发扬社会主义民主推动社会自治。

二、村民自治的地位及内容

1. 村民委员会的法律地位

村民自治是一种村民集体行使的权利，其实现的途径是通过村民自治组织来完成。修订后的《村民委员会组织法》和各地实施办法规定，村民自治组织是指以村为范围由全村村民组成的群众性自治共同体。在机构设置上，则包括村民委员会，村民委员会下设的人民调解、治安保卫、公共卫生、社会建设、公共福利、群众文化、经济管理等委员会，村民小组，村民代表会议，村民会议，村务监督委员会，临时成立的村民选举委员会以及村务公开小组、村民民主理财小组等。

所以，村民委员会有广义和狭义之分。广义的村民委员会是指广大村民组成的自治共同体，即“村”；狭义的村民委员会是指由村民选举产生的村民委员会，也即由村民委员会主任、副主任和委员组成的村民自治执行机构。《宪法》第一百一十一条规定：“城市和农村按居民居住地区设立的居民委员会或者村民委员会是基层群众性自治组织”，即是从广义上来理解村民委员会。在机构设置上，广义的村民委员会包括了所有的自治机构。而狭义村民委员会和广义村民委员会的区别，在于狭义村民委员会是广义村民委员会的执行机构，在对外上，则是广义村民委员会的代表。

在我国，基层的概念是指最低的层次，具有管理活动的直接性，具体包括政党、国家机构和社会团体的基层组织，企业、事业单位的基层组织和城乡群众性自治组织。有关中央文件对农村基层组织也做了明确界定，具体包括党的组织、政权组织、经济组织和群众组织。[1] 因此，村民委员会作为基层群众性自治组织不能囊括我国农村所有的基层组织，同时也不能囊括所有的村级组织。村级组织除了村民委员会这一村级自治组织外，还包括村党支部、村集体经济组织、村妇代会、民兵连、老人协会、共青团支部等。

2. 村民自治的内容

村民自治的内容即村民在实行自治中的主要权利。根据《村民委员会组织法》第二条的规定，村民委员会是村民自我管理、自我教育、自我服务的基层群众性自治组织，实行民主选举、民主决策、民主管理、民主监督。这表明村民自治的内容包括自我管理、自我教育、自我服务。这些权利的实现是通过民主选举、民主决策、民主管理和民主监督来实现的。

（1）民主选举。它是指《村民委员会组织法》第十一条至第二十条中所规定的，村民委员会的成员、主任和副主任，要由村民民主选举产生，任何组织和个人不得指定或者委派。村民选举实行普遍、平等、直接提名候选人、差额竞选、无记名投票、公开计票等原则。

（2）民主决策。它是指《村民委员会组织法》第二十二条、第二十六条和第二十八条所规定的，涉及村民切身利益的事项，必须由村民召开村民会议或村民代表会议民主讨论，按少数服从多数的民主议事规则做出决定。

（3）民主管理。民主管理的内容十分丰富，它涉及村内社会生活的方方面面，关系到每个村民的切身利益，主要包括村级财务、集体资产、承包合同、农民负担等内容。《村民委员会组织法》第二十三条规定了九项必须提请村民会议决定的事项，要求村民直接参与决策，可以视为村级民主管理的主要内容。

（4）民主监督。它是指由村民对村民委员会的工作和村内的各项事务实行民主监督。在《村民委员会组织法》第十六条规定，本村五分之一以上有选举权的村民或者三分之一以上的村民代表联名，可以要求罢免村民委员会成员，第三丨二条规定，村应当建立村务监督委员会或者其他形式的村务监督机构，负责村民民主理财，监督村务公开等制度的落实。

三、村民自治的基本原则

村民自治是中国农民自发创造的伟大民主实践。由于中国地域辽阔，农村人口众多，各地情况千差万别，发展十分不平衡，适用于全国范围内的《村民委员会组织法》只能做一般性规定，许多具体性规定留给地方自行决定。因此，村民自治应当遵循一定的原则，这有利于在更高层次上理解村民自治的立法精神，更加有效地指导和推进村民自治。

1. 群众自治原则

邓小平指出，把权力下放给基层和人民，在农村就是下放给农民，这就是最大的民主。[2] 我国宪法明确规定村民委员会的性质是基层群众性自治组织，村民自治的主体是全体村民，村民自治的第一个原则就是群众自治原则。我国的村民自治可以上溯到历史

① 王禹．我国村民自治研究［M］．北京：北京大学出版社，2004：58.

② 邓小平．邓小平文选：第3卷［M］．北京：人民出版社，1993：252.

上的乡村自治，但这种乡村自治实际上是乡绅的自治。由于古代允许土地的买卖和兼并，大批农民失去土地而不得不依附于地主乡绅，乡绅的权力和宗族的权力相互纠缠在一起，所以古代农民在这种乡村自治中成了被治理的对象，乡村自治的主体却是乡村地主，而不是农民。村民自治和古代的乡村自治有一个原则上的区别，就是农民群众成了自治的主体，而不再是客体。《村民委员会组织法》第一条规定，该法的制定宗旨是为了保障农村村民实行自治，由村民依法办理自己的事情，发展农村基层民主，维护村民的合法权益，促进社会主义新农村建设。《村民委员会组织法》第三条规定，村民委员会根据村民居住状况、人口多少，按照便于群众自治，有利于经济发展和社会管理的原则设立。

2. 民主自治原则

所谓民主自治原则主要是指直接民主。但光有农民群众实施自治还是不够，农民群众必须懂得运用民主程序和民主的精神进行自治，即村民自治中必须实行民主自治原则。《村民委员会组织法》第二条规定，村民委员会是村民自我管理、自我教育、自我服务的基层群众性自治组织，实行民主选举、民主决策、民主管理、民主监督。此处所规定的四个民主，其用意在于强调村民必须通过民主的程序去实行自治。

3. 依法自治原则

所谓依法自治原则，是指村民必须依照法律规定的程序和要求行使自治权利，而基层政权也不得干预依法属于村民自治范围内的事项。村民自治的依法自治原则，要求村民行使自治权必须在法律范围内，自治权的行使不得与有关法律、法规相抵触。《村民委员会组织法》第二十条规定，村民自治章程、村规民约以及村民会议或者村民代表会议讨论决定的事项不得与宪法、法律、法规和国家的政策相抵触，不得有侵犯村民的人身权利、民主权利和合法财产权利的内容。

评价与反馈

请结合本子任务的学习和你的理解，填写表 7－6。

表 7－6

简述农村村民自治的含义与特点	村民自治的基本原则有哪些

子任务 2 村级治理问题及完善对策

任务分解：

（1）学习研究分析农村村级治理存在的问题，综合归纳解决村级治理问题的对策。

（2）结合调查研究工作实际，了解某村村级治理的整体情况，了解农村村级治理的关系与特点，结合调查情况提出完善村级治理的对策。

知识准备：

一、村级治理问题

1. 家族与宗族势力对村级治理的干预和影响

宗族与村政处于密切的互动状态。这表现在宗族因素不仅影响村干部的产生，而且影响村干部的施政方式，同时村干部也积极地利用宗族力量，将其作为推行工作的手段和重要资源。当然，作为传统的、本土性资源的宗族，在一定条件下也有助于提升选举的竞争性和公平性，成为农民抗拒不法侵害、保障自身权利的武器和依靠。宗族势力对村政的影响和干预，还表现在“以族规取代村规，以族长取代村主任，以族权取代政权”，煽动宗族势力对抗乡村政权，拒绝缴纳正当税费，不执行计划生育政策，等等。可见，传统权力资源对现代法理型权威具有重大的影响。因此，如何削弱宗族势力对村级治理的影响，使村治活动纳入法治的轨道，是村治建设的重要课题。

2. 村民选举中的违规操作

在村民选举工作中，经常出现与村级治理法规相违背的现象。村委会选举中的违法现象主要表现为：违背或漠视选举程序，擅自变更选举时间，以请客送礼等手段拉选票，私自涂改选票，胁迫村民投票，违法替选民代填选票，选举会场秩序混乱，缺乏秘密画票室，不能保证选举人表达自己的真实意愿，以及出现“抢票”、捣毁票箱等现象。村委会选举中的各种违法、违规操作，既与村民、乡村干部的法制观念和思想觉悟有关，更与乡村干部的利益有关。只有通过权威性制度的途径规范各相关部门的职责权限，才能限制乡村干部的侵权行为。

3. 村治的行政化倾向

在现实农村治理中，乡镇政权与村委会关系常常发生偏离。这种偏离突出表现为，乡镇政权仍然习惯于指挥命令型的管理方式，在心理上仍然把村委会当作自己的行政下级，不仅干涉村庄选举，还经常干预村级治理范围内的事务；同时村委会工作严重偏离其主要职责，而主要迎合乡镇政府下达的任务，一味执行或迎合乡镇政府的要求，疲于应付乡镇下派的任务，而无暇顾及村级治理范围内的事务。这样，作为村级治理主要功能的村庄公共事务和公益事业不能得以兴办，村委会实际上变成了乡镇政府的“附属物”。从乡镇党政干部的角度看，在村民自治的情况下，乡（镇）—村之间的指导与协助关系，不能保证乡镇任务的完成。这样迫使乡镇干部，一方面采取行政命令的方式进行工作，乡镇政权对村庄的权力渗透，村治的行政化就成了必然；另一方面也要拉拢、依靠村干部当自己的“腿”才能完成工作任务，这样又会出现灰色地带和腐败问题。从村干部的角度看，村级治理法规赋予其村庄“当家人”和国家“代理人”的双重角色。且不论这两种角色之间的冲突，仅就国家“代理人”这一角色而言，就使其工作具有强烈的行政化色彩。村干部能够很方便地获得乡镇政府行政权力的支持，也都强化了村干部对乡镇干部的依附和服从。

4. 基层组织之间存在的不协调问题

村级治理中的许多问题，与乡村组织之间关系运作的不协调有重要的关系。这主要体现为村委会与乡镇政府的关系没有理顺，农村党支部与村委会的关系不协调，以及村民代表会议制度尚未真正得到落实等方面：第一，从乡、村关系的角度看，存在着两种极端的倾向，一是过分“自治化”，二是过度行政化。在前一种情况下，村委会干部在“乡政”与村民利益和意愿发生冲突的时候，他们往往完全站在村民一边，不协助贯彻国家的各项任务和政策，不接受乡镇政府的监督，公然与乡镇政府对抗。在后一种情况下，乡镇党政部门不仅干预村委会选举，而且干预村庄决策和村民的民主管理事务。每当乡镇与村委会关系不协调时，乡镇只是简单地以行政手段对“不听话”的村主任随意进行“诫勉”或者“停职”，甚至有意挑动群众罢免村委会成员的职，因而侵犯了村级治理的权限。乡镇政府对村庄自治事务的干预，还突出表现在各地推行的“村财乡管”做法。第二，村委会与村党支部之间的不协调。按照《村民委员会组织法》及相关法律、政策，村党支部在农村应发挥“领导核心”作用，同时村委会作为村级治理机构是村庄公共事务和公益事业的决策中心和具体执行者，但是，村党支部如何发挥其领导核心作用，村委会又如何体现其自治的地位，两者的权力关系如何，法律规定过于原则化，这就为两者的冲突埋下了根由。农村“两委”关系的不协调大量体现为普遍存在的“两张皮”（游离与对立）现象。这主要表现为：一是各自为政，相互对抗。二是职权不分，责任不明。村委会与党支部的职权交错，责任不清，相互对立，不仅影响经济发展，而且也影响到乡镇政府委托任务的完成。第三，村民代表会议及各项村民监督制度缺失，难以保护村民的基本权益，使村级治理功能下降。村民可以通过村民会议、村民代表会议、村务公开、财务公开等制度，参与和监督村庄公共事务。应该说，这些制度设施是好的，也取得了一定的成绩。但是，在许多地方，这些制度多停留在纸面上，而没有得到落实。

5. 村民素质较低的问题

一些村民由于文化素质低下、民主法制观念淡薄、参与村级治理的素质与能力不足，不能正确地对待选举，甚至放弃原则，谁能给他们带来实惠利益就支持谁，更有甚者帮助别有用心的人进行私下串联，搞不正当竞争。此外，中国传统文化中重义务、轻权利的观念也长期熏染着村民，使许多村民形成“不在其位，不谋其政”的观念，因而缺乏对村干部进行监督的主动性，这些都助长了村级治理的“行政化”“官治化”倾向。

二、提高村级治理水平的对策

由前面的分析可知，村级治理中的根本问题，主要是处理好村委会与乡镇政权、党支部的关系问题，以及加强村民对村庄事务的民主参与、民主监督问题。而解决这些问题的关键，就是在发展农村经济、培养干部和群众民主与法治意识的基础上，以制度化的途径规范各方面的关系。

1. 理顺村两委关系和乡村关系，深化基层政治改革

其一，要理顺村委会与党支部的权力运作关系。农村村级治理是村庄公共权力机构

对村庄公共事务的管理过程，村级治理的状况既体现在村民“民主选举、民主决策、民主管理和民主监督”的活动中，也体现在村级组织结构和具体的管理模式中。因此，处理好村委会与党支部的关系，要从两个方面入手：一方面，把党员发展与党支部选举同村民选择结合起来，实现“两委”权威来源的一致性。如在党员发展和党支部选举中，首先实行群众评议和村民信任投票，然后再进行党内投票的“两票制”，也在一定程度上有利于提高党员和党支部成员的素质和权威，缓和党支部与村委会的紧张关系。另一方面，加强制度建设，明晰两委班子的权责关系。在村级治理背景下，党支部的工作应更多地通过参与村务决策，加强对村委会监督的形式进行。

其二，要理顺村委会与乡镇政府的关系。目前乡、村关系中的问题，实际上是国家行政权力与自治权力的关系，而矛盾的主要方面则是乡镇行政权力对村级自治权力的侵犯，因此，解决问题的关键是以法律的形式明确两者的权限范围、责任，使双方在规定的法定权限范围内活动。一方面，明确乡镇政府对村庄的关系主要是按照程序规范，依法向农民提供公共物品和服务，非以行政手段对村庄事务的干预和控制。另一方面，明确村委会在主要应从事村庄公共管理和服务的同时，应协助乡镇政府完成国家委托的行政职能。

其三，深化乡镇政权的改革，为村级治理提供优良的外部环境。乡村关系的困境根本上是“乡政”与“村治”、国家与社会之间的冲突，因此协调二者的关系不仅要重视村庄内部的改造，还必须对乡政进行改革。中国的村级治理要得以确立，必须推动乡镇政权的适应性变革。一方面，要吸取一些地方乡镇长、乡镇党委书记实行民众参与选举的经验，推动乡镇领导的竞争性直接选举，使乡镇干部的利益与民众的利益实现对接。另一方面，加强乡镇人大的建设，形成对乡镇政权的有效制约。通过乡镇人大这一中介机构形成对乡镇政府的强有力制约。同时，通过加强乡镇人大对乡镇政府的监督，确保乡镇政府不过分干预各村庄范围的自治事务，从而保护村民的利益，推动基层政权的改革。

其四，健全村级监督机制，调动村民参与村级治理的积极性。村级治理是一个复杂的系统工程，农村基层组织建设是关系整个农村工作能否顺利进行的核心任务，在村级组织结构的建设中，还必须注重村民议事、村务公开等参与和监督机制的健全，通过调动村民的自觉性和积极性，缓和村庄矛盾，解决村庄的各种问题。

2. 完善村级治理的政策法规体系

目前村级治理活动中的许多问题，产生于相关法规的疏漏和与现实的不相适应。由于村级治理的复杂性以及农村变革的不断深入和拓展，新情况、新问题不断出现，因此应该在系统、深入地研究农村实际的基础上，允许各地大胆创新，进行探索，制定有关村级治理的相关准则。

其一，要明确规范村委会与乡镇政权、党支部的工作关系。从乡村关系看，要确保乡镇政权依法行政，在职权范围内，以正确的方式对村委会进行指导和帮助；同时，为确保村委会不折不扣地积极履行职责，完成代表国家的乡镇政权的“委托”任务，必须由“委托方”向“受委托方”提供经济等方面的补偿，承担相应的责任。从两委关系来看，要明确规范村委会与党支部的工作关系，就是要在确保村委会作为村民代理机构的自主性的同时，党支部应积极参与村务决策，并加强对村委会工作的监督和制约。

其二，要完善村委会选举、罢免的具体程序和规则，加强民主监督机制的建设，使村级治理法规具有可操作性。如对流动选民参与选举的规定；候选人的资格与提名方式、竞选方式的规定；选举方式、委托投票、计票方式（为保障农村优秀人才的脱颖而出，可对职务高的落选候选人参与村委会委员选举做出规定）的规定，确保选举工作的竞争性、画票的秘密性和计票的公开性。总之，有关村级治理的具体法规应注重调动村民的主动性和积极性，加强村民参与村庄决策、日常管理和村务监督的水平。

其三，要完善对违法现象实施法律追究的规定。社会主义法制建设是"有法可依、有法必依、违法必究、执法必严"的有机统一。然而，在《村民委员会组织法》的贯彻过程中，滥用职权、徇私枉法的现象仍十分严重，如乡镇干部操纵选举、任免村委会成员、乱收费、对村民强施暴力等。出现这种局面的一个重要原因就是追究机制的欠缺，惩罚力度的不够。因此，法律应明确规定具体的责任追究程序和惩罚机制，使那些以身试法者得到应有的惩罚，以保障法律的权威和严肃性。

其四，结合当地实际，制定各具特色的"村规民约"。"村规民约"在一定程度上，增强了相关政策法律法规的操作性和有效性。但是，有些"村规民约"，往往没有经过具体村的村民的讨论表决，所规定的义务多于权利，甚至还充斥着违法的规定。因此，"村级治理章程"和"村规民约"必须经过村民的充分讨论，必须体现权利和义务的统一性，必须与宏观法律的精神相一致，必须赋予受到利益侵害的村民法律救济的途径，确保村民的各种自由民主权利，只有这样才能确保村民的支持与参与。

3. 实施乡村振兴战略，综合解决"三农"问题

民主、和谐的村级治理秩序，与农村经济发展的状况和经济结构有着密切的关系。经济发展程度直接影响着村民政治参与的动力和村庄的稳定程度。因此，推进农业的市场化程度、增加农民收入和村庄集体经济实力，是村级民主治理和实现农村现代化的关键。一方面，农村经济的发展和农民的富裕，是村级民主健康发展的保障。由于教育程度和财富之间的紧密相关性，富裕的农民必然会加大对教育的投入，从而提高村民的文化素质。具有较高文化水平的农民行为更加理性，更不易盲从煽动家的蛊惑和极端主义的观点，也具有更强的政治效能感。同时，经济地位的提高必然会促使村民通过参与村庄事务促进和保障自己的经济利益，从而加大对村干部的制约和监督。另一方面，农业的市场化会教会农民自立、宽容和期望适中的态度，这些都有助于村级民主和社会的稳定。市场化不仅训练村民精明、理性的处世态度，而且教育村民合作、协商办事的契约精神。农村市场经济所带来的利益多元化格局以及自由、平等、竞争的精神，对于现代农民公民素质的提高具有积极的意义。

"农业""农村""农民"问题是关系国计民生的根本性问题，必须始终把解决好"三农"问题作为全党工作重中之重。"农业""农村""农民"三大问题之间存在着紧密的互动关系。只有发展农村多种经营，建立农村各种合作组织，发展农村经济，完善乡村组织体系的结构，培养具备现代素质的农民，走小城镇化的道路，才是解决农村治理的关键因素。要坚持农业农村优先发展，按照产业兴旺、生态宜居、乡风文明、治理有效、生活富裕的总要求，建立健全城乡融合发展体制机制和政策体系，加快推进农业农村现代化。巩固和完善农村基本经营制度，深化农村土地制度改革，完善承包地"三权"分置制度。保持土地承包关系稳定并长久不变，第二轮土地承包到期后再延长三十

年。深化农村集体产权制度改革，保障农民财产权益，壮大集体经济。确保国家粮食安全，把中国人的饭碗牢牢端在自己手中。构建现代农业产业体系、生产体系、经营体系，完善农业支持保护制度，发展多种形式适度规模经营，培育新型农业经营主体，健全农业社会化服务体系，实现小农户和现代农业发展有机衔接。促进农村一二三级产业融合发展，支持和鼓励农民就业创业，拓宽增收渠道。加强农村基层基础工作，健全自治、法治、德治相结合的乡村治理体系。培养造就一支懂农业、爱农村、爱农民的“三农”工作队伍。

4. 加强对农村“三资”管理，优化农村治理环境

加强农村集体“三资”管理，是加强农村党风廉政建设的重要内容，是着力解决群众身边的腐败问题、净化政治生态、实现风清气正的重要举措，有利于纠正基层干部在“四风”方面的突出问题，有利于持续推进农村党风廉政建设，有利于密切农村干群关系，有利于维护农村集体经济组织和农民群众的权益，有利于解决农村突出问题和矛盾，推动农村民主管理，有利于促进农村经济发展与社会和谐稳定。当前农村资产资源管理粗放，审计监督不力，财务管理不规范，信息化建设相对滞后的问题突出，应当明确“三资管理”主体责任，加大纪检监察监督问责力度，通过执纪监督、巡察、“互联网+党风廉政+‘三资’”行动，重点加强村级治理，努力推进农村集体“三资”管理制度化、规范化、信息化，切实解决农民群众身边的“四风”和腐败问题，为农村治理创造良好经济基础条件。

5. 加强对农民和乡村干部的民主与法制教育，提升农村治理水平

社会治理的主体是人，因此加强教育，深化农村改革，提高乡村干部、党员和村民的公民素质，是实现农村善治的重要条件。然而，目前在乡村干部中，却存在着一种注重吃喝玩乐、搜刮民众、工作漂浮、劳民伤财，追求“形象工程”的官僚习气，追求权力、金钱、享受成为许多干部的现实写照。许多乡村干部综合素质低下，对村级治理具有不正确的心态，民主法制意识淡薄，不尊重制度和程序，工作随意性大，贪污腐败严重，对群众态度蛮横，工作方法简单、粗暴。这些现象严重影响到干群关系和村级治理的现状。当前农村基层治理中所存在的各种问题，既与村庄的治理结构有关，也与乡村干部、党员和村民的低素质有关。因此，首先必须加强对乡村干部的教育，提高乡村干部的素质，提高其领导才干和公共精神，是搞好村级治理的重要途径。其次要建立良好的村治秩序，改善干群关系。随着村级治理的实践和农民觉悟的提高，村民和党员的利益观念和主体意识更为强烈，他们的民主参与意识和法律、政策知识认知水平有了明显提高。但是，部分村民受自身素质和信息的限制，易受一些别有用心者的煽动和蛊惑而产生过激行为。许多村民还保留着浓厚的狭隘自私观念、自由散漫心理和权威崇拜意识，具有明显的依附心理和等级意识，缺乏平等精神和竞争意识。应通过各种途径，加强对村民的民主和法制教育，消除村民长期形成的臣民意识，培养村民的公民意识。同时，应从制度入手，严格规范选举制度和程序，加强对选举工作的监督，对于破坏合法选举的行为进行严厉的惩罚；加强村民参与村庄决策和监督机制的建设，对村干部的行为实施有力的制约，确保村级秩序的稳定。

评价与反馈

案例分析：物业管理到农户，公共服务进乡村——“小都模式”

五华县横陂镇小都村，是一个偏远落后的革命老区，全村辖村民小组29个，有农户950户，总人口4 983人。为了改变交通不便、贫困落后的面貌，小都村围绕打造“文明、和谐、宜居、健康幸福新小都”目标，按照“政府推动、企业运作、群众参与、社会支持、联动做优”的思路，积极引导社会力量、外出乡贤以多种形式参与新农村建设，充分调动基层组织和基层群众创建热情，建成物业管理到农户、公共服务进乡村的模式，从抓好“净化、亮化、绿化、美化”着手，全面清理、整治小都村的环境卫生，提升改造公共设施，美丽乡村创建工作卓有成效，成为五华县推进美丽乡村建设的一个典范。

（1）政府推动，科学指导。围绕建设特色宜居城乡，大力开展“修路、种树、搞卫生”活动，同时，利用媒体大力宣传开展美丽乡村创建的重要意义，积极宣传在美丽乡村创建中的典型事例，及时总结示范点的好经验和好做法，为全面营造美丽乡村创建的良好氛围。按照《五华县农村综合改革财政保障激励机制和财税共享激励实施方案》，对农村生活垃圾整治及和谐美丽镇村创建实行奖励补助，每千人补助4 000元，用于农村生活垃圾整治及和谐美丽镇村创建。对验收合格的镇、村（居委）除给予补助外，再按照每千人每年2 000元的标准奖励给镇；对验收不合格的镇、村（居委）不给予补助和奖励。村采用“一事一议”的办法，全面统筹城乡垃圾卫生处理费，形成稳定的投入机制。

（2）企业运作，创新工作。小都村曾经存在诸多影响环境卫生和村民生活，影响村容村貌的现象：街道、村道的道路及基础公共设施年久失修和有较大程度的损坏，路灯照明不足；绿化树木极少且无人管理，村道无人清洁；污水积水严重，排水排污管堵塞及河道内堆积大量生活垃圾等。针对以上情况，小都村充分挖掘和发挥群众主体作用，积极争取外出乡贤、企业的大力支持，引进城区物业管理模式。围绕打造“和谐、文明、宜居、健康幸福新小都”中心目标，小都村和某物业管理有限公司签订合约，由物业管理有限公司专门派遣专业物管人员进驻，强抓环境整治，搭建完善的物业管理架构，致力于长期有效地进行物业管理，将小都村打造成具有客家特色的美丽乡村，形成新农村建设中有特色的“小都模式”。

（3）群众参与，激发热情。把激发群众参与热情作为美丽乡村建设的切入点，让群众全程参与、全程监督，有利于各项工作的顺利开展。小都村在美丽乡村建设过程中，充分调动广大群众参与美丽乡村建设的积极性，通过村民大会、村民代表议事会议等方式，广泛听取群众的意见和建议，激发他们建设自己美好家乡的热情。一是不断完善乡规民约。制订《村民卫生公约》《村民行为规范》《环境卫生管理办公室工作职责》和《环境管理规章制度》等，使村民的日常行为规范和日常管理有章可循。二是加强基层民主管理。对美丽乡村建设重大事项召开村民大会或村代表大会进行集体讨论、民主决策，保证每一项决策都符合村民民意和当地的实际。三是发挥农民主体作用。为把建设“美丽乡村”的主动权交到农民手中，小都村充分尊重农民的主体地位，确保农民群众真正享有知情权、参与权、表达权、监督权，充分调动农民群众的积极性和创造性。

（4）社会支持，整合资源。在整合财政支农资金的同时，小都村充分利用多方协作、社会力量等公共资源，为美丽乡村建设的全力推进提供资金保障。首先，拓宽融资渠道，争取各方资金支持。小都村采取“向上级要一点、社会筹一点、镇财政挤一点、村民收一点”等方式多渠道筹集资金，形成了政府主导、农民主体、社会力量广泛参与的多元化投入机制，确保“美丽乡村”创建工作有序推进。其次，创新招商方式，优化投资环境。通过系列精心包装，策划一批特色鲜明、市场前景好、吸引力强的建设项目；整合要素资源，形成全村一盘棋关心、支持、参与小都发展建设的良好氛围。最后，结合“一事一议”，加大农村公益事业投入。将乡村道路桥梁建设、农村饮用水程建设、村民生活污水处理、村庄美化绿化亮化、村级公共文化设施建设等列入“一事一议”项目，进一步改善了村民的生产生活条件，为美丽乡村建设创造有利条件，给农村面貌带来实实在在的变化。

（5）联动做优，建立机制。小都村通过打好企业牌，通过引进专业物管，积极探索“小都模式”。一是大力实施美化工程。为加强村容村貌整治，小都村通过抓机制、抓宣传、抓投入、抓示范、抓整治、抓督查的举措，广泛发动群众积极参与，积极开展清理垃圾、清理污水、清理杂物“三清”活动，抓好路边、山边、水边“三边”整治，遏制乱搭乱建、乱摆乱卖、乱停乱放“六乱”行为，扎实开展卫生环境整治。二是大力实施亮化工程。小都村本着服务百姓、方便群众、经济适用的原则，把实施农村“亮化工程”作为一项惠及民生的“民心工程”来抓，使村容村貌大为改观，方便了群众生产生活。二是大力实施绿化工程。为打造庭内庭外花飘香、房前房后绿树成荫的绿色宜居家园。小都村不断完善和实施环境卫生管理长效机制，配齐物业管理与技术人员，购置设备和环卫保洁工具，基本形成由街道、河道清洁工每天收集、打捞、清运垃圾的工作模式，环境工作进入规范化管理。四是完善社会管理制度和设备设施，促进农村和谐稳定。全村不断完善视频监控网络，加强治安管理，平安联防，同时有效约束了乱扔、乱倒、乱堆放垃圾等不良行为。通过不断完善社会管理制度，营造了良好的治安氛围，提高了村民们参与建设的主动性和积极性，增强了“美丽乡村”建设的原动力，群众对社会治安的满意度不断提升，小都村成为纠纷少、秩序好、群众安居乐业的平安和谐村居。

（资料来源：梅州发改局，http://njs.ndrc.gov.cn/xncjs/201403/t20140313_601396.html，有删改）

请结合本子任务的学习和你的理解，填写表7－7。

表7－7

小都村在“美丽乡村”建设中做了哪些工作	以物业管理模式推进农村治理有什么价值和启示

巩固与提高

项目总结

本项目首先引入社区居民自治的概念、内容，然后深入分析了城市社区居民自治、农村社区村民自治的政策、理论及实践情况，就社区居民自治的体系建设、现状、出现问题和完善对策做了详细的阐述。通过本章的学习主要掌握城市社区居民自治和农村社区村民自治的一些常识、政策法律法规知识，学会处理居（村）民自治过程出现的问题，提高指导居（村）民自治工作的水平。

案例讨论

浦东新区潍坊街道推进社区自治，完善“四自”

上海市浦东新区潍坊街道在推进社区自治方面迈出了重要的一步。早在1999年年底，潍坊街道就在源竹居委会进行社区自治的试点，在居委会民主选举的基础上，实行居民的自我管理、自我教育、自我服务和自我监督，取得了经验；2001年又在14个居住社区推进居委会自治的实践和探索。最近，潍坊街道成功地召开了居委会民主建设推进会，会上交流的12份材料，生动、具体地说明了潍坊街道在推进居住社区“四自”建设、扩大社区民主方面已经有了一个良好的开端，成绩可喜，方向完全对头。在潍坊，我们看到了居委会一班人的民主意识增强了，居委会工作的透明度提高了，居民的自主意识增强了，居民与居委会的关系密切了，居委会的工作也比过去好做了。街道与居委会的关系开始发生变化。

总结潍坊街道社区自治的初步实践经验，以下几点是应该充分肯定的。

第一，街道领导班子对居住社区自治方向的正确把握和指导，是推行居住社区“四自”实践的重要前提和条件。在新时期如何建立有中国特色、上海特点的城市社区自治模式，目前尚没有规范、现成的条文和成熟的经验。潍坊街道的领导坚信社区自治、扩大基层民主的大方向，不仅勇于实践，敢于冒风险；而且善于实践，加强指导，特别是注意发挥党组织在社区“四自”建设中的作用。为加强社区的党建，街道选派了唯一的党员硕士到源竹试点小区担任居委会党总支书记，探索党组织与社区居委会组织的关系，保证社区自治沿着正确的方向逐步推进。实践证明，居民区的党组织和党员是推进社区自治、扩大社区民主的组织保证和主导力量，在社区民主建设中起着政治导向作用。

第二，居委会组织管理制度的创新是居住社区推行社区“四自”的重要保证。潍坊街道从自身的特点和需要出发，在社区居委会建立了发展、治安、调解、社会保障和市政管理五个工作委员会，将社区中能力较强、热心公益事业的居民吸收进各委员会，形成工作网络，并为每一个委员会配备一名“社工”，制定了“社工”管理制度，对“社工”的应聘条件、资格，“社工”的义务和权利、考核和奖励、工资和津贴以及日常管理都做了规定。委员会和“社工”议行分离，责权分明。五个工作委员会和“社工”制度的建立，大大调动了社区居民参政议政的积极性，使更多的居民参与社区管理；同时，保证了街道各项工作的落实和正常运转。实践证明，这是现阶段推进社区自治的有效方式。

第三，居民选举产生的社区居委会新班子要树立自治意识，要有群众观点和民主作风。潍坊街道新的居委会一班人已经开始树立民主自治的意识，注意改进工作作风，从过去习惯于自上而下、行政性的工作方式，开始向上下结合、倾听居民意见的群众工作方式转变。对社区中发生的关系社区居民利益的事，注意听取居民的意见，由居民民主决策。碰到与政府职能部门矛盾的事，居委会也坚决维护居民的利益，代表居民与有关部门对话，求得合理解决，让居民满意。

第四，社区自治不是挂在口头上，而是体现在实实在在的行动之中。潍坊人坚持从小事做起，从居民关心的事做起，在为民办实事中体现以人为本，体现自我管理、自我教育、自我服务、自我监督的自治思想和原则，不仅使居民满意，而且通过引导居民参与社区活动，在组织各种活动和解决社区居民关心的各种问题中培育社区居民的自治意识，收到很好的效果。在这方面，各居委会都有许多生动的事例。

讨论问题：

（1）根据上述材料，结合所学知识，分析如何使更多的居民参与社区自治。

（2）如何改变长期以来居委会的行政化倾向，使更多的上级领导机关改变传统的观念，转变工作作风，支持和发展社区自治？又如何形成中国特色的城市基层社区自治模式？

实践活动

新旧社区居民自治特点调查

活动目标

通过结合课本的内容和实际的调研，选取一个传统社区和一个新型社区进行调研，对新型社区居民自治模式有更加明确的认识，深入了解周边社区的新型居民自治成熟情况、居民参与程度情况，切身感受新型社区与传统社区相比的居民自治进步程度，并提出建议。

背景材料

在所在地区城市或乡村社区中选择两个社区，一个传统的以亲情为主要纽带的社区，一个为外来人口较多或来源多元化的新建社区。两个社区的差异性越大越好，以便更清楚地看出两个社区居民自治的特点。

训练要求

（1）首先成立调研小组，分工协作。工作内容包括收集资料、选择典型小区、提供物质支持、研究设计调查提纲和问卷、研究分析、完成报告等。

（2）实施调查研究，分四个阶段进行：前期资料收集整理；调查方案及问卷、提纲设计制作；实施调查研究；报告的写作。关键是确定两个典型社区，搜集资料要详细，从历史和现实两个维度了解这两个社区目前的居民自治发展状况，运行模式，各自出现的的问题等。

（3）分析两种社区的居民自治运营优缺点，提出有针对性的改进意见。

（4）作业交流分享。根据分工，各自完成自己的工作，并根据教学需要完成本项目作业。然后在研讨会上由相关发言人进行成果介绍。根据研讨结果和意见进行修改完善，最后正式提交报告。

项目八
业主自治与物业管理

任务导学

案例8　祈乐苑小区业主自管物业模式的探索之路

没有物业，小区会怎样？广州市海珠区祈乐苑，已为此求解3年多。业主自管是最终的选择。业主自管，怎么管？能管好？

缘起：不满物业服务质量，业主拒绝物业涨价。2012年9月祈荣物业突然上调物业费，业主长期积压的情绪被引爆了。按法律规定，涨物业费一定要达到双过半业主同意，即占建筑物总面积过半数的业主和占总人数过半数的业主的同意才能涨。几位业主将祈荣物业投诉到海珠区新港街道办事处。经海珠区房管局和区物价局协调，祈荣物业承认涨价行为违法并同意退款。一计不成，再生一计。同年12月28日，祈荣物业声称已征得737户业主同意，涨价获得“双过半”支持，并从当年12月正式涨价，楼梯楼上涨至每月0.85元/米^2，电梯楼上涨至每月1.38元/米^2。2013年1月，4名业主以个人名义将祈荣物业告上法庭。物业公司手上有业主签名，你说他违法，他说拿出证据来。但几个人拿不到过硬的证据而失败，证明需要成立业主自治组织来维护合法权益。

规范：成立业主委员会，依法维护权益。祈乐苑筹备业主委员会的行动悄然展开。依据《物业管理条例》规定，同一个物业管理区域内的业主，应当在物业所在地的区、县人民政府房地产行政主管部门或者街道办事处、乡镇人民政府的指导下成立业主大会，并选举产生业主委员会。第一道难关是找业主签名，白天大家都要上班，业主委员会筹备人员晚上挨家挨户跑，让业主签名，特别是说服业主拿出房产证和身份证就比较难，涉及隐私和业主不在家等问题。经过努力工作，2013年6月，祈乐苑业主委员会终于成立，包括律师、大学教授、公务员等骨干力量，使业主自主管理和维护业主合法权益有了组织保障。

交锋：物业提供冒签假证被炒，祈乐苑小区迎来“新管家”。成立后的业主委员会发现，祈荣物业提供的737份业主签名中，有192户业主被冒签。2013年9月，海珠区法院判决物业费涨价无效，业主一审胜诉。业主们下定决心换掉物业公司，在判决生效后，业主委员会启动新物业招标工作，同年11月经全体业主表决，选定了“新管家”。祈荣物业在表示愿意结束物业管理服务的同时，坚持要“占有”小区大门及停车场、商铺的管理权。后经新港街道办事处和海珠区国土房管分局多次沟通调解，祈荣物业知难而退，和业主委员会达成临时协议，同意新物业服务公司进驻，3 日过渡期限后移交大门、停车场等管理权。至此，祈乐苑小区业主维权历时一年半。

探索： 打破传统物业模式，探索从业主“半自管”到“全自管”。考虑到业主委员会成员都是兼职，不专业，开始还是选择了外聘物业公司，并签订了一年的试用合同。但是新物业公司进驻后，电梯的呼救系统、上行保护装置、所有的监控摄像头都不见踪影。80%的消防设备由于老化、故障等问题无法正常使用。于是业主委员会决定实行业主“半自管”模式，即所有收支全部由业主委员会统筹管理，然后采用酬金制的方式，按照岗位支付新物业公司人员工资，并将总收益的10%作为物业公司的利润。业主委员会给新物业公司设定了一年的试用期，试用情况并没有令业主满意。来自小区卫生方面的投诉最多，几乎占了80%以上。主要原因是请物业公司，多一层分包，等于吃掉一层利润；由物业公司聘人，还是没解决“这些人听谁的”问题，最后决定由物业公司向业主委员会提供人员表格，然后由业主委员直接根据业绩拨付工资。这其中还发现之前的“吃空饷”情况。祈乐苑业主投票决定，再次炒掉物业，并自行组建直接隶属于业主委员会的物业中心，开始实施全面自管。首先解决“领头羊”问题。祈乐苑选出的第一任业主委员会主任是某大学的一名老教授，虽然德高望重但年事已高，经不住家人的极力反对，主动卸任。2015 年 6 月第三任业主委员会主任上任之后业主委员会队伍才逐渐稳定下来。该主任本职工作就在企业，懂管理。其次是解决组织架构创新问题。祈乐苑逐渐形成了三层架构。最高层是业主委员会，共有 10 位委员组成；再往下，有一个物业中心，直属业主委员会，设保安部、工程部、清洁部、行政部等部门；最基层是保洁员、保安等一线物管人员。业主委员会就相当于一个公司，这些物管员工，包括物业主管在内全部是直接自聘的，也正常给员工发工资和缴社保，建立员工饭堂和宿舍。最后是解决利益关系平衡问题。业主委员会 10 位委员全部为兼职，不拿一分钱工资，所有盈余用于整个小区的翻新建设。每年 2 万元的活动经费是经业主大会投票同意的，在账上却一挂 3 年，从来没有用过。业主委员会还对每月的详细开支收入予以公告和网上公示。悉心呵护业主的权益，比如车辆停放，业主委员会给业主的直系亲属发放“亲友卡”方便探访，还可享受 2.5 元/时的优惠收费。

成效： 业主自管从青涩到纯熟，运营慢慢走上正轨。自管的第一年，小区所有监控视频、消防设施等全部更新，算是收拾完前物业留下的烂摊子；接下来两年，业主委员会开始用结余款项对小区环境进行改造，包括大门和花园整治、两个网球场更新、之前大片的卫生死角改造等。如今，祈乐苑门口保安守门尽责，汽车一车一证，业主刷卡进出；小区里假山、绿化、道路、长廊错落有致，人行车走井井有条；楼体清洁白净，地面垃圾无影。业主们不仅自觉按时交物业费，自觉把自家垃圾带到指定收集点，还积极为小区管理建言献策。业主委员会的日常会议，对所有业主敞开大门。3 年来，小区物业费没有上调一分钱，卫生、治安却运转自如，而且还“赚”了五六百万元。现在，整个小区 1 400 户没有一户迟交、赖交物业费，缴费比率 100%。

思考： 业主自管看上去是很美，但一味推崇恐怕也失之客观。真要推广起来，其可复制性恐怕还得针对不同类型的小区进行具体分析。业主自管一方面是对业主委员会能力的考验，另一方面则牵涉各方面的利益。现实中，业主自管有三难：成立业主委员会难；换物业更难；自管难上加难。有专家认为，业主自管不失为一种物业管理趋势，如果实施业主自管，业主的利益可以得到更好的保障，可能社会矛盾就会少很多。这并不是否定物业公司的作用，只是希望能让业主获得更高水平的物业服务。也有专家认为，业主自管往往适合单体楼或业主总量不大的中小规模小区，而对广州众多户数动辄几千上万的大型小区来说，“有序”可能比“自由”更重要。对这类小区，谢建社更倾向于保留物业公司，同时构建业主委员会对物业公司有效监督制约的机制。还有一些业主担心，大型社区自管很容易导致参与不足，如果不能建立起一个完善的民主决策、执行和监督机制，“业主话事”很可能演变为少数人垄断。他们认为，小区实际情况千差万别，管理模式应当因地制宜，“自管不一定最好，适合自己小区的才最好”。

（资料来源：人民网－人民日报，2017－05－19，有删改）

任务导引：

业主自治并非一定要炒掉物业公司，而是根据小区实际情况做出合理选择。在当前物业公司与小区业主关系不顺，利益矛盾明显，冲突频发的情况下，祈乐苑的“全自管”的做法对条件类似的小区有一定的借鉴意义，不可盲目照搬。但是作为基层社会治理的一部分，如何通过业主自治，推动居民参与社区事务，促进居民自治是一道艰难的探索课题。不论是业主自管，还是委托物业公司管理，其标志无非是物业产权有效、真实地实现。因此，既不能损害业主权益，也要发挥物业管理在社区治理体系中的“稳定器”作用。必须提高对物业管理的认识，探索社区多元主体共治物业管理模式才是正确出路。

学习目标

1. 了解业主及业主的权利与义务，业主自治的相关概念及自治权；业主自治制度运作的基本知识；物业管理服务的主要内容；物业管理服务主要模式。

2. 理解业主、业主自治的概念；物业管理服务在社区治理中的地位和作用；居民自治与业主自治、居民自治与物业管理、业主自治与物业管理的关系；业主自治的原则。

3. 掌握社区物业管理的基本运作模式；业主大会与业主委员会的运作；学会正确处理社区居民自治、业主自治与物业管理服务之间的关系；运用相关知识指导社区物业管理模式的建立，解决社区物业管理服务及社区业主自治中的主要问题。

任务一　业主自治制度概述

情境导入

情境19　探索业主自治：“强势”业主委员会逐户“敲醒”自治意识

“业主自治”并非新概念，但实现起来更不容易。2011年4月1日实施的《上海市住宅物业管理规定》就有意引导居民和业主自治化解小区物业纠纷。2007年《中华人民共和国物权法》颁布实施后，上海已有小区率先尝试，挑战居民小区的物业管理积弊，力求在基层“自治”上取得突破。位于杨浦区五角场300街坊的三湘世纪花城，就是其中之一。三湘世纪花城5年多的业主自治探索初见成效，背后的“秘诀”有三。

秘诀1：三重保险打造“强势”业主委员会。

2005年，面对迟迟不肯提出成立业主委员会的开发商，三湘世纪花城的业主自己行动，向区房管局提出申请，最终完成了业主委员会从筹备到成立的全部工作。首先是依法办事。业主委员会委员们更是常常聚在一起“研读”各种法律条文，有法律条文、国家政策“背书”，业主委员会办事理直气壮。其次是成立15人组成的大业主委员会。为防止委员被开发商分化，成立了15人的业主委员会。最后是加强对业主委员成员及主任的监督和约束。小区还在《业主委员会章程》中规定，业主委员会委员中有达到2/3委员表决动议，可终止业主委员会委员资格，并强调同样适用于“罢免”业主委员会主任，以防止业主委员会主任的不作为或乱作为；还规定，业主委员会内部除了主任、副主任之外，还设有1名独立监察员，避免主任、副主任相互勾结或不作为。在法律政策、庞大队伍、权力制约三重保险下，业主委员会的工作必须“严谨严谨再严谨”，亦成就了他们的“强势”。

秘诀2：逐个敲门唤醒业主自治意识。

为了让更多的业主能够参与到小区公共事务的管理中，业主委员会成员经常挨家挨户地敲开每户业主的家门进行沟通、传递有关信息。2007年，因物业的履约度差，隐藏部分公共收益，管理服务无法达标，侵害了全体业主的权益，业主委员会决定通过公开议标模式，“炒”掉隶属于开发商的物业。但开发商产权占小区22.5%，很难通过投票表决的形式“炒”掉他们的物业。业主委员会开始挨家挨户敲门，逐个发放自行制作的、名为《漠视将葬送大家庭的权益》的材料，不少业主都是看了这份材料以后才发现，很多合法权益确实是被侵犯了。终于，很多原先并不关心小区事务的业主被唤醒了，顺利“炒”掉原物业。如今业主委员会制作《漠视将葬送大家庭的权益》的材料向业主发放成为常态。只有当每个业主都不再漠视自己的权益，也尽到自己应尽的义务和责任，才能真正做到自治。

秘诀3：共管账户管“钱袋子”，约定条款保质量。

随着业主的自治意识逐步觉醒，业主开始关注长期被漠视的权益。首先是管住“钱袋子”。为解决物业公司“打闷包”收费、服务和承诺相差甚远的问题，业主委员会要求物业开设和业主委员会共管的账户，账户开设完，才和他们签订《物业服务合同》。同时，为了杜绝业主委员会和物业公司之间相互勾结、侵害业主权益的可能，还聘请中介机构实现三方共管，实现财务公开、透明。其次是约定条款，保证质量不降低。按照约定，在签订《物业服务合同》后7天内，向共管账户内缴纳履约保证金10万元。逾期5天未缴纳押金，合同将立即中止，另选其他物业接手。还规定，只有老物业全身而退，才能取回押金。再次是吸引业主参与业主自治。为了吸引更多业主参与小区公共事务管理，业主委员会还在业主大会框架下建立“物业管理委员会”，吸收小区内业主志愿者报名加入，监督业主委员会委员的不称职行为、协调物业与业主的关系，也可以对小区物业管理的财务状况、日常财务收支去向和共有资产的使用情况进行监督。最后是探索实行“定额酬金制”，在账户共管基础上，通过3年的自治实践，业主们亦最终选择了全新的物业聘用模式——“定额酬金制”。传统的“包干制”，极易带来物业人员流动性大、维修费用流失、服务标准降低等问题。而酬金制则能压缩物业隐形利润，促进物业恪守承诺。

（资料来源：新民网，2011－04－01，有删改）

说明：业主自治并非易事，从业主委员会的成立、业主委员会的内部架构与运作到业主委员会代表业主监督管理小区物业公司，维护业主权益，并形成具有小区自身特色的物业管理模式，这一过程是非常艰难的。本案例中三湘世纪花城业主委员会从不懂法到运用法律成立、运作与维权，从业主不关心业主自治与权益到全面参与业主自治，炒掉不合格的物业公司，从不干涉物业公司运作，权益受损，到制作宣传说明材料唤醒业主自治意识，共管账户管“钱袋子”，约定条款保质量等，无不体现业主自治过程中的中坚力量的坚忍不拔的意志和追求卓越、精益求精、服务业主的专业精神。这些宝贵的经验，正是值得我们深思和学习、借鉴的。

任务要求

1. 学习研究业主和业主自治相关的基本知识。了解业主及其权利义务，业主自治的概念、特点及自治权。

2. 认识业主自治与居民自治的联系与区别，理解并掌握业主自治的原则和业主自治制度运作的基本规则。

3. 学会处理社区居民自治、业主自治与物业管理服务之间的关系。结合实际，调查某社区业主自治情况，分析某社区业主自治存在的问题，提出完善业主自治运作的意见。

子任务一　业主与业主自治管理

任务分解：

（1）学习研究业主和业主自治相关的基本知识；了解业主及其权利义务，业主自治的概念、特点及自治权。

（2）认识业主自治与居民自治的联系与区别；理解社区居民自治、业主自治与物业管理服务之间的关系。

（3）结合社区调查，了解社区业主自治基本情况；学会分析处理社区居民自治、业主自治与物业管理服务之间的关系问题，为社区和谐创造条件。

知识准备：

一、业主的含义

1．业主

一般意义上，业主（owner，proprietor）指拥有产业或企业所有权的人。这里讲的业主是从建筑物区分所有权制度角度理解的法律概念。具体来说，业主是在区分所有建筑物内或者在一个建筑区划内拥有一个或者一个以上专有建筑物空间或者房屋的所有权人。国务院《物业管理条例》第六条规定，“房屋的所有权人为业主”。业主可以是自然人、法人和其他组织，可以是本国公民或组织，也可以是外国公民或组织。因此，业主就是指在政府房屋土地管理机构登记注册，而且现有记录表明其拥有某房屋建筑中一份不可分割的土地房产业权的单位或个人，以及享有此份业权的注册抵押权人。

一般情况下，可以根据房产证或不动产证来判定一个人是不是业主，但是判定业主的最终依据是政府管理的不动产登记册记录。房屋已出售并交付使用但尚未领取房地产权证的，经过预告登记的房屋销（预）售合同中的购房人可以视为业主。另外，通过赠予、继承、司法判定等也可以获得产权人资格。

业主是物业真正的主人。业主分区分所有权人和独立所有权人。区分所有权人是指同一建筑物区分为数人拥有所有权的业主。区分所有权人除享有各自的专有部分的专有所有权外，同时就其共有部分按其专有部分的比例享有共有所有权和共同管理权。独立所有权人是指某土地上的建筑物属于某一业主或多个共同共有业主。区分所有权人多见于居住物业，一幢楼宇或一个小区有数十名、数百名甚至数千名业主；独立所有权人多见于非居住物业，一般是一个团体或组织，如用于出租的办公楼或商务楼，有时也可见于独立的花园别墅。

因而，业主所拥有的物业权利有两种形态：其一，业主独自拥有的物业；其二，业主与同幢或同区域的其他业主共同使用的物业，存在公共部位、公共场地和共用设施设备。此时，业主除对物业专有部分享有完全的占有、使用、收益和处分的权利外，共用权和共同管理权，应由业主集体行使，一般是通过业主自治，如成立业主大会或业主委员会来进行管理。

2．物业使用人

物业使用人是指不具有物业的所有权，但对物业享有使用权，并依照法律和物业服务合同约定能够行使物业部分权利的人。物业使用人包括承租人和实际使用物业的其他人。根据《物业管理条例》第四十七条规定：物业使用人在物业管理活动中的权利义务由业主和物业使用人约定，但不得违反法律、法规和管理规约的有关规定。物业使用人违反本条例和管理规约的规定，有关业主应当承担连带责任。

二、业主的权利和义务

1．业主的权利

在物业管理活动中，业主对房屋拥有所有权，享有对物业和相关共同事务进行管理的权利。根据《物业管理条例》第六条规定，房屋的所有权人为业主。业主在物业管理活动中，享有业主权利。

（1）按照物业服务合同的约定，享受物业服务企业提供的服务。物业服务合同是业主与物业服务企业之间约定双方权利与义务的协议。物业服务合同签订后，物业服务企业负有向业主提供合同所约定服务的义务，业主在支付了合同所约定的物业服务费用后，享有接受物业服务企业提供服务的权利。

（2）提议召开业主大会会议，并就物业服务的有关事项提出建议。业主大会会议是业主大会开展工作的基本形式。业主大会由物业管理区域内的全体业主组成。作为业主大会的成员，业主享有提议召开业主大会会议的权利。《物业管理条例》第十三条规定：经20%以上的业主提议，业主委员会应当组织召开业主大会临时会议，业主有对物业管理有关事项提出建议的权利，促使物业管理能及时、有效地以符合广大业主利益的方式进行。

（3）提出制定和修改管理规约、业主大会议事规则的建议。管理规约、业主大会议事规则是规范业主之间权利与义务关系和业主大会内部运作机制的基础性规约。这些规约在生效以后对物业管理区域内全体业主都有约束力，而且这些规约的规定事关全体业主的共同利益，因此每一位业主都有参与制定和修改这些规约的权利。当业主认为有必要制定管理规约、业主大会议事规则，或者认为现有管理规约、业主大会议事规则有不完善的地方，可以提出自己有关制定和修改管理规约、业主大会议事规则的建议。

（4）参加业主大会会议，行使投票权。业主对物业管理区域内重大事项的决定权，是通过参加业主大会会议，在会议上行使表决权的方式来行使的。只要具有业主身份，就具有参加业主大会会议的权利。在业主大会会议上，首次业主大会会议上投票权的具体办法，由省、自治区、直辖市制定，其他则依据业主大会议事规则约定的办法，对列入会议议程的各项物业管理事项进行投票，做出体现全体业主共同意志的决定。

（5）选举业主委员会委员，并享有被选举权。业主委员会是业主大会的执行机构，具体执行业主大会决定的事项，并就物业管理区域内的一般性日常事务做出决定。它由一定数量的业主代表，即业主委员会委员组成。业主委员会委员从业主中选举产生，作为业主的代言人履行具体职责，为全体业主服务。每一位业主都有选举委员会委员的权利。

（6）监督业主委员会的工作。业主委员会是业主大会的执行机构，它的工作直接关系到每一位业主的切身利益。由于业主委员会委员也具有个人利益，可能会怠于行使业主大会赋予他的职责，有些素质不高的业主委员会委员甚至可能会做出损害业主利益的行为。为了防止业主委员会委员侵害业主权益情况的发生，督促业主委员会委员更好地履行职责，保护业主的合法权益，应当保证业主对业主委员会委员享有监督权。如业主有权对业主委员会的工作提出批评和建议，有权知晓业主委员会的运作情况，有权了解业主委员会所做出的各项决定的理由，有权查询业主委员会保存的各项档案文件，有权制止并要求业主委员会纠正其不符合法律或者规约的行为，等等。业主对业主委员会的工作行使监督权有利于业主委员会规范、健康地运作。

（7）监督物业服务企业履行物业服务合同。物业服务企业是基于和业主之间的物业服务合同，为业主提供服务的经营主体，与业主处于物业管理法律关系的相对方。业主有权对物业服务企业履行物业服务合同的情况进行监督。例如，业主有权对物业服务企业履行合同的情况提出批评与建议，有权查询物业服务企业在履行合同中形成的有关物业管理事项的各项档案材料，有权监督物业服务企业的收费情况，有权要求物业服务企业对违反合同的行为进行改正，等等。业主对物业服务企业的监督权有利于物业服务企业更好地履行物业服务合同。

（8）对物业共用部位、共用设施设备和相关场地使用情况享有知情权和监督权。物业共用部位、共用设施设备和相关场地，与业主所拥有的物业不可分割，业主对拥有物业进行占有、使用、收益和处分，不可避免地要牵涉到对物业共用部位、共用设施设备的使用。业主和物业服务企业可以在不损害业主共同利益的情况下，依法对物业共用部位、共用设施设备和相关场地进行使用。但这种使用不能侵害全体业主的合法权益，因此，每一个业主对物业共用部位、共用设施设备和相关场地使用的情况享有知情与监督的权利。

（9）监督物业共用部位、共用设施设备专项维修资金的管理和使用。如住宅物业专项维修资金，这是在物业产权多元化的情况下，为了保证房屋的维修和正常使用，依照国家规定建立的专门性资金，专项维修资金属于业主所有（业主容易忽视对专项维修资金的管理和使用），其是否完好，运行是否正常，不仅关系到相邻物业，还可能关系到整幢楼甚至整个物业管理区域里物业的正常维护和使用，关系到全体业主的共同利益。因此，专项维修资金的使用和管理，必须受到业主严格的监督，以防止专项维修资金被挪用，使其得到合理的使用。业主在专项维修资金的收取、使用、续筹、代管等各个环节都享有监督权。

（10）法律、法规规定的其他权利。除以上权利外，业主还享有法律、法规规定的其他方面权利。例如，在物业受到侵害时，有请求停止侵害、排除妨碍、消除危险、赔偿损失的权利；有对物业维护、使用等方面的规章制度、各项报告、提案进行审议的权利；有为维护业主合法权益进行投诉和控告的权利；等等。

2. 业主的义务

根据《物业管理条例》第七条规定，业主在物业管理活动中，享有一定的权利的同时，也要履行相应的义务。

（1）遵守管理规约、业主大会议事规则。

（2）遵守物业管理区域内物业共用部位和共用设施设备的使用、公共秩序和环境卫生的维护等方面的规章制度。

（3）执行业主大会的决定和业主大会授权业主委员会做出的决定。

（4）按照国家有关规定交纳物业共用部位、共用设施设备专项维修资金。

（5）按时缴纳物业服务费用。

（6）法律、法规规定的其他义务。

上述义务可以归纳为三个方面。

（1）遵守规约、规则、制度和执行决定的义务。

业主大会是物业自治管理组织的权力机关。经多数决议制定的管理规约、各项规则对全体业主都应有效，除非被撤销或宣告无效。业主委员会是业主大会的执行机构，有法律规定和管理规约赋予的管理职权。因此，业主委员会在职权范围内制定的各项规则和决议，业主也有义务遵守。

业主还应遵守物业服务企业根据物业服务合同依法制定的有关物业管理的各项管理制度，服从物业服务企业根据物业管理制度对物业进行的管理。协助和服从业主委员会和物业服务企业的管理。业主委员会和其委托的物业服务企业承担着日常的物业管理工作，他们按职权进行的管理行为，业主有义务协助和服从，否则就会使物业管理难以实现，达不到成立物业自治管理的初衷。

（2）缴纳物业服务费和维修基金的义务。

业主缴纳物业管理服务费和专项维修资金是保证物业管理区域获得正常的管理和维护的条件，各业主都负有此项义务。基于公共利益，业主享有公共利益权利，也应承当相应的义务，对于经业主大会或业主委员会做出决议的物业服务费和专项维修基金等各项合理费用，各业主即使有异议，也有缴纳的义务。如因迟交或欠交而引起其他业主损失的，要负赔偿责任。对于费用的缴纳主体，《物业管理条例》指出，业主是各项费用的缴费主体，业主与物业使用人约定由物业使用人缴纳物业服务费用的，从其约定，业主负连带缴纳责任。

（3）法律、法规规定的其他义务。

法律法规规定的其他义务种类很多。在管理规约和物业服务企业制定的物业管理制度中，有大量不得侵犯其他业主权利的规定，但是这些规定可能还有不详尽之处。它们未明确规定的，且可能侵犯其他业主权利的行为，业主亦不得为之。又如，维护公共利益的义务。对于物业管理区域这一集体而言，必然存在着公共利益。每一位业主对该公共利益都有加以维护，不得侵害的义务。各业主处置其所有的单元物业时，应在规定的时间内将处置的有关情况书面告知业主委员会和物业服务企业，并促使有关承受人签署规约附件的承诺书；以确保承受人遵守管理规约的一切条款，受管理规约的约束。

三、业主自治管理

推行业主自治管理具有良好的社会效益，主要体现在以下三个方面：协调物业管理多方主体的冲突，维护物业管理秩序；发挥组织优势，保护业主和物业公司的权益，促进服务质量提高；培育社区民主参与意识，推动社区居民自治和和谐社区建设。因此，推进小区业主自治管理，不但可以减少物业纠纷，还可以提高社区民主参与，和谐物业管理关系。

1. 业主自治的含义

业主自治是指在物业管理区域内的全体业主，基于建筑物区分所有权，依据法律、法规的规定，根据民主原则，建立自治组织、确立自治规范、自我管理本物业区域物业事项的一种基层治理模式。

2. 业主自治的特点

（1）业主自治是基于建筑物区分所有权而产生。物业管理最早是在19世纪伴随着多层建筑和比较集中的居住小区的出现而发展起来的。多层建筑或居住小区的共用部位和共用设施的产权由多个区分所有权人共有，但各区分所有权人的要求各异，从而导致各种纠纷发生。为了统一意见、便于管理，业主组成管理团体委托或者自我对小区共用的部位和共用设施设备的维护、公共环境、公共秩序等事项进行自治管理，保证物业的合理使用，使业主有一个良好的生活居住环境。

（2）业主自治借鉴了国家管理的模式，将所有权和管理权分离。

（3）业主自治具有公益性。业主行使自治权的目的是维护其居住的小区的公共利益。这种公共性决定了自治权的设定与行使必须以保障和增进物业区域内的公益为目标，不得以业主自治权的设定者和行使者的私利为目标。

3. 业主自治的原则

现代物业管理涉及方方面面的利益，有各种各样的矛盾和关系需要协调和处理，而实行业主自治管理是解决问题的关键。由于物业管理区域不仅涉及不动产业主产权问题，还涉及业主共同事务和社区事务问题，业主自治不但要遵循管理规约、业主大会章程等自治规则和制度，还要遵守国家有关社区治理方面的法律法规政策。从中国的实践看，目前的业主自治管理应当遵循以下六个原则。

（1）依法自治的原则。从业主自治机构的成立，到相关责任的追究，都必须严格遵守法律的强制性规定。业主自治管理实际上是业主行使自治权的过程。既然是权利，就有法律明确规定的界限，超出了该界限，就构成权利的滥用，即行使权利的形式是合法的，但行使权利的结果却得不到法律的肯定评价。

（2）民主管理的原则。业主自治管理是中国社会基层民主管理模式的新类型，既有法律的强制性保障为后盾，又有其自身的产权基础。在对物业进行自治管理的过程中，应充分发扬民主精神，坚持民主议事、民主决策、民主执行、民主管理、民主监督。

（3）接受监督的原则。物业管理牵涉的利益关系纷繁复杂，而且中国的物业管理行业起步较晚，业主对于物业管理的政策法规以及自己应享有的法定权益知之甚少，缺乏民主意识和行使权利的主动性。因此，在对物业进行自治管理的过程中，既需要加强引导和指导，又需要纳入多方的监督之下，才能更好地实现管理目标。

（4）公益优先的原则。公益优先原则要求，当业主的私人利益和全体业主的整体利益发生冲突时，业主应优先保证全体业主整体利益的实现。一方面，业主可以通过行使投票权来表达自己的意志；另一方面，业主个人的意志必须服从于全体业主的整体意志，具体表现为业主自治机构的意志。

（5）共治共赢的原则。要求业主和业主自治团体将自己视为社区的成员，充分利用自身资源，积极参与社区治理，配合社区的建设、管理、服务工作和各项活动，为社区的物质文明、精神文明、制度文明、生态文明做出应有的贡献。

（6）合作协调的原则。现代城市小区业主往往来自不同地域，文化不同，习惯各异，已经形成固有的行为模式，当业主议事或处理各种物业管理服务事务时，可能会因为种种原因发生矛盾和冲突，需要有合作的态度和协调一致的行为才能化解各种矛盾和纠纷。

4. 业主自治权

业主的自治权是最基础性、最根本性的权利。没有业主的自治权，就不会有业主自治，当然也就不会产生业主大会和业主委员会。根据我国国务院颁布的《物业管理条例》及相关规章、地方性法规的规定，业主所享有的自治权主要包括：

（1）享受服务权。根据物业服务合同的约定，享受物业服务企业提供的服务权。

（2）提议权（请求权）。有权提议召开业主大会会议，就物业管理的有关事项提出建议的权利。

（3）投票权。业主有权参加业主大会会议，根据其所购买的物业享有投票权。

（4）选举权和被选举权。选举权和被选举权是指业主有权选举和被选举为业主委员会委员的权利。

（5）监督权。对业主委员会的工作、物业服务企业的物业服务合同履行情况，物业共用部位、共用设施设备专项维修资金的使用和管理享有监督权。

（6）知情权。知情权是指业主有权要求物业服务企业对物业共用部位、共用设施设备和相关场地的使用情况，物业服务费用和专项维修资金的收支情况予以澄清。

（7）法律、法规规定的其他权利。

根据《物业管理条例》第十一条、第十二条的规定，下列事项由业主共同决定：制定和修改业主大会议事规则；制定和修改管理规约；选举业主委员会或者更换业主委员会成员；选聘和解聘物业服务企业；筹集和使用专项维修资金；改建、重建建筑物及其附属设施；有关共有和共同管理权利的其他重大事项。其中决定筹集和使用专项维修资金和改建、重建建筑物及其附属设施事项时，应当经专有部分占建筑物总面积2/3以上的业主且占总人数2/3以上的业主同意，决定其他事项，应当经专有部分占建筑物总面积过半数的业主且占总人数过半数的业主同意。

5. 业主自治与社区自治的区别与联系

一般意义上的业主自治是指在物业管理区域内的全体业主，基于建筑物区分所有权，依据法律、法规的规定，根据民主的原则建立自治组织、确立自治规范，自我管理本区域内物业的一种基层治理模式。其表现形式主要有三种：一是业主们选聘和监督物业服务公司对其物业实施管理服务，这是目前最为普遍的业主自治形式。二是业主委托物管经理人，由后者代为雇用、协调相关专业公司对其物业实施管理服务。三是业主们自己管理自己的物业，也可简称“业主自管”。

业主自治与社区居民自治的相同点是：都属于我国城市基层社区群众性自治。其不同点在于：

（1）就自治区域而言，居民自治区域是居委会辖区，而业主自治区域是物业管理区域。《广东省物业管理条例》第七条规定，物业管理区域根据物业建设用地规划许可证确定的红线图范围，结合物业的共用设施设备、社区建设等因素划定。物业的配套设施设备共用的，应当划定为一个物业管理区域；但其设施设备是能够分割、独立使用的，可以划定为不同的物业管理区域。旧城区、城中村等没有实施物业管理的建成居住区需要实施物业管理的，由街道办事处、乡镇人民政府征求相关业主意见后，确定物业管理区域。对物业管理区域划定有争议的，物业所在地的区、县人民政府房地产行政主管部门应当征求物业所在地街道办事处、乡镇人民政府、相关业主、居民委员会的意见后确定。

(2) 就自治主体而言，居民自治主体是居委会辖区内的全体居民，而业主自治主体是物业管理区域内的全体业主。所谓业主是指房屋的所有权人，一般而言，在房屋产权私有化的大多数住宅小区，绝大多数业主构成了绝大多数居民，反之亦然。但在公房住户较多的旧居民区或出租房屋较多的住宅小区，业主和居民的区别则比较明显。一部分业主并非居住在该社区的居民，而一部分居民也非该社区的业主，只是该社区房屋（物业）的使用人。租房住户越多，业主和居民的区别也就越大。

(3) 就自治组织而言，居民自治组织主要是居民会议及居民委员会，而业主自治组织是业主大会及业主委员会。社区居民委员会及居民会议属于社区居民自治组织及形式。业主大会及业主委员会是物业管理区域业主自治组织及形式。前者有浓厚的政治性、社会性和群众性，后者具有明显的经济性。

(4) 就自治动因而言，业主自治根源于房屋所有权基础上的一系列经济利益，而居民自治的动因则主要是居民民主政治权益的表达，相对比较空泛。对大多数家庭来说，住房是一宗最大的私有财产，维护房屋所有权及其相关的合法权益自然成为广大业主的共同愿望和重要事项。但房产除了财产属性外，还有更多的"社会性"，如公共部位、共用设施设备和场地等则属于业主们部分共有或全体共有部分，业主的物业权益不仅体现在经济上，也体现在社区公益上，而且都是"实打实"的。相比之下，居民自治主要体现在民主选举、社区行政性事务等社区政治民主与民主管理上，内在动因则比较空泛。

(5) 就自治功能而言，居民委员会的功能相对比较宽泛，而业主委员会的功能则相对比较单一，集中于物业管理活动方面。不过，居民会议及居民委员会和业主大会及业主委员会的功能具有一定程度的交叉与重合。例如，居民会议和业主大会都具有制定、修改居民公约或管理规约，以及制定、修改社区公共秩序和环境卫生的维护等方面的规章制度的职责；居民委员会和业主委员会都具有协助维护社区治安、了解并反映居民（业主和物业使用人）的意见和建议、监督居民公约或管理规约的实施等职能。不仅如此，国务院颁布的《物业管理条例》还明确规定，业主大会、业主委员会应当与居民委员会相互协作，积极配合相关居委会依法履行自治管理职责，支持居委会开展工作，并接受其指导和监督。

总之，居民自治和业主自治都属于我国城市基层社区群众性自治，两者紧密联系，且有各自的优势。整合这两种自治资源和自治力量，促进这两种自治形式良性互动，是和谐社区建设的一项重要任务。

四、管理规约

1. 临时管理规约

临时管理规约是建设单位在销售物业之前，参照政府公布的示范文本，结合本物业管理小区的实际，制定临时管理规约，对有关物业的使用、维护、管理，业主的共同利益，业主应当履行的义务，违反公约应当承担的责任等事项依法做出的约定。将临时管理规约的制定作为物业管理的一项基本制度给予确定，这是政府作为未来广大潜在业主的权利的代表者做出的规定，充分体现了政府的责任。物业买受人在与建设单位签订物业买卖合同时，应当对遵守临时管理规约予以书面承诺，承诺后临时管理规约得以生效。

（1）临时管理规约的内容。它主要包括：物业的自然情况与权属情况、业主使用物业应当遵守的规则、涉及业主共同利益的事项、违约责任等内容。

（2）临时管理规约的制定。临时管理规约一般由建设单位在出售物业之前预先制定。这是因为建设单位在物业销售之前是物业的唯一业主，注意与管理规约进行区别。业主成立业主大会后，制定并审议通过新的管理规约，临时管理规约自动失效。临时管理规约制定的时间为物业销售之前。这是因为物业买受人在签物业买卖合同时，也需要提前知晓管理规约的内容，确认要遵守临时管理规约的条款，一旦有业主入住，就应遵守规约的规范。这里的销售，不仅包括预售，还包括现售。

（3）相关主体的法律义务。根据《物业管理条例》规定，建设单位负有不得侵害物业买受人的义务，建设单位对临时管理规约负有说明义务，物业买受人对临时管理规约负有承诺的义务。

2. 管理规约

（1）管理规约的概念。

管理规约也称“业主公契”，是由全体业主通过业主大会共同制定的，规定业主在物业管理区域内有关物业使用、维护、管理等涉及业主共同利益事项的，对全体业主具有普遍约束力的自律性规范。它一般以书面形式订立。管理规约是物业管理法律法规和政策的一种有益的补充，是有效调整业主之间权利与义务关系的基础性文件。在现代物业管理中，管理规约是业主自治、自律的基本手段，是物业管理顺利进行的重要保证，对于业主自治的实现有着重要的意义。

（2）管理规约的内容。

管理规约主要对如下内容进行规定：①物业的使用、维护、管理。如业主使用其自有物和物业管理区域内共用部分、共用设备设施以及相关场地的约定；业主对物业管理区域内公共建筑和共用设施使用的有关规程；业主对自有物进行装饰装修时应当遵守的规则。②专项维修资金的筹集、管理和使用。这个可以在国家关于专项维修基金规定的基础上，结合该物业服务区域的特征，做出进一步的规定。③物业共用部分的经营与收益分配。④业主共同利益的维护。如对物业共用部位、共用设施设备的使用和保护。利用物业共用部位获得收益的分配；对公共秩序、环境卫生的维护等。⑤业主共同管理权的行使。⑥业主应尽的义务。如遵守物业管理区域内物业共用部位和共用设施设备的使用、公共秩序和环境卫生的维护等方面的规章制度；按照国家有关规定交纳专项维修资金；按时交纳物业服务费用；不得擅自改变建筑物及其设施设备的结构、外貌、设计用途，不得违反规定存放易燃、易爆、剧毒、放射性等物品；不得违反规定饲养家禽、宠物；不得随意停放车辆和鸣放喇叭等。⑦违反管理规约应当承担的责任。业主不履行管理规约义务要承担民事责任，其以支付违约金和赔偿损失为主要的承担责任方式。在违约责任中还要明确解决争议的办法，如通过业主委员会或者物业服务企业调解和处理等，业主不服调解和处理的，可通过诉讼渠道解决。

（3）管理规约的效力。

管理规约对物业管理区域内的全体业主具有约束力。除此之外，还应当注意以下两点：①管理规约对物业使用人也发生法律效力。比如承租人，由于管理规约的一项核心内容是规范对物业的使用秩序，而物业使用人基于其实际物业的使用，不可避免地会影响到物业的状态，而且业主委员会或者物业服务企业对物业进行管理势必要直接与物业使用人打交道，因此，客观上需要将其纳入到物业管理活动中来。②管理规约对物业的继受人（即业主）自动产生效力。在物业的转让和继承中，物业的所有权要发生变动移转给受让人。但管理规约无须新入住的继受人做出任何形式上的承诺，就自动地对其产生效力。比如购买二手房时，不用在管理规约上签字确认，已经认为默许管理规约，自觉遵守管理规约。

管理规约作为业主自治的基础性规范文件，要想在现实生活中发挥作用，必须首先解决自身的合法性问题，即管理规约必须满足一系列的合法性要件。规约的制定程序必须合法，管理规约的内容不得违背国家法律、法规和政策，不得超越其本身的范围，业主有权对管理规约的合法性提出异议，保护业主的合法权益。

五、社区居民委员会、业主委员会与物业服务企业之间的关系及处理

目前城市社区治理结构已经发生质的变化。在居民自治制度不断完善发展的同时，业主自治及专业物业管理制度成为新型社区治理重要组成部分，居民自治、业主自治成为社区新型治理的基本方式。在此情况下，作为业主自治制度下的专业物业管理模式及物业管理服务也就成为社区治理的重要方式。因此，必须正确认识和处理居民委员会与业主委员会和物业服务企业的关系。

1. 社区居民委员会与业主委员会的关系

根据我国有关法律法规规定，居民委员会是居民自治常设机构，业主委员会是业主大会常设机构，两者在性质和职责上各不相同。居民委员会是基于居民权的政治性、群众性和社会性自治组织，享有社区事务管理权；业主自治是基于业主产权的一种经济性自治，享有物业管理权，两者在自己的职责权限范围内搞好基层自治，共同维护社区和谐稳定，促进社区民主进步，文明发展，在这个意义上二者是独立自治主体之间的平等合作关系。但是，居民委员会和业主委员会作为基层社区中两个主要的群众自治组织，应该明确各自责任，同时还要相互配合，根据我国相关法律法规规定，居民委员会对业主委员会有指导责任，两者之间存在指导与被指导关系。

因此，处理好社区居民委员会与业主委员会的关系，一是要认识两者之间的功能作用、职责范围，理顺两者之间的关系模式。社区管理中属于物业管理的内容，如治安、清洁、卫生、绿化、车辆停放等事务应由业主委员会通过合同委托物业服务公司管理，居民委员会主要搞好社区居民事务管理和协调。二是要建立两者之间畅通的合作渠道。可以由街道办事处牵头，建立包括居民委员会、业主委员会、物业服务公司以及其他社区组织的社区管理委员会进行协调。居民委员会和业主委员会也可以根据居民的意愿，建立各种日常协同工作方式，例如举行联席工作会议、联合办公等。三是要沟通信息，分工协作，共同化解各种社区矛盾和纠纷。如当业主针对包含物业治理内容的事宜向居委会提出投诉时，居委会可以与业主委员会进行协商，将物业治理的投诉交由业主委员会加以处理；当业主委员会与居委会在工作上有重叠和矛盾时，两者可以通过协商，明确各自的分工和责任，有序而高效地开展社区共治。在需要的情况下，业主委员会与居

委会之间的协商会议可以邀请街道办代表、物业服务公司代表、业主代表参与社区及物业管理事务，建立联席会议制度，并发表意见，在总体上形成合力，共同推进和谐社区建设。

目前有些地方将业主委员会纳入居民委员会或相互替代的做法着实不妥。居民委员会和业主委员会二者虽然都是自治组织，但二者的性质是不同的。居民委员会行使的权利，是政治管理权，属于政治权利，是社区中每一个居民都享有的权利。社区居民在居民委员会中享有的权利，根据政治上的公民人人平等原则行使。而《物业管理条例》中所说的业主委员会，是一种所有权人组织，是民法上的组织。民法上的组织，都是平等的，没有什么上级管理。业主委员会行使的权利，是民法上的所有权，只有业主才享有这样的权利。居民并不都是业主，比如承租人是居民，但不是业主，不能行使业主的权利和承担业主的义务。另外，业主委员会中的业主行使权利，根据他们在建筑物整体的财产份额享受权利承担义务，并不是人人平等。因此，居民委员会和业主委员会设立的基础、他们行使的权利、行使权利的方式，都是截然不同的。把业主委员会纳入居民委员会，实在不合法理。不过为了改进社区物业服务管理，可以通过以下措施来解决社区物业管理实际问题：加强社区党组织、社区居民委员会对业主委员会和物业服务企业的指导和监督；建立健全社区党组织、社区居民委员会、业主委员会和物业服务企业议事协调机制；探索在社区居民委员会下设环境和物业管理委员会，督促业主委员会和物业服务企业履行职责；探索符合条件的社区居民委员会成员通过法定程序兼任业主委员会成员；探索在无物业管理的老旧小区依托社区居民委员会实行自治管理；等等。①

2. 居民委员会和物业服务企业的关系

居民委员会自治管理区域范围与物业管理区域范围就存在一定的地域重合、交叉关系。这关系具体呈现四种形式：一是居委会辖区和物业管理区域范围一致，呈现重合、同一关系。二是一个居委会辖区包括若干物业管理区域，呈现包含关系。三是一个物业管理区域包括几个居委会辖区，呈现相反的包含关系。四是一个物业管理区域横跨几个居委会辖区，呈现为一种交叉关系。

尽管居民委员会自治管理与物业管理在地域上存在复杂的重合、包含、交叉关系，但是作为法定组织，从法律上，它们之间的职责权限关系又是非常清晰的。居民委员会作为居民自治机构，在社区治理范围内有统一组织、管理、监督和指导、协调的职责功能。它主要通过民主选举、民主决策、民主管理、民主监督来实现。当业主自治运作中出现委托专业物业管理时，物业服务企业就成为物业区域专业物业管理服务的主体，物业服务企业的物业管理服务活动就要接受居民委员会在重要事项上的决策、管理和监督。在业主委员会不能成立或发挥作用时，还要担负选聘物业服务企业和监管物业管理服务质量的责任。另外居民委员会还可能将一些行政性、政策性社区公共管理服务业务工作委托给物业服务企业来做，或者需要物业服务企业协助、配合来做。因此，居民委员会

① 中共中央国务院关于加强和完善城乡社区治理的意见[EB/OL].[2017-06-12].http://www.gov.cn/xinwen/2017-06/12/cotent_5201910.htm.

与物业服务企业的关系是一种综合性管理、政策执行与指导、委托代理的关系。

针对当前物业管理中居委会与物业服务公司之间存在的问题，在协调二者关系上，注意以下两点。一是明确职责。居委会负责小区内宣传教育、民事纠纷调解、拥军优属、扶贫帮困和计划生育等工作。物业公司应当成为小区专业管理的主体，全面负责房屋维修、环卫清扫、绿化养护、治安保卫等“硬件”性工作。居委会将主要精力转移到抓好小区内居民的宣传教育、民事纠纷调解等“软件”性工作，居委会不再从事与物业管理范围相重叠的公共事务和经营活动，避免“多头管理”，消除“无人管理”，在明确各自职责的基础上，形成合力，实现社区共建、共治、共赢。二是建立“四位一体”的社区管理机制。首先要在组织上落实。必须建立由社区党组织、居民委员会、物业服务公司、业主委员会四家组成的共创和谐社区领导小组。社区党组织负责人、居民委员会主任担任领导小组组长，物业服务公司（服务中心）领导和业主委员会主任任副组长，其他有效机构和民间组织负责人为成员，并建立工作例会制度，及时沟通情况，研究解决小区管理中的难点问题，形成小区统一协调的管理机制，提高社区治理的效能。

3．业主委员会和物业公司的关系

随着我国住房制度改革的不断深入，住房商品化和住房管理商品化是经济发展的必然趋势。在此过程中，产生了许多新的矛盾和纠纷，物业管理就是其中主要矛盾之一。在全国各地有不少二者发生冲突，甚至“打”上“公堂”的案例。但是业主委员会和物业公司两者不应是一种敌对关系，应当是合作伙伴。业主委员会和物业公司均执行业主大会决议和管理规约，为业主的利益工作。只是两者的角色有些区别。物业公司为业主提供专业化、市场化的专业服务。业主委员会贯彻业主大会决议，听取和反映业主意见，监督物业服务企业执行物业管理合同以及业主大会决议和管理规约。作为物业服务企业，做好服务工作是第一位的，物业服务公司应同广大业主坦诚相待，维护业主的各项合法权益，做好业主维权的代言人。

（1）即时通报物业重大信息，以正视听，消除误解。物业服务公司将发展商开发建设单位在设计、施工阶段的遗留问题进行分析汇总并公布，使广大业主明白物业质量问题的真实情况，了解开发商为销售房屋对物业管理服务所做出的“假、大、空”等无效承诺，尽量避免业主将怨气转嫁到物业服务企业身上。

（2）诚信经营，良性运营，优质服务，赢得认可。物业服务公司必须准确界定服务范围和服务内容，收取相应报酬。在运营过程中，一方面要明确物业管理的法律义务范围，另一方面要注意规避风险。不能过度强调一体化管理、全方位服务，而使物业服务公司大包大揽；不可不切实际地做出诸如社区不发生机动车丢失、人身安全事故、重大刑事案件等承诺。物业服务公司同业主委员会之间签约时应该量力签约，否则只会“费力不讨好”，背离经营获利的初衷，破坏诚信服务的名誉。

（3）全程引导业主委员会规范运作。业主委员会是代表全体业主的合法权益，遵照业主大会的决议、决定和业主委员会章程，对所属物业管理区域实施自治管理的组织。其在物业管理诸方关系中，具有“双刃剑”的作用。一方面，它可促进专业物业管理服务的提供，促进广大业主遵守管理规约、物业管理法律法规和小区重大维修工程的实施等；另一方面，因其自身运作管理不规范，亦可严重影响小区物业管理工作的开展，或严重侵害业主合法权益。因此，物业服务公司要从其组织诞生时起，就必须全程关注、全程辅导，配合房地产行政主管部门将一批热心本物业管理区域的公益事业，责任心强、道德品质高、模范遵守物业管理规章制度的业主选进业主委员会，并加强日常沟通和交流，达到教育并督促全体业主及使用人遵守物业管理法律政策，服从物业管理单位的正当管理，按时缴纳物业管理费、水电费等有关费用，对危害公共安全或影响房屋外观现象及时维修整治的目的。

(4) 业主的维权顾问。对各类侵害业主权利的行为给予专业的分析和对策，使广大业主能够明白事由原委，进而运用法律手段讨回公道。就发展商的诸多不到位或侵权行为，物业服务公司要作为业主的见证人和协调人，出面召集发展商和业主见面展开建设性的对话，逐步解决实际问题，充分体现物业服务公司与广大业主是心连心的。对于业主和业主委员会，物业公司要从维护业主切身利益入手，争取信任。当然，对于不遵守物业服务协议的业主，物业公司也要敢于拿起法律武器保护自己，维护自己的权利。

总之，要妥善解决业主委员会与物业服务公司之间的矛盾，就要求业主和业主委员会共同遵守有关规定，物业公司应提高管理素质和降低管理成本，政府有关部门应做好必要的协调工作，共同维护好社区和谐局面。

评价与反馈

案例分析：富润里小区业主自治

业主与小区物业产生矛盾的事件已经屡见不鲜，如何做好小区管理？业主委员会自治不失为一个好方法。河西区天塔街富润里小区实行自治已经13年了，小区的各项管理工作不仅越来越好、越来越细致，更是越来越得人心，得到了业主们的一致拥护。

13年前，富润里小区48户居民把管理不善的物业辞退了，然后民主选举成立业主委员会，实行小区自治。该小区实行自治之后，制定了详细的社区管理细则，公布了社区物业费收费标准，按照每月每平方米0.3元标准收取物业费，将物业费、车位出租费、社区一个小门店的出租费以及电动车充电费等统一管理，聘请保洁员、保安员，为社区购置清洁用品、公共用电等，在业主委员会的精打细算之下，物业费还经常有盈余。在业主一致同意的前提下，业主委员会为社区每一位70岁以上的老人庆祝生日，谁家要是有患病住院的人，业主委员会的工作人员也会送去问候，年底他们还为每家每户准备年货，把每一分钱都用到了居民身上。每年天塔街举办“邻居节”的时候，富润里居民还买来鲜花装饰社区，成为“邻居节”的大亮点，让生活在这里的居民感到自豪，让其他社区的居民感到羡慕。小区财务账目明晰，每个月都会把每一分钱的用途贴在社区保安室门口，每一位居民都能看到。账目清晰了，居民们对业主委员会信任了，物业费不用上门收，每一位业主主动前来缴纳。业主委员会目前有工作人员5人，全部由社区居民推选产生，他们不拿一分钱，完全义务奉献，将社区的事儿当成自己家的事儿，小到一块肥皂钱，都交代得一清二楚。

目前，在物业管理中，流动人口管理最为困难，这部分人员的物业费在很多小区中也是最难收缴上来的，而在富润里社区，也有不少流动人口，对于这部分人员，社区工作人员主动与他们交流，告知社区自治管理条款，出租者也配合社区自治，监督流动人员物业费缴纳情况。多年来，这一社区的物业费没在流动人口这里出过漏洞。

富润里社区业主自治的成功经验，一是得益于社区居民整体素质较高，二是社区业主人数较少便于管理。但其中最重要的是管理透明，业主委员会13年如一日，对社区的无私奉献，他们诚心、诚信的工作得到了居民的认可，邻里之间越来越和睦，社区生活越来越幸福，为业主自治社区做出了成功榜样。

请结合本子任务的学习和你的理解，填写表8－1。

表8－1

该小区业主自治是否成功？为什么？	你觉得该小区的业主自治有什么可借鉴之处？

子任务二 业主自治组织与运作形式

任务分解：

（1）学习研究业主自治管理的基本知识。了解业主大会、业主委员会的含义及运作基本规则。

（2）结合社区调查，了解业主大会和业主委员会成立与运作情况，掌握其中的要点，学会处理运作中的具体事宜，提高业主自治水平。

知识准备：

一、业主自治组织形式

1. 业主大会

业主大会是由同一个物业管理区域内全体业主组成的，代表和维护物业管理区域内全体业主在物业管理活动中的合法权益的自治管理组织。《物业管理条例》第十条规定，同一个物业管理区域内的业主，应当在物业所在地的区、县人民政府房地产行政主管部门或者街道办事处、乡镇人民政府的指导下成立业主大会，并选举产生业主委员会。但是，只有一个业主的，或者业主人数较少且经全体业主一致同意，决定不成立业主大会的，由业主共同履行业主大会、业主委员会职责。根据住房和城乡建设部《业主大会和业主委员会指导规则》的规定，业主大会自首次业主大会会议表决通过管理规约、业主大会议事规则，并选举产生业主委员会之日起成立。

2. 业主委员会

业主委员会是按照法定的程序由业主大会从全体业主中选举产生的，是业主大会的执行机构。业主委员会代表业主的利益，向社会各方反映业主意愿和要求，并监督物业服务公司管理运作。

业主委员会是经业主大会选举产生并经行政主管部门登记，在物业管理活动中代表和维护全体业主合法权益的组织。业主委员会是一个物业管理区域中长期存在的、代表业主行使业主自治管理权的机构，是业主自我管理、自我教育、自我服务，实行业主集体事务民主制度，办理本辖区涉及物业管理的公共事务和公益事业的社会性自治组织。业主委员会由业主会议选举组成，统一领导自治权限范围的物业管理各项工作，但必须对业主大会会议负责并报告工作，不享有自治管理规范订立权。因此，业主委员会必须服从业主大会会议，受业主大会会议的隶属，处于从属于业主大会会议的法律地位。

除了业主大会和业主委员会两种主要形式之外，在一些大型的小区，还设置了业主小组。业主小组是物业管理区域内，为了方便工作和联系而划分的较小范围内的业主们组成的自治小组。它是业主团体内部的基层组织，不具有独立承担民事责任的能力，不能直接对外发生民事法律关系。

二、业主大会的运作形式

作为意志决定机构的业主大会和作为业务执行机构的业主委员会，构成了业主自治管理的两大支柱，故这两个机构的有效运作，对于业主自治具有十分重要的意义。

1. 业主大会的种类

业主大会会议可以采用集体讨论的形式，也可以采用书面征求意见的形式；但是，应当有物业管理区域内专有部分占建筑物总面积过半数的业主且占总人数过半数的业主参加。业主可以委托代理人参加业主大会会议。

业主大会会议有三种：首次会议、定期会议与临时会议。而《物业管理条例》第十三条规定业主大会会议分为定期会议和临时会议。

（1）首次会议。

它是一种非常态形式，类似于《公司法》中的创立大会，只召开一次，一般要求物业区的入住率达到一定比例，须在一定的期限内召开第一次业主大会，并选举出业主委员会。住房和城乡建设部《业主大会和业主委员会指导规则》的规定，物业管理区域内，已交付的专有部分面积超过建筑物总面积50%时，建设单位应当按照物业所在地的区、县房地产行政主管部门或者街道办事处、乡镇人民政府的要求，及时报送下列筹备首次业主大会会议所需的文件资料。符合成立业主大会条件的，区、县房地产行政主管部门或者街道办事处、乡镇人民政府应当在收到业主提出筹备业主大会书面申请后60日内，负责组织、指导成立首次业主大会会议筹备组。筹备组应当自组成之日起90日内完成筹备工作，组织召开首次业主大会会议。首次业主大会会议应表决通过管理规约、业主大会议事规则，并选举产生业主委员会。

（2）定期会议。

它是一定时期内必须召开的业主大会，大多数地方都规定至少每年召开一次业主大会。业主大会定期会议应当按照业主大会议事规则的规定召开。

（3）临时会议。

经20%以上的业主提议，业主委员会应当组织召开业主大会临时会议。临时会议是指由于特殊原因或为了处理紧急事务，而临时召开的会议。一般而言，拥有请求召开临时会议权利的主体有两种：一是业主委员会；二是一定数量的业主。赋予业主委员会请求召开临时会议的权利，其目的在于使紧急事故得到快速处理；赋予少数业主请求召开临时会议的权利，其目的在于维护少数业主的权益，也就是说，当少数业主认为其权益受到忽视或损害，而定期会议来不及处理，或业主委员会不予重视时，可以请求召开临时业主大会以确保自身权益。

根据《物业管理条例》第十四条规定，召开业主大会会议，应当于会议召开15日以前通知全体业主。住宅小区的业主大会会议，应当同时告知相关的居民委员会。业主委员会应当做好业主大会会议记录。

2. *业主大会的召集*

无论是临时会议还是定期会议，都必须经过一定程序，经有权召集人召集，其决议才有法律效力。如果未经召集人依法定程序召集，而只是业主偶然的集会，即使参加该集会的人数已达法定人数，也不能称为业主大会，在该集会上所做出的决议，也没有法律效力。因此业主大会的召集是一个重要问题，以下就召集人与召集程序加以阐述。

（1）召集人。

①首次业主大会的召集人。

在首次业主大会的场合，由于当时业主大会及业主委员会尚未成立，故法律往往规定某些特定主体行使召集人的职权，但其担任业主大会召集工作的职权，通常只有一次，而不具常态性。

根据住房和城乡建设部《业主大会和业主委员会指导规则》的规定，首次业主大会会议由筹备组组织召开；首次业主大会会议筹备组由业主代表、建设单位代表、街道办事处、乡镇人民政府代表和居民委员会代表组成；筹备组成员人数应为单数，其中业主代表人数不低于筹备组总人数的一半，筹备组组长由街道办事处、乡镇人民政府代表担任。筹备组中业主代表的产生，由街道办事处、乡镇人民政府或者居民委员会组织业主推荐。

②一般业主大会的召集人。

一般业主大会包括年度大会和临时大会。许多国家和地区的立法均规定业主大会由管理人负责召集。如德国规定，会议应由管理人每年至少召集一次，但在无管理人或管理人违反召集会议义务的，并设有管理顾问委员会时，由与会主席或其代理人召集会议。《物业管理条例》第十五条规定业主委员会执行业主大会的决定事项，履行召集业主大会会议的职责。

根据住房和城乡建设部《业主大会和业主委员会指导规则》第三十八条规定，业主委员会会议由主任召集和主持，主任因故不能履行职责，可以委托副主任召集。

（2）召集程序。

一般而言，业主大会的召集方式是以书面通知业主，召集程序上，则须事先向业主告知会议的内容。《物业管理条例》第十四条仅规定召开业主大会会议，应当于会议召开 15 日以前通知全体业主。

（3）业主大会的决议。

业主大会表决权的计算方式，在国外有两种立法模式。①以人头数为准计算的模式。例如德国。②以专有部分面积比例为准的模式。例如日本。第一种模式尽管在计算上较为简便，但是单纯以人头数为准，很可能造成专有部分较少的多数人支配专有部分较多的少数人，而有失情理的平衡。第二种模式虽然强化了对产权的尊重，但却有可能致使少数拥有较多区分所有权比例的“大户”利用其表决权优势操纵业主大会，损及多数拥有区分所有权比例较小的“小户”的权益，故也有一定的缺失。鉴于这种情形，在我国台湾地区《公寓大厦管理条例》中，并没有单纯采用上述两种模式，而是采取了一种双重标准的折中办法。

我国《物权法》第七十六条和《物业管理条例》第十二条采取了与我国台湾地区《公寓大厦管理条例》相似的办法，具体而言，决定重要事项“应当经专有部分占建筑物总面积 2/3 以上的业主且占总人数 2/3 以上的业主同意”；决定一般事项“应当经专有部分占建筑物总面积过半数的业主且占总人数过半数的业主同意”。

（4）决议的效力。

①决议的效力等级。

业主大会虽然是业主团体的最高意志机构，但其所做决议不得违反管理规约。管理规约是物业业主为增进共同利益，确保良好生活环境，经业主大会决议的共同遵守事项，是业主团体的最高自治规则，因此，业主大会的决议不得与管理规约相抵触。但是管理规约的内容不得违反强行法规或违背公共秩序和良好习俗，更不得违反国家法律。综上所述，就全体业主团体成员而言，所应该遵守的法规中，效力等级最高的为法律法规，其次为管理规约，再次为业主大会的决议，最后是业主委员会的决议。

②决议的效力范围。

业主大会决议应当对全体业主都发生效力，而不论其是否参加会议或赞成与否。最高人民法院《关于审理建筑物区分所有权纠纷案件具体应用法律若干问题的解释》第十六条规定：建筑物“专有部分的承租人、借用人等物业使用人，根据法律、法规、管理规约、业主大会或者业主委员会依法做出的决定，以及其与业主的约定，享有相应权利，承担相应义务”。根据最高人民法院《关于审理物业服务纠纷案件具体应用法律若干问题的解释》第七条规定：“业主与物业的承租人、借用人或者其他物业使用人约定由物业使用人交纳物业费，物业服务企业请求业主承担连带责任的，人民法院应予支持。”这条款，也被行政主管部门要求并明文规定在物业服务合同中，从而成为合同明确规定条款。

三、业主委员会的运作

业主委员会一般是由业主大会选举出若干委员组成的，在业主自治团体中，居于代表机构及业务执行机构的地位。

1. 业主委员会的成立

少数国家法律规定，业主委员会的产生可以依照管理规约，直接由特定人组成。但绝大多数国家或地区的立法例则是通过业主大会选举一定数量的委员，从而组成业主委员会。

中国内地关于物业管理的地方性法规，一般规定业主委员会委员由业主大会在业主中选举产生，业主委员会及其成员名单应当在选举产生后的法定期限内，向所在地房地产（或住宅）行政主管部门登记确认，登记确认的日期为业主委员会成立的日期。根据《物业管理条例》的规定，首次选举产生的业主委员会应当自选举产生之日起30日内，向物业所在地的区、县人民政府房地产行政主管部门和街道办事处、乡镇人民政府备案。

业主委员会委员应当由热心公益事业、责任心强、具有一定组织能力的业主担任。业主委员会主任、副主任在业主委员会成员中推选产生。根据住房和城乡建设部《业主大会和业主委员会指导规则》的规定，业主委员会由业主大会会议选举产生，由5至11人单数组成。业主委员会委员应当是物业管理区域内的业主。业主委员会委员实行任期制，每届任期不超过5年，可连选连任，业主委员会委员具有同等表决权。业主委员会应当自选举之日起7日内召开首次会议，推选业主委员会主任和副主任。业主委员会应当自选举产生之日起30日内，持下列文件向物业所在地的区、县房地产行政主管部门和街道办事处、乡镇人民政府办理备案手续：业主大会成立和业主委员会选举的情况；管理规约；业主大会议事规则；业主大会决定的其他重大事项。业主委员会办理备案手续后，可持备案证明向公安机关申请刻制业主大会印章和业主委员会印章。业主委员会任期内，备案内容发生变更的，业主委员会应当自变更之日起30日内将变更内容书面报告备案部门。

2. 业主委员会职责

业主委员会履行以下职责：执行业主大会的决定和决议；召集业主大会会议，报告物业管理实施情况；与业主大会选聘的物业服务企业签订物业服务合同；及时了解业主、物业使用人的意见和建议，监督和协助物业服务企业履行物业服务合同；监督管理规约的实施；督促业主交纳物业服务费及其他相关费用；组织和监督专项维修资金的筹集和使用；调解业主之间因物业使用、维护和管理产生的纠纷；业主大会赋予的其他职责。

业主委员会应当向业主公布下列情况和资料：管理规约、业主大会议事规则；业主大会和业主委员会的决定；物业服务合同；专项维修资金的筹集、使用情况；物业共有部分的使用和收益情况；占用业主共有的道路或者其他场地用于停放汽车车位的处分情况；业主大会和业主委员会工作经费的收支情况；其他应当向业主公开的情况和资料。

3. 业主委员会的日常管理

业主委员会应当按照业主大会议事规则的规定及业主大会的决定召开会议。经三分之一以上业主委员会委员的提议，应当在7日内召开业主委员会会议。业主委员会会议由主任召集和主持，主任因故不能履行职责，可以委托副主任召集。业主委员会会议应有过半数的委员出席，做出的决定必须经全体委员半数以上同意。业主委员会委员不能委托代理人参加会议。业主委员会应当于会议召开7日前，在物业管理区域内公告业主委员会会议的内容和议程，听取业主的意见和建议。业主委员会会议应当制作书面记录并存档，业主委员会会议做出的决定，应当有参会委员的签字确认，并自做出决定之日起3日内在物业管理区域内公告。

业主委员会应当建立工作档案，工作档案包括以下主要内容：业主大会、业主委员会的会议记录；业主大会、业主委员会的决定；业主大会议事规则、管理规约和物业服务合同；业主委员会选举及备案资料；专项维修资金筹集及使用账目；业主及业主代表的名册；业主的意见和建议。

业主委员会应当建立印章管理规定，并指定专人保管印章。使用业主大会印章，应当根据业主大会议事规则的规定或者业主大会会议的决定；使用业主委员会印章，应当根据业主委员会会议的决定。

业主大会、业主委员会工作经费由全体业主承担。工作经费可以由业主分摊，也可以从物业共有部分经营所得收益中列支。工作经费的收支情况，应当定期在物业管理区域内公告，接受业主监督。工作经费筹集、管理和使用的具体办法由业主大会决定。

有下列情况之一的，业主委员会委员资格自行终止：因物业转让、灭失等原因不再是业主的；丧失民事行为能力的；依法被限制人身自由的；法律、法规以及管理规约规定的其他情形。业主委员会委员有下列情况之一的，由业主委员会三分之一以上委员或者持有20%以上投票权数的业主提议，业主大会或者业主委员会根据业主大会的授权，可以决定是否终止其委员资格：以书面方式提出辞职请求的；不履行委员职责的；利用委员资格谋取私利的；拒不履行业主义务的；侵害他人合法权益的；因其他原因不宜担任业主委员会委员的。业主委员会委员资格终止的，应当自终止之日起3日内将其保管的档案资料、印章及其他属于全体业主所有的财物移交业主委员会。

业主委员会任期内，委员出现空缺时，应当及时补足。业主委员会委员候补办法由业主大会决定或者在业主大会议事规则中规定。业主委员会委员人数不足总数的二分之一时，应当召开业主大会临时会议，重新选举业主委员会。

业主委员会任期届满前3个月，应当组织召开业主大会会议，进行换届选举，并报告物业所在地的区、县房地产行政主管部门和街道办事处、乡镇人民政府。业主委员会应当自任期届满之日起10日内，将其保管的档案资料、印章及其他属于业主大会所有的财物移交新一届业主委员会。

评价与反馈

案例分析：霸道物业不让成立业主委员会？
——小区业主：成立通告被撕了　物业：应选择合适位置张贴

市民何女士拨打国际旅游岛商报新闻热线反映称，她是海口市秀英区海岛××二期小区的业主，该小区物业海南××物业管理有限公司的主任非法极力阻挠该小区业主们成立业主委员会。

反映：物业撕毁通告，居民很不乐意。据小区居民何女士介绍，因为小区物业管理存在很多不到位之处，电动车被偷，垃圾得不到及时清理，业主提的很多意见得不到回复，很多业主想成立业主委员会，以维护自身合法的权益，目前他们十几个人为筹备业主委员会工作做了很多工作，但盖有居委会的通告刚贴出不久就被物业管理人员给撕掉了。另一居民林女士称，小区物业海南××物业管理有限公司的主任带头，将业主们在小区门口张贴的经海秀居委会盖章的“关于成立业主委员会的筹备组成员自愿报名的通告”全部撕掉，其认为这是明目张胆抗拒政府，物业阻挠业主成立业主委员会，让小区居民很愤怒。

回应：乱张贴和“双创”工作格格不入。据物业管理人员何主任说法，小区居民成立业主委员会，物业无反对意见，但成立业主委员会需按照合法程序申请，居民的诉求、相关的通告应贴在小区公告栏上，而不应贴在居民楼各个楼道的大门上，这样不仅影响小区整体美观，损害居民权利，还和海口的“双创”工作格格不入，物业公司作为小区的管理者不允许这种乱张贴现象存在。何主任还表示，希望居民在张贴相关通告时能和小区物业管理人员协商，或者咨询居委会、街道办等政府相关部门，寻找合适的位置进行合理张贴，根据个人意愿随意张贴不合理。

困难：业主不知如何筹备成立业主委员会。据秀英街道办事处秀海社区居民委员会反映，海岛阳光二期小区符合成立业主委员会的条件，可根据有关规定和小区部分业主代表的申请成立首届业主委员会。秀海社区网格人员王女士说，该小区一些业主想成立业主委员会，但又不知道申请业主委员会的相关手续，居委会只能是做好积极引导工作，希望业主能够推举代表到秀英街道办递交相关材料，按照合法的手续成立业主委员会。

（资料来源：国际旅游岛商报，2016－07－11，有删改）

请结合本子任务的学习和你的理解，填写表8－2。

表8－2

该小区业主乱贴通告是否不妥？为何？	你觉得该小区的业主应当怎样做才是对的？

任务二 社区物业管理服务及模式

情境导入

情境20 “三位一体”模式＋五项的制度：破解物业管理难题

社区物业管理虽然只是从物业产权角度介入社区服务与社区治理活动，但由于财产权是一项居民的基本权利，也是最重要的经济权利，社区各项活动大多与此相关，或者以此为基础，因此，社区物业管理不能仅仅从狭义的物业管理服务角度来考虑，应当放在社区治理体系中去考虑。多元主体参与的物业管理模式成为必然选择。特别是近年来由于物业纠纷案件不断发生，许多地方基层社区开始探索“三位一体”物业管理模式，取得了实效。2016 年，甘肃省庆阳市西峰区积极创新社区管理模式，建立了以社区党总支（居委会）为主体、业主委员会、物业公司三方共同参与的“三位一体”物业管理模式，并配套了五项制度，破解了物业管理难题。

制度1：立交叉任职制度。社区党组织（居委会）书记（主任）是小区业主的，可担任所在小区业主委员会主任；物业公司主要负责人通过法定程序可以兼任社区居委会副主任（党员可兼任社区党组织副书记）；社区党组织副书记（居委会副主任）也可以兼职物业公司副经理。

制度2：三方联席会议制度。每季度至少召开一次三方联席会议，主要内容是听取有关小区物业管理情况报告，研究小区管理措施。

制度3：受理投诉及监督制约制度。物业公司自觉接受社区党组织（居委会）、业主委员会的指导和监督，并定期向社区党组织（居委会）报告小区物业管理情况；社区党组织（居委会）做好对物业公司的日常管理、考核、监督工作，物业公司进驻小区、年检时要充分征求社区党组织（居委会）意见。

制度4：相互沟通协调制度。物业公司按规定向社区党组织（居委会）报送物业管理区域档案资料；业主委员会要将业主大会会议决定、业主会议议事规则、管理规约及业主委员会名单向社区党组织（居委会）报备；业主、业主委员会、物业公司、开发商之间发生矛盾纠纷，社区党组织（居委会）要主动参与协调解决。

制度5：物业公司公开选聘制度。依照相关条例规定，通过业主大会公开选聘具有相应资质、较好业绩和信誉的物业公司进驻。

（资料来源：中国甘肃网－陇东报，2017－02－09，有删改）

说明：面对城乡新型社区不断出现的物业管理纠纷问题和其他服务质量问题，小区物业质量的好坏仅靠物业公司一方显然是不够的，需要多元参与物业管理，并通过建立相应的多元参与制度体系，才能确保物业管理质量，巩固物业管理服务作为社区治理基础的重要地位与作用。“三位一体”物业管理模式正是连接社区多元力量参与物业管理活动的重要形式和载体，一方面要充分发挥业主自治和物业管理的作用，另一方面也可以发挥社区居民委员会和其他组织借助居民委员会发生作用，消除物业纠纷及物业服务质量问题这个影响社区治理和社区和谐的重要源头，实现社区问题源头治理。

任务要求

1. 学习研究物业和物业管理相关的基本知识。了解物业管理基本内容，业主自治与居民自治的联系与区别，社区物业管理模式。

2. 理解并掌握物业管理含义、性质与特征；物业管理与社区治理的关系。

3. 学会处理物业管理与社区治理之间的关系。结合实际，调查某社区物业管理模式情况，分析物业管理模式存在的问题，提出完善物业管理模式的意见。

子任务一　物业管理与社区治理的关系及处理

任务分解：

（1）学习研究物业管理基本知识。了解物业管理的含义、性质与特征。

（2）理解物业管理与社区治理的异同点及关系，掌握正确处理物业管理服务与社区治理关系的思路。

（3）结合社区调查，了解社区治理与物业管理服务之间的关系实际情况及问题，掌握两者关系处理的方法与经验。

知识准备：

一、物业管理的含义及特点

1. 物业及物业管理的含义

物业是一个广义的范畴，是物业管理的物质对象。物业是特指正在使用中和已经可以投入使用的各类建筑物及其附属设备、配套设施、相关场地等组成的单元性的房地产以及依托该实体上的权益。根据国务院《物业管理条例》第二条的规定，物业是指“房屋及配套的设施设备和相关场地”。其中的“房屋”是指“土地上的房屋等建筑物和构建物”，即指能够遮风避雨并供人居住、工作娱乐、储藏物品、纪念和进行其他活动的空间场所，也包括住宅房屋，如居民楼、公寓、别墅；也包括非住宅房屋，如工业厂房、仓库、商店、饭店、宾馆、医院、办公楼等。因此，物业管理中的物业一般是指已开始建设或已投入使用的对象集中在一定范围内的各类房屋建筑，以及与之相配套的公用设施、设备及相关的场地。

从经济学角度，物业管理是物业服务产品交易活动。物业管理可以称为“不动产管理”或“房地产管理”，也有人直接用“物业经营”一词来替代“物业管理”，以示与传统的房地产经营的区别。我国物业管理的实践中，对物业管理有广义和狭义理解之分。广义的物业管理泛指一切有关房地产开发、租赁、销售及售后的服务；狭义的物业管理的主要任务是楼宇的维修养护，以及管理好各层的机电设备和公共设施，还包括治安保卫、环境绿化、设备设施维修、信息传送、环卫服务等项目。这都是从经济学角度来理解的。因此，物业管理也可以说是为满足物业服务产品需求者主体的需求，达成经营者的经济效益，围绕物业服务产品交易实现的管理活动，物业管理亦称物业服务。从此角度理解，物业管理的概念应包括以下三层含义。

（1）物业管理是由业主通过选聘物业服务企业或其他管理人的方式来实现物业服务产品交易的活动。业主对物业进行管理，一般有 3 种方式：其一是业主自己进行管理；其二是业主将不同的管理内容委托给不同的专业服务公司进行管理；其三是业主选聘物业服务企业或其他管理人进行管理。在后两种情况下，就存在物业服务产品交易行为，业主是物业服务产品的需求方，而物业服务企业（或其他管理人）是物业服务产品的供给方，双方共同完成物业服务产品交易。

（2）物业管理服务产品交易活动实现的基础是基于物业服务合同的平等法律关系。从法律上讲，物业管理服务产品交易活动则是业主和物业服务企业（或其他管理人）就物业服务产品交易双方的权利义务谈判，并签订、履行合同或协议的过程。物业服务合同确立了业主和物业服务企业之间被服务者和服务者的关系，明确了物业管理活动的基本内容即权利和义务。物业服务企业根据物业服务合同内容提供物业管理服务，业主根据物业服务合同交纳相应的物业服务费用，双方是平等的民事法律关系。

（3）物业管理服务产品的内容是物业服务企业按照物业服务合同约定，对物业进行维修养护、管理，对相关区域内的环境卫生和秩序进行维护管理活动。物业管理服务产品的内容主要有两方面：一是对房屋及配套的设施设备和相关场地进行维修、养护、管理；二是维护相关区域内的环境卫生和秩序，包括物业服务企业提供的保安、保洁、绿化、交通及车辆管理等服务。除此之外，物业服务企业可以接受业主和使用人的特别委托，为其提供物业服务合同没有约定的特约服务项目，以及利用社区公共资源开展的经营服务。也可接受供水、供气、供热等公用事业等单位的委托，为其向业主代收有关费用，还可以接受政府委托提供公共行政服务等。

从管理学角度，物业管理应该是指合法的物业管理主体（物业管理组织或人员）为实现物业产权人和物业相关利益主体的权益，达到经济效益、社会效益、环境效益等综合效益最大化，以物业或物业区域为界限而开展的对物业本体、物业关系和物业区域秩序管理活动的总和。从物业管理权的来源和实现的角度来分析，物业管理主要包括了四个层面的管理活动：一是业主基于物业产权的自主管理，如中国香港地区业主法团对所持有物业的自治管理。二是基于产权分解后的物业公共事务管理权的委托的物业服务企业或其他管理人进行的委托管理活动。这其中也包括物业服务企业利用小区公共资源和自身经营资源进行的经营活动。这也是日常生活中人们所能理解的专业的物业管理活动，即业主通过选聘物业服务企业，由业主和物业服务企业按照物业管理服务合同约定，对房屋建筑及配套的设施设备和相关场地进行维修、养护、管理，维护相关区域内的环境卫生和秩序的活动。三是基于公权的政府物业行政管理。如政府发布物业管理政策法规的抽象物业行政管理行为；政府制度物业服务主体信用管理法规制度、政府对物业服务主体实施黑名单制度、政府对小区业主自主管理组织及活动、物业服务企业的物业管理活动依法采取的指导、监督、行政规制措施等具体物业管理行政行为。四是行业协会的行业自律管理行业协会。如通过行业自律公约、行业自律制度、行业信用评价、行业不法行为惩戒、行业技术规范等方式进行行业自律管理。五是基于管理权力的交叉、关联性的物业区域的综合治理，主要是物业业主、社区居民、经营单位和公用事业单位、专业公司、基层政府组织或非政府组织（NGO）（主要是业主联盟、协会等组织）等进行的互动式、渗透式管理活动，或关联性影响活动。

2. 物业管理性质与特征

从物业管理现有的定义来看，物业管理包含了公共管理和私人管理双重属性，即物业管理权力、内容、宗旨上体现了公共管理性，但物业管理活动又是借助于企业管理形式来施行，且有盈利目的，体现私人管理属性。

业主是物业管理权的原始主体，业主大会和业主委员会是代表业主行使业主集体的共有权和共同管理权，所开展的物业管理活动是物业管理区域层面公共管理服务活动。但在委托管理模式下，物业服务企业作为被委托主体，获得从属性物业管理权，以企业经营方式向全体业主提供物业管理区域物业服务公共产品，同时也充分利用物业区域公共资源开展经营管理服务活动，提供私人产品。这从表面上看，好像是企业经营管理性质，但物业管理并不是物业服务企业经营管理，前者是物业服务企业向企业外部物业管理区域全体业主提供的物业管理服务产品的活动，后者只是物业服务企业内部的经营管理活动，两者是不同范畴的管理活动，不能混淆在一起。因此采取物业服务企业提供物业公共服务产品，并改变物业管理是公共管理的根本性质。

总而言之，物业服务企业的物业管理权来源于业主集体，服务对象是物业区域的全体业主，提供的物业服务产品是物业区域层面的公共性质的服务产品。物业管理的公共服务产品属性体现在以下三个方面：一是物业服务企业的管理权来自业主集体的委托，说明权力来源的公共性；二是物业服务企业所提供的合同约定服务内容主要是对房屋公用部位及公用配套设备、设施和相关场地的维护管理等物业管理活动，是物业管理区域层面的公共服务产品；三是物业服务企业利用物业管理区域公共资源所开展的专项服务和个性化委托服务等物业经营服务，必须考虑物业管理区域整体公共利益的需要，说明物业经营服务产品的从属性，不能动摇物业公共服务产品的决定性地位。

物业管理的特征如下：

（1）物业公共事务管理业主主导化。无论是业主自主管理，还是业主委托物业服务企业或其他管理人进行专业物业管理，业主作为产权人享有充分的专有所有权的同时，享有共有所有权和共同管理权。通过业主大会和业主委员会，实现自身的各项权益，对物业管理区域重大事项或一般事项拥有知情权、议事权、决策权、监督权、收益权等，如选聘解聘物业服务企业，决定物业专项维修资金的筹集与使用，监督物业服务质量等。

（2）管理分工社会化。物业管理的社会化是指物业管理将分散的社会工作集中起来统一管理，它是社会分工的必然产物。物业管理专业化和业主专注所从事的专业工作，这样的分工，使通过业主让渡管理权和物业服务企业提供的专业服务来实现业主和物业服务企业各自的更理性的效用目标成为可能。因此，推行物业管理不仅有利于发挥物业的整体功能，实现经济效益、社会效益、环境效益的统一，提高整个城市管理社会化程度，而且在有利于业主和非业主使用人更好地专注于自己的工作，促进社会经济发展的同时提高生活品位和生活质量。

（3）管理工作专业化。专业化有三层含义：一是业主有较高的物业管理意识和成熟的业主素养。二是物业服务企业有专业的人才和管理水平。物业公司具有专门的组织机构、专业人才，如房屋及设施设备的维修必须配备专业人才，以及专门的管理工具和设备。作为一种统一管理，物业管理将有关物业的各项专业管理都纳入物业服务公司的业务范围之内，物业服务公司可以通过设置专门的职能部门来从事相应的管理业务。三是政府进行指导。政府从宏观上对整个物业管理行业进行相关的政策和法律的制定以及监督整个行业，促进整个行业健康有序地发展。

（4）管理运作经营化。尽管物业管理的根本属性是公共管理，但是要通过物业服务企业来实现管理目标。物业服务企业作为一个独立的法人，必须依照物业管理市场的运行规则参与市场竞争，依靠自己的经营能力和优质服务在物业管理市场上争取自己的生存与发展的空间。当然，由于物业服务的公共性，物业服务企业在运作过程中还要处理好与业主委员会及公安、市政、街道、居委会、邮电、交通等行政或公用事业性单位的关系。

（5）管理服务有偿性。物业服务公司所提供的服务是有偿的，即通过收取合理的费用，维持企业的正常运转。物业管理的经营目标是保本微利，量入为出，不以高额利润为目的。目前，许多物业服务企业存在着入不敷出的现象，存在着政府、公共机构强制摊派业务给物业公司的现象，尽管存在这些特殊现象，但并不能否定物业服务的有偿性。

（6）综合效益最大化。物业管理应以追求经济、社会、环境等方面的最大化综合效益为目标。综合效益的最大化主要包括物业服务公司、业主和非业主使用人、小区其他组织的经济效益最大化。物业服务公司进行物业管理，其职能除了为业主管理物业，还要为业主创造来自物业的收入，使物业保值增值，为居民创造一个舒适的社会生活环境，同时实现自身的经济效益。

二、物业管理与社区治理的关系

1. 物业管理与社区治理的异同点

物业管理是社区治理的重要组成部分，两者都是与社区居民生活密切相关的内容，是实现社区管理服务的重要范畴。物业管理服务是社区治理工作的重要基础，也是社区治理工作的主要内容。两者是相互制约、相互促进的关系。

物业管理是指业主委员会通过选聘物业管企业，由业主委员会和物业服务企业按照物业服务合同的约定，对房屋及配套的设施设备和相关场地进行维修、养护、管理，维护相关区域内的环境卫生和秩序的活动。社区治理是指政府、社区组织、居民及辖区单位、营利组织、非营利组织等基于市场原则、公共利益和社区认同，协调合作，有效供给社区公共物品，满足社区需求，优化社区秩序的过程与机制。

物业管理和社区管理有何异同呢？

首先，从性质上来说，社区治理是城乡社区管理服务的基础性工作，涉及社区和谐稳定、社区经济发展、社区文明进步、社区生态环境改善等诸多方面，政府行为在其中发挥着重要作用，带有明显的行政主导性和公益性；物业管理服务则是物业服务企业提供的有偿管理服务，虽然具有准公共管理性质，也可以承担部分社区公共服务，但物业管理是从社会化、专业化、企业化角度介入社区服务的，具有明显的市场性和一定的经营性。

其次，从目的上来说，社区治理服务于整个社区的发展和整体公益，达到生活在一定地域上的人际社会关系和谐、生活安定幸福、行为规范有序，目的比较长远、综合、宏大。物业管理服务则是基于物业服务合同的行为，主要目标是满足业主对住房财产的使用、维护、保值等方面的服务需求，为业主及使用人创造和保持良好的工作居住环境。

再次，从内容上来说，社区治理涉及面非常宽泛，政治、经济、文化、生态等都有涉及，包括党的建设、行政管理、社区服务、社区民间组织活动、社区经济、社区公益、社区慈善、社区文化、社区教育、社区科学普及、社区治安户籍征兵、计划生育、环境维护精神文明以及社会救助、退休、就业等内容的综合性管理工作；物业服务则是业主和物业服务企业按照合同约定，对房屋及其配套设施设备和相关场地进行维修、养护、管理，维护相关区域内的环境卫生和秩序的专门化活动，内容相对专业、集中。

最后，从实施主体及关系上来说，社区治理是由街道办事处、派出所、居委会和居民、驻社区企事业单位等多元主体参与的管理服务活动，多元化是其主要特点，目的是充分利用社区社会资源进行社区建设和管理服务，促进社区整体发展和文明进步，他们之间的关系是平等、合作关系。而物业管理服务的实施主体是物业服务企业和业主（包括业主大会和业主委员会），以及前期物业服务阶段的开发建设单位，各主体之间主要是围绕房地产开发与经营管理、物业管理服务等经济活动展开的，它们之间的关系主要是经济交易或服务产品交易关系。

2. 物业管理服务与社区治理的关系

社区治理和物业服务不是截然对立的，两者有相互依存、相互促进的联系。物业服务与社区服务之间既有区别又有联系，相互作用、相互影响。

（1）物业管理是社区治理的基本条件和基本保证。物业管理服务一方面从硬件上以企业经营管理条件为基础，保证了社区其他管理服务活动的组织管理的基本条件和物业区域环境；另一方面物业管理服务中所运作的业主自治模式不但是社区其他管理服务正常开展的制度保证，而且是社区居民自治制度建设与运作的“演练场”和“热身运动”。同时还需要物业管理服务本身也是社区治理的重要力量，从事的保安、保洁、绿化、房屋及设施设备维修养护等工作和对社区资源整合、社会管理服务内容的补充和完善等是社区治理的重要内容。因此，不但物业构成社区的物质基础，而且良好的物业管理服务是社区治理的重要表现形式。

（2）社区治理体系的建设与完善，是社区物业管理服务工作开展的重要保障。社区治理体系对物业管理服务的支持和促进作用是非常明显的。这些作用包括主观性发挥社区行政机构的主导和资源投入作用；党组织和党员的先锋模范作用；居民委员会的指导与监督作用；社区民间组织的服务居民和融合整合人际关系作用；社区文化活动，对于促进社区业主、居民的邻里和睦，社区认同感和归属感的形成的润滑作用；社区“三位一体”（“四位一体”）的治理模式对提高社区物业管理服务效率和效益的支持与促进作用；等等。因此，作为社区治理体系的一员和社区治理效益的享受者——物业服务企业及相关业主自治组织，应当服从、服务于社区治理的需要，在社区治理体系中找到正确的定位和功能，发挥物业管理的社区“稳定器”作用。

（3）物业管理服务与社区治理之间应当建立合作、协作和良性互动关系，相互配合、相互促进、相得益彰。物业管理与社区治理存在天然的内在关联性和互通性。社区社会与自然系统是一个众多主体相互作用的体系，包含众多子系统，其中社区治理系统是其中的一个子系统，社区治理系统中，党政管理系统、居民自治系统、业主自治系统，物业管理系统、其他社区管理服务系统，共同发生作用，它们之间相互影响、相互制约、相互作用。但是如果系统之间没有秩序，杂乱无章，将会产生内耗，影响整体功能发挥。因此，社区治理系统与物业环境和物业管理系统之间应当是友好的，应当建立合作、协作和良性互动关系，相互配合、相互促进，只有这样才能提高系统整体功能。

由此可见，从根本上说，物业管理和社区治理的目标是一致的，就是以社区为基础，以人为本，全面提高居民的居住质量，营造社区稳定、安全、舒适、健康的人居环境，促进社会的和谐发展。

三、正确的物业管理服务与社区治理关系的思路

1. 明确物业服务企业与社区治理中相关主体的关系

应当明确物业管理与社区治理之间的关系。首先要明晰社区党组织、社区行政机构、社区居委会、业主、业主大会和业主委员会与物业服务企业之间的职责权力，划清其职责边界。只有界定好各自的职能，各负其责，相互支持，才能共同管理、服务好社区。其次是明确社区多元主体在物业管理服务中的作用，社区党组织的领导、行政管理主导、居民委员会的指导与监督都必须到位，相互配合，相互支持，才能搞好社区物业管理服务。最后是要在社区党组织领导下，成立社区物业管理委员会，建立社区物业管理联席会议制度，及时化解物业管理矛盾和纠纷，为社区和谐稳定创造条件和氛围。

2. 要补齐城乡社区治理短板，改进社区物业服务管理

随着我国经济发展和社会进步，社区治理体系建设引起了党和国家的重视，特别是由物业纠纷引发的社区物业管理问题，日益成为影响社区和谐的瓶颈，社区服务物业管理也成为社区治理的短板。2017 年 6 月 12 日颁布的《中共中央国务院关于加强和完善城乡社区治理的意见》的补齐城乡社区治理短板部分，专门提出要改进社区物业服务管理。主要措施包括：就加强社区党组织、社区居民委员会对业主委员会和物业服务企业的指导和监督，建立健全社区党组织、社区居民委员会、业主委员会和物业服务企业议事协调机制；探索在社区居民委员会下设环境和物业管理委员会，督促业主委员会和物业服务企业履行职责；探索完善业主委员会的职能，依法保护业主的合法权益。探索符合条件的社区居民委员会成员通过法定程序兼任业主委员会成员；探索在无物业管理的老旧小区依托社区居民委员会实行自治管理；有条件的地方应规范农村社区物业管理，研究制定物业管理费管理办法；探索在农村社区选聘物业服务企业，提供社区物业服务。探索建立社区微型消防站或志愿消防队等。

3. 提高业主自治的能力与水平

业主与业主之间的内在联系使得多个业主之间必定形成共同利益和共同事务关系；而公共利益和共同事务不是一个人可代表的，因此，业主大会和业主委员会是广大业主自治的必然选择。业主委员会是业主自治组织，是物业管理权力执行机构。建立业主民主协商、自我管理、平衡利益的机制十分必要。各地房地产行政主管部门要加强对业主大会工作的指导和监督：首先要加强对业主权利意识的宣传教育，让业主明白自己在小区物业管理中享有按照物业服务合同的约定接受物业服务企业提供的服务的权利；提议召开业主大会，并就物业管理的有关事项提出建议；提出制定和修改管理规约、业主大会议事规则的建议；参加业主大会会议，行使投票权；选举业主委员会委员，并享有被

选举权；监督业主委员会的工作；监督物业服务企业履行物业服务合同；对物业共用部位、共用设施设备和相关场地使用情况享有知情权和监督权；监督物业共用部位、共用设施设备专项维修资金的管理和使用等。让广大的业主明白各项权利的内涵和实现方式，增强其权利意识，提高其合法行使权利的能力；同时也要加强对业主进行责任义务教育，提高业主自我约束能力。其次是积极引导业主大会在充分尊重全体业主意愿的基础上，按照合法程序，选举热心公益事业、责任心强、具有一定组织能力的业主担任业主委员会委员。要通过规范业主大会、业主委员会的行为，促进业主自律和民主决策，依法维护自身合法权益。最后，业主本人也应不断地加强物业管理知识的学习，积极投身社区的公益事业，督促和参与物业服务企业开展社区服务活动，为建设舒适、和谐的社区氛围服务。

4．规范物业管理市场，提高物业管理服务水平

首先，应加强对物业管理行业的自律管理工作，建立物业服务企业诚信评价和不良行为负面清单制度，促进物业管理服务行业的健康发展。国家层面宏观经济管理体制改革也在不断深入推进。中共中央提出全面深化改革的宏伟目标，国务院也采取了深化改革的行动，取消物业服务企业资质的认定，并提出体制改革要求，要研究制定物业服务标准规范、通过建立黑名单制度、信息公开制度和推动行业自律管理等方式，加强事前事中事后监督。其次，要规范和繁荣物业管理市场，既能充分发挥物业服务企业在社区治理中的作用，又能提高社区治理的效率。整顿和规范物业管理市场秩序，是整顿和规范房地产市场秩序的重要内容。一要坚持标本兼治、重在治本的原则，严格市场准入与清出制度，加强企业资质管理，加大对管理水平低、收费不规范、社会形象差的企业的清理整顿工作力度。二要大力开展诚信和职业道德教育，加快建立物业服务企业信用档案，接受社会监督。三要完善投诉举报制度，对群众的投诉和举报，各级房地产主管部门和物业管理协会应限时查处和答复，不得推诿扯皮。四要注意尊重企业的经营自主权，纠正对物业服务企业的乱摊派、乱收费行为。再次，物业服务企业要提高物业管理水平，以优质的物业管理服务推动社区服务发展，促进社区建设。一要加强物业服务企业员工培训，提高物业管理人员及服务员工的素质。二要引进科学的管理方法和现代化的管理技术。物业管理的工作项目较多、程序复杂、环节较多，在日常服务管理工作中引入ISO 9000质量体系，能够强化岗位职责，突出工作程序，加强内部考核，不断完善和发展物业管理的环节，规范物业管理行为。三要在服务技术手段上，加快科学技术的引入，提高服务的现代化水平。特别是引入智能化管理系统，实施全方位电子安防监控、门禁系统、可视对讲系统，使物业使用得更加方便快捷，业主生活得更加舒适安全，提高业主生活的品质，使物业服务更加快捷和方便。四是物业服务企业也要注重社会价值与社会责任培养，应在做好物业管理服务的前提下，积极开拓社区服务项目，通过良好的社区服务和创建和谐的社区环境，树立自己的品牌，从而在物业管理行业中赢得信誉和效益，在社区治理中巩固自己的地位，充分发挥自己的作用。

5．政府应加强在社区治理中对物业管理服务的引导

在政府全力加强社区建设、社区服务中，如何发挥物业管理的作用对于物业服务企

业来说是一个新的课题。对于老旧小区，由于大部分该类社区的管理模式原是行政一体化，政府占据主导地位，物业管理的引进在后，社区服务应重点围绕社区福利服务进行，并根据情况设立便民利民服务。物业服务企业在协助街道或居委会开展各项社区福利、公益类活动的基础上，应注意拾遗补漏，开展有针对性的差异化服务。

对于新建社区，由于大部分新建社区的第一家物业服务企业是由开发商选聘的，而社区居委会的成立、政府各类社区服务资源的介入通常都会滞后于业主入住，所以政府应鼓励开发商整合各类社会资源，提供社区服务中的相应内容。开发商所整合的企业都是以营利为目的的，政府可以也应该将社区福利服务的资金适当投入这些企业，同时给予这些企业一定的政策支持，鼓励它们在政府的指导和监督下进行社区福利服务、公益性服务，同时开展自身的其他符合居民需求的差异化服务。

在现阶段，政府对社区服务的资金投入有限，开展广而全的社区服务是不现实的。所以，社区服务涉及的内容应是最具保障性、居民最急需解决的。而其他更加多样化的需求，则应在政府部门的指导监督下，由其他市场化企业单位提供，如物业服务企业。这样做不仅保证了社区服务设立的初衷，减轻了政府及其派生机构的管理负担，而且保证了社区居民的多样化需求能够得到满足，物业服务企业的经营也会在市场化的机制下得到改善。

6. 构建物业服务与社区治理良性互动新机制

社区建设和物业服务的关系，就如《论语》中的一句话“和而不同”，两者不能等同，相互之间既不能取代，也不能分离，而是相辅相成，相得益彰。社区建设要为物业服务创造好的发展环境，物业服务也要在社区建设过程中积极参与，提供服务，通过协调和配合，以实现社区内人与人、人与环境、人与社会的协调发展。①坚持条块结合、属地管理，发挥社区对物业服务的指导协调作用。一是切实加强指导与监督，提高业主大会、业主委员会自我管理的能力。二是充分发挥综合协调作用，解决物业服务中的“急、难、愁”问题。物业服务具有区域性、综合性和动态性的特点。在社区内建立由街道办事处（乡镇人民政府）、区（县）房地产管理部门牵头组织，业主委员会、居民委员会、物业服务企业和相关职能部门参加的联席会议制度，有助于解决物业服务中的综合性问题。三是积极化解物业服务方面的矛盾纠纷，创造安定团结的社区氛围。随着改革开放的推进和市场经济的发展，社区群体性矛盾、利益矛盾频频发生，这其中不乏居民与物业服务企业、居民与居民之间在物业服务方面的矛盾，需要社区、党组织进行引导、协调。街道办事处（乡镇人民政府）可以充分发挥社区中人民调解工作委员会、司法所等专业调解组织的作用，及时调处物业服务中存在的矛盾纠纷，做好社会稳定工作。②发挥企业自身优势，形成主动参与社区建设的新格局。一是以发挥在职党员的模范带头作用为切入点，参与社区工作网络建设。物业服务企业可以根据在职党员的职业特点和个人专长，积极组织参与社区的各项工作，在社区党组织的组织和指导下，与驻区单位一起，形成思想工作联抓、公益事业联做、文体活动联搞、思想道德教育联手、社会治安联防、困难群体联帮的社区工作网络体系。二是以建立志愿者队伍为手段，参与社区服务体系建设。建立健全社区服务体系，是新形势下社区建设的重要任务之一。在为老百姓日常生活服务方面，物业服务企业具有人力、技术上的优势，应当以党、团员为骨干，建立社区服务志愿者队伍，协助搞好社区服务中心和社区服务站（点）的建设和管理，开展便民服务和帮困活动。三是以提高物业服务水平为着眼点，参与文明社区建设。物业服务是社区的一项基础性管理工作，房屋维修、公共秩序维护、保洁保绿、车辆管理等既是物业服务的主要工作内容，也是建设文明社区的主要工作。因此，物业服务企业应当以高度的责任感，认真做好各项管理服务工作，承担起文明社区建设的责任。四是以开展丰富多彩文化活动为载体，参与社区文化建设。物业服务企业要以多种形式，如与驻区单位共同举办小区广场音乐会、小区业主文娱联谊活动、小型文体比赛、添置社区文化设施、帮助其他驻区单位开展文化活动、协助社区组织孤寡老人参观旅游等，参与社区文化建设，丰富居民文化生活，努力营造和谐生活小区。五是以安置下岗失业人员为己任，参与社区再就业工程建设。物业服务行业是劳动密集型行业，长期以来，物业服务行业为再就业工程做出了不小的贡献。物业服务企业应当坚持在技术要求不高的岗位上，吸纳下岗、失业人员，积极协助社区做好再就业工作，主动协助政府做好维护社会稳定工作。

评价与反馈

案例分析：物业管理助推城市管理体制改革

呼和浩特市针对当前物业管理和服务不规范问题仍比较突出，如一部分物业服务企业的专业化、标准化服务水平不高，服务事项模糊、标准不清，业主委员会组建不规范、发挥作用有限，业主、业主委员会和物业服务企业三方关系不顺等问题，特别是在治安防范和公共设施服务配套等方面还需要大力提升等问题，深化城市体制改革，实施了将物业管理工作纳入城市管理体制的改革举措，找准了当前管理工作中存在诸多问题的“病因”，探索出从根本上解决问题的途径，取得实效。其主要做法是：

一是建立推行物业服务第三方监管制度。根据服务内容和服务标准，建立科学合理的收费标准，并向社会公开，由业主委员会根据自身情况和需求择选物业服务企业和服务内容。同时，业主将物业服务费交给社区居委会等第三方机构进行监管，并由第三方对物业服务企业提供的服务进行考核，根据考评结果给付服务费用，从而进一步理顺三方关系。

二是严格日常监管，规范物业服务企业行为。一方面要加强物业服务企业监管和考核；另一方面要对进入住宅小区的各类经营单位实行备案制度。充分盘活小区内的公共资源，将小区内停车、广告以及物业管理用房等资源进行充分利用，把收益全部返还小区用于物业管理水平提升，保障业主利益。

三是加快建立城市物业综合管理平台。与数字化城市管理平台互联互通，并将每个住宅小区内业主信息、服务企业信息，以及小区内道路、地下管网、绿化、房屋土地等物业管理相关数据全部纳入该平台进行综合管理。同时，整合业主需求信息，采取线上线下相结合的方法，实现“互联网＋物业管理”新模式，为业主提供一卡通缴费、家庭购物配送、教育医疗、居家养老、文化娱乐、家政服务、金融理财、就业培训、快捷洗衣、房屋出租出售等方便、快捷、精准的现代化物业服务。

四是有序推进物业服务企业发展壮大。鼓励和引导物业服务企业通过兼并、重组等方式，进一步整合资源，实现规模化、集团化发展，努力提升物业企业实力和服务水平。同时，完善物业服务企业市场准入、清退机制，推进物业服务企业和业主个人诚信档案管理，将不良记录纳入社会诚信体系，并及时向社会发布，在规范物业服务企业的同时，引导业主养成良好的缴费习惯，努力营造良好的物业服务发展环境。

（资料来源：http://www.sohu.com/a/167944266_288623，2017－08－28，有删改）

请结合本子任务的学习和你的理解，填写表8－3。

表8－3

呼和浩特市将物业管理纳入城市管理之中的理由是什么？	你觉得呼和浩特市在物业管理方面的改革举措产生了什么好处？

子任务二　社区物业管理服务工作的主要内容

任务分解：

（1）学习了解物业管理服务工作的主要内容及相关范畴。

（2）结合物业管理服务岗位工作实际和相关调查，熟悉物业管理服务相关工作，对各岗位工作的内容和要点重点把握。

知识准备：

社区物业管理服务的内容是非常广泛和复杂的，主要围绕业主需求来进行。当然，也会承担一些政府的委托管理服务和社会公益服务。从专业物业管理服务角度，物业服务企业提供的管理服务内容通常是基于物业服务合同的服务，以业主需求为导向，服务于物业管理区域业主公共事务管理服务和业主个性化服务的需要。尽管物业项目的种类不同，业主的需求各异，但是，物业管理的一些主要内容还是相同或相似的。具体来说，主要包括以下管理内容。

一、物业的使用与维护管理

1. 物业的使用

物业的使用不仅要符合有关法律法规的规定，而且不能破坏公序良俗。根据《物业管理条例》第五十条、第五十一条的规定：物业管理区域内按照规划建设的公共建筑和共用设施，不得改变用途。业主依法确需改变公共建筑和共用设施用途的，应当在依法办理有关手续后告知物业服务企业；物业服务企业确需改变公共建筑和共用设施用途的，应当提请业主大会讨论决定同意后，由业主依法办理有关手续。同时，业主、物业服务企业不得擅自占用、挖掘物业管理区域内的道路、场地，损害业主的共同利益。因维修物业或者公共利益，业主确需临时占用、挖掘道路、场地的，应当征得业主委员会和物业服务企业的同意；物业服务企业确需临时占用、挖掘道路、场地的，应当征得业主委员会的同意。业主、物业服务企业应当将临时占用、挖掘的道路、场地，在约定期限内恢复原状。

2．物业的维护

物业的维护管理主要是对物业及其配套设施的维修、养护和管理。由于物业的维护管理不仅直接关系到业主和住户的日常生活，而且也关系到整个物业的保值增值问题，所以，必须做好物业的经常性维护保养工作，确保物业及各种配套设施的正常运行，做到防患于未然。根据《物业管理条例》第五十一条、第五十二条、第五十三条的规定：供水、供电、供气、供热、通信、有线电视等单位，应当依法承担物业管理区域内相关管线和设施设备维修、养护的责任。上述单位因维修、养护等需要，临时占用、挖掘道路、场地的，应当及时恢复原状。同时，业主需要装饰装修房屋的，应当事先告知物业服务企业。物业服务企业应当将房屋装饰装修中的禁止行为和注意事项告知业主。此外，住宅物业、住宅小区内的非住宅物业或者与单幢住宅楼结构相连的非住宅物业的业主，应当按照国家有关规定交纳专项维修资金。专项维修资金属于业主所有，专项用于物业保修期满后物业共用部位、共用设施设备的维修和更新、改造，不得挪作他用。

二、安全管理

安全管理是物业管理的一项基础性工作。根据《物业管理条例》第五十五条的规定："物业存在安全隐患，危及公共利益及他人合法权益时，责任人应当及时维修养护，有关业主应当给予配合。责任人不履行维修养护义务的，经业主大会同意，可以由物业服务企业维修养护，费用由责任人承担。"搞好安全管理，重点要抓好治安保卫和消防安全两个方面的工作。

1．治安保卫

《物业管理条例》第四十六条规定："物业服务企业应当协助做好物业管理区域内的安全防范工作。发生安全事故时，物业服务企业在采取应急措施的同时，应当及时向有关行政管理部门报告，协助做好救助工作。物业服务企业雇请保安人员的，应当遵守国家有关规定。保安人员在维护物业管理区域内的公共秩序时，应当履行职责，不得侵害公民的合法权益。"所以，治安保卫工作要在当地政府职能部门的指导下，通过设立门卫，实行保安巡逻，并借助于电视监控等辅助设施，来防止各种危害业主和居民生命财产安全事故的发生，从而维护社区正常的生活秩序。

2．消防安全

消防安全要求物业服务企业在专业部门的指导下，做好消防设施的管理、防火知识的宣传、火警的应急处理等各项工作，防止火灾的发生，为广大业主和住户的工作、学习、生活提供一个安全的环境，确保其生命财产不受损失。否则，将承担相应的法律责任。因为《物业管理条例》第三十五条规定："物业服务企业应当按照物业服务合同的约定，提供相应的服务。物业服务企业未能履行物业服务合同的约定，导致业主人身、财产安全受到损害的，应当依法承担相应的法律责任。"

三、环境卫生管理

环境卫生管理主要包括垃圾的清扫、收集、转运，各类公共设施和外墙的定期清洗等各项保洁工作。一个社区的环境卫生如何，不仅影响到社区居民和广大业主的日常生活，而且关系到社区的形象。搞好社区的环境卫生，不仅要注意垃圾的处理，做到日产日清，而且要注意路面和各类公共设施的整洁，特别要注意消除那些乱贴、乱画、乱挂的现象。但是，物业管理中所包含的环境卫生管理只是社区环境卫生管理的一部分，而不是全部。

四、园林绿化管理

园林绿化管理主要包括社区内公共用地的绿化、公共设施的绿化、道路两旁的绿化及其养护管理。随着人们生活水平的不断提高，居民的环保意识也在不断增强，希望生活在一个环境优美、空气清新的社区中。实际上，人们在购房置业的过程中，已经越来越注重环境因素，不仅要选好的地段，而且更要选好的环境。有证据表明：那些环境优美、园林绿化搞得好的楼盘，房子销售得更火爆。所谓"房子俏不俏，就看环境好不好"。而优美的环境除了要有好的基础之外，更需要后续管理的到位。所以，园林绿化管理作为物业管理的一项重要内容，有助于提升社区的品位，树立良好的社区形象。搞好社区园林绿化管理，不仅要注意绿地的保洁，不被占用、践踏、破坏，而且要注意各种树木、绿篱不出现缺株和枯萎的现象，尤其是要注意保持各种园林建筑小品及其他园林设施的完好整洁。

五、车辆管理

随着人们生活水平的不断提高，拥有私家车的业主和住户越来越多，车辆管理在物业管理中的地位也越来越重要。所谓车辆管理，就是要通过限速、设置明显的交通标志等措施，确保各种车辆在社区内的行驶、停放、保管能做到安全有序。首先，要注意保持社区内道路、过道的通畅，有关行车路线、限速标牌、停车场等交通标志清晰可见，防止发生交通事故，确保社区内行车的安全顺畅。其次，要求进入社区的车辆必须集中停放在停车场和停车位上，防止乱停乱放，确保社区内车辆停放的规范有序。最后，要注意加强社区内车辆的保管，防止车辆丢失、损坏，维护广大车辆用户的合法利益。

六、其他管理服务

社区物业管理还包括专项服务、委托特约服务等经营性管理服务。经营性物业管理服务是物业服务企业为满足物业管理区域内居民需求和自身效益追求，利用物业区域公共资源和经营优势，为住户提供基本公共性服务以外的服务，包括有一定市场规模和赢利条件的专项服务，以及针对个性化需求的委托特约服务。

专项服务是指能通过专业商家规模经营方式提供的商业服务，并在专门营业场所交易的项目，是一种社区便民服务。如在“店”“场”“所”“室”等小区商业服务场所交易的项目，其内容很多。实际上住户（业主）专项需求的成规模或有批量，才能支撑商户开展专项服务。专项服务项目包括了衣、食、住、行、娱乐、购物等各方面。在共享经济条件下，物业服务企业可以充分利用社区资源和项目管理权的垄断地位和自身经营优势，通过网络信息技术、物联网技术，与电商、教育、医疗、旅游、保健及其他连锁经营机构合作开展，成为社区终端节点，社区线上线下商品交易、配送、交付及售后终端服务。

委托特约服务是指以个别委托的中介服务或劳务服务提供无固定交易场所的交易活动。劳务服务主要是指物业服务企业接受业主和住户的委托而提供的各种劳务服务。具体包括家电维修、接送小孩、商品代购、代请钟点工和保姆及其他各种家政服务。中介服务主要是指物业服务企业协助其他社会组织提供的各种服务，具体包括投资理财咨询、房屋中介代理、装修设计、机电安装等各种服务。

总之，只要是业主和住户需要的、对社区和谐发展有益的各种服务，物业服务企业都应该努力想办法予以提供，以满足广大业主和住户的需要，提高物业服务满意度。

评价与反馈

案例分析：“好”的物业很重要：物业服务对业主有哪些影响?

近年来，随着生活水平的提高，人们对于居住环境的要求也日益提高，专业化的物业服务公司应运而生，一个好的物业服务，可以让环境更加优美，让生活更加幸福，那么物业服务的好坏对业主的影响有哪些呢?

1. 好的物业服务使业主财产保值增值

物业费的多少，不但直接关系到业主的生活品质，而且还影响物业管理的财产保值增值功能实现。很多国人对物业管理没有正确认识，只是一味贪图物业费便宜，却不知，物业费便宜了，最后倒霉的是业主、投资人。其实，物业费与房屋价值相比所占比例很低。物业费低，物业管理不好，而且各种机器设备如电梯会因为缺乏保养总出毛病，需要动用维修基金，花费不少，甚至超过物业费，不仅如此，还会使物业贬值，得不偿失。

2. 好的物业服务给业主带来高品质生活

近年来，随着收入水平的提高，业主对生活质量的追求也不断在提升，甚至有业主笑言：“只要选对了物管，就有了生活品质感。”好的物业服务公司提供的是很日常细致的服务，也更关注细节处的服务质量。物业通常被称为“管家”。好的管家可以将我们的生活打理得井井有条，老人孩子自己在家你不会不放心，安全得到保障。物管和业主的关系，有人比作“婆媳”，密不可分又矛盾重重；也有人比作“主仆”，业主是物管服务的“上帝”。但不管是哪种关系，相处是否融洽都会影响小区内每户业主每个家庭的居住品质。

3. 重视物业服务对业主的深远意义

如果我们继续轻视物业管理行业的重要性，我们将面临这样的后果：巨额的社会财富的贬值，无数美好的家园将成为新的大杂院、贫民窟，成为新的社会犯罪之源，成为新的社会动乱的焦点，而由此使广大人民无法安居乐业，造成的负面心理影响更是无法估量，人心冷漠和道德沦丧将深刻危及整个国民的精神面貌。一句话，建设和谐社会在城市里就是建设和谐社区，建设和谐社区的关键就是全社会重视物业工作的重要性。社区建设是国家建设的基础，在这个基础上，最容易抓，最容易见成效的就是物业管理行业。

有句老话说："买房一阵子，物业服务一辈子。"好的物业服务将使业主们受惠一辈子，这不是一件两全其美的事吗？

（资料来源：http://dy.163.com/v2/article/detail/CQBQ6CAP0515HIIT.html.2017-07-27，有删改）

请结合本子任务的学习和你的理解，填写表8-4。

表8-4

好的物业服务是怎样体现出来的？	物业服务公司应当怎样做到让业主满意？

子任务三　社区物业管理模式及其完善与发展

任务分解：

（1）学习研究物业管理模式及创新基本知识。了解物业管理模式的概念及类型。

（2）分析当前物业管理模式仍然存在的主要问题，理解多元共治模式的含义及地位作用，掌握社区物业管理多元共治模式构建的途径。

（3）结合社区物业管理调查，了解物业管理模式实际情况及问题，探索以多元共治模式推动物业管理模式创新发展的思路。

知识准备：

一、物业管理模式概念及类型

1. 物业管理模式的概念与要素

物业管理模式是指物业管理的结构形式和运行机制，核心是参与物业管理的主体之间的相互关系。物业管理模式包含了物业管理的主体是谁、采取什么样的方式管理、物业管理关系如何这三个问题。根据这一推断，物业管理模式主要包含以下三个要素。

（1）管理主体。根据有关法规规定，物业管理的主体是产权人——业主，业主有权决定如何管理物业，可以自主管理，也可以委托给物业服务企业或其他管理人进行管理。当自主管理时，物业管理的主体即为业主或业主自治组织。当业主选择委托管理方式时，物业服务企业或其他管理人成为管理主体，但此时的管理主体是行使业主委托的有限权力（共同管理权的一部分）的管理主体，是从属性管理主体。

（2）管理方式。物业管理方式有很多划分与分析方法，但这里仅从自主管理或委托管理、专业管理与多元共治两组进行讨论。自主管理或委托管理体现的是管理公平与管理效率的关系。自主管理主要是业主自治管理，具体形式上有很多，但主要是在产权与管理权基本上不分离的前提下，由业主掌握，具体运作上，业主掌握决策权，利用或授权专业机构或人员，实施物业管理服务，体现了管理公平的需要。委托管理主要是委托给物业服务企业或其他管理人进行管理，是业主产权与管理权分离的条件下进行的管理，体现管理效率的需要。专业管理与多元共治体现的是管理质量与管理效能的关系。专业物业管理服务是由专业服务机构，通常是物业服务企业提供的符合质量约定的物业服务，而这种专业的物业服务由于是在物业管理区域提供的，物业管理区域是社区的组织部分，或两者有交叉、重叠关系，物业管理服务不可能脱离社区而存在，社区多元主体必然要参与其中。因此，专业物业管理服务与多元共治便成为社区物业管理中共同存在的模式。除此之外，还有开发商建立的物业管理机构的物业经营管理方式，只是从经营管理角度，是房地产开发与经营管理的延续，这种无视业主权益的模式，是历史上的过渡形式，虽然仍然存在，但最终会逐渐被淘汰。

（3）管理关系。由于管理权力结构不同，管理方式也不同，形成的管理关系也就不同。这里面存在以下管理关系：一是分工合作关系。这是由业主自主管理所形成的围绕物业管理权实现的业主自治活动或业主自治组织内部权力分工与职责的制度安排。二是委托代理关系。这是由业主委托物业服务企业或其他管理人管理时所形成的针对委托事项的权利义务的制度安排。三是共同治理关系。这是由于社区物业管理与其他主体存在关联性、外部性和公益性，而形成的多元主体之间的地位、权力、资源与运作等事项的制度安排。四是行政性管制关系。一些与社区及物业管理有关的行政性组织或机构（含党组织、立法机关、司法机关、受托使用行政性权力时的行业自治或居民自治组织等）在履行行政性管理职责时对物业管理机构或业主，产生领导、命令、指示、监督、指导、督促、激励、判定、认定、认可、指令性、引导等行政性行为时，便产生了行政性管制关系。

2．物业管理的模式类型

由于我国历史等一些原因，东西部经济发展有较大的差异，即使在同一个城市中，也存在经济差距过大的现象，这就决定了物业管理的多样性。根据不同地区的经济状况，住宅小区（楼宇）的管理模式大体有以下五种。

（1）行政式物业管理模式。这种模式主要是过去存在城市国有住宅物业，存在国有房屋管理所或行政式物业管理。但在目前政府及行政性组织存在对物业管理服务的行政管理、司法介入、政策法规法律创制、行政性行业自律等行政性管理活动，构成行政性物业管理模式。另外，以区、街道办事处以及居委会成立物业管理委员会等，对物业管理工作存在行政性干预活动。

（2）开发商物业经营管理模式。这主要是房地产开发企业，通过设立内部物业管理部门转制成立的物业服务公司，负责公司商业地产和住宅地产的经营管理，对住宅物业的社区物业管理来说，这种模式在理念和运作上往往重视商业利益，存在与住宅物业的社区性、社会性和公共性、公益性的冲突问题，容易产生物业经济纠纷。从长远来讲，物业管理服务不是房地产物业产品一次交易，而是持续的服务产品交付过程，与房地产开发企业没有关系，性质也不同。此种模式就通过物业服务企业的法人化和物业管理与房地产开发分业经营来实现向专业物业管理模式的转换。

（3）业主自主管理模式。也就是由业主自主治理物业管理区域全部事务。物业的产权不发生分离，但是要成立业主大会，选择产生业主委员会，由业主大会决策重大事项，由业主委员会具体进行物业管理服务的日常运作管理。业主自治可以是由业主自治组织——业主委员会成员为骨干、以热心的有专长的业主参与组建自治组织架构，制定内部管理制度，充分调动各种社区资源，自主管理、自我约束、自负盈亏、自我发展地进行运作；也可以是由业主委员会成立自治运作机构，形成骨干架构，但将专项业务工作分别外包给不同的专业公司或人员来运作管理的形式。

（4）专业物业管理模式。这种模式就是通过业主大会将物业管理权委托给专业物业公司实施的管理模式。物业管理活动完全按照现代企业制度建立起来的物业服务公司开展物业管理开展。业主、业主委员会委员监督物业服务公司的管理过程和运作结果，决定续聘或解聘。

（5）多元主体共同治理模式。由于物业管理越来越成为城市社区治理的焦点问题和瓶颈问题，党委政府日益重视社区物业管理问题，因而对社区物业管理的介入越来越深，越来越多。许多城市探索成立由基层党组织、街道办事处（镇人民政府）、居委会、社区行政服务站、业主委员会以及物业服务公司等多方参与的多元共治的社区物业管理模式，并且以其资源多、协调好、效率高、满意度高为各地广泛采用。

3. 物业管理模式的选择

物业管理模式的选择是各种因素的组合的结果，如何选择就成为首要问题。《物权法》第八十一条第一款规定："业主可以自行管理建筑物及其附属设施，也可以委托物业服务企业或者其他管理人管理。作为物业的所有权人，业主享有选择物业管理模式和方式的权利。"因此，正是因为业主有选择物业管理模式的权利，依据什么标准和原则进行选择，就是接下来要解决的问题。

一般来说，物业管理模式选择的标准主要有：一是物业的规模。规模小的选择自主管理，规模大的可选择专业化管理，能有规模效应。二是业主自治管理的能力。如果业主群体普遍素质差、能力弱，缺少高素质、热心物业公共事务、有奉献精神的领头人，也难以实现业主自主管理，就应当选择专业物业公司进行管理。反之则可以选择自主管理。三是城市建设与治理水平。在城市建设有目标，社区和谐社会要求高，城市文明建设任务紧，领导重视社区物业管理等情况下，物业管理就成为城市管理或社区治理的重要部分，此时物业管理模式多为共治模式，如“三位一体模式”“四位一体模式”“多中心治理模式”等。四是物业服务专业化水平。物业管理模式的选择关键是物业服务公司或机构所提供的物业服务质量，社区服务从主体上具有较大的替代性，特别是在国家取消物业管理资质管理之后，物业服务企业的专业管理服务模式是否被选择，将在很大的程度上取决于物业服务企业自身的服务水平和质量，取决于业主的满意度。目前一些小区业主选择自主管理或者党政部门介入物业管理之中的主要原因还是物业服务出了问题，或者业主需求水平提高，物业服务企业没有跟上时代发展的步伐。

关于模式选择的原则主要是自愿原则、公益原则、发展原则。自愿原则主要尊重业主普遍的意愿，不能由开发商、政府机构或其他组织替代业主决策，也不能由个别或少数业主“说了算”，所有的选择决定必须符合法律法规政策的规定。公益原则是指导模式选择必须符合业主集体利益、物业管理区域的公共利益，符合党和国家有关政策的规定，不能侵害业主、物业服务企业或其他服务机构的权益。发展原则是模式选择应当是调查研究、多方协商的理性选择，并符合社会发展的要求、城市建设管理的要求，与新的社区治理理念和管理创新发展相符。

二、物业管理模式存在的主要问题

我国物业管理经过近40年的实践，物业管理模式探讨方面已经取得了四个方面的成就：对不同的物业管理模式都有涉足，积累了大量的模式选择的经验；物业管理不同模式选择符合中国地域广阔对模式选择的需要；物业管理模式的探索创新与时代发展相适应，为和谐社会建设做出了行业的贡献；物业管理模式兼有外来先进的管理理念和方法并具有中国本土特色创新成果。这些成果在居民业主的生活和工作环境质量的提高和城市化发展进程快速推进等方面发挥了积极的作用。当然在物业管理模式的创新发展过程中，还存在着不少的问题，需要逐步解决。

（1）社区管理边界不清，体制不顺。社区有关职能部门、业主委员会与物业企业关系不协调、没理顺，没有形成巨大合力。由于住宅小区管理在相当长的一段时间内采取的是行政管理体制，在新旧体制转换过程中，必然发生冲突。

（2）政府行政部门职能缺位。由于社区物业管理牵涉多方利益，必然引发社会综合性矛盾，政府行政部门又缺乏必要的整合，没有理顺权责关系，致使职责交叉、关系不畅，难以形成社区治理的合力。主要表现为：在物业管理过程中，行政部门与物业公司缺乏有力配合，导致在物业管理领域中出现了权力真空。如社区里的个别业主为达到私人效用最大化，存在侵犯其他业主或公共领域利益的现象，比如私自搭盖、违章停车、野蛮装修等，这些如果没有行政干预和主动的积极作为是很难得到有效治理的。另外，政府行政部门缺乏服务意识，无法与业主、物业公司形成伙伴关系，共担风险，同时，相关部门的立法和政策还不完备，有些甚至处于真空状态，无法充分保护社会成员和经济组织的权益。同时，住宅小区管理又是街道城市管理和社区建设、社区管理的重要组成部分，街道负责整个辖区范围内的管理，这其中当然包括物业服务公司管理的住宅小区，由于在责、权、利划分上尚不够科学和合理，两者之间必然存在着关系不顺的地方。因此，必须考虑如何整合社区的党建资源、行政资源和社会资源，突破行业发展遇到的瓶颈障碍，促进物业管理行业持续、健康发展。

（3）社区资源整合不够。小区物业管理纳入社区建设时间不长，政府有关部门对社区管理有效整合不够，有些工作也未做到位。物业管理属综合性问题，由于管理工作不到位，小区内违章停车、私搭乱建、野蛮装修等情况时有发生。在上述情况出现后，物业服务企业因无任何行政手段，只能对居民进行劝阻。由此，物业企业承担了大量政府部门的职能，导致企业在实际管理中存在诸多困难。此外，由于政策滞后，政府一些部门在相互配合上缺乏整体性，对于整个社区的管理未形成有效整合，甚至把物业服务企业视为“社会单位”，而非市场经济中的企业主体，忽视了业主与物业服务企业之间基本的服务产品交易关系。

（4）业主委员会运作不规范。①业主委员会的运作缺乏监督机制。业主委员会具有代表全体业主行使有关物业管理权的权利。从实践效果看，业主委员会制度对物业管理行业的发展起过一定的促进作用，但由于该制度集决策和执行于一体，缺乏有效的监督机制，部分业主委员会成员或业主代表甚至会不公、不当地行使自己的权利，难以体现全体业主的意愿，有违权责一致的原则。②业主委员会运作上的缺位。业主委员会是非营利性的社区自治组织，由于其成员投入精力有限，业主委员会难以发挥维权、监督和协调作用。首先，业主委员会虽然具有一定的组织机构和财产，但是它不具有法人资格，因此，在法律上它不能作为诉讼主体，无法代表业主维权；其次，在运行上，业主委员会制度往往集决策与执行于一身，可能会有不公平情况产生，缺乏执行的透明度与有效的监督；最后，由于对共有产权的漠视，共有产权受损时，业主与有关方面缺乏必要的沟通、协调。③业主委员会现有的法律地位无法代表业主维权。业主委员会是由业主（或业主代表）大会选举产生，只经房管行政管理部门报备，未经民政部门登记成立，实属民间自治组织。从根本上无法代表业主维护自己的权益。④业主及业主委员会自身维权意识不强。由于业主委员会是在物业管理活动中维护业主合法权益的代表性组织，其成员是无偿的、兼职的。绝大多数的业主只有当他们使用私有物业方面的利益受损时，才会通过业主委员会和物业服务公司及有关方面协调理顺关系；而当业主在共用和公有利益受损时，业主及业主委员会往往不会主动关心并解决问题。在实际运作中，业主委员会主任、业主代表等人又难以得到适当的激励。机制欠缺，难以发挥业主自治组织应有的作用。

（5）物业服务企业服务不到位。①物业管理收费标准低、收费率低，经济效益差，影响了物业服务的质量提升。由于物业管理收费需要经过业主大会决定，而我国小区业主委员会成立比例低，一般在10%～30%，成立的业主委员会的小区运作、换届也相当困难，致使物业管理费调整问题连讨论的地方都没有。而近期10年来物业公司的运作成本不断提高，特别是物业服务企业是劳动密集型企业，主要依靠人工方式进行管理服务，而人工成本又是上涨最大最快的成本，加上模式经营问题，行政管理工作转移、税费负担过重、承担残疾人就业等社会负担比较重等，使物业公司的服务只能在低成本、聘请低素质员工、社会不满意的环境下负重前行，物业服务质量很难提高。②部分物业服务企业的行为不规范，存在着服务不到位、收费与服务不相符现象，一定程度上损害了业主的合法权益。有一些物业公司在取得物业管理权后，没有按照合同认真提供物业服务，擅自降低服务等级，减少服务项目，降低服务标准和要求；有的公司连起码的服务合同要求都不能达到，以减少成本增加利润。有的公司甚至连清洁、保安工作都不能做好。个别物业管理服务意识不强，没有从过去的“管理者”角色转换过来，未能形成“在管理中服务，在服务中管理”的机制，业务素质不高，往往成为业主投诉的热点。部分物业服务企业所在小区内车辆丢失、公共设施维修养护不及时、服务不规范、擅自处置物业管理区域内的公共设施、共有财产等，以上是导致物业服务企业与业主产生各种矛盾的导火线。③物业服务企业服务上的缺位，物业管理行为不规范。我国的物业管理起步晚，物业服务企业难以有效规范，多种管理业态并存，这也导致了服务水平参差不齐、服务不到位的现象较为普遍，对业主的权益造成了很大的损害。

三、以多元主体共治的社区物业管理模式推动物业管理模式的完善和发展

1. 社区物业管理多元共治模式的含义及理解

社区物业管理多元共治模式，是指社区物业管理主体不仅包括业主、业主委员会与物业服务公司，还包括社区党组织、行政组织、民间组织和其他社区服务组织，它们共同构建成一个多元主体共治的物业管理服务体系，达到资源共享、责任共担、利益共赢的目标，使物业管理服务成为社区生活品质提升，促进社区生态平衡，实现社区社会有序和谐的重要平台，并将社区物业管理纳入到社区治理体系之中，成为社区治理的基础和重要组成部分，成为促进社区治理水平提升的积极因素。

因此，社区物业管理多元共治模式应从以下四个方面来理解：一是主体多元。社区物业管理是社区所有相关主体共同关注和参与的事业，而不仅仅是物业业主和物业公司的业务工作。二是社区物业管理的重要依托是社区资源，因为物业服务公司的收入主要是物业费，也就是说目前主要是由业主承担物业管理服务成本。因此，社区所有主体共享社区物业服务是不对等的，应当由所有受益者承担物业管理服务成本，因此，社区多元主体应当共享资源，为社区物业管理品质提升服务。三是社区物业管理是一个复杂的治理体系，需要有一个合理治理结构安排，理顺主体之间的关系，按照各自的规律和职责分工运作。如党组织应当发挥领导、指导和组织作用，行政组织应当发挥政府政策及财政资源主导作用，其他社会组织应当发挥指导、参与、支持、互助、协作、合作、监督等能动作用，业主和物业公司应当发挥专业管理服务、基础性服务的保障作用。而且其他社区治理主体也参与社区物业秩序的构建。理由是社区物业秩序是社区整体秩序中的一个组成部分，因此，物业秩序不是业主委员会（业主）与物业服务企业两方就能构建的，而是需要社区治理的多方主体共同参与才能实现。四是社区物业管理共治的目的是维护各方合法权益和社区公益。共治模式应当促进社区整体资源效能的提升，增进社区整体公益，做大“蛋糕”，从而使多元主体的个体利益也得到增加，形成共生共治共赢的局面。这种情况出现的重要前提是主体之间的平等关系，并保护而不是侵害各个主体的合法权益。

2. 各利益主体在新模式中的地位和作用

（1）街道党工委和街道办事处是社区治理中最重要的推动角色之一。负责协调物业管理与社区建设之间的关系，在“二级政府、三级管理”改革的过程中构筑了领导系

统、执行系统和支持系统相结合的社区建设管理体制。特别是要配备人员，做到有职有权有经费。两者对辖区内的社区物业管理多元共治模式担负主导作用，将模式运行纳入社区党建和社区建设工作的总体规划，加强领导和指导；牵头协调物业服务企业、公安派出所、环卫、绿化、水电等有关部门和驻区单位之间的关系。动员各方力量，通过联席会议等载体，形成工作网络体系，推进社区物业管理共治体系的建立。

（2）社区党组织和居委会。社区党组织作为社区建设中政党的基层组织，起到为党的领导奠定群众基础以及为社区发展提供组织资源的作用，是社区治理的一个核心性主体，承担居民区建设的领导责任。居委会作为城市居民实行自治管理的基层组织，在物业管理区域范围内，承担着指导物业企业做好社会治安、流动人口管理、市政公共设施管理等工作，在社区治理中起到了基础性主体作用。加强对业主委员会的政治领导，把好业主委员会成员入选关，支持和保证业主委员会规范运作，动员居民群众积极参与物业管理工作，协调处理物业管理活动中引发的各种社会矛盾。

（3）物业行政管理站（所、中心）。建立与社区党组织的良性互动机制，对物业服务企业的考核要听取社区党组织的意见。加强对业主委员会的业务指导和监督，规范业主委员会工作，提高业主自我管理能力。

（4）业主委员会。作为业主大会的常设执行机构，对业主大会负责，在物业管理过程中，执行业主大会所做各项决议并接受业主监督，并成为社区治理中具有法律地位的一个关键性主体。要接受居民区党组织的政治领导和居民区党组织、居委会、物业行政管理部门的指导和监督，支持社区党组织、居委会和物业服务企业开展各项工作。引导业主规范自身行为，依法维护自身利益，促进和谐社区建设。

（5）物业服务公司。通过参与物业管理招投标获得对物业管理项目的管理权，根据物业服务合同约定的服务项目和质量标准向业主提供房屋修缮、设施设备维修养护、清洁、绿化以及秩序维护等服务并向业主收取费用，同时自觉接受政府部门的指导、检查和监督。物业服务企业是社区治理的一个执行性主体，积极参与社区建设，主动接受社区党组织的指导和协调，促进服务水平的提高。

（6）居民。居民可能是上述组织中的一员，如业主（物业的所有权人），也可能不是，如临时租房客。同时，某个居民即使是这些组织中一员，但在更多时候或是在特定条件下还是会以个人身份出现，而成为社区治理主体。因此，居民个体实质上是处于基础性地位的又是处于弥散性状态的治理主体。作为多元模式中的一员，首先应具备业主意识，其次要积极参与物业管理活动，积极争取通过合法程序参加业主委员会的工作，主动承担对物业服务公司的监督，为规范小区的物业管理活动、建设和谐社区做出应有贡献。

（7）社区协会组织。社区各类协会组织是自愿、自发形成，建立在兴趣和爱好的基础上，具有一定组织性和功能性，在社区人员互动过程中，逐渐形成的一系列群体。协会组织应当充分发挥成员的资源条件，为社区业主居民提供专业的、无偿的志愿服务，提高社区活动的专业性、群众性和参与性，活跃社区文化。

3. 社区物业管理多元共治模式构建途径

社区物业的利益均衡就是尽可能地协调好社区物业利益主体间的矛盾关系，通过完善社区物业管理利益不同主体内部治理，在不同层面形成各主体之间的合作模式，把社区利益冲突降到最低限度。

（1）完善不同利益主体内部治理。首先要提升政府治理水平。政府行政部门应确保制定公共政策的公开、透明，提高政府在社会立法、行业立法方面的水平；政府在转换角色后应尽快转变观念，增强服务意识，提升服务水平；政府部门要将失常利益降到最低。所谓的失常利益，学者陈庆云认为它是政府中组织和个人为满足自身过度膨胀的利益需求，而形成畸形的组织利益与个人利益，典型的表现是组合腐败，这一利益削弱了社会福利。其次要健全业主委员会的运作机制。通过完善业主委员会的选举制度，充分发扬民主，让业主加深彼此之间的了解，如愿选择所需要的业主委员会成员；明晰业主委员会的责、权、利，业主委员会的工作与业主的利益息息相关，虽然业主委员会是一个自治组织，但是要充分利用法律赋予的权利，保障业主们的利益；完善业主委员会的议事制度，定期召开相关会议，了解各方面运行状况，做出最佳决策；自觉接受各方面的监督与指导。再次要建立现代物业服务企业的经营机制。社区物业服务企业管理思路必须清晰；强化服务意识，明确服务对象是业主，对位服务思想要牢固，服务质量要上水平、提层次；企业应清楚成本概念，完全按照“独立核算、自负盈亏、自我运转、自我发展”的方式进行，不能靠偷工减料、暗箱操作、欺骗业主、威胁利诱等方式运作营利；企业必须有灵活的机制，牢记优胜劣汰的市场法则，运用市场经济规律形成有利于自身发展的竞争机制。

（2）完善多元利益主体结构。通过加强和改进社区党组织建设，进一步推进社区物业管理自治，探索多元合作治理中开展党的组织生活的有效方式，充分发挥社区党工委的有效作用，为加强社区利益协调，构建和谐社区提供坚强的政治和组织保障。提高基层政府，即街道办事处的治理能力，坚持以广大居民的根本利益和人的全面发展为出发点，努力提供切实有效的公共服务；进一步转变职能，完善政府治理创新的动力机制，从而促进政府与物业服务公司之间的互动合作。物业管理行政部门或行业协会应当加强对物业服务公司的监督管理，提供业务上的帮助和指导，有问题要及时解决。社区党工委和街道办事处还要通过居民区党组织和居委会，凝聚社区党员群众，使社区居民做到自我管理、自我教育、自我服务和自我监督，与业主委员会形成良好互动，这有利于调动社区成员的自主性和参与性，有利于提高社区成员的文明素质和能力，有利于社区物业管理的有效运行。

（3）理顺各个利益主体之间的关系。建立和健全政府机构、物业服务企业、居民自治组织和居民个人共同参与的多元化社区物业管理体系。对于社区党工委和街道办事处来说，在与居民区党组织和居委会的关系上要归位于指导和协助关系。对于物业管理行政机构来说，在与物业服务企业的关系上要明确其培育、扶持和监督的职责定位。对于居民区党组织和居委会来说，要随时向政府和物业服务企业反映社区居民的需求，表达社区居民的意愿，同时要及时向社区居民传达国家的法律法规和党的各项方针政策。对于物业服务企业来说，要立足于服务社区居民的宗旨，以自身优质高效的服务来获得社区居民的认同和政府的信任。

（4）完善社区利益协调的运行机制。完善多元主体互动合作的社区物业共治模式，以居民需求为导向，以社区公共利益为纽带，以各种社会组织为载体，以资源整合为保障，构建多元主体上下互动合作的社区物业管理和公共服务的决策机制，以促进政府、社区、居民、社会、企业、生态各方面关系的和谐。建立一套科学的社会监督评估体系，定期对物业服务企业的运营状况进行评估；建立一套科学的社区物业管理绩效考评体系，以便有效纠正社区物业管理发生的偏差。激活已有的多元互动的社区治理机制，是政府行政管理与基层群众自治有机衔接和良性互动的方式。进一步做到由单一的物业管理转向综合治理，在公众参与、互动协商和行政主导的前提下，用竞争机制、供求机制、价格机制等手段提高社区物业管理的有效性和居民满意度。

（5）建立利益主体间的合作模式。政府、市场、社会各自具有不同的角色，承担不同的功能。要建立和健全多元利益主体共同参与的社区物业管理体系，在完善利益主体内部治理的基础上，需要厘清各利益主体的利益边界，建立互信，达成利益各方的良好合作并形成互补。应当根据城市化发展与管理的需要和政府的财力，逐步将由业主承担的城市管理服务项目归位到城市公共管理服务的范围内，通过政府购买社区服务、财政补贴、经济政策、奖励政策等方式，分层、分类地提供归位的公共管理服务。业主和物业服务企业继续在高端服务需求与供给上做文章，以引领城市化发展方向，探索更高层次的物业管理模式。在社区自治还不成熟的情况下，业主在社区管理时要体现民主治理、参与合作的理念。而当市场成熟后，应该完全由市场主导，政府所要做的就是为社区物业管理改革构建制度框架。因此，一方面政府要通过市场监督管理保证物业服务市场的有序进入、竞争和退出；另一方面要发挥行业自律的作用，通过建立物业管理行业自律制度、物业服务企业信用等级评价制度和物业服务企业不良行为惩戒制度，引导物业服务企业合法经营，使物业管理行业健康发展。

评价与反馈

案例分析：西市街道探索小区物业管理工作新模式

为提高小区业主生活质量，维护业主合法权益，西市街道高度重视小区物业管理服务工作，推行街道、社区、物企“三位一体”模式常态化管理小区。

一是明确职责抓落实。成立由街道主要领导任组长，分管领导任副组长的物业管理领导组，定期召开物业管理工作联席会，共同抓好辖区内小区物业管理工作；明确物业服务企业为第一责任单位，所在社区积极参与管理，街道物业办负责日常管理工作，形成齐抓共管的局面，共同推动小区物业管理工作健康有序开展。

二是严格标准抓督查。该街制定并下发《西市街道关于物业管理工作督查考评的通知》，明确社区物业管理工作考评细则、住宅小区物业服务企业考评指导标准，分别对社区和物业服务企业开展督查考评，促使物业服务企业增强精细管理责任感、优质服务使命感和优胜劣汰的风险意识。

三是细查问题抓整改。在督查考评过程中，该街将业主委员会成立情况、调处物业管理纠纷情况、开展物业服务满意率调查情况等纳入社区考核标准；对物业服务企业，主要从服务力量配备、收费管理、卫生保洁、小广告张贴管理、秩序维护、绿化养护等方面开展考评。要求社区和物业服务企业针对存在的问题严查细查及时整改，做到发现一处整改一处。

（资料来源：六安新闻网，2017－07－21，有删改）

请结合本子任务的学习和你的理解，填写表8－5。

表8－5

“三位一体”小区物业管理模式如何落实？	你觉得该小区物业管理模式还有什么要完善的地方？

巩固与提高

项目总结

本项目介绍了业主自治制度及社区物业管理模式。首先介绍了业主、业主自治管理制度，以及业主自治形式及运作模式，并指出了业主自治制度存在的问题与完善思路。其次介绍了物业管理服务在社区治理中的作用、物业管理服务的主要内容、物业管理模式及完善发展思路。通过本项目的学习，主要了解社区业主自治与物业管理的关系，掌握业主自运作的形式、物业管理服务基本内容和模式，学会运用相关知识，来提高业主自治水平，以及优化社区物业服务过程。

案例讨论

物协牵头助推智慧社区　“互联网＋”物业管理新模式落地无锡

业主回家智能停车、随时在智能快递柜取快递、社区公告直达业主手机、线上预约上门服务、智能 Wi-Fi 覆盖社区……“互联网＋”物业管理新模式正式落地无锡。7月22日下午，在无锡全市近70家物业公司负责人的见证下，无锡市物业管理协会与北京一家信息技术有限公司签约开启战略合作，共同助推无锡的物业行业发展，打造无锡的“智慧社区”。无锡市住房和城乡建设局副局长荣××与会并做了重要讲话。

近期社区O2O电商平台逐渐热起，各企业的社区APP平台也都将相继问世，为进一步提高业主满意度，O2O平台为社区居民带来服务的便捷才是关键。无锡市物业管理协会引导行业会员，立足行业的本质不变，积极探讨如何为这个平台提供适宜的产品让产品和目标客户与线上平台连接。无锡物业管理协会会长房××在会上提出了在“互联网+”大环境背景下，无锡市物业服务行业该如何与互联网相结合，如何将传统的物业服务面临的机遇挑战进行转型与升级两大问题。

北京某信息技术有限公司董事长鲁××在会议上解释了互联网的运营规律，他指出：“互联网对所有产生的东西具有记录性，这是传统媒体不可比的。用户通过互联网对平时生活产生购物、消费、交易等行为，互联网通过交易量，可获得全部用户的信息，从而从用户的行为记录中分析出用户的喜好等数据，由此可以做到用户定向广告投放。再次是互联网公司都具有账户体系，用户在使用账户时所有的动作行为都会被统计，互联网公司可以根据这些统计做出相应的数据分析，从而产生价值。然后是互联网所有的产品都具有强交互性，所有交互产生的数据都会被统计。接下来便是互联网的去中心化，实现点对点的打通，可以直达用户。现在越来越多的中间环节都在消失，因此对商业的影响具有极大的挑战。”互联网公司只有老大没有老二，同样社区O2O，用户的消费行为都可以互联网化。线上消费，去中间化，没有中间环节。而本地化服务，这个是互联网做不到的。

鲁××表示“社区半径”是通过物联网、云计算、移动互联网等新一代信息技术搭建的平台，从而构建一个更加智慧、便捷的生活环境。物业在该平台上对周边的小区进行管理，运用互联网思维进行管理。业主在上面，有大数据，有了数据就能产生创造价值。他分别就社区养老、家居职能设备、社区医疗等方面做了功能规划。

（资料来源：新浪无锡评论，2015－07－23，http://d1.sina.com.cn/201312/20/529625.jpg）

讨论话题：

（1）上述不属于物业管理职责范围的项目有哪些？对此，物业服务企业应如何处理？

（2）在上述所有问题中，你认为不可能满足业主要求，仅需要进行沟通和解释的项目是哪一项？为什么？

（3）针对上述问题，请结合你的工作实践，试举出至少三项管理措施，以提高管理水平。

实践活动

制作社区物业管理治理体系架构图

活动目标

通过结合课本的内容，以及资料收集、理论分析、调查研究，建立社区治理体系结构。并结合某小区调查，详细了解分析社区物业管理主体、关系、运作框架等，同时分析解决其中存在的问题。

背景材料

根据当前社区物业管理问题，上级党委政府对物业管理改革创新的要求，结合物业管理和社区治理工作实际，努力寻找提高社区物业管理服务质量的良方。

训练要求

（1）首先成立调研小组，分工协作。工作内容包括收集资料、选择典型小区、提供物质支持，研究设计调查提纲和问卷、研究分析、完成报告和框架图的制作等。

（2）实施调查研究，分四个阶段进行：前期资料收集整理；调查方案及问卷、提纲设计制作；实施调查研究；报告的写作和框架图的制作。

（3）作业交流分享。根据分工，各自完成自己的工作，并根据教学需要完成本项目作业。然后在研讨会上由相关发言人进行成果介绍。根据研讨结果和意见进行修改完善，最后正式提交报告。

参考文献

[1] 万军. 社会建设与社会管理创新 [M]. 北京: 国家行政学院出版社, 2011.

[2] 王琳, 程伟. 论城市社区基层民主自治的实现途径 [J]. 广东经济出版社, 2009 (2).

[3] 尹保华. 社区建设创新与社会管理 [M]. 北京: 知识产权出版社, 2012.

[4] 唐忠新. 迈向和谐社会的社区服务 [M]. 北京: 中国社会出版社, 2005.

[5] 朱国云. 社区管理与服务 [M]. 天津: 天津大学出版社, 2010.

[6] 田玉荣. 非政府组织与社区发展 [M]. 北京: 社会科学文献出版社, 2008.

[7] 谷中原, 吴晓林. 农村社区建设与管理 [M]. 北京: 北京大学出版社, 2012.

[8] 夏建中. 社区工作 [M]. 2 版. 北京: 中国人民大学出版社, 2009.

[9] 哈德凯瑟. 社区工作理论与实务（社会工作经典译丛）[M]. 夏建中, 译. 2 版. 北京: 中国人民大学出版社, 2008.

[10] 李沂靖. 社区工作 [M]. 北京: 中国社会出版社, 2010.

[11] 黎昕. 中国社区问题研究 [M]. 北京: 中国经济出版社, 2007.

[12] 谢志岿. 村落向城市社区的转型: 制度、政策与中国城市化进程中城中村问题研究 [M]. 北京: 中国社会科学出版社, 2005.

[13] 夏学銮. 社区管理概论 [M]. 北京: 中共中央党校出版社, 2005.

[14] 徐琦, 等. 社区社会学 [M]. 北京: 中国社会出版社, 2004.

[15] 王思斌. 社会工作概论 [M]. 北京: 高等教育出版社, 1999.

[16] 周沛. 社区社会工作 [M]. 北京: 社会科学文献出版社, 2002.

[17] 风笑天. 社会学研究方法 [M]. 北京: 中国人民大学出版社, 2001.

[18] 袁方. 社会研究方法教程 [M]. 北京: 北京大学出版社, 1997.

[19] 巴比. 社会研究方法 [M]. 邱泽奇, 译. 8 版. 北京: 华夏出版社, 2000.

[20] 林登. 无缝隙政府 [M]. 汪大海, 等译. 北京: 中国人民大学出版社, 2002.

[21] 罗宾斯. 管理学 [M]. 北京: 中国人民大学出版社, 2005.

［22］基利，等. 公共部门标杆管理：突破政府绩效的瓶颈［M］. 张定淮，译校. 北京：中国人民大学出版社，2002.
［23］田华. 论政府社区公共服务绩效评估体系的构建［J］. 理论界，2007（8）.
［24］王茂华. 城市社区管理的目标定位［J］. 江海纵横，2007（5）.
［25］汪大海. 顾客社会与无缝隙政府［J］. 中国行政管理，2002（3）.
［26］汪大海. 社区管理学［M］. 北京：北京师范大学出版社，2011.
［27］萧洪恩. 社会工作行政［M］. 武汉：华中科技大学出版社，2005.
［28］祖嘉合. 思想政治教育方法教程［M］. 北京：北京大学出版社，2004.
［29］姜琳. 交流心理学［M］. 北京：清华大学出版社，2008.
［30］李福海. 再造企业行政［M］. 成都：四川大学出版社，2000.
［31］张兴杰. 社区管理［M］. 广州：华南理工大学出版社，2007.
［32］刘湖北. 社区与物业管理［M］. 武汉：武汉大学出版社，2009.
［33］崔宝珍，赵茂桂. 老年人际关系［M］. 北京：中国友谊出版公司，1992.
［34］娄成武，孙萍. 社区管理学［M］. 3版. 北京：高等教育出版社，2012.
［35］唐晓阳. 社区管理理论与实务［M］. 广州：华南理工大学出版社，2010.
［36］孙录宝. 城市社区管理知识读本［M］. 济南：山东人民出版社，2012.
［37］张苏辉，苏学愚. 社区管理［M］. 北京：中央文献出版社，2009.
［38］汪大海，魏娜，郇建立. 社区管理［M］. 3版. 北京：中国人民大学出版社，2012.
［39］郭学贤. 城市社区建设与管理［M］. 北京：北京大学出版社，2010.
［40］谢庆奎，商红日. 基层民主与社区治理［M］. 北京：北京大学出版社，2011.
［41］刘君德. 中国大城市基层行政社区组织重构［M］. 南京：东南大学出版社，2013.
［42］汪玉凯. 公共治理与非营利组织管理［M］. 北京：国家行政学院出版社，2011.
［43］张堃. 社区行政与管理［M］. 北京：中国轻工业出版社，2007.
［44］魏娜. 社区管理原理与案例［M］. 北京：中国人民大学出版社，2013.
［45］朱久伟，王安. 社会治理视野下的社区矫正［M］. 北京：法律出版社，2012.
［46］尹维真. 中国城市基层管理体制创新［M］. 北京：中国社会科学出版社，2003.
［47］夏建中，郑杭生. 中国城市社区治理结构研究［M］. 北京：中国人民大学出版社，2012.
［48］郭虹. 城市社区治理探索之路：社区参与治理资源平台成长纪实［M］. 成都：四川大学出版社，2010.
［49］赵小平，陶传进. 社区治理：模式转变中的困境与出路［M］. 北京：社会科学文献出版社，2012.

[50] 王巍. 社区治理结构变迁中的国家与社会 [M]. 北京：中国社会科学出版社，2009.
[51] 张康之，石国亮. 国外社区治理自治与合作 [M]. 北京：中国言实出版社，2012.
[52] 王红阳，杜丹. 社区服务 [M]. 北京：机械工业出版社，2013.
[53] 高桂贤. 社区服务 [M]. 北京：电子工业出版社，2009.
[54] 钟金霞. 当代城市社区治理改革 [M]. 长沙：湖南大学出版社，2012.
[55] 李慧凤，许义平. 社区合作治理实证研究 [M]. 北京：中国社会出版社，2009.
[56] 沈千帆. 北京市社区公共服务研究 [M]. 北京：北京大学出版社，2011.
[57] 敬海新. 当前基本公共服务体系建设中存在的问题及其对策 [J]. 理论与现代化，2012 (1)：37－41.
[58] 刘新成，等. 世界城市与城乡一体化建设研究 [M]. 北京：首都师范大学出版社，2012.
[59] 侯岩. 中国城市社区服务体系建设研究报告 [R]. 北京：中国经济出版社，2009.
[60] 中共中央文献研究室编. 十七大以来重要文献选编 [M]. 北京：中央文献出版社，2009.
[61] 戚学森. 城市社区建设思路与方法 [M]. 北京：中国社会出版社，2009.
[62] 李成言. 廉政工程：制度、政策与技术 [M]. 北京：北京大学出版社，2006.
[63] 中共遵义市委党校，贵州省科学社会主义暨政治学学会. 遵义市基层组织与基层民主建设研究 [M]. 成都：西南交通大学出版社，2013.
[64] 杨心宇，沙赫赖，哈比布林. 变动社会中的法与宪法：中俄学者的视角 [M]. 上海：上海三联书店，2006.
[65] 李俊清，王臻荣. 社会主义民主政治的伟大创举：村民自治的理论与实践 [M]. 太原：山西经济出版社，2002.
[66] 王禹. 我国村民自治研究 [M]. 北京：北京大学出版社，2004.
[67] 范忠信. 枫桥经验与法治型新农村建设 [M]. 北京：中国法制出版社，2013.
[68] 杨敏. 中国民政公共行政理论与实践：上卷 [M]. 北京：人民日报出版社，2006.
[69] 康耀江，刘毅，秦凤伟. 房地产法律与制度 [M]. 北京：清华大学出版社，2012.
[70] 黄安心. 物业管理原理 [M]. 重庆：重庆大学出版社，2010.
[71] 黄安心. 物业管理概论 [M]. 北京：高等教育出版社，2011.
[72] 王青兰，齐坚，关涛. 物业管理理论与实务 [M]. 北京：高等教育出版社，2012.
[73] 林玉宝，李实. 社区园林绿化管理 [M]. 北京：石油工业出版社，2012.
[74] 邵小云. 物业服务改进全案 [M]. 北京：化学工业出版社，2012.
[75] 丁茂战. 我国城市社区管理体制改革研究 [M]. 北京：中国经济出版社，2009.

[76] 王巍. 社区治理结构变迁中的国家与社会 [M]. 北京：中国社会科学出版社，2009.
[77] 黄文. 现代物业系统化管理方法 [M]. 天津：天津大学出版社，2012.
[78] 蒋奇. 社区建设与管理 [M]. 北京：北京大学出版社，2008.
[79] 孙斌. 城市安全社区建设与管理实务 [M]. 北京：气象出版社，2013.
[80] 本书课题组. 新型社区管理服务模式创新研究 [M]. 广州：广东高等教育出版社，2014.
[81] 史柏年. 社区治理 [M]. 北京：中央广播电视大学出版社，2004.